Treasures for Scholars Worldwide

北京大學圖書館　臺灣"中央研究院"近代史研究所胡適紀念館　編纂

胡適藏書目錄

Bibliography of the Collection of Hu Shih

· 2 ·

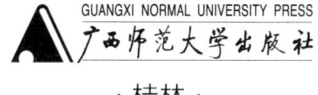

·桂林·

0638 景教碑考/馮承鈞編. ——上海：商務印書館，1931

2，100 頁；19 厘米

HSMH（HS-N07F2-048）

附注：

　　印章：鈐有"胡適的書"朱文方印、"□□"朱文方印。

　　其他：初版。

0639 警世通言四十卷/馮夢龍編；李田意攝校. ——臺北：世界書局，1958

2 冊：圖；19 厘米

世界文庫四部刊要景印珍本宋明話本叢刊 1

HSMH（HS-N06F5-067）

附注：

　　印章：鈐有"胡適的書"朱文方印、"楊家駱"朱文方印。

　　題記：上冊扉頁有毛筆題贈："適之先生賜存　後學楊家駱敬贈。"

　　夾紙：下冊夾有彩色書籤 1 張，背面有手寫英文注記。

　　其他：(1)初版。(2)精裝。(3)據明金陵兼善堂本影印。

0640 靖海紀事二卷/施琅著. ——臺北：臺灣銀行，1958

38，101 頁；19 厘米

臺灣文獻叢刊第十三種

HSMH（HS-N09F2-015）

附注：

　　印章：鈐有"胡適的書"朱文方印。

0641 鏡花緣一百回/李汝珍著. ——上海：亞東圖書公司，1925

2 冊；19 厘米

HSMH（HS-N07F6-016）

附注：

　　印章：二冊均鈐有"胡適"朱文長方印。

　　與胡適的關係：收錄胡適《鏡花緣的引論》一文。

其他:(1)4 版。(2)精裝。

0642 静嘉堂文庫漢籍分類目錄/静嘉堂文庫編.——東京:静嘉堂文庫,1930

[15],1251,[251]頁;26 厘米

HSMH(HS-N09F6-022)

附註:

印章:鈐有"胡適的書"朱文方印、"載軒"朱文方印。

批注圈劃:有胡適的紅筆圈點、注記與校改。

夾紙:有夾紙 3 張。

相關記載:1955 年 7 月 18 日胡適日記提及檢閱此書事。

0643 静嘉堂文庫略史/著者不詳.——東京:昭和書房,1924

18 頁;22 厘米

HSMH(HS-N18F1-032)

0644 静修先生文集二十二卷/劉因撰.——上海:商務印書館,1936

107 頁;23 厘米

四部叢刊初編縮本集部 294

HSMH(HS-N11F5-023)

附註:

印章:鈐有"胡適的書"朱文方印。

批注圈劃:卷 11—16,18—22 有胡適的朱、紅、鉛筆注記與圈劃。

其他:(1)初版。(2)牌記記載"上海商務印書館縮印元刊小字本"。

0645 敬業堂詩集/查慎行撰.——上海:商務印書館,1936

3 冊;23 厘米

四部叢刊初編縮本集部 363—365

HSMH(HS-N11F6-012)

附註:

印章:鈐有"胡適的書"朱文方印。

其他:(1)初版。(2)扉頁印有"HONG KONG"字樣。(3)第 1 冊牌記記

載"上海商務印書館縮印原刊本"。

0646 九經古義/惠棟學.——上海：商務印書館，1937

2 冊；18 厘米

叢書集成初編

HSMH（HS-N10F5-014）

附注：

印章：鈐有"胡適的書"朱文方印。

其他：(1)初版。(2)據貸園叢書本排印。

0647 九靈山房集/戴良撰.——上海：商務印書館，1936

221 頁；23 厘米

四部叢刊初編縮本集部 310

HSMH（HS-N11F5-033）

附注：

印章：鈐有"胡適的書"朱文方印。

其他：(1)初版。(2)扉頁印有"HONG KONG"字樣。(3)牌記記載"上海商務印書館縮印常熟瞿氏藏明正統黑口本"。

0648 舊詩新話/劉大白著.——臺北：啓明書局，1957

[5]，93 頁；19 厘米

新文藝文庫劉大白詩話二集

HSMH（HS-N17F6-014）

附注：

印章：館藏一冊鈐有"胡適的書"朱文方印。

其他：再版。

0649 舊唐書二百卷/劉昫撰.——臺北：藝文印書館，出版年不詳

5 冊；26 厘米

HSMH（HS-N09F4-011）

附注：

印章:鈐有"胡適的書"朱文方印。

批注圈劃:(1)第 1 冊多處有胡適的紅、黑筆圈點、劃綫與注記。(2)第 2—4 冊有胡適的紅筆圈點與劃綫。(3)第 5 冊有胡適的紅筆圈劃,卷 191 頁 2551 有胡適的紅筆長篇筆記。

夾紙:各冊均有夾紙數張。

其他:據清乾隆武英殿刊本影印。

0650 舊五代史一百五十卷/薛居正等撰. ——臺北:藝文印書館,出版年不詳

2 冊;26 厘米

HSMH(HS-N09F4-013)

附注:

印章:鈐有"胡適的書"朱文方印。

夾紙:第 1 冊有夾紙 1 張。

其他:據清乾隆武英殿刊本影印。

0651 舊約史書/思高聖經學會編譯. ——香港:思高聖經學會,1949—1950

2 冊;18 厘米

舊約全書

HSMH(HS-N08F1-010)

附注:

印章:鈐有"胡適的書"朱文方印。

其他:精裝。

0652 居延漢簡考證/勞榦著. ——臺北:"中央研究院"歷史語言研究所,1959

311—491 頁:圖;26 厘米

"中央研究院"歷史語言研究所集刊第三十本歷史語言研究所集刊三十周年紀念專號

HSMH(HS-N17F5-025)

附注:

題記:封面有作者的手寫題贈:"敬陳 適之老師 學生勞榦。"

其他:(1)內文偶有藍筆校改,似出自於勞榦筆迹。(2)爲"中央研究院"

歷史語言研究所集刊第三十本抽印本。

0653 居延漢簡圖版之部/勞榦編.——臺北:"中央研究院"歷史語言研究所,1957

3冊:圖版;37厘米

"中央研究院"歷史語言研究所專刊之二十一

HSMH(HS-N13F1-010)

0654 居延漢簡考釋之部/勞榦著.——臺北:"中央研究院"歷史語言研究所,1960

[4],240,76頁:圖;37厘米

"中央研究院"歷史語言研究所專刊之四十

HSMH(HS-N13F1-011)

附注:

印章:館藏二冊扉頁均蓋有"贈閱"印戳。

其他:初版。

0655 劇本彙刊第一集/上海戲劇協社編.——上海:商務印書館,1927

[8],193頁:圖;19厘米

HSMH(HS-N06F5-042)

附注:

印章:鈐有"胡適的書"朱文方印。

其他:3版。

0656 劇本彙刊第二集/上海戲劇協社編.——上海:商務印書館,1928

[9],213,3頁:圖;19厘米

HSMH(HS-N06F5-043)

附注:

印章:鈐有"胡適的書"朱文方印。

其他:初版。

0657 君雅曆法/張漢賢著;孟繁榮英譯.——屏東:張漢賢,1961

[2],[40]頁,圖版[2]頁;19厘米

HSMH（HS-N21F2-108）

附注：

　　印章：扉頁鈐有"張漢賢"朱文方印。

　　題記：扉頁有作者的手寫題贈："獻胡適博士指教 張漢賢敬贈 中華民國五十年八月十六日於屏東。"

　　相關記載：1961年8月16日有張漢賢致胡適信1封並附贈本書，參見館藏號：HS-NK01-039-008。

0658 刊正九經三傳沿革例及其他一種/岳珂撰.——上海：商務印書館，1936

[74]頁；18厘米

叢書集成初編

HSMH（HS-N10F5-002）

附注：

　　印章：鈐有"胡適的書"朱文方印。

　　批注圈劃：有胡適的藍筆圈點、注記劃綫。

　　其他：(1)初版。(2)内容：《刊正九經三傳沿革例》、《竹汀先生日記鈔》。

0659 康居粟特考/白鳥庫吉著；傅勤家譯.——上海：商務印書館，1936

1，100頁；19厘米

史地小叢書

HSMH（HS-N07F4-025）

附注：

　　印章：鈐有"胡適的書"朱文方印。

　　其他：初版。

0660 康樂小品/吳延環著.——臺北：文友出版社，1956

136頁；18厘米

HSMH（HS-N17F6-025）

附注：

　　題記：扉頁有作者的手寫題贈："適之先生教正！吳延環 五〇，九，廿三。"

　　其他：初版。

0661 "康隆報告"匪情部分批判/著者不詳. ——臺北：今日大陸出版社，1960

46 頁；19 厘米

今日大陸出版社叢書之二

HSMH（HS-N18F3-045）

附注：

題記：封面有手寫題贈："適之吾師指正 何雨文。"

夾紙：夾有信封殘片 1 張。

其他：初版。

0662 考信錄三十六卷附細目一卷/崔述撰. ——臺北：世界書局，1960

2 冊；19 厘米

中國學術名著史學名著第四集第 1、2 冊

HSMH（HS-N11F2-009）

附注：

印章：鈐有"胡適的書"朱文方印。

夾紙：上冊夾有"馬袖宇"名片 1 張，正、反兩面均有馬袖宇藍筆手寫題字。

其他：(1)初版。(2)精裝。(3)書名頁題名"考信錄十二種"。(4)據崔東壁遺書排印。

0663 考信錄提要及其他二種/崔述著. ——上海：商務印書館，1937

1 冊；18 厘米

叢書集成初編

HSMH（HS-N10F5-012）

附注：

印章：鈐有"胡適的書"朱文方印。

批注圈劃：多處有胡適的朱、紅、藍筆的注記、校改與劃綫。

其他：(1)初版。(2)據版權頁題名。(3)據畿輔叢書本排印。(4)內容：《考信錄提要》、《考信附錄》、《考古續説》。

0664 科學談趣／James B. Conant 著；趙盾譯．——香港："中國教育用品供應社"，1953

    4，220 頁：像，圖；18 厘米

    HSMH（HS-N15F2-072）

    附注：

        批注圈劃：偶有胡適的紅筆劃綫。

        其他：初版。

0665 克難苦學記／沈宗瀚著．——臺北：正中書局，1954

    [5]，91，3 頁；21 厘米

    HSMH（HS-N17F6-065）

    附注：

        印章：鈐有"胡適的書"朱文方印；臺初版封面有胡適的綠筆簽名"適之"。

        題記：臺初版封面裏有沈宗瀚的毛筆題贈："適之學長 不揣冒昧 試寫自傳 深感記載忠實而文藝拙陋 先生提倡傳記文 謹此教正 弟宗瀚謹於四三，九，二十 台北"，並有胡適的朱筆圈點。

        批注圈劃：臺初版内文多處有胡適的藍、黑、綠、朱筆注記、劃綫與校改。版權頁後有胡適的綠筆注記。

        與胡適的關係：臺再版收錄胡適《序》一文。（1954-12-13）

        其他：館藏臺初版、臺再版、臺修訂 4 版各 1 冊。

0666 克難苦學記／沈宗瀚著．——臺北：正中書局，1962

    [54]，94 頁：像；21 厘米

    HSMH（HS-N17F6-066）

    附注：

        題記：封面裏有沈宗瀚的手寫題贈。

        與胡適的關係：（1）封面書名係胡適所題簽。（2）收錄胡適《序》手稿書影。

        其他：臺修訂 5 版。

0667 孔叢子七卷／孔鮒撰；宋咸撰．——上海：商務印書館，1936

1冊；23厘米

四部叢刊初編縮本子部073

HSMH（HS-N11F3-020）

附注：

印章：鈐有"胡適的書"朱文方印。

批注圈劃：(1)《新語》多處有胡適的紅、朱筆注記、校改與圈劃。(2)《新書》有胡適的紅、藍筆注記與圈劃。

夾紙：《新書》有夾紙1張。

其他：(1)初版。(2)扉頁印有"HONG KONG"字樣。(3)牌記記載"上海商務印書館縮印杭州葉氏藏明翻宋本"。(4)與《新語》二卷、《新書》十卷合刊。

0668 孔墨的思想/楊榮國著.——北京：三聯書店，1950

1，120頁；17厘米

新中國青年文庫

HSMH（HS-N17F4-004）

附注：

印章：鈐有"胡適的書"朱文方印。

其他：第1版。

0669 孔祥熙/瑜亮著.——香港：開源書店，1955

18，307頁：圖版；19厘米

HSMH（HS-N07F3-010）

附注：

印章：鈐有"胡適的書"朱文方印。

題記：書名頁有孔祥熙英文手寫題贈："To Dr. and Mrs. Hu Shih with best wishes from H. H. K'ung aug. 15th 1956. New York City。"

夾紙：有夾紙1張。

其他：(1)初版。(2)精裝。(3)本書係孔祥熙所贈，參見1956年8月16日孔祥熙致胡適函，館藏號：HS-US01-077-001。

0670 孔子/梁啓超著. ——臺北：臺灣"中華書局"，1956

69 頁；18 厘米

HSMH（HS-N06F5-015）

附注：

印章：鈐有"胡適的書"朱文方印。

其他：臺1版。

0671 孔子/杜呈祥著. ——臺北：協志工業振興會，1958

6，243 頁：像；19 厘米

HSMH（HS-N01F4-071）

附注：

印章：書名頁鈐有"胡適的書"朱文方印。

題記：扉頁有作者題贈："適之吾師 誨正 生杜呈祥謹呈 一九五八，一一，廿二。"

內附文件：書末粘附 1958 年 11 月 22 日杜呈祥致胡適的書信，共 2 頁，可參考館藏號：HS-NK05-023-013。

其他：初版。

0672 孔子家語十卷/王肅注. ——上海：商務印書館，1936

123 頁；23 厘米

四部叢刊初編縮本子部 071

HSMH（HS-N11F3-018）

附注：

印章：鈐有"胡適的書"朱文方印。

批注圈劃：《孔子家語序》有胡適的藍、黑筆注記與校改；卷 1、10 有胡適的藍筆校改與注記。

夾紙：有夾紙 1 張。

其他：(1)初版。(2)扉頁印有"HONG KONG"字樣。(3)牌記記載"上海商務印書館縮印江南圖書館藏明覆宋刊本"。

0673 倥傯/王世穎著. ——臺北：啓明書局，1957

[5], 65 頁; 19 厘米

新文藝叢書王世穎散文

HSMH（HS-N17F6-041）

附注:

其他:初版。

0674 礦務檔/"中央研究院"近代史研究所編.——臺北:"中央研究院"近代史研究所, 1960

8 冊; 26 厘米

中國近代史資料彙編

HSMH（HS-N13F2-006）

附注:

其他:(1)初版。(2)精裝。

0675 傀儡戲攷原/孫楷第著.——上海:上雜出版社, 1952

1, 123 頁: 表; 21 厘米

中國戲曲理論叢書

HSMH（HS-N06F5-036）

附注:

印章:鈐有"胡適的書"朱文方印。

其他:(1)第 1 版。(2)版權頁有黑筆塗抹痕迹。

0676 跬園詩鈔六卷首一卷末一卷/顧震福撰.——臺北:佩文書社, 1960

20, 288; 19 厘米

HSMH（HS-N07F2-009）

附注:

印章:鈐有"胡適的書"朱文方印、"顧翊羣印"朱文方印。

其他:(1)本書係於 1961 年 10 月 11 日顧翊羣所贈,相關記載參見館藏號:HS-NK01-307-030。(2)據 1935 年撰者自刊本影印。

0677 愧郯錄十五卷/岳珂撰.——出版地不詳:商務印書館, 1939

2 冊；18 厘米

叢書集成初編

HSMH（HS-N10F5-076）

附注：

　　印章：鈐有"胡適的書"朱文方印。

　　批注圈劃：第 1 冊卷 9，第 2 冊卷 12、13 有胡適的藍筆注記與劃綫；第 2 冊卷末有胡適的綠筆注記。

　　其他：(1)初版。(2)據學海類編本排印。

0678　困學紀聞集證二十卷／萬蔚亭集註. ——臺北："中華叢書編審委員會"，1960

3 冊；20 厘米

"中華叢書"

HSMH（HS-N10F1-011）

附注：

　　印章：鈐有"胡適的書"朱文方印。

　　其他：(1)影印本。(2)封面題名"困學紀聞集証"。

0679　困學錄集粹八卷／張伯行著. ——上海：商務印書館，1936

[6]，142 頁；18 厘米

叢書集成初編

HSMH（HS-N10F5-063）

附注：

　　印章：鈐有"胡適的書"朱文方印。

　　其他：(1)初版。(2)據正誼堂叢書本排印。

0680　困知記及其他一種／羅欽順撰. ——上海：商務印書館，1936

2 冊；18 厘米

叢書集成初編

HSMH（HS-N10F5-055）

附注：

　　印章：鈐有"胡適的書"朱文方印。

其他：(1)初版。(2)據版權頁題名。(3)內容：《困知記》、《學蔀通辨》。

0681 藍與黑/王藍著. ——臺北：紅藍出版社，1959

659 頁；19 厘米

HSMH（HS-N17F6-026）

附注：

　　印章：鈐有"胡適的書"朱文方印。

　　題記：內封面有作者的手寫題贈："適之先生教正 晚王藍拜贈。"

　　其他：10 版。

0682 老殘遊記/劉鶚著；汪原放句讀. ——上海：亞東圖書館，1928

1 冊；18 厘米

HSMH（HS-N07F6-025）

附注：

　　批注圈劃：版權頁有胡適的鉛筆年份換算注記。

　　與胡適的關係：收錄胡適《老殘遊記序》一文。

　　其他：3 版。

0683 老殘遊記/劉鶚著. ——臺北：遠東圖書公司，1956

［67］，160 頁；19 厘米

中國文學叢書

HSMH（HS-N07F6-024）

附注：

　　印章：鈐有"胡適的書"朱文方印。

　　批注圈劃：《老殘遊記考證》一文有胡適的紅筆劃綫與注記。

　　與胡適的關係：收錄胡適《老殘遊記序》一文。

　　其他：初版。

0684 老孔墨以後學派概觀/梁啓超著. ——臺北：臺灣"中華書局"，1956

［68］頁：表；18 厘米

HSMH（HS-N06F5-018）

附注：

　　印章：鈐有"胡適的書"朱文方印。

　　其他：臺1版。

0685 老子/李耳撰；魏源校正重編；徐照譯.——出版地不詳：出版者不詳，1961

　　27，41，6 頁；19 厘米

　　HSMH（HS-N07F2-030）

　　附注：

　　　印章：鈐有"胡適的書"朱文方印。

　　　題記：封面有譯者手寫題贈："胡院長先生 賜存 晚徐照敬贈。"

　　　其他：英文題名"THE LAO TZE"。

0686 老子本義二卷附錄一卷/魏源著.——出版地不詳：商務印書館，出版年不詳

　　9，94，[7]頁；19 厘米

　　國學基本叢書簡編

　　HSMH（HS-N07F2-027）

　　附注：

　　　印章：鈐有"胡適的書"朱文方印。

　　　批注圈劃：偶有胡適的紅、黑、藍筆劃綫與注記。

0687 老子道德經二卷/李耳撰；河上公章句.——上海：商務印書館，1936

　　2 冊；23 厘米

　　四部叢刊初編縮本子部 122，123

　　HSMH（HS-N11F3-052）

　　附注：

　　　印章：鈐有"胡適的書"朱文方印。

　　　批注圈劃：(1)第 1 冊《老子道德經》二卷均有胡適的紅、藍筆注記、校改與圈劃。(2)第 1 冊《沖虛至德真經》牌記有胡適藍筆注記："此本不應縮成這樣小！適之。"(3)第 1 冊《沖虛至德真經》序有 1957 年 11 月 12 日胡適的紅筆筆記，卷 8 有綠筆劃綫，跋末有胡適的藍、紅筆注記。(4)第 1 冊《南華真經》序，卷 1、2 有胡適的藍、紅筆注記與圈劃；第 2 冊卷 5、10 有

胡適的紅筆圈劃。

夾紙:(1)第1冊《沖虛至德真經》有白、綠色夾紙2張,均有胡適的紅筆筆記一則。(2)第2冊卷7有夾紙1張。

其他:(1)初版。(2)扉頁印有"HONG KONG"字樣。(3)第1冊牌記記載"上海商務印書館縮印常熟瞿氏藏宋本"。(4)與《沖虛至德真經》八卷、《南華真經》十卷合刊。

0688 老子道德經/老聃著;鄭麐編譯.——臺北:世界書局,1953

1冊;21厘米

"中國國際叢書"

HSMH(HS-N07F2-029)

附注:

印章:鈐有"胡適的書"朱文方印。

題記:書名頁有手寫題記:"內老子叙論敬乞 適之先生賜正 後學楊家駱敬上。"

其他:(1)臺初版。(2)封面題名"中英對照老子道德經"。

0689 老子集解附考異/薛蕙著.——出版地不詳:商務印書館,1939

[3],49,13頁;18厘米

叢書集成初編

HSMH(HS-N10F5-031)

附注:

印章:鈐有"胡適的書"朱文方印。

其他:(1)初版。(2)據惜陰軒叢書本排印。

0690 老子斠補/劉師培著.——臺北:藝文印書館,出版年不詳

52頁;19厘米

HSMH(HS-N10F3-033)

附注:

印章:鈐有"胡適的書"朱文方印。

其他:據寧武南氏校印本影印。

0691 老子新證/于省吾著. ——臺北:藝文印書館,出版年不詳

　　40 頁;19 厘米

　　HSMH（HS-N10F3-032）

　　附注:

　　　　印章:鈐有"胡適的書"朱文方印。

0692 老子研究/張起鈞著. ——臺北:"中華叢書委員會",1958

　　6,208 頁;21 厘米

　　"中華叢書"

　　HSMH（HS-N07F2-028）

　　附注:

　　　　印章:鈐有"胡適的書"朱文方印。

0693 老子章句新編/嚴靈峯著. ——臺北:"中華文化出版事業委員會",1954

　　2 冊;19 厘米

　　"現代國民基本知識叢書"第二輯

　　HSMH（HS-N07F2-025）

　　附注:

　　　　印章:鈐有"胡適的書"朱文方印、"靈峰著作"朱文方印。

　　　　題記:書名頁有著者手寫題贈:"適之先生 教正 作者謹贈 中華民國四十三年八月於東京。"

　　　　其他:(1)初版。(2)館藏第 1 冊。

0694 老子正詁/高亨著. ——上海:開明書店,1748

　　[25],187 頁;18 厘米

　　開明文史叢刊

　　HSMH（HS-N07F2-024）

　　附注:

　　　　印章:鈐有"胡適的書"朱文方印。

　　　　其他:(1)再版。(2)封面題名"重訂老子正詁"。

0695 冷戰形勢與中國命運/陶百川著. ——臺北：智慧出版社，1961

10，232 頁；19 厘米

HSMH（HS-N08F2-017）

附注：

題記：扉頁有陶百川手寫題贈："適之先生指正 作者敬贈 九，十。"

0696 李輝英散文選/李輝英著. ——香港：中南出版社，1961

［4］，106 頁；20 厘米

中南創作叢刊

HSMH（HS-N15F1-021）

附注：

印章：鈐有"胡適的書"朱文方印。

題記：內封面有作者的藍筆題贈："適之校長誨正 受業李輝英敬贈 民國五十一年二月於香港。"

其他：初版。

0697 李商隱評論/顧翊羣著；張作梅校訂. ——臺北："中華詩苑"，1958

22，198 頁：圖；19 厘米

HSMH（HS-N06F4-050）

附注：

印章：鈐有"胡適的書"朱文方印、"顧翊羣印"朱文方印。

題記：扉頁有著者毛筆題贈："適之先生指正 顧翊羣 敬贈。"

夾紙：有夾紙 1 張。

0698 李氏學樂錄及其他一種/李塨著. ——出版地不詳：商務印書館，1939

1 冊：圖；18 厘米

叢書集成初編

HSMH（HS-N10F5-092）

附注：

印章：鈐有"胡適的書"朱文方印。

其他:(1)初版。(2)據版權頁題名。

0699 李文公集十八卷/李翱撰. —— 上海：商務印書館, 1936

　　1 冊；23 厘米

　　四部叢刊初編縮本集部 159

　　HSMH（HS-N11F4-018）

　　附注：

　　　印章:鈐有"胡適的書"朱文方印。

　　　其他:(1)初版。(2)扉頁印有"HONG KONG"字樣。(3)牌記記載"上海商務印書館縮印江南圖書館藏明成化刊本"。

0700 李文饒文集二十卷別集十卷外集四卷補一卷/李德裕撰. —— 上海：商務印書館, 1936

　　201 頁；23 厘米

　　四部叢刊初編縮本集部 161

　　HSMH（HS-N11F4-020）

　　附注：

　　　印章:鈐有"胡適的書"朱文方印。

　　　批注圈劃:別集卷 7、10 有胡適的紅筆校改與圈點。

　　　其他:(1)初版。(2)扉頁印有"HONG KONG"字樣。(3)牌記記載"上海商務印書館縮印常熟瞿氏藏明本"。(4)書名頁題"李衛公集"。

0701 李文忠公選集/李鴻章著. —— 臺北：臺灣銀行, 1961

　　5 冊；19 厘米

　　臺灣文獻叢刊第一三一種

　　HSMH（HS-N09F1-013）

　　附注：

　　　印章:鈐有"胡適的書"朱文方印。

0702 李延平集四卷/李侗撰. —— 上海：商務印書館, 1935

　　1 冊；18 厘米

叢書集成初編

HSMH（HS-N10F5-098）

附注：

　　印章：鈐有"胡適的書"朱文方印。

　　批注圈劃：卷1、3有胡適的紅、鉛筆注記與劃綫。

　　夾紙：有夾紙1張。

　　其他：(1)初版。(2)據正誼堂全書本排印。

0703　李贄年譜/容肇祖編.——北京：生活讀書新知三聯書店，1957

　　[1]，126頁；19厘米

　　HSMH（HS-N07F2-019）

　　附注：

　　　　印章：鈐有"胡適的書"朱文方印。

　　　　批注圈劃：偶有胡適的紅筆校改。

　　　　夾紙：有夾紙1張。

　　　　其他：第1版。

0704　理想的家庭/曼殊斐爾等著；徐志摩等譯.——臺北：啓明書局，1956

　　1，71頁；19厘米

　　世界短篇小説名著

　　HSMH（HS-N15F2-039）

　　附注：

　　　　印章：鈐有"胡適的書"朱文方印。

　　　　批注圈劃：《一個理想的家庭》一文頁66、67有胡適的綠筆校改。

　　　　其他：初版。

0705　理想國/柏拉圖著.——臺北：啓明書局，1961

　　[55]，730頁；19厘米

　　世界文學大系外國之部3

　　HSMH（HS-N11F1-012）

　　附注：

777

印章：鈐有"胡適的書"朱文方印。

其他：(1)初版。(2)精裝。

0706 理則學/開濟著．——臺中：廖治，1958

245 頁：圖；21 厘米

HSMH（HS-N18F5-029）

附注：

印章：鈐有"胡適的書"朱文方印、"開濟"朱文方印。

題記：封面有作者的手寫題贈："適之院長指正 鄉後學開濟敬贈 十二，十二。"

內附文件：夾有開濟致胡適贈書信函 1 封，參見館藏號：HS-NK05-101-007。

其他：初版。

0707 蠡測彙鈔/鄧傳安著．——臺北：臺灣銀行，1958

[3]，64 頁；19 厘米

臺灣文獻叢刊第九種

HSMH（HS-N09F2-011）

附注：

印章：鈐有"胡適的書"朱文方印。

0708 立法委員手冊/"立法院"秘書處編．——臺北："立法院"秘書處，1959

7，438 頁；12 厘米

HSMH（HS-N18F3-021）

附注：

批注圈劃：《議事法規》多頁有胡適的紅筆注記與圈劃。

夾紙：夾紙 2 張。

0709 立法委員通訊錄/"立法院"秘書處編．——臺北："立法院"秘書處，1959

[2]，155 頁；13 厘米

HSMH（HS-N18F3-020）

附注：

批注圈劃：頁51有胡適的紅筆注記。

夾紙：夾附"馬蕭亞麟（Mrs. Aline Ma）"名片1張。

0710 歷代帝王年表附帝王廟諡年諱譜/齊召南撰；阮福補.——臺北：世界書局，1956

1冊：表；19厘米

世界文庫四部刊要史學叢書之一

HSMH（HS-N17F5-006）

附注：

印章：鈐有"胡適的書"朱文方印。

其他：(1)初版。(2)據清道光四年(1824)小琅嬛僊館藏本影印。

0711 歷代高僧故事第一輯/彭楚珩編著.——臺北："中國佛教會文化教育委員會"，1958

10冊；19厘米

HSMH（HS-N05F6-043）

附注：

印章：各冊均鈐有"胡適的書"朱文方印；第1冊鈐有"彭楚珩印"朱文方印。

題記：第1冊書名頁有編者題記："適公賜正 後學 彭楚珩敬贈 元月廿八日。"

其他：初版。

0712 歷代名人生卒年表/梁廷燦編.——上海：商務印書館，1935

1冊：表；19厘米

HSMH（HS-N07F5-043）

附注：

批注圈劃：有胡適的紅、黑、藍、鉛筆筆記與校改。

其他：(1)再版。(2)精裝。

0713 歷代圖書板本志要/羅錦堂著. ——臺北："中華叢書委員會"，1958

[156]頁，圖版[20]頁；19厘米

"中華叢書國立歷史博物館歷史文物叢刊"第一輯

HSMH（HS-N07F5-047）

附註：

印章：鈐有"胡適的書"朱文方印、"羅錦堂"朱文方印。

題記：書名頁有作者手寫題贈："適之院長 賜正 晚生羅錦堂敬呈。"

批注圈劃：圖版數頁有紅筆劃綫。

0714 曆法通志/朱文鑫著. ——上海：商務印書館，1934

[5]，302頁：表；20厘米

HSMH（HS-N07F5-018）

附註：

印章：鈐有"胡適的書"朱文方印。

其他：初版。

0715 歷年工作進行表解：二/"光復大陸設計研究委員會"編. ——臺北："光復大陸設計研究委員會"，1959

[1]頁；摺圖；19厘米

HSMH（HS-N21F1-049）

0716 歷年工作進行表解：四/"光復大陸設計研究委員會"編. ——臺北："光復大陸設計研究委員會"，1961

[1]頁；摺圖；19厘米

HSMH（HS-N21F1-050）

0717 歷史學與社會科學/李璜著. ——香港：友聯出版社，1961

100頁；19厘米

HSMH（HS-N15F2-013）

附註：

印章：鈐有"胡適的書"朱文方印。

其他:初版。

0718 歷史研究法/本局編譯所編.——臺北:啓明書局,1958

[2],63 頁;18 厘米

青年百科入門國學入門組

HSMH(HS-N10F1-047)

附注:

印章:鈐有"胡適的書"朱文方印。

其他:初版。

0719 栗谷全書/李栗谷著.——漢城:成均館大學校大東文化研究院,1958

[20],1116 頁;22 厘米

HSMH(HS-N07F4-006)

附注:

印章:鈐有"胡適的書"朱文方印。

其他:(1)影印本。(2)精裝。

0720 利瑪竇傳/羅光著.——臺中:光啓出版社,1960

235 頁;19 厘米

HSMH(HS-N07F2-032)

附注:

印章:鈐有"胡適的書"朱文方印。

批注圈劃:有胡適的紅、藍筆劃綫與批注。

夾紙:有夾紙 1 張。

其他:(1)臺初版。(2)書末粘附"著者敬贈"的名片 1 張。

0721 連雅堂傳/楊雲萍著.——出版地不詳:出版者不詳,出版年不詳

309—316 頁;18 厘米

HSMH(HS-N07F3-019)

附注:

其他:爲《臺灣文化論集》(臺北:"中華文化出版事業委員會",1954)抽

印本。

0722 濂洛關閩書/張伯行集解.——上海：商務印書館，1937

4冊；18厘米

叢書集成初編

HSMH（HS-N10F5-043）

附注：

印章：鈐有"胡適的書"朱文方印。

批注圈劃：(1)第1冊卷1、2有胡適的藍筆注記。(2)第3冊卷13有胡適的藍筆注記。

其他：(1)初版。(2)據正誼堂全書本排印。

0723 聯緜字典/符定一編輯.——臺北：臺灣"中華書局"，1961

3冊；19厘米

HSMH（HS-N09F1-018）

附注：

印章：鈐有"胡適的書"朱文方印。

批注圈劃：(1)上冊黃侃《黃攽》一文有胡適的紅筆劃綫。(2)上冊口部、山部偶有胡適的紅筆劃綫。

其他：(1)臺1版。(2)精裝。

0724 戀歌/沙多維奴等著；伍光建等譯.——臺北：啓明書局，1956

1，99頁；19厘米

世界短篇小說名著

HSMH（HS-N15F2-038）

附注：

印章：鈐有"胡適的書"朱文方印。

其他：初版。

0725 煉曲/彭歌著.——臺北："中華文藝社"，1959

95頁；19厘米

自由談連載小說

HSMH（HS-N17F6-036）

附注：

　　印章：鈐有"胡適的書"朱文方印。

　　題記：內封面有作者的手寫題贈："適之先生正之 晚彭歌敬贈 四八年元月。"

　　其他：初版。

0726 良夜幽情曲/伊本納茲等著；夏心客等譯．——臺北：啟明書局，1956

　　1，83頁；19厘米

　　世界短篇小說名著

　　HSMH（HS-N15F2-037）

　　附注：

　　　印章：鈐有"胡適的書"朱文方印。

　　　其他：初版。

0727 梁任公先生年譜長編初稿/丁文江編．——臺北：世界書局，1958

　　3冊：圖；19厘米

　　世界文庫四部刊要中國史學名著之一

　　HSMH（HS-N07F3-018）

　　附注：

　　　印章：鈐有"胡適的書"朱文方印。

　　　批注圈劃：上冊有胡適的紅、藍筆校改與劃綫；下冊有胡適的紅筆校改、注記與劃綫。

　　　夾紙：下冊有夾紙數張。

　　　其他：1版。

0728 梁書五十六卷/姚思廉撰．——臺北：藝文印書館，出版年不詳

　　419頁；26厘米

　　HSMH（HS-N09F4-003）

　　附注：

印章：鈐有"胡適的書"朱文方印。

批注圈劃：有胡適的紅、綠筆圈劃、校改與注記。

夾紙：有夾紙2張。

其他：據清乾隆武英殿刊本影印。

0729 **梁漱溟思想批判論文彙編第一輯**/三聯書局編. ——北京：三聯書局，1955

173 頁；20 厘米

HSMH（HS-N06F4-020）

附注：

印章：鈐有"胡適的書"朱文方印。

其他：第 1 版；北京第 1 次印刷。

0730 **梁漱溟思想批判論文彙編第二輯**/三聯書局編. ——北京：三聯書局，1956

237 頁；20 厘米

HSMH（HS-N06F4-021）

附注：

印章：鈐有"胡適的書"朱文方印。

批注圈劃：(1)目次有胡適的紅筆劃記。(2)內文有胡適的紅筆注記與劃綫。

夾紙：有夾紙 1 張。

其他：第 1 版；北京第 1 次印刷。

0731 **兩晉三省制度之淵源、特色及其演變**/陳啓雲著. ——香港：新亞學報，1958

99—229 頁：表；26 厘米

HSMH（HS-N17F5-023）

附注：

印章：鈐有"胡適的書"朱文方印。

題記：封面有作者的手寫題贈："適之先生指正 後學陳啓雲謹呈。"

夾紙：夾有"中央研究院"便條 1 張，上有手抄作者通訊地址，文末有胡適的毛筆注記："已復謝 四八，十，九。"

其他：爲《新亞學報》第 3 卷第 2 期抽印本。

0732 兩千年中西曆對照表/薛仲三,歐陽頤合編. ——上海:商務印書館,1940

20,438 面:表;27 厘米

HSMH(HS-N05F2-197)

附注:

印章:扉頁有李田意鉛筆字橫書的英文草體簽名"Tien-yi Li",鈐有"胡適的書"朱文方印。

題記:扉頁有胡適藍筆注記:"此書原是李田意兄的,後來他借給我用,王方宇兄又為他買得一冊,故此冊歸我。胡適。"

批注圈劃:多處有胡適的藍、紅、鉛筆批注與校改。

夾紙:扉頁與書末各粘有胡適手寫干支表1張。

與胡適的關係:收錄1936年6月26日胡適所寫的序文。

其他:(1)精裝。(2)英文題名"A Sino-Western calendar for two thousand years 1-2000 A. D."。

0733 遼史一百十六卷/脫脫等修. ——臺北:藝文印書館,出版年不詳

593 頁:表;26 厘米

HSMH(HS-N09F4-016)

附注:

印章:鈐有"胡適的書"朱文方印。

其他:據清乾隆武英殿刊本影印。

0734 聊齋全集/蒲松齡著;路大荒,趙苕狂編. ——上海:世界書局,1936

4 冊:圖;19 厘米

HSMH(HS-N05F3-230)

附注:

批注圈劃:有胡適的紅、藍、黑筆注記、校改與劃綫。

夾紙:(1)第1冊《蒲柳泉先生年譜》頁5粘藍色手寫筆記1張,筆跡不似胡適。(2)第1冊《聊齋詩集》上卷頁7夾有華都大飯店音樂茶座入場券1張(1961.4.29)。

與胡適的關係:第1冊附錄二收錄胡適《跋張元的柳泉蒲先生墓表》

一文。

其他:(1)初版。(2)精裝。(3)館藏第1、2冊。

0735 聊齋志異十六卷/蒲松齡著. ——臺北:藝文印書館,1956

544 頁;19 厘米

HSMH（HS-N05F3-228）

附注:

印章:鈐有"胡適的書"朱文方印。

批注圈劃:(1)卷首有胡適的綠筆注記。(2)目錄有胡適的紅筆記號;卷14、16 有胡適的紅筆圈點。

夾紙:有夾紙數張。

其他:(1)初版。(2)據清乾隆三十年(1765)青柯亭刊本影印。

0736 聊齋志異原稿研究/楊仁愷著. ——瀋陽:遼寧人民出版社,1958

6,225 頁:像;19 厘米

HSMH（HS-N05F3-229）

附注:

題記:書名頁有胡適的紅筆注記:"適之在東京買得。四九,十月。"

夾紙:頁 137 有夾紙 1 張。

其他:第 1 版。

0737 了了集/許希哲著. ——臺北:作品出版社,1960

［5］,151 頁;19 厘米

作品叢書第五種

HSMH（HS-N17F6-047）

附注:

印章:鈐有"胡適的書"朱文方印。

其他:初版。

0738 列子/張湛注. ——臺北:藝文印書館,出版年不詳

126 頁;19 厘米

HSMH（HS-N10F3-016）

附注：

印章：钤有"胡适的书"朱文方印。

0739 列子章句新编/严灵峯著.——香港：無求備齋，1960

1 册；21 厘米

HSMH（HS-N07F2-031）

附注：

印章：钤有"胡适的书"朱文方印、"靈峰著□"朱文方印、"無求備齋"朱文方印。

题记：书名页有著者手写题赠："適之先生院長 教正 晚嚴靈峰謹贈 中華民國四十九年秋於九龍珠海書院。"

夹纸：书名页夹有手写作者香港通讯处短笺 1 张。

其他：初版。

0740 林和靖先生詩集四卷/林逋撰.——上海：商務印書館，1936

2 册：图；23 厘米

四部叢刊初編縮本集部 176，177

HSMH（HS-N11F4-034）

附注：

印章：钤有"胡适的书"朱文方印。

批注圈划：(1)第 1 册《河南穆公集》卷 2，3，遗事有胡适的蓝笔校改与圈划。(2)第 1 册《范文正公集》卷 1，3，5—9，11 有胡适的红、黑笔注记与圈划。(3)第 2 册《范文正公集》别集卷 2—4，奏议二卷，尺牍，年谱，言行拾遗事录卷 1、2，褒贤集有胡适的蓝、黑、红、铅、朱笔注记、校改与圈划。

夹纸：二册均有夹纸数张。

其他：(1)初版。(2)扉页印有"HONG KONG"字样。(3)第 1 册牌记记载"上海商務印書館縮印江安傅氏藏影明鈔本"。(4)与《河南穆公集》三卷、《范文正公集》合刊。

0741 靈樞經十二卷/著者不詳.——上海：商務印書館，1936

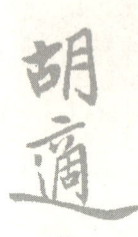

134頁；23厘米

四部叢刊初編縮本子部082

HSMH（HS-N11F3-029）

附注：

　　印章：鈐有"胡適的書"朱文方印。

　　其他：(1)初版。(2)扉頁印有"HONG KONG"字樣。(3)牌記記載"上海商務印書館縮印明趙府居敬堂本"。

0742 嶺雲海日樓詩鈔十三卷／丘逢甲著.——臺北：臺灣銀行，1960

3冊：圖；19厘米

臺灣文獻叢刊第七十種

HSMH（HS-N09F2-021）

附注：

　　印章：鈐有"胡適的書"朱文方印。

0743 柳待制文集二十卷／柳貫撰.——上海：商務印書館，1936

2冊；23厘米

四部叢刊初編縮本集部307，308

HSMH（HS-N11F5-031）

附注：

　　印章：鈐有"胡適的書"朱文方印。

　　其他：(1)初版。(2)扉頁印有"HONG KONG"字樣。(3)第1冊牌記記載"上海商務印書館縮印元至正刊本"。

0744 劉夢得文集三十卷外集十卷／劉禹錫撰.——上海：商務印書館，1936

2冊；23厘米

四部叢刊初編縮本集部156，157

HSMH（HS-N11F4-016）

附注：

　　印章：鈐有"胡適的書"朱文方印。

　　批注圈劃：(1)第1冊卷4，5，7—9有胡適的紅筆圈劃。(2)第2冊卷30，外集卷8—10,跋有胡適的黑、藍、紅筆注記與圈劃。

夾紙:二冊均有夾紙。

其他:(1)初版。(2)扉頁印有"HONG KONG"字樣。(3)第1冊牌記記載"上海商務印書館縮印武進董氏影宋本"。

0745 六臣註文選六十卷/昭明太子撰;李善註.——上海:商務印書館,1936

5冊;23厘米

四部叢刊初編縮本集部399—403

HSMH（HS-N11F6-029）

附注:

印章:鈐有"胡適的書"朱文方印。

批注圈劃:(1)第1冊《表》,卷10、11有胡適的紅筆注記與圈劃。(2)第5冊卷53、59、60有胡適的紅、藍筆注記與圈劃。

夾紙:第2、4冊各有夾紙1張。

其他:(1)初版。(2)扉頁印有"HONG KONG"字樣。(3)第1冊牌記記載"上海商務印書館縮印宋刊本"。

0746 六十年代詩選/張默,瘂弦主編.——高雄:大業書店,1961

224頁;21厘米

HSMH（HS-N07F3-032）

附注:

夾紙:夾有卡片1張及殘片1張。

其他:臺初版。

0747 龍川文集附辨偽考異/陳亮著.——上海:商務印書館,1936

6冊:圖;18厘米

叢書集成初編

HSMH（HS-N10F4-001）

附注:

印章:鈐有"胡適的書"朱文方印。

夾紙:第4冊有夾紙2張;第6冊有夾紙1張。

其他:(1)初版。(2)據金華叢書本排印。

0748 龍門子凝道記/宋濂撰.——上海:商務印書館,1937

［4］,54頁;18厘米

叢書集成初編

HSMH（HS-N10F5-038）

附注:

印章:鈐有"胡適的書"朱文方印。

其他:(1)初版。(2)據金華叢書本排印。

0749 盧抱經先生手校本拾遺/趙吉士著.——臺北:"中華叢書委員會",1958

8,96面:表;19厘米

"中華叢書"

HSMH（HS-N15F2-075）

附注:

印章:鈐有"胡適的書"朱文方印。

0750 盧騷傳/郁達夫著.——臺北:啓明書局,1957

［2］,78頁;19厘米

新文藝文庫郁達夫文話

HSMH（HS-N17F6-040）

附注:

其他:初版。

0751 魯春秋/查繼佐著.——臺北:臺灣銀行,1961

［8］,110頁;19厘米

臺灣文獻叢刊第一一八種

HSMH（HS-N09F1-003）

附注:

印章:鈐有"胡適的書"朱文方印。

與胡適的關係:收錄胡適《跋金門新發見皇明監國魯王壙誌》一文。

0752 魯迅書簡/許廣平編. ——北京：人民文學出版社，1953

2 冊；18 厘米

HSMH（HS-N15F2-062）

附注：

印章：鈐有"胡適的書"朱文方印。

其他：(1)北京第 3 次印刷。(2)根據魯迅全集出版社紙版重印。

0753 魯齋集附錄補遺/王柏著. ——上海：商務印書館，1936

3 冊；18 厘米

叢書集成初編

HSMH（HS-N10F4-002）

附注：

印章：鈐有"胡適的書"朱文方印。

其他：(1)初版。(2)據金華叢書本排印。

0754 陸桴亭思辨録輯要二十二卷/陸世儀撰. ——上海：商務印書館，1936

3 冊；18 厘米

叢書集成初編

HSMH（HS-N10F5-060）

附注：

印章：鈐有"胡適的書"朱文方印。

其他：(1)初版。(2)據正誼堂叢書本排印。

0755 陸士衡文集十卷/陸機撰. ——上海：商務印書館，1936

1 冊；23 厘米

四部叢刊初編縮本集部 133

HSMH（HS-N11F3-057）

附注：

印章：鈐有"胡適的書"朱文方印。

批注圈劃：(1)《陸士衡文集》卷 1、3 有胡適的黑筆圈劃。(2)《陸士龍文集》卷 3 偶有胡適的紅筆劃記。(3)《箋註陶淵明集》卷 2 偶有胡適的紅筆劃記。

夾紙：《箋註陶淵明集》有夾紙 1 張。

其他：(1)初版。(2)扉頁印有"HONG KONG"字樣。(3)牌記記載"上海商務印書館縮印江南圖書館藏明正德覆宋刊本"。(4)與《陸士龍文集》十卷、《箋註陶淵明集》十卷合刊。

0756 陸宣公翰苑集二十二卷/陸贄撰. —— 上海：商務印書館，1936

　　197 頁；23 厘米

　　四部叢刊初編縮本集部 149

　　HSMH（HS-N11F4-012）

　　附注：

　　印章：鈐有"胡適的書"朱文方印。

　　批注圈劃：序有胡適的朱筆圈劃與黑筆注記；卷 1—3，5，17 有胡適的朱筆圈劃。

　　其他：(1)初版。(2)書名頁印有"HONG KONG"字樣。(3)牌記記載"上海商務印書館縮印宋刊本"。

0757 鹿樵紀聞三卷/梅村野史著. —— 臺北：臺灣銀行，1961

　　[6]，146 頁；19 厘米

　　臺灣文獻叢刊第一二七種

　　HSMH（HS-N09F1-011）

　　附注：

　　印章：鈐有"胡適的書"朱文方印。

0758 呂和叔文集十卷/呂溫撰. —— 上海：商務印書館，1936

　　1 冊；23 厘米

　　四部叢刊初編縮本集部 158

　　HSMH（HS-N11F4-017）

　　附注：

　　印章：鈐有"胡適的書"朱文方印。

批注圈劃:(1)《吕和叔文集》卷1、6有胡適的朱筆注記與圈劃。(2)《張司業詩集》卷6有胡適的紅筆注記。(3)《皇甫持正文集》卷2有胡適的紅筆注記。

其他:(1)初版。(2)扉頁印有"HONG KONG"字樣。(3)牌記記載"上海商務印書館縮印常熟瞿氏藏述古堂精鈔本"。(4)與《張司業詩集》八卷、《皇甫持正文集》合刊。

0759 吕氏春秋二十六卷/高誘注. ——上海:商務印書館,1936

188頁;23厘米

四部叢刊初編縮本子部095

HSMH（HS-N11F3-039）

附注:

印章:鈐有"胡適的書"朱文方印。

批注圈劃:全書多處有胡適的藍、黑、紅筆注記、校改與圈劃。

夾紙:有夾紙數張。

其他:(1)初版。(2)扉頁印有"HONG KONG"字樣。(3)牌記記載"上海商務印書館縮印明刊本"。

0760 吕氏春秋/高誘註. ——臺北:藝文印書館,出版年不詳

2冊;19厘米

HSMH（HS-N10F3-044）

附注:

印章:鈐有"胡適的書"朱文方印。

0761 吕氏春秋校釋/尹仲容校釋. ——臺北:大地印刷廠,1952

[10],282,[15]頁;21厘米

HSMH（HS-N17F5-001）

附注:

印章:鈐有"胡適的書"朱文方印、"李報"朱文方印。

題記:封面裏有黑筆手寫題贈:"適之先生賜存 後學李報拜贈。"

其他:臺初版。

0762 呂氏春秋校釋/尹仲容著. ——臺北:"中華叢書委員會", 1958

[36], 272 頁; 21 厘米

"中華叢書"

HSMH(HS-N06F3-030)

附注:

題記:書名頁有作者題贈:"適之先生教正 仲容敬贈 四八,十,廿六 於台北"。

批注圈劃:有胡適的紅筆注記與劃綫。

夾紙:有夾紙數張,《卷第一 諭大》頁 9 有胡適紅筆手寫筆記 1 張。

相關記載:有 1959 年 11 月 26 日胡適《〈呂氏春秋〉可能是二十六篇被割裂成爲一百六十篇的》一文提到此書章節及内容,原稿影像檔參見館藏號:HS-MS01-027-015,本文亦收錄在《胡適之先生年譜長編初稿》第 8 冊頁 3074 及《胡適手稿》第 9 集卷 3 頁 397—405。

其他:初版。

0763 呂氏春秋校釋/尹仲容著. ——臺北:"中華叢書委員會", 1958

[36], 272 頁; 21 厘米

"中華叢書"

HSMH(HS-N10F1-016)

附注:

印章:鈐有"胡適的書"朱文方印。

0764 呂氏春秋新證/于省吾著. ——臺北:藝文印書館, 出版年不詳

62 頁; 19 厘米

HSMH(HS-N10F3-045)

附注:

印章:鈐有"胡適的書"朱文方印。

其他:卷端題名"雙劍誃呂氏春秋新證"。

0765 呂語集粹/尹會一輯. ——上海:商務印書館, 1937

56 頁；18 厘米

叢書集成初編

HSMH（HS-N10F5-020）

附注：

　　印章:鈐有"胡適的書"朱文方印。

　　批注圈劃:有胡適的鉛筆注記與圈劃。

　　其他:(1)初版。(2)據畿輔叢書本排印。

0766　旅美十記/李霖燦著.——臺中：光啓出版社，1958

　　111 頁：圖；19 厘米

　　文藝叢書之七

　　HSMH（HS-N17F6-024）

　　附注：

　　　　印章:內封面鈐有"李霖燦印"朱文圓印。

　　　　題記:內封面有作者的題贈:"適之先生賜教　後學霖燦謹寄贈於台中。"

　　　　其他:初版。

0767　旅台清華同學通訊錄/編者不詳.——出版地不詳：出版者不詳，1958

　　3，58，17 頁；13 厘米

　　HSMH（HS-N18F3-017）

0768　綠窗新話二卷/皇都風月主人編.——臺北：世界書局，1958

　　6，226 頁；19 厘米

　　世界文庫四部刊要

　　HSMH（HS-N06F5-044）

　　附注：

　　　　印章:鈐有"胡適的書"朱文方印。

　　　　題記:一冊扉頁有黑筆題贈:"適之先生賜教　後學楊家駱敬獻。"

　　　　其他:1 版。

0769　綠屋/郭嗣汾著.——臺北：作品出版社，1960

141 頁；19 厘米

作品叢書第四種

HSMH（HS-N17F6-031）

附注：

印章：鈐有"胡適的書"朱文方印。

其他：初版。

0770 欒城集五十卷後集二十四卷三集十卷/蘇轍撰. ——上海：商務印書館，1936

4 冊；23 厘米

四部叢刊初編縮本集部 207—210

HSMH（HS-N11F4-047）

附注：

印章：鈐有"胡適的書"朱文方印。

批注圈劃：(1)第 1 冊序有胡適的紅筆校改。(2)第 2 冊卷 18、23、25 有胡適的紅筆注記與圈劃。(3)第 3 冊後集卷 7—13 有胡適的紅、藍筆注記、校改與圈劃。(4)第 4 冊後集卷 19—24，三集多卷有胡適的紅、藍筆注記、校改與圈劃。

夾紙：第 4 冊有夾紙數張。

其他：(1)初版。(2)扉頁印有"HONG KONG"字樣。(3)第 1 冊牌記記載"上海商務印書館縮印明活字印本"。(4)與《欒城應詔集》十二卷合刊。

0771 論創制、複決與罷免/康琴譯. ——出版地不詳：出版者不詳，出版年不詳

38 頁；21 厘米

HSMH（HS-N17F5-011）

0772 論衡三十卷/王充撰. ——上海：商務印書館，1936

2 冊；23 厘米

四部叢刊初編縮本子部 098，099

HSMH（HS-N11F3-042）

附注：

印章：鈐有"胡適的書"朱文方印。

批注圈劃：第 1 冊卷 1 偶有朱筆圈劃。

其他：(1)初版。(2)扉頁印有"HONG KONG"字樣。(3)第 1 冊牌記記載"上海商務印書館縮印明通津草堂刊本"。

0773 論衡集解／王充撰；劉盼遂集解．——臺北：世界書局，1958

2 冊；19 厘米

世界文庫四部刊要中國思想名著之一

HSMH（HS-N07F3-008）

附注：

印章：鈐有"胡適的書"朱文方印。

批注圈劃：上冊自序末有胡適的紅筆長篇注記："此書中已引黃暉校釋，又頁 644 不但記黃暉的校釋'民國二十七年一月長沙，商務印書館出版'，又記'論衡通檢，民國三十二年一月出版'。故盼遂此書印行遠在黃暉校釋印行之後。胡適 四八，一，十四。"

其他：初版。

0774 論衡校釋／黃暉著．——長沙：商務印書館，1938

4 冊；19 厘米

HSMH（HS-N07F3-006）

附注：

印章：鈐有"適之"朱文方印。

批注圈劃：(1)各冊有胡適的紅、藍、黑筆注記與圈點。(2)第 4 冊版權頁有胡適的黑筆年代注記。

其他：初版。

0775 論李鴻章／梁啓超著．——臺北：臺灣"中華書局"，1958

90 頁；18 厘米

HSMH（HS-N06F5-024）

附注：

印章：鈐有"胡適的書"朱文方印。

其他：臺1版。

0776 論列寧主義基礎：論列寧主義底幾個問題/斯大林著.——莫斯科：外國文書籍出版局，1949

200 頁：圖；20 厘米

HSMH（HS-N15F1-017）

附注：

印章：鈐有"胡適的書"朱文方印，蓋有"胡適"印戳。

批注圈劃：偶有胡適的鉛筆劃綫。

0777 論清詞/賀光中著.——星加坡：東方學會，1958

[3]，260 頁；21 厘米

HSMH（HS-N06F4-054）

附注：

印章：鈐有"胡適的書"朱文方印。

其他：初版。

0778 論曲五種/王國維撰.——臺北：藝文印書館，出版年不詳

162 頁；19 厘米

HSMH（HS-N10F4-040）

附注：

印章：鈐有"胡適的書"朱文方印。

其他：(1) 影印本。(2) 內容：《唐宋大曲考》、《戲曲考源》、《古劇脚色考》、《優語錄》、《錄曲餘談》。

0779 論人民民主專政/毛澤東著.——廣州：新華書店，1950

21 頁；19 厘米

HSMH（HS-N06F3-036）

附注：

印章：鈐有"胡適的書"朱文方印。

批注圈劃：全冊多處有胡適的紅筆注記與劃綫。

其他:4版。

0780 論現代詩/覃子豪著.——臺北:藍星詩社,1960

[8],260頁;17厘米

藍星詩叢

HSMH(HS-N17F6-008)

附注:

印章:鈐有"胡適的書"朱文方印。

題記:扉頁有作者的藍筆題贈:"適之先生賜正 後學覃子豪敬贈 五十年元月。"

夾紙:夾有信封殘片1張與碎紙片2張。

其他:初版。

0781 論新資本主義:美國經濟研究/劉道元著.——出版地不詳:台灣省立農學院,1960

438頁;25厘米

HSMH(HS-N08F1-003)

附注:

夾紙:有注記作者地址夾紙1張。

其他:手稿影印本。

0782 論語德目分類/沈威恆主編.——新竹:鄉建週刊社,1959

[8],76,15頁;19厘米

HSMH(HS-N17F3-009)

附注:

印章:鈐有"胡適的書"朱文方印。

題記:封面有作者的手寫題贈:"適之先生教正 沈威恆贈。"

0783 論語集注十卷/朱熹著.——東京:書籍文物流通會,1960

2冊;18厘米

HSMH(HS-N07F3-002)

附注：

  印章：鈐有"胡適的書"朱文方印。

0784 **論語集註考證十卷卷首一卷**/金履祥撰. ——上海：商務印書館，1937

  2 冊；18 厘米

  叢書集成初編

  HSMH（HS-N07F2-021）

  附注：

    印章：鈐有"胡適的書"朱文方印。

    其他：(1)初版。(2)第 1 冊牌記記載"本館據金華叢書本排印初編各叢書僅有此本"。

0785 **論語意原**/鄭汝諧撰. ——上海：商務印書館，1937

  [5]，98，2 頁；18 厘米

  叢書集成初編

  HSMH（HS-N10F5-027）

  附注：

    印章：鈐有"胡適的書"朱文方印。

    其他：(1)初版。(2)據聚珍版叢書本排印。

0786 **論語正義**/劉寶楠著. ——臺北："中華叢書委員會"，1958

  2 冊；19 厘米

  "中華叢書"

  HSMH（HS-N10F3-012）

  附注：

    印章：鈐有"胡適的書"朱文方印。

    夾紙：下冊夾有紙卡 1 張。

    其他：據清同治五年(1866)金陵存古書社刊本影印。

0787 **論再生緣**/陳寅恪撰. ——出版地不詳：出版者不詳，出版年不詳

  49 頁；26 厘米

HSMH（HS-N06F3-047）

附注：

印章：鈐有"胡適的書"朱文方印；封面蓋有"贈閱"印戳。

批注圈劃：多處有胡適的紅、藍筆批注、校改與劃綫。

其他：油印本。

0788 論中國短篇白話小說/孫楷第著.——上海：棠棣出版社，1953

[4]，138 頁；18 厘米

中國古典文學研究叢刊

HSMH（HS-N06F5-049）

附注：

印章：鈐有"胡適的書"朱文方印。

題記：扉頁有手寫題贈："適之校長惠存 學生程綏楚敬贈 四三，三，十五 香港。"

批注圈劃：頁 42、43 有胡適的綠筆注記；頁 54、55 有綠筆圈點。

其他：(1)初版。(2)版權頁有黑筆塗抹痕迹。

0789 論自由及論代議政治/ J. S. Mill 著；郭志嵩譯.——臺北：協志工業叢書出版股份有限公司，1961

[15]，320 頁；19 厘米

協志工業叢書

HSMH（HS-N07F2-034）

附注：

印章：鈐有"胡適的書"朱文方印。

批注圈劃：《譯者的話》有胡適的紅筆校改與劃綫。

夾紙：封面粘貼紙條 1 張，藍筆手寫注記"適之先生 指正 郭志嵩敬贈"字樣。

其他：初版。

0790 羅豫章集十卷/羅從彥撰.——上海：商務印書館，1936

2 冊；18 厘米

801

叢書集成初編

HSMH（HS-N10F5-104）

附注：

　　印章：鈐有"胡適的書"朱文方印。

　　其他：(1)初版。(2)據正誼堂全書本排印。

0791 落花生/落華生著．——臺北：啓明書局，1957

　　[3]，72頁；19厘米

　　新文藝文庫落華生散文一集

　　HSMH（HS-N17F6-045）

　　附注：

　　　　其他：(1)初版。(2)落華生即落花生，許地山的筆名。

0792 洛陽伽藍記校注五卷附編四卷/楊衒之撰；范祥雍校注．——上海：古典文學出版社，1958

　　[56]，402頁：摺地圖；20厘米

　　HSMH（HS-N02F4-021）

　　附注：

　　　　印章：鈐有"胡適的書"朱文方印。

　　　　夾紙：頁70處有夾紙1張。

　　　　其他：第1版。

0793 馬可波羅其人其事/何福同著．——臺北："中華叢書委員會"，1958

　　2，150頁，圖版[3]頁：摺地圖；20厘米

　　"中華叢書"

　　HSMH（HS-N10F1-026）

　　附注：

　　　　批注圈劃：偶有胡適的紅筆校改與劃綫。

0794 馬來亞遊記/謝冰瑩著．——出版地不詳：海潮音月刊社，1961

　　2冊：圖；19厘米

HSMH（HS-N15F2-032）

附注：

　　印章：鈐有"胡適的書"朱文方印、"謝冰瑩"白文方印。

　　題記：封面後有作者的手寫題贈："適之先生賜正 後學謝冰瑩敬贈 五〇，一，廿九。"

　　其他：(1)初版。(2)館藏上集。

0795 埋沙集/艾山著.——臺北：文星書店，1960

　　5，133，2頁；19厘米

　　HSMH（HS-N17F6-019）

附注：

　　題記：封面有胡適的藍筆注記："五十、十一、五，王德昭先生轉來。適之。"

　　其他：初版。

0796 脈經十卷/王叔和撰.——上海：商務印書館，1936

　　87頁；23厘米

　　四部叢刊初編縮本子部085

　　HSMH（HS-N11F3-032）

附注：

　　印章：鈐有"胡適的書"朱文方印。

　　其他：(1)初版。(2)印有"HONG KONG"字樣。(3)牌記記載"上海商務印書館縮印元刊本"。

0797 毛詩詞例舉要/劉師培著.——臺北：藝文印書館，出版年不詳

　　160頁；19厘米

　　HSMH（HS-N10F2-020）

附注：

　　印章：鈐有"胡適的書"朱文方印。

　　其他：附錄《毛詩詞例舉要略本》。

0798 毛詩傳箋通釋三十二卷 / 馬瑞辰著. ── 臺北：藝文印書館，出版年不詳

　　6 冊；19 厘米

　　HSMH（HS-N10F2-019）

　　附注：

　　　　印章：鈐有"胡適的書"朱文方印。

　　　　其他：據清光緒十四年（1888）廣雅書局刻本影印。

0799 毛詩二十卷 / 著者不詳. ── 上海：商務印書館，1936

　　165 頁；23 厘米

　　四部叢刊初編縮本經部 002

　　HSMH（HS-N11F2-018）

　　附注：

　　　　印章：鈐有"胡適的書"朱文方印。

　　　　批注圈劃：有胡適的黑、紅筆注記與圈點。

　　　　夾紙：有夾紙 3 張。

　　　　其他：(1)初版。(2)牌記記載"上海商務印書館縮印常熟瞿氏所藏宋刊巾箱本"。

0800 毛澤東自傳 / 史諾筆錄；方霖譯. ── 香港：新民主出版社，1948

　　56，8 頁；19 厘米

　　毛澤東研究叢書

　　HSMH（HS-N06F3-033）

　　附注：

　　　　印章：鈐有"胡適的書"朱文方印。

　　　　批注圈劃：多處有胡適的黑、紅、鉛筆注記、校改與圈劃。

　　　　其他：(1)再版。(2)附錄《中國共產黨年表》。

0801 梅村家藏藁五十八卷補遺一卷世系一卷年譜四卷 / 吳偉業撰. ── 上海：商務印書館，1936

　　2 冊：圖；23 厘米

　　四部叢刊初編縮本集部 352，353

HSMH（HS-N11F6-007）

附注：

 印章：鈐有"胡適的書"朱文方印。

 批注圈劃：(1)第1冊卷11、17有胡適的藍筆注記與校改。(2)第2冊卷46、《年譜》卷1有胡適的藍、黑筆注記與圈劃。

 夾紙：第1冊有夾紙1張。

 其他：(1)初版。(2)扉頁印有"HONG KONG"字樣。(3)第1冊牌記記載"上海商務印書館縮印武進董氏新刊本"。

0802 梅瑟五書/思高聖經學會編譯. ——北平：方濟堂，1948

12，866頁：圖；18厘米

舊約全書之一

HSMH（HS-N08F1-009）

附注：

 印章：鈐有"胡適的書"朱文方印。

 其他：精裝。

0803 梅溪王先生文集/王十朋撰. ——上海：商務印書館，1936

3冊；23厘米

四部叢刊初編縮本集部238—240

HSMH（HS-N11F5-002）

附注：

 印章：鈐有"胡適的書"朱文方印。

 批注圈劃：第1冊前集卷10、13、14有胡適的紅、藍筆校改與注記。

 其他：(1)初版。(2)扉頁印有"HONG KONG"字樣。(3)第1冊牌記記載"上海商務印書館縮印明正統刊本"。(4)書名頁題"梅溪先生全集"。

0804 美狄亞/李石曾主編. ——臺北：啓明書局，1961

1冊：圖；19厘米

世界文學大系外國之部6

HSMH（HS-N11F1-015）

附注：

印章：鈐有"胡適的書"朱文方印。

其他：(1)再版。(2)精裝。(3)與《塞維勒的理髮師》、《狼》、《提秀斯》、《綸繆拉斯》、《爭鬥》、《巡按》、《瓦輪斯坦》合刊。

0805 美國短篇小説集／傅東華，于熙儉選譯．——臺北：臺灣"商務印書館"，1959

[2]，327頁；19厘米

HSMH（HS-N17F6-050）

附注：

印章：鈐有"胡適的書"朱文方印。

批注圈劃：目録有胡適的紅筆勾劃。

其他：臺1版。

0806 美國短篇小説選／維拉·凱瑟等著；聶華苓譯．——臺北：明華書局，1960

[1]，203頁；19厘米

HSMH（HS-N15F2-046）

附注：

印章：鈐有"胡適的書"朱文方印。

題記：扉頁有譯者的手寫題贈："適之先生 聶華苓謹贈 四十九年十一月。"

0807 美國國家基本問題對話／貝爾德（Charles A. Beard）著；王世憲譯．——臺北："國立編譯館"，1957

2，400頁；21厘米

世界名著選譯

HSMH（HS-N08F2-033）

附注：

印章：鈐有"胡適的書"朱文方印。

題記：扉頁有王世憲手寫題贈："適之先生賜正 譯者謹贈 四七，十二，一。"

批注圈劃：書名頁有胡適的紅筆年份注記。

其他:(1)臺2版。(2)譯自 *The Republic*:*Conversations on Fundamentals*。

0808 美國論/程天放著. ——臺北:"國立政治大學"出版委員會,1960

[14],510頁;21厘米

"國立政治大學叢書"

HSMH(HS-N08F2-032)

附注:

印章:鈐有"胡適的書"朱文方印。

題記:書名頁有作者手寫題贈:"適之先生教正 程天放敬贈 四十九年六月。"

其他:修正再版。

0809 美國民主政治/余堅著. ——臺中:"中央書局",1954

[20],356頁:圖;21厘米

HSMH(HS-N18F6-012)

附注:

印章:鈐有"胡適的書"朱文方印。

與胡適的關係:封面書名係由胡適所題簽。

其他:(1)再版。(2)精裝。

0810 美國全史/ H. J. Carman and H. C. Syrett 著;龍倦飛譯. ——臺北:臺灣"商務印書館",1953—1957

4冊:圖;21厘米

HSMH(HS-N07F4-011)

附注:

印章:鈐有"胡適的書"朱文方印。

其他:(1)臺初版。(2)龍倦飛本名王雲五。

0811 美國人的性格和文化/史密斯普萊德富(Bradford Smith)著;王世憲譯. ——臺北:"華國出版社",1958

[5],302頁;18厘米

HSMH（HS-N08F2-046）

附注：

印章：鈐有"胡適的書"朱文方印。

題記：扉頁有王世憲手寫題贈："適之先生賜正 譯者謹贈 四八，一，八。"

夾紙：有夾紙1張。

其他：(1)初版。(2)譯自 *Why we behave like Americans*。

0812 美國外交十論/余鵬著.——臺北："中美月刊社"，出版年不詳

[1]，62，98頁；19厘米

HSMH（HS-N18F6-006）

附注：

印章：鈐有"胡適的書"朱文方印。

題記：內封面有作者的手寫題贈："適之先生指正 余鵬敬贈 四九年四月。"

夾紙：夾有信封殘片1張。

其他：中、英文對照。

0813 美國選舉制度/張希哲著.——臺北："中華文化出版事業社"，1959

6，306頁：表；18厘米

"現代國民基本知識叢書"第七輯

HSMH（HS-N07F5-012）

附注：

印章：鈐有"胡適的書"朱文方印、"張希哲"朱文方印。

題記：內封面有張希哲手寫題贈："適之先生指正 著者敬贈。"

批注圈劃：內封面有胡適的紅筆注記："立法委員。"

相關記載：本書係張希哲於1959年6月6日寄贈胡適，參見館藏號：HS-NK01-038-001。

其他：初版。

0814 蒙古參考書目/張興唐編著.——臺北："中華叢書委員會"，1958

[16]，278頁；19厘米

"中華叢書"

HSMH（HS-N10F1-036）

0815 孟東野集十卷/孟郊撰.——上海：商務印書館，1936

1 冊；23 厘米

四部叢刊初編縮本集部 160

HSMH（HS-N11F4-019）

附注：

印章：鈐有"胡適的書"朱文方印。

批注圈劃：(1)《李賀歌詩編》序，卷 1 有胡適的黑筆校改與圈點。(2)《沈下賢文集》序，卷 2、11 有胡適的黑筆注記與圈點。

其他：(1)初版。(2)扉頁印有"HONG KONG"字樣。(3)牌記記載"上海商務印書館縮印杭州葉氏藏明弘治本"。(4)與《賈浪仙長江集》、《李賀歌詩編》四卷、《沈下賢文集》十二卷合刊。

0816 孟浩然詩說/蕭繼宗著.——臺中：私立東海大學，1961

14，214 頁；21 厘米

HSMH（HS-N07F3-036）

附注：

印章：鈐有"蕭繼宗"白文方印。

題記：書名頁有作者手寫題贈："適之先生正謬 作者敬贈 五十年八月。"

其他：初版。

0817 夢溪筆談二十六卷補筆談二卷續筆談一卷/沈括撰.——臺北：臺灣"商務印書館"，1956

1 冊；19 厘米

國學基本叢書第一集

HSMH（HS-N07F2-014）

附注：

印章：鈐有"胡適的書"朱文方印。

批注圈劃：偶有胡適的紅、綠筆批注與劃綫。

809

夾紙：有夾紙 1 張。

其他：臺初版。

0818 **孟子研究**/汪蟄庵著. ——香港：東雅印務有限公司,1953

226 頁；20 厘米

HSMH（HS-N17F6-003）

附注：

印章：鈐有"胡適的書"朱文方印。

0819 **孟子雜記**/陳士元著. ——上海：商務印書館,1937

[4],80 頁；18 厘米

叢書集成初編

HSMH（HS-N10F5-029）

附注：

印章：鈐有"胡適的書"朱文方印。

其他：(1)初版。(2)據湖北叢書本排印。

0820 **孟子十四卷**/趙岐注. ——上海：商務印書館,1936

1 冊；23 厘米

四部叢刊初編縮本經部 010

HSMH（HS-N11F2-025）

附注：

印章：鈐有"胡適的書"朱文方印。

批注圈劃：全書多處有胡適的紅、黑、朱筆注記、圈點與劃綫。

夾紙：有夾紙數張。

其他：(1)初版。(2)與《爾雅》三卷合刊。(3)牌記記載"上海商務印書館縮印清內府藏宋刊本"。

0821 **米格兒**/胡適等譯. ——臺北：啓明書局,1956

1,100 頁；19 厘米

世界短篇小説名著

HSMH（HS-N15F1-010）

附注：

批注圈劃：頁 72 有胡適的綠筆校改。

其他:初版。

0822 勉學粹言/方繼仁著.——香港：東南印務出版社，1955

［7］，238，11 頁：表；21 厘米

HSMH（HS-N08F2-031）

附注：

印章:鈐有"胡適的書"朱文方印。

題記:書名頁有董作賓紅筆題贈:"敬呈 適之先生參閱 作賓 四十八，一,七"。

其他:初版。

0823 民國卅七年以前中國大陸農業之改進/張憲秋著.——出版地不詳：出版者不詳，1959

1—7 頁；27 厘米

HSMH（HS-N18F1-014）

附注：

其他:爲《臺灣省立農學院農經學報》第 15 期抽印本。

0824 民國十五年以前之蔣介石先生/毛思誠主編；陳布雷校訂.——出版地不詳：出版者不詳；出版年不詳

2 冊；21 厘米

HSMH（HS-N17F4-010）

附注：

印章:鈐有"胡適的書"朱文方印。

題記:上輯扉頁有胡適的黑筆題辭:"此書原排印大字綫裝本已不易得。此本兩厚冊,是郭廷以先生送我的。胡適記 四九,一,廿九。"

其他:精裝。

0825 民生主義與自由經濟：孫中山先生的經濟思想與美國的自由經濟制度/何浩若著. ——臺北：何浩若，1960

　　[4]，204 頁；21 厘米

　　HSMH（HS-N17F2-022）

　　附注：

　　　印章:鈐有"胡適的書"朱文方印。

　　　題記:封面有著者的手寫題贈："適之先生 著者何浩若 一九六〇年十二月十五日。"

　　　夾紙:夾有信封殘片 1 張,上有藍筆注記："已復,五十,一,四。"

0826 民主憲政與中國文化/張其昀著. ——臺北："中國圖誌編纂會"，1959

　　[5]，345 頁；21 厘米

　　HSMH（HS-N08F1-013）

　　附注：

　　　印章:鈐有"胡適的書"朱文方印。

　　　題記:書名頁有作者手寫題贈："適之先生賜鑒 後學張其昀敬贈。"

　　　其他:初版。

0827 閩海紀要二卷/夏琳著. ——臺北：臺灣銀行，1958

　　2，78 頁；19 厘米

　　臺灣文獻叢刊第十一種

　　HSMH（HS-N09F2-013）

　　附注：

　　　印章:鈐有"胡適的書"朱文方印。

0828 明代傳奇全目/傅惜華著. ——北京：人民文學出版社，1959

　　[5]，580 頁；20 厘米

　　中國戲曲史資料叢刊中國古典戲曲總錄之五

　　HSMH（HS-N10F3-052）

　　附注：

　　　其他:北京第 1 版。

0829 明代劇曲史/朱尚文著.——臺南:朱尚文,1959

[2],176 頁;19 厘米

HSMH(HS-N06F5-054)

附注:

印章:鈐有"胡適的書"朱文方印。

題記:封面裏有著者手寫題贈:"適之老師斧正 生朱尚文敬贈。"

夾紙:有信封殘片 1 張。

其他:初版。

0830 明代史/孟森著.——臺北:"中華叢書委員會",1957

[6],392 頁:摺表;21 厘米

"中華叢書"

HSMH(HS-N07F5-025)

附注:

印章:鈐有"胡適的書"朱文方印。

0831 明代思想史/容肇祖著.——上海:開明書店,1941

[6],350 頁;18 厘米

齊魯大學國學研究所叢刊之一

HSMH(HS-N06F3-029)

附注:

印章:鈐有"胡適的書"朱文方印。

批注圈劃:有胡適的紅、藍筆批注與圈劃。

夾紙:有夾紙 1 張。

與胡適的關係:書背業已修補,書背書名係由胡適所題簽。

其他:初版。

0832 明代雜劇全目/傅惜華著.——北京:作家出版社,1958

[5],328 頁;20 厘米

中國戲曲史資料叢刊中國古典戲曲總錄之四

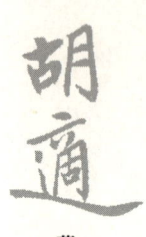

HSMH（HS-N10F3-053）

附注：

　　其他：北京第 1 版。

0833 明會要八十卷例略目錄一卷/龍文彬撰. ——臺北：世界書局，1960

　　2 冊；19 厘米

　　中國學術名著歷代會要第一期書第 9、10 冊

　　HSMH（HS-N11F2-008）

　　附注：

　　　　印章：鈐有"胡適的書"朱文方印。

　　　　其他：(1)初版。(2)精裝。

0834 明季三朝野史四卷附錄一卷/顧炎武輯. ——臺北：臺灣銀行，1961

　　［4］，70 頁；19 厘米

　　臺灣文獻叢刊第一百〇六種

　　HSMH（HS-N09F2-050）

　　附注：

　　　　印章：鈐有"胡適的書"朱文方印。

0835 明季遺聞四卷/鄒漪輯. ——臺北：臺灣銀行，1961

　　［10］，122 頁；19 厘米

　　臺灣文獻叢刊第一百十二種

　　HSMH（HS-N09F2-056）

　　附注：

　　　　印章：鈐有"胡適的書"朱文方印。

0836 明末奉使羅馬教廷耶穌會士彌格傳/沙不列（Robert Chabrié）撰；馮承鈞譯. ——臺北：臺灣"商務印書館"，1960

　　［10］，124 頁；21 厘米

　　HSMH（HS-N07F2-053）

　　附注：

印章:鈐有"胡適的書"朱文方印。

其他:臺1版。

0837 明末農民起義史料/北京大學文科研究所編輯.——北京:開明書店,1952

37,529 頁:圖;21 厘米

明清史料叢書第一種

HSMH(HS-N07F5-022)

附注:

印章:鈐有"胡適的書"朱文方印。

批注圈劃:叢書序有胡適的黑筆英文注記;序偶有胡適的紅筆劃綫。

其他:初版。

0838 明南京車駕司職掌/祁承㸁編.——上海:商務印書館,1934

[7],136,2 頁;21 厘米

國立北京大學研究院文史叢刊第三種

HSMH(HS-N07F6-011)

附注:

印章:鈐有"胡適的書"朱文方印、"□□氏藏書"朱文方印。

題記:封面有胡適的黑筆注記:"胡適在東京買的。"

批注圈劃:跋、版權頁有胡適的黑筆劃綫與年份注記。

其他:初版。

0839 明清傳奇導論/張敬著.——臺北:臺灣東方書店,1961

[5],184 頁:表;19 厘米

HSMH(HS-N06F5-047)

附注:

題記:封面裏有著者手寫題贈:"適之師 賜正 受業張敬謹呈 五十年五月"。

其他:(1)初版。(2)偶有手寫修改,非胡適筆迹。

0840 明清檔案存真選輯初集/李光濤編.——臺北:"中央研究院"歷史語言研究

815

所，1959

 1 冊：圖版；38 厘米

"中央研究院"歷史語言研究所專刊之三十八

HSMH（HS-N13F1-012）

附注：

 印章:鈐有"胡適的書"朱文方印。

 其他:精裝。

0841 明清間耶穌會士譯著提要：耶穌會創立四百年紀念（1540—1940）/徐宗澤編著.——臺北：臺灣"中華書局"，1958

 18，481，8 頁；19 厘米

 HSMH（HS-N07F2-052）

附注：

 夾紙:有夾紙 1 張。

 其他:臺 1 版。

0842 明儒學案/黃宗羲著.——上海：商務印書館，出版年不詳

 3 冊；17 厘米

 國學基本叢書

 HSMH（HS-N17F4-003）

附注：

 印章:鈐有"胡適的書"朱文方印。

 批注圈劃:(1)上冊多處有胡適的紅、藍、朱筆注記、劃綫與校改。(2)中冊有胡適的鉛、紅筆注記與劃綫。(3)下冊偶有胡適的藍、黑、紅、朱筆注記與劃綫。

 其他:第 1 冊牌記刊載"本書係用萬有文庫版本印行原裝分訂十二冊每冊面數各自起迄今合訂三冊面數仍舊讀者覽之"。

0843 明史三百三十二卷附國史攷異六卷/張廷玉等編纂.——臺北：藝文印書館，出版年不詳

 7 冊：表；26 厘米

HSMH（HS-N09F3-003）

附注：

　　印章：鈐有"胡適的書"朱文方印。

　　批注圈劃：(1)第3冊卷100、116、117、120有胡適的紅筆圈點與劃綫。
　　(2)第5冊卷226有胡適的紅筆圈點與劃綫。

　　夾紙：第3冊有夾紙2張。

　　其他：第1冊扉頁印有"藝文印書館據清乾隆武英殿刊本影印附國史攷異"。

0844 明文彙/袁冕若編.——臺北："中華叢書委員會",1958

［94］,1348頁；22厘米

"中華叢書中華文彙"

HSMH（HS-N07F2-066）

附注：

　　印章：鈐有"胡適的書"朱文方印。

　　其他：精裝。

0845 名家詞選/胡適選註.——香港：百樂書店,1953

［20］,220頁；19厘米

HSMH（HS-N06F2-061）

附注：

　　印章：鈐有"胡適的書"朱文方印。

　　題記：書名頁有胡適的藍筆注記："沈志明先生贈我此書,這是台北有人翻印香港的翻印本。適之 四八,二,十七。"

　　批注圈劃：有胡適的紅、緑筆校改與注記。

　　夾紙：有夾紙數張。

　　其他：初版。

0846 茗柯文四編/張惠言撰.——上海：商務印書館,1936

1冊；23厘米

四部叢刊初編縮本集部397

HSMH（HS-N11F6-027）

附注：

印章：鈐有"胡適的書"朱文方印。

其他：(1)初版。(2)封面題名"茗柯文"。(3)扉頁印有"HONG KONG"字樣。(4)牌記記載"上海商務印書館縮印原刊本"。(5)與《茗柯文》補編、外編合刊。

0847 摩尼教流行中國考/沙畹（E. Chavannes）著；馮承鈞譯. —— 出版地不詳：商務印書館，出版年不詳

92頁；19厘米

尚志學會叢書

HSMH（HS-N07F2-051）

附注：

印章：鈐有"胡適的書"朱文方印。

批注圈劃：頁72有胡適的紅筆注記。

0848 墨經校詮/高亨著. —— 北京：科學出版社，1958

[7]，208頁：圖，表；26厘米

HSMH（HS-N17F5-031）

附注：

印章：鈐有"胡適的書"朱文方印。

其他：第1版。

0849 墨經校釋/梁啓超著. —— 上海：中華書局，1941

1冊：圖；18厘米

飲冰室專集

HSMH（HS-N17F5-003）

附注：

印章：鈐有"胡適的書"朱文方印。

與胡適的關係：收錄胡適《後序》一文（1923-02-06）。

其他：3版。

0850 墨西哥該薩郭等神即中國東晉高僧法顯考初稿/達鑑三著.——臺北：達鑑三，1958

  11，23，[2]頁：圖；19厘米

  HSMH（HS-N17F5-018）

  附注：

    內附文件：夾有達鑑三致胡適贈書信函1封，參見館藏號：HS-NK05-115-001。

0851 墨子拾補/劉師培著.——臺北：藝文印書館，出版年不詳

  62頁；19厘米

  HSMH（HS-N10F3-025）

  附注：

    印章：鈐有"胡適的書"朱文方印。

0852 墨子閒詁/孫詒讓著.——上海：商務印書館，1936

  2冊：表；19厘米

  國學基本叢書簡編

  HSMH（HS-N07F2-062）

  附注：

    印章：鈐有"胡適的書"朱文方印。

    批注圈劃：下冊有胡適的紅筆校改、注記與劃綫。

    其他：3版。

0853 墨子新證/于省吾著.——臺北：藝文印書館，出版年不詳

  206頁；19厘米

  HSMH（HS-N10F3-024）

  附注：

    印章：鈐有"胡適的書"朱文方印。

0854 墨子學案/梁啓超著.——臺北：臺灣"中華書局"，1957

[6]，87 頁；18 厘米

HSMH（HS-N06F5-016）

附注：

　　印章：鈐有"胡適的書"朱文方印。

　　其他：臺 1 版。

0855　墨子十五卷／墨翟撰. ——上海：商務印書館，1936

149 頁；23 厘米

四部叢刊初編縮本子部 093

HSMH（HS-N11F3-037）

附注：

　　印章：鈐有"胡適的書"朱文方印。

　　批注圈劃：序，卷 1、8、12 有胡適的紅、朱筆注記與圈劃。

　　其他：（1）初版。（2）扉頁印有"HONG KONG"字樣。（3）牌記記載"上海商務印書館縮印明嘉靖唐堯臣本"。

0856　牧菴集三十六卷／姚燧撰. ——上海：商務印書館，1936

2 冊；23 厘米

四部叢刊初編縮本集部 298，299

HSMH（HS-N11F5-025）

附注：

　　印章：鈐有"胡適的書"朱文方印。

　　其他：（1）初版。（2）扉頁印有"HONG KONG"字樣。（3）第 1 冊牌記記載"上海商務印書館縮印武英殿聚珍板本"。

0857　牧齋初學集一百十卷／錢謙益撰. ——上海：商務印書館，1936

6 冊；23 厘米

四部叢刊初編縮本集部 343—348

HSMH（HS-N11F6-005）

附注：

　　印章：鈐有"胡適的書"朱文方印。

批注圈劃:(1)第 1 冊卷 4、5、10 有胡適的綠、黑筆圈劃。(2)第 2 冊卷 28、31、32 有胡適的藍、黑、綠筆注記與圈劃。(3)第 4 冊卷 51、54、68、69 有胡適的藍、紅筆注記與圈劃。(4)第 5 冊卷 72、79、81、83—86 有胡適的藍、紅、綠筆注記與圈劃。

夾紙:第 1、5 冊有夾紙數張。

其他:(1)初版。(2)扉頁印有"HONG KONG"字樣。(3)第 1 冊牌記記載"上海商務印書館縮印明崇禎癸未刻本"。

0858 **牧齋有學集五十卷**/錢謙益撰. ——上海:商務印書館,1936

 3 冊;23 厘米

 四部叢刊初編縮本集部 349—351

 HSMH(HS-N11F6-006)

 附注:

  印章:鈐有"胡適的書"朱文方印。

  批注圈劃:(1)第 1 冊卷 14、15、19 有胡適的紅、黑、藍筆注記,校改與圈劃。(2)第 2 冊卷 23、31、32、35、36 有胡適的紅、黑筆注記與圈劃。(3)第 3 冊《集補》、《跋》偶有胡適的藍、紅筆校改。

  其他:(1)初版。(2)扉頁印有"HONG KONG"字樣。(3)第 1 冊牌記記載"上海商務印書館縮印康熙甲辰初刻本"。

0859 **難經集註五卷**/秦越人撰. ——上海:商務印書館,1936

 1 冊:圖;23 厘米

 四部叢刊初編縮本子部 083

 HSMH(HS-N11F3-030)

 附注:

  印章:鈐有"胡適的書"朱文方印。

  其他:(1)初版。(2)書名頁印有"HONG KONG"字樣。(3)牌記記載"上海商務印書館縮印日本活字本"。(4)與《金匱要略方論》三卷合刊。

0860 **南雷文案**/黃宗羲撰. ——上海:商務印書館,1936

 2 冊;23 厘米

四部叢刊初編縮本集部 340,341

HSMH（HS-N11F6-003）

附注：

　　印章：鈐有"胡適的書"朱文方印。

　　其他：(1)初版。(2)封面及書背題名"南雷集"。(3)扉頁印有"HONG KONG"字樣。(4)第 1 冊牌記記載"上海商務印書館縮印無錫孫氏藏初刻印本"。(5)附錄《外集》、《吾悔集》、《撰杖集》、《詩曆》、《學箕初稿》。

0861 南明野史三卷／三餘氏著．——臺北：臺灣銀行，1960

　　2 冊；19 厘米

　　臺灣文獻叢刊第八十五種

　　HSMH（HS-N09F2-029）

　　附注：

　　　印章：鈐有"胡適的書"朱文方印。

0862 南齊書五十九卷／蕭子顯撰．——臺北：藝文印書館，出版年不詳

　　476 頁；26 厘米

　　HSMH（HS-N09F4-002）

　　附注：

　　　印章：鈐有"胡適的書"朱文方印。

　　　批注圈劃：卷 3、4、20、22、47、52、54 有胡適的紅筆圈點與注記。

　　　其他：據清乾隆武英殿刊本影印。

0863 南史八十卷／李延壽撰．——臺北：藝文印書館，出版年不詳

　　2 冊；26 厘米

　　HSMH（HS-N09F4-008）

　　附注：

　　　印章：鈐有"胡適的書"朱文方印。

　　　批注圈劃：二冊均有胡適的紅筆圈點、劃綫與注記。

　　　夾紙：第 2 冊有夾紙 2 張。

　　　其他：據清乾隆武英殿刊本影印。

0864 南宋初河北新道教考/陳垣撰.——北京：科學出版社，1958

10，154 頁；21 厘米

HSMH（HS-N07F3-020）

附注：

　　印章：鈐有"胡適的書"朱文方印。

　　其他：第 1 版。

0865 南天痕二十六卷附錄一卷/凌雪著.——臺北：臺灣銀行，1960

3 冊；19 厘米

臺灣文獻叢刊第七十六種

HSMH（HS-N09F2-024）

0866 南投縣軍功寮遺址調查報告/劉枝萬著.——臺北：台灣省文獻委員會，1960

[6]，67 頁，圖版[35]頁：地圖；26 厘米

臺灣文獻第十一卷第三期另冊

HSMH（HS-N17F1-007）

附注：

　　印章：封面蓋有"贈閱"印戳，鈐有"胡適的書"朱文方印。

0867 南洋史/許雲樵著.——新加坡：星州世界書局，1961

1 冊：摺圖；21 厘米

HSMH（HS-N18F4-028）

附注：

　　印章：鈐有"胡適的書"朱文方印。

　　題記：內封面有作者的手寫題贈："適之先生指正 許雲樵謹贈。"

　　其他：(1)精裝。(2)原書不知幾冊，館藏上卷 1 冊。

0868 南遊雜憶/胡適著.——出版地不詳：國民出版社，1935

176 頁：圖；17 厘米

HSMH（HS-N06F2-053）

附注：

批注圈劃：有胡適的紅、藍、黑筆注記、圈點與劃綫。

與胡適的關係：封面書名係胡適所題簽。

其他：(1)初版。(2)附錄胡政之《粵桂遊影》一文。

0869 南遊雜憶／胡適著.——香港：嶺南出版社，1954

［1］，93頁：圖；18厘米

HSMH（HS-N06F2-054）

附注：

印章：書名頁鈐有"中央研究院歷史語言研究所圖書之記"朱文方印。

與胡適的關係：封面書名係胡適所題簽。

其他：附錄胡政之《粵桂遊影》一文。

0870 南遊雜憶／胡適著.——臺北：啟明書局，1958

［2］，68頁：圖；19厘米

HSMH（HS-N06F2-052）

附注：

印章：一冊鈐有"胡適的書"朱文方印。

題記：一冊封面有胡適藍筆注記"胡適校本"及紅筆注記"又校朱筆"。

批注圈劃：(1)"胡適校本"冊有胡適的紅、藍、綠筆校改，另黑筆校記似是胡頌平字迹。(2)館藏一冊目錄有藍筆注記"李濟"字樣。(3)館藏一冊有胡適的藍筆校改。

夾紙："胡適校本"冊有夾紙1張。

與胡適的關係：封面書名係胡適所題簽。

其他：(1)初版。(2)館藏二冊書末粘貼勘誤表。

0871 南嶽遇師本末及其他三種／夏元鼎編.——上海：商務印書館，1936

1冊：圖；18厘米

叢書集成初編

HSMH（HS-N10F5-067）

附注：

印章:鈐有"胡適的書"朱文方印。

批注圈劃:《脈望》有胡適的紅筆劃綫與注記。

其他:(1)初版。(2)據版權頁題名。(3)內容:《南嶽遇師本末》、《胎息經》、《胎息經疏略》、《脈望》。

0872 倪雲林先生詩集六卷附錄一卷/倪瓚撰. ——上海:商務印書館,1936

89 頁;23 厘米

四部叢刊初編縮本集部 311

HSMH（HS-N11F5-034）

附注:

印章:鈐有"胡適的書"朱文方印。

其他:(1)初版。(2)扉頁印有"HONG KONG"字樣。(3)牌記記載"上海商務印書館縮印秀水沈氏藏明天順本"。

0873 廿二史劄記/趙翼撰. ——臺北:世界書局,1958

2 冊;19 厘米

世界文庫四部刊要中國史學名著之一

HSMH（HS-N17F5-005）

附注:

印章:鈐有"胡適的書"朱文方印。

其他:2 版。

0874 寧波府志/曹秉仁纂修. ——臺北:"中華叢書委員會",1957

4 冊:圖;21 厘米

"中華叢書"四明方志叢刊

HSMH（HS-N09F1-015）

附注:

印章:鈐有"胡適的書"朱文方印。

批注圈劃:第 3 冊卷 20 有胡適的藍筆圈點。第 4 冊卷 30 有胡適的藍筆注記;卷 32 有藍筆圈點。

夾紙:第 3 冊有夾紙 2 張。

825

0875 農業推廣文彙第二輯/"中國農業推廣學會","中國農村復興聯合委員會"編印.——臺北:"中國農村復興聯合委員會",1957

2,155 頁;19 厘米

HSMH(HS-N07F4-034)

附注:

印章:鈐有"胡適的書"朱文方印。

批注圈劃:目錄有紅筆劃綫。

0876 娜泰麗/白駒著.——香港:亞洲出版社,1960

[2],334 頁;18 厘米

HSMH(HS-N15F2-052)

附注:

印章:鈐有"胡適的書"朱文方印。

題記:扉頁與内封面有作者的手寫題贈二則:"敬請適之先生指正 白駒 十,卅","'You can not beat something with nothing' I always remember you said"。

夾紙:有夾紙 1 張與信封殘片 1 張;信封殘片上有藍筆注記:"已謝 四九,十一,一。"

其他:初版。

0877 女兒心/落華生著.——臺北:啓明書局,1957

[2],88 頁;19 厘米

新文藝叢書落華生小説三集

HSMH(HS-N17F6-044)

附注:

其他:(1)初版。(2)落華生即落花生,許地山的筆名。

0878 歐美革命史/曹師式著.——香港:藝美圖書公司,1958

[22],142 頁;18 厘米

HSMH(HS-N01F4-069)

附注：

印章：鈐有"胡適的書"朱文方印、"曹師式"朱文方印。

題記：書名頁有作者題贈："適之我師指政 學生曹師式敬贈 民國四十七年十二月五日。"

夾紙：書名頁夾附作者名片1張。

內附文件：封面內頁粘貼1958年12月5日曹師式致胡適函,共2頁。

0879 歐陽文忠公文集一百五十三卷附錄五卷/歐陽修撰. ——上海：商務印書館,1936

6冊：圖；23厘米

四部叢刊初編縮本集部193—198

HSMH（HS-N11F4-043）

附注：

印章：鈐有"胡適的書"朱文方印。

批注圈劃：(1)第1冊卷3、20有胡適的紅、黑、朱筆注記與圈劃。(2)第2冊卷34,35,41—43,48,58有胡適的紅、朱筆注記與圈劃。(3)第3冊卷59、60有胡適的黑、朱筆圈劃。(4)第4冊卷100、107、108有胡適的朱筆圈劃。(5)第5冊卷113,128,134—136有胡適的黑、紅、藍筆注記與圈劃。(6)第6冊卷137—153有胡適的紅、黑筆注記與圈劃。

夾紙：第4、5、6冊各有夾紙數張。

其他：(1)初版。(2)扉頁印有"HONG KONG"字樣。(3)第1冊牌記記載"上海商務印書館縮印元刊本"。

0880 歐遊剪影/陳紀瀅著. ——臺北："中央日報社",1960

[9],226頁：圖；19厘米

HSMH（HS-N15F2-065）

附注：

印章：館藏二冊均鈐有"胡適的書"朱文方印。

題記：(1)館藏一冊內封面有作者的題贈："適之先生存正 後學陳紀瀅敬贈 四九,四,廿七。"(2)館藏一冊內封面有作者的題贈："適之先生存正 後學陳紀瀅敬贈 四九年十二月。"

夾紙:館藏一冊有信封殘片1張。

其他:初版。

0881 盤洲文集八十卷/洪适撰.——上海:商務印書館,1936

3冊;23厘米

四部叢刊初編縮本集部248—250

HSMH(HS-N11F5-005)

附注:

印章:鈐有"胡適的書"朱文方印。

批注圈劃:(1)第2冊卷33有胡適的朱筆注記與圈劃。(2)第3冊卷63、79、80,行狀,碑銘有胡適的朱筆注記與圈劃。

其他:(1)初版。(2)扉頁印有"HONG KONG"字樣。(3)第1冊牌記記載"上海商務印書館縮印宋刊本"。

0882 徬徨/廬隱著.——臺北:啟明書局,1957

[2],70頁;19厘米

新文藝文庫廬隱散文一集

HSMH(HS-N17F6-037)

附注:

其他:初版。

0883 匏翁家藏集七十七卷/吳寬撰.——上海:商務印書館,1936

3冊;23厘米

四部叢刊初編縮本集部326—328

HSMH(HS-N11F5-043)

附注:

印章:鈐有"胡適的書"朱文方印。

其他:(1)初版。(2)扉頁印有"HONG KONG"字樣。(3)第1冊牌記記載"上海商務印書館縮印明正德刊本"。

0884 培根論文集/培根著.——臺北:啟明書局,1961

1冊；19厘米

世界文學大系外國之部5

HSMH（HS-N11F1-014）

附注：

　　印章：鈐有"胡適的書"朱文方印。

　　其他：(1)初版。(2)精裝。(3)與《新大西洋》、《學問的進步》、《新工具》合刊。

0885 噴水池/夏菁著.——臺北：明華書局，1957

　　6，92頁；19厘米

　　藍星詩叢

　　HSMH（HS-N15F2-024）

　　附注：

　　　　印章：鈐有"胡適的書"朱文方印。

　　　　其他：初版。

0886 澎湖紀略十二卷/胡建偉著.——臺北：臺灣銀行，1961

　　2冊：地圖；19厘米

　　臺灣文獻叢刊第一百〇九種

　　HSMH（HS-N09F2-053）

　　附注：

　　　　印章：鈐有"胡適的書"朱文方印。

0887 澎湖臺灣紀略/臺灣銀行經濟研究室編.——臺北：臺灣銀行，1961

　　［4］，66頁：圖；19厘米

　　臺灣文獻叢刊第一百〇四種

　　HSMH（HS-N09F2-048）

　　附注：

　　　　印章：鈐有"胡適的書"朱文方印。

0888 澎湖續編/蔣鏞著.——臺北：臺灣銀行，1961

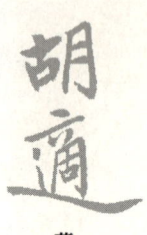

[10]，160 頁；19 厘米

臺灣文獻叢刊第一一五種

HSMH（HS-N09F1-001）

附注：

　　印章：鈐有"胡適的書"朱文方印。

0889 批判胡適的反動哲學思想/艾思奇著.——北京：中國青年出版社，1955

25 頁；19 厘米

HSMH（HS-N06F4-009）

附注：

　　印章：鈐有"胡適的書"朱文方印。

　　其他：第 1 版。

0890 批判胡適的實用主義哲學/張如心著.——北京：人民出版社，1955

81 頁；19 厘米

HSMH（HS-N06F4-006）

附注：

　　印章：鈐有"胡適的書"朱文方印。

　　其他：第 1 版。

0891 批判胡適實用主義的反動性和反科學性/姚蓬子著.——上海：上海出版公司，1955

1，115 頁；18 厘米

HSMH（HS-N06F4-004）

附注：

　　印章：鈐有"胡適的書"朱文方印。

　　批注圈劃：館藏一冊有胡適的紅筆劃記。

　　其他：第 1 版。

0892 皮子文藪十卷/皮日休撰.——上海：商務印書館，1936

1 冊；23 厘米

四部叢刊初編縮本集部 168

HSMH（HS-N11F4-026）

附注：

 印章：鈐有"胡適的書"朱文方印。

 其他：(1)初版。(2)扉頁印有"HONG KONG"字樣。(3)牌記記載"上海商務印書館縮印湘潭袁氏藏明本"。(4)與《甫里先生文集》合刊。

0893 毘陵集二十卷附錄一卷補遺一卷/孤獨及撰．——上海：商務印書館，1936

1 冊；23 厘米

四部叢刊初編縮本集部 148

HSMII（HS-N11F4-011）

附注：

 印章：鈐有"胡適的書"朱文方印。

 批注圈劃：《毘陵集》序有胡適的黑筆眉批："此集校的很好。適之"；卷3、6、8、9、13、20，附錄有胡適的藍、紅、黑、綠筆注記與圈劃。

 夾紙：有夾紙2張。

 其他：(1)初版。(2)扉頁印有"HONG KONG"字樣。(3)牌記記載"上海商務印書館縮印趙氏亦有生齋校刊本"。(4)與《錢考功集》合刊。

0894 闢胡說集/樂觀法師編．——緬甸："緬華佛教僧伽會"，1960

116 頁；19 厘米

護教特輯

HSMH（HS-N06F4-010）

附注：

 摺頁：有二處摺頁。

0895 闢胡說集/樂觀法師編．——緬甸仰光："緬華佛教僧伽會"，1960

[4]，116，[1]頁，圖版[1]頁；19 厘米

護教特輯

HSMH（HS-N21F2-107）

附注：

題記：封底有黑筆題贈："中央研究院胡院長惠存 政大學生 徐力行敬贈。"

夾紙：頁1夾手寫筆記殘片1張，上有注記："政大503室徐寄。"

與胡適的關係：收錄《胡適講詞——民四八年十一月三十日中央日報第五版》、《胡適答辯詞——民四八年十二月五日中央日報第五版》、《胡適三勘虛雲和尚年譜——民四九年一月十二日中央日報"學人"副刊》等文。

相關記載：1960年12月17日有徐力行致胡適信1封並附贈本書，參見館藏號：HS-NK01-017-001。

0896 平閩紀十三卷／楊捷著.——臺北：臺灣銀行，1961

　　3冊；19厘米

　　臺灣文獻叢刊第九十八種

　　HSMH（HS-N09F2-042）

　　附注：

　　　印章：鈐有"胡適的書"朱文方印。

0897 平臺紀略／藍鼎元著.——臺北：臺灣銀行，1958

　　16，72頁；19厘米

　　臺灣文獻叢刊第十四種

　　HSMH（HS-N09F2-016）

　　附注：

　　　印章：鈐有"胡適的書"朱文方印。

0898 平臺紀事本末／臺灣銀行經濟研究室編.——臺北：臺灣銀行，1958

　　2，74頁；19厘米

　　臺灣文獻叢刊第十六種

　　HSMH（HS-N09F2-017）

　　附注：

　　　印章：鈐有"胡適的書"朱文方印。

0899 評點老子道德經二篇/嚴復評點. ——臺北：廣文書局，1961

[10]，42頁；20厘米

HSMH（HS-N21F2-015）

附注：

其他：(1)初版。(2)封面書名題籤"嚴幾道先生評點老子道德經"。

0900 萍洲可談及其他一種/著者不詳. ——出版地不詳：商務印書館，1939

2冊；18厘米

叢書集成初編

HSMH（HS-N10F4-011）

附注：

印章：鈐有"胡適的書"朱文方印。

批注圈劃：二冊有胡適的朱、藍、鉛筆圈點、劃綫與注記。

夾紙：第2冊有綠色夾紙1張。

其他：(1)初版。(2)內容：《萍洲可談》、《石林燕語》。

0901 蒲壽庚傳/羅香林著. ——臺北："中華文化出版事業委員會"，1955

[7]，162，[22]頁：圖，表；19厘米

"現代國民基本知識叢書"第三輯

HSMH（HS-N06F5-059）

附注：

印章：鈐有"胡適的書"朱文方印。

題記：內封面有著者手寫題贈："適之先生教正　後學羅香林敬上。"

其他：初版。

0902 葡園紫果/張寶樂著. ——出版地不詳：文藝出版社，1957

[2]，40，[1]頁；18厘米

HSMH（HS-N21F2-109）

附注：

印章：扉頁鈐有"張寶樂"朱文方印。

題記：扉頁有作者的手寫題贈："胡適博士指正　張寶樂敬贈　四九，

833

五,十"。

相關記載:1960年5月10日有張寶樂致胡適贈書信函1封,參見館藏號:HS-NK01-039-010。

0903 樸學叢書第一集/楊家駱主編;劉雅農總校.——臺北:世界書局,出版年不詳

3冊;21厘米

世界文庫四部刊要

HSMH(HS-N12F1-001)

附注:

印章:鈐有"胡適的書"朱文方印。

批注圈劃:第1冊頁607有胡適的紅筆校改。

夾紙:第1、2冊各有夾紙2張。

其他:精裝。

0904 曝書亭集八十卷/朱彝尊撰.——上海:商務印書館,1936

3冊;23厘米

四部叢刊初編縮本集部357—359

HSMH(HS-N11F6-010)

附注:

印章:鈐有"胡適的書"朱文方印。

批注圈劃:(1)第1冊目錄,卷3、8、9有胡適的藍、綠筆注記。(2)第2冊卷27、31、53有胡適的藍、綠筆圈劃。(3)第3冊卷66—68,79,80,《笛漁小藁》卷1有胡適的藍、綠筆注記與圈劃。

夾紙:第3冊有夾紙1張。

其他:(1)初版。(2)扉頁印有"HONG KONG"字樣。(3)第1冊牌記記載"上海商務印書館縮印原刊本"。(4)附錄《笛漁小藁》。

0905 齊白石畫集/齊白石繪.——北京:榮寶齋新記,1952

1冊:圖;31厘米

HSMH(HS-N02F5-004)

附注：

印章：鈐有"適之"朱文方印、"胡適的書"朱文方印。

題記：扉頁有胡適朱筆注記："白石死在今年八月。他生在一八六三年十二月，故他死時還不滿九十四歲。此冊小傳說他生在一八六一年，是用他自稱的歲數倒推出的，其實是錯的。他七十五歲時就自稱七十七歲，故報紙說他死時九十七歲，其實只是九十五歲，實不足九十四歲。今年雙十節買得此冊。胡適 民國四十六年（一九五七）十月十五日"，"他死在一九五七年九月十六日 適之"。

批注圈劃：《畫家齊白石小傳》有胡適朱筆校改。

0906 齊白石年譜/胡適等編.——上海：商務印書館，1949

[9]，44頁，圖版[8]頁：像；26厘米

HSMH（HS-N06F3-018）

附注：

印章：鈐有"適之"白文方印。

題記：封面有胡適的朱筆題記："胡適自校本"與黑筆注記"今天把另一本送給張大千，只賸這一本了。適之 四二，四，七夜。"

批注圈劃：(1)有胡適的朱、紅、黑、藍筆注記、校改與劃綫。(2)胡序頁5末有胡適紅筆注記："這印章是白石老人在一九四六年年尾刻的。印泥也是他自己製造的。適之。"(3)頁21末有胡適的紅筆長篇注記："據譚伯羽來信，'白石老人為摹先祖文勤公貂掛像，時為庚戌……'（民四十，六，十五）胡適之。"(4)頁41有胡適朱筆、黑筆注記各一則。

內附文件：書末封底夾譚伯羽致胡適函1封，參見館藏號：HS-NK05-136-007。

其他：(1)初版。(2)此冊所鈐印章爲本館所藏，參見器物編號：03-02-001-003。

0907 齊白石年譜/胡適等編.——上海：商務印書館，1949

[9]，44頁，圖版[8]頁：像；26厘米

HSMH（HS-N06F3-019）

附注：

題記:封面有胡適的英文注記:"A Chronological Biography of Ch'i Pai-shih , by Hu Shih and others。"

其他:(1)初版。(2)內文藍筆筆迹爲他人抄録"胡適自校本"(藏書編號:N06F3-018)中的校改或注記。

0908 齊白石詩文篆刻集/陳凡輯.——香港:上海書局,1961

1 冊;22 厘米

HSMH(HS-N07F5-009)

附注:

印章:鈐有"胡適的書"朱文方印。

夾紙:夾紙 3 張,其中 1 張有"程靖宇寄"等手寫字樣。

其他:初版。

0909 戚繼光/蘇同炳著.——香港:亞洲出版社,1959

[6],153 頁:圖;19 厘米

亞洲少年叢書

HSMH(HS-N17F6-055)

附注:

其他:初版。

0910 齊民要術十卷/賈思勰撰.——上海:商務印書館,1936

148 頁;23 厘米

四部叢刊初編縮本子部 080

HSMH(HS-N11F3-027)

附注:

印章:鈐有"胡適的書"朱文方印。

其他:(1)初版。(2)扉頁印有"HONG KONG"字樣。(3)牌記記載"上海商務印書館縮印上元鄧氏群碧樓藏明鈔本"。

0911 齊如山回憶録/齊如山著.——臺北:"中央文物供應社",1956

[24],388,2 頁;19 厘米

傳記叢書

HSMH（HS-N07F2-045）

附注：

　　印章：鈐有"齊如山"白文方印、"胡適的書"朱文方印。

　　題記：封面有作者手寫題贈："適之兄教正　弟齊如山敬贈。"

　　批注圈劃：《代序》頁16有胡適的藍筆注記年齡換算。

　　夾紙：有夾紙1張。

0912　齊物論釋/章炳麟著. ——臺北：藝文印書館，出版年不詳

　　140頁；19厘米

　　HSMH（HS-N10F3-014）

　　附注：

　　　　印章：鈐有"胡適的書"朱文方印。

　　　　其他：浙江圖書館校刊。

0913　潛夫論十卷/王符撰. ——上海：商務印書館，1936

　　1冊；23厘米

　　四部叢刊初編縮本子部076

　　HSMH（HS-N11F3-023）

　　附注：

　　　　印章：鈐有"胡適的書"朱文方印。

　　　　批注圈劃：(1)《潛夫論》卷1末有胡適的紅筆注記。(2)《申鑒》序、卷1有胡適的紅筆注記與圈劃。(3)《文中子中說》序有胡適的紅筆劃綫。

　　　　夾紙：《申鑒》有夾紙1張。

　　　　其他：(1)初版。(2)扉頁印有"HONG KONG"字樣。(3)牌記記載"上海商務印書館縮印江南圖書館藏述古堂影宋寫本"。(4)與《申鑒》五卷、《徐幹中論》二卷、《文中子中說》十卷合刊。

0914　綺梅詞附詞話/沈英名著. ——臺北："中華詩苑"，1959

　　1冊；19厘米

　　HSMH（HS-N06F5-056）

附注：

  印章：鈐有"胡適的書"朱文方印、"沈英名"朱文方印。

  題記：內封面有沈英名手寫題贈："適之院長指謬 著者 敬贈。"

  其他：初版。

0915 千里長江/阮毅成著．——臺北："自由談雜誌社"，1960

 [1]，125 頁；18 厘米

 "自由談雜誌社十週年紀念叢書"

 HSMH（HS-N15F2-029）

 附注：

  印章：鈐有"胡適的書"朱文方印。

  題記：內封面有作者的毛筆題贈："適之先生教正 阮毅成敬上。"

  其他：初版。

0916 乾隆甲戌脂硯齋重評石頭記十六回寫本/曹雪芹撰．——出版地不詳：出版者不詳，出版年不詳

 HSMH（HS-N21F5-146）

 附注：

  題記：館藏1張底片有手寫題注："卅七年六月自 適之先生借得與祐昌兄同看兩月並爲錄副 周汝昌謹識 卅七、十、廿四。"

  其他：爲底片型式，朱墨套色，共933張，狀況不佳，無影像檔。

0917 潛室劄記二卷/刁包著．——上海：商務印書館，1936

 2，60 頁；18 厘米

 叢書集成初編

 HSMH（HS-N10F5-057）

 附注：

  印章：鈐有"胡適的書"朱文方印。

  其他：(1)初版。(2)據畿輔叢書本排印。

0918 潛書/唐甄著．——北京：古籍出版社，1955

10，210 頁；20 厘米

HSMH（HS-N15F2-049）

附註：

　　印章：鈐有"胡適的書"朱文方印。

　　批注圈劃：多頁有胡適的紅筆注記、校改與圈劃。

　　其他：上海第 1 次印刷。

0919　潛研堂文集五十卷詩集十卷續集十卷/錢大昕撰. ——上海：商務印書館，1936

　　3 冊；23 厘米

　　四部叢刊初編縮本集部 386—388

　　HSMH（HS-N11F6-022）

　　附註：

　　　　印章：鈐有"胡適的書"朱文方印。

　　　　批注圈劃：(1) 第 1 冊卷 2—9，11—13，15—21 有胡適的紅、黑、藍筆注記與圈劃。(2) 第 2 冊卷 31、33、35、36、38、39 有胡適的紅、黑、藍筆注記與圈劃。(3) 第 3 冊《詩集序》，《詩集》卷 4—8，10，《詩續集序》，《詩續集》卷 1、2、9、10 有胡適的紅、黑、藍筆注記與圈劃。

　　　　夾紙：各冊均有夾紙數張。

　　　　其他：(1) 初版。(2) 扉頁印有"HONG KONG"字樣。(3) 第 1 冊牌記記載"上海商務印書館縮印嘉慶本"。

0920　薔薇曲/哥德著；華生譯. ——臺北：讀者書店，1958

　　[7], 145 頁；19 厘米

　　世界文學叢書

　　HSMH（HS-N15F2-026）

　　附註：

　　　　印章：鈐有"胡適的書"朱文方印。

　　　　其他：初版。

0921　俏皮姑娘/伍光建等譯. ——臺北：啓明書局，1956

1，104 頁；19 厘米

世界短篇小説名著

HSMH（HS-N15F1-012）

附注：

　　印章：鈐有"胡適的書"朱文方印。

　　其他：初版。

0922 喬治·葛希温/大衛·埃文著；胡叔仁譯.——香港：友聯出版社，1959

　　［2］，228 頁；19 厘米

　　HSMH（HS-N15F2-053）

　　附注：

　　　　印章：鈐有"胡適的書"朱文方印。

　　　　夾紙：夾信封殘片 1 張。

　　　　其他：初版。

0923 切韻指掌圖二卷附檢例一卷/司馬光撰.——上海：商務印書館，1936

　　1 冊：圖；18 厘米

　　叢書集成初編

　　HSMH（HS-N10F5-088）

　　附注：

　　　　印章：鈐有"胡適的書"朱文方印。

　　　　其他：(1)初版。(2)據墨海金壺本影印。

0924 欽定福建省外海戰船則例十一卷卷首一卷/台灣銀行經濟研究室編.——臺北：臺灣銀行，1961

　　2 冊；19 厘米

　　臺灣文獻叢刊第一二五種

　　HSMH（HS-N09F1-009）

　　附注：

　　　　印章：鈐有"胡適的書"朱文方印。

0925 欽定平定臺灣紀略六十五卷卷首五卷/臺灣銀行經濟研究室編. ——臺北：臺灣銀行，1961

　　6 冊：摺圖；19 厘米

　　臺灣文獻叢刊第一百○二種

　　HSMH（HS-N09F2-046）

　　附注：

　　　　印章：鈐有"胡適的書"朱文方印。

0926 欽定全唐文一千卷目錄三卷/董誥等奉敕編. ——臺北：啟文出版社，1961

　　40 冊；19 厘米

　　HSMH（HS-N07F1-002）

　　附注：

　　　　印章：第 1 冊鈐有"胡適"白文方印、"適之"朱文方印；餘冊均鈐有"胡適的書"朱文方印。

　　　　題記：第 1 冊序頁 3 有胡適的藍筆注記："這部《全唐文》是借台大圖書館藏的揚州雕刻本影印的，精美可愛。此冊十四頁記'監刊官'皆是兩淮鹽政，可知當時仿照康熙年間曹寅在揚州設局雕刻《全唐詩》的辦法，仍在揚州雕版。胡適 民國五一年，二月十日。"

　　　　批注圈劃：(1)第 1 冊頁 241 有胡適的紅筆筆記。(2)第 13 冊頁 4045 偶有胡適的紅筆劃綫。

　　　　其他：(1)臺初版。(2)匯文書局據清嘉慶十九年(1814)刊本影印。

0927 欽定四庫全書總目/紀昀編纂；藝文印書館編. ——出版地不詳：藝文印書館，出版年不詳

　　16 冊；19 厘米

　　HSMH（HS-N12F2-004）

　　附注：

　　　　印章：鈐有"胡適的書"朱文方印。

　　　　題記：第 1 冊書名頁有胡適的藍筆注記二則："此本的底本是乾隆五十九年至六十年浙江沈青沈以澄鮑士恭據文瀾閣本校刊本，見頁 18 阮元記。胡適"，"嚴一萍先生贈"。

841

批注圈劃：(1)第 1 冊卷首頁 18 有胡適的藍筆注記與圈點。(2)第 5 冊卷 69 頁 1444 有胡適的綠筆注記與校改。

夾紙：第 1、7 冊各有夾紙 1 張。

其他：封面與書背題名"四庫全書總目"。

0928 青年和人生觀/徐道鄰著. ——臺北：文星書店，1958

[4]，80 頁；19 厘米

文星叢書第一冊

HSMH（HS-N15F2-012）

附注：

其他：初版。

0929 青年論壇/著者不詳. ——香港："中國青年出版社"，1959

31 頁；21 厘米

HSMH（HS-N21F4-090）

附注：

印章：封面蓋有"贈閱"印戳。

題記：封面有手寫題贈："胡適博士斧正 中國青年出版社 敬贈。"

夾紙：頁 17 夾有信封殘片 1 張。

0930 青鳥集/蓉子著. ——臺北：中興文學出版社，1953

106 頁；17 厘米

中興詩叢

HSMH（HS-N17F6-006）

附注：

印章：鈐有"胡適的書"朱文方印。

題記：扉頁有作者的手寫題贈："胡老前輩教正 後學蓉子謹贈 五十年一月。"

其他：初版。

0931 清朝柔遠記選錄/王之春撰. ——臺北：臺灣銀行，1961

18，82 頁：地圖；19 厘米

臺灣文獻叢刊第一二六種

HSMH（HS-N09F1-010）

附注：

　　印章：鈐有"胡適的書"朱文方印。

0932　清代邊政通考/"邊疆政教制度研究會"編. ——臺北："蒙藏委員會"，1959

［26］，432 頁；19 厘米

HSMH（HS-N10F1-035）

附注：

　　印章：封面蓋有"贈閱"印戳，鈐有"胡適的書"朱文方印。

　　其他：4 版。

0933　清代美術/丁念先著. ——出版地不詳：出版者不詳，出版年不詳

1—66 頁；18 厘米

HSMH（HS-N07F4-031）

附注：

　　其他：爲《中國美術史論集》（台北市："中華文化出版事業委員會"，1955）抽印本。

0934　清代名人書札真迹/著者不詳. ——出版地不詳：出版者不詳，出版年不詳

1 冊

HSMH（HS-N21F5-141）

附注：

　　印章：内頁多處有鈐印。

　　批注圈劃：偶有胡適的手寫注記，參見微捲影像編號：MF014-01-0346、0348、0351。

　　其他：(1)爲微捲型式。微捲包裝盒上有胡適的綠筆注記："國朝名人書翰。"(2)此書應爲 1958 年自美國紐約寓所運送至臺灣，1962 年 3 月 31 日胡祖望先生將此冊帶回華盛頓，故本館僅存微捲，並無原本，相關資料可參見館藏號：HS-NK05-215-005，HS-NK05-367-001。(3)館藏照片

843

1套，共計13張。

0935 清代史/孟森著；吳相湘校讀. —— 臺北：正中書局，1960

[5]，547頁：圖，表；21厘米

HSMH（HS-N07F5-026）

附注：

印章：鈐有"胡適的書"朱文方印。

與胡適的關係：封面書名係由胡適所題簽。

其他：臺初版。

0936 清代思想史綱/譚丕模著. —— 出版地不詳：開明書店，1947

[5]，156頁；18厘米

HSMH（HS-N07F5-015）

附注：

印章：鈐有"胡適的書"朱文方印。

批注圈劃：偶有胡適的紅筆劃綫。

其他：3版。

0937 清代學術概論/梁啓超著. —— 臺北：臺灣"中華書局"，1956

5，80頁；18厘米

HSMH（HS-N06F5-012）

附注：

印章：鈐有"胡適的書"朱文方印。

其他：臺1版。

0938 清光緒臺灣通志/蔣師轍，薛紹元編纂. —— 臺北：臺灣省文獻委員會，1956

4冊；19厘米

臺灣叢書第五種

HSMH（HS-N10F1-004）

附注：

印章：封面蓋有"贈閱"印戳，鈐有"胡適的書"朱文方印。

其他:據清光緒二十一年(1895)稿本影印。

0939 清江貝先生集/貝瓊撰. ——上海:商務印書館,1936

219 頁;23 厘米

四部叢刊初編縮本集部 319

HSMH（HS-N11F5-039）

附注:

印章:鈐有"胡適的書"朱文方印。

其他:(1)初版。(2)扉頁印有"HONG KONG"字樣。(3)牌記記載"上海商務印書館縮印烏程許氏藏明洪武本"。

0940 清平山堂話本/洪楩編. ——臺北:世界書局,1958

552 頁;19 厘米

世界文庫四部刊要珍本宋明話本叢刊

HSMH（HS-N06F6-012）

附注:

印章:鈐有"胡適的書"朱文方印。

其他:(1)初版。(2)精裝。(3)據寧波天一閣舊藏明嘉靖間刊本影印。

0941 清容居士集五十卷/袁桷撰. ——上海:商務印書館,1936

3 冊;23 厘米

四部叢刊初編縮本集部 295—297

HSMH（HS-N11F5-024）

附注:

印章:鈐有"胡適的書"朱文方印。

批注圈劃:第 3 冊卷 41 有胡適的紅、藍筆圈劃。

其他:(1)初版。(2)扉頁印有"HONG KONG"字樣。(3)第 1 冊牌記記載"上海商務印書館縮印元刊本"。

0942 清史五百五十卷/清史編纂委員會編纂. ——臺北:"國防研究院",1961

8 冊:圖;26 厘米

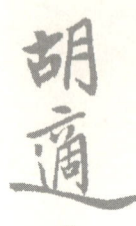

HSMH（HS-N09F3-004）

附注：

印章：鈐有"胡適的書"朱文方印。

批注圈劃：(1)第 1 冊卷 46 偶有胡適的紅筆校改與注記。(2)第 8 冊卷 537 頁 5971 有胡適的紅筆校改。

夾紙：第 1 冊有夾紙 2 張。

內附文件：第 1 冊扉頁夾有《"清史"出版與"清史稿"解禁》剪報一則，參見館藏號：HS-NK05-327-004。

其他：(1)臺初版。(2)精裝。(3)第 1 冊部分紅筆注記與劃綫應非胡適筆跡。

0943 **清史稿**/趙爾巽等編纂.——香港：香港文學研究社，出版年不詳

2 冊；29 厘米

HSMH（HS-N12F2-002）

附注：

題記：上冊版權頁有沈志明的毛筆題贈。

其他：(1)鑄版。(2)精裝。

0944 **清文彙**/祝秀俠，袁帥南編.——臺北："中華叢書委員會"，1960

[162]，1890 頁；22 厘米

"中華叢書中華文彙"

HSMH（HS-N07F2-067）

附注：

印章：鈐有"胡適的書"朱文方印。

其他：精裝。

0945 **情語集**/莫泊桑著；啓明書局編譯所編譯.——臺北：啓明書局，1958

[3]，135 頁：圖；19 厘米

莫泊桑全集之五

HSMH（HS-N15F2-042）

附注：

印章:鈐有"胡適的書"朱文方印。

其他:初版。

0946 慶元黨禁及其他一種/樵川樵叟撰.——出版地不詳:商務印書館,1939

1 冊;18 厘米

叢書集成初編

HSMH（HS-N10F5-073）

附注:

印章:鈐有"胡適的書"朱文方印。

批注圈劃:《慶元黨禁》有胡適的紅、朱筆圈點與劃綫。

其他:(1)初版。(2)據版權頁題名。(3)內容:《慶元黨禁》、《元祐黨籍碑考》。

0947 慶祝蔡元培先生六十五歲論文集/國立中央研究院歷史語言研究所編.——北平:中央研究院歷史語言研究所,1933—35

2 冊:圖,表;27 厘米

歷大語言研究所集刊外編第一種

HSMH（HS-N17F3-003）

附注:

印章:下冊封面蓋有"贈閱"印戳,鈐有"胡適的書"朱文方印。

與胡適的關係:下冊收錄胡適《陶弘景的真誥攷》一文。

其他:原書共 2 冊,館藏下冊。

0948 慶祝董作賓先生六十五歲論文集/"中央研究院"歷史語言研究所集刊編輯委員會編.——臺北:"中央研究院"歷史語言研究所,1960—61

2 冊:地圖,像,樂譜;27 厘米

"中央研究院"歷史語言研究所集刊外編第四種

HSMH（HS-N17F5-029）

附注:

印章:鈐有"胡適的書"朱文方印,蓋有"贈閱"印戳。

與胡適的關係:上冊收錄胡適《神會和尚語錄的第三個敦煌寫本:"南陽

和尚問答雜徵義:劉澄集"》一文(1960-04-12)。

0949 慶祝胡適先生六十五歲論文集/"中央研究院"歷史語言研究所集刊編輯委員會編.——臺北:"中央研究院"歷史語言研究所,1957

[5],918頁,圖版[1]:圖,摺圖;27厘米

"中央研究院"歷史語言研究所集刊第二十八本

HSMH(HS-N01F1-001)

附注:

印章:扉頁有作者陳槃等20人的親筆簽名。

與胡適的關係:(1)收錄毛子水《本論文集撰文人上胡適先生書》一文。(2)收錄殷海光《胡適思想與中國前途》一文。(3)收錄《胡適先生著作目錄》一文,中文目錄初稿由胡適校訂,由徐高阮先生搜集整理。(4)本書收錄一幀胡適65歲時的照片。

其他:精裝。

0950 慶祝趙元任先生六十五歲論文集/"中央研究院"歷史語言研究所集刊編輯委員會編輯.——臺北:"中央研究院"歷史語言研究所,1957—58

2冊:圖,表;26厘米

歷史語言研究所集刊第二十九本

HSMH(HS-N17F3-001)

附注:

印章:鈐有"胡適的書"朱文方印。

與胡適的關係:下冊收錄胡適《新校定的敦煌寫本神會和尚遺著兩種》一文。

0951 慶祝趙元任先生六十五歲論文集/"中央研究院"歷史語言研究所集刊編輯委員會編輯.——臺北:"中央研究院"歷史語言研究所,1958

[4],932頁:圖,表;26厘米

歷史語言研究所集刊第二十九本

HSMH(HS-N17F3-002)

附注:

與胡適的關係:收錄胡適《新校定的敦煌寫本神會和尚遺著兩種》一文。

其他:精裝。

0952 秋澗先生大全文集一百卷/王惲撰. —— 上海:商務印書館,1936

4 冊;23 厘米

四部叢刊初編縮本集部 288—291

HSMH(HS-N11F5-020)

附注:

印章:鈐有"胡適的書"朱文方印。

夾紙:第 2、4 冊各有夾紙 1 張。

其他:(1)初版。(2)扉頁印有"HONG KONG"字樣。(3)第 1 冊牌記記載"上海商務印書館縮印江南圖書館藏明弘治刊本"。

0953 曲江張先生文集二十卷/張九齡撰. —— 上海:商務印書館,1936

146 頁;23 厘米

四部叢刊初編縮本集部 140

HSMH(HS-N11F4-005)

附注:

印章:鈐有"胡適的書"朱文方印。

批注圈劃:卷 2—4,19,20,附錄有胡適的紅、黑筆注記與圈劃。

夾紙:有夾紙 3 張。

其他:(1)初版。(2)扉頁印有"HONG KONG"字樣。(3)牌記記載"上海商務印書館縮印南海潘氏藏明成化本"。

0954 曲錄/王國維撰. —— 臺北:藝文印書館,出版年不詳

354 頁;19 厘米

HSMH(HS-N10F4-041)

附注:

印章:鈐有"胡適的書"朱文方印。

其他:影印本。

0955 屈原賦注初稿/戴震撰. ——臺北：藝文印書館，1956

    1 冊；19 厘米

    HSMH（HS-N10F4-029）

    附注：

        印章：鈐有"胡適的書"朱文方印。

        其他：初版。

0956 全漢三國晉南北朝詩/丁福保編纂. ——臺北：藝文印書館，出版年不詳

    6 冊；19 厘米

    HSMH（HS-N10F4-036）

    附注：

        印章：鈐有"胡適的書"朱文方印。

        批注圈劃：第 2 冊《全晉詩》卷 3 有胡適的紅筆圈點。

        夾紙：第 2 冊《全晉詩》卷 3 有夾紙 1 張。

0957 全上古三代秦漢三國六朝文七百四十六卷/嚴可均編；楊家駱主編. ——臺北：世界書局，1961

    9 冊；21 厘米

    中國學術名著歷代詩文總集第 23—31 冊

    HSMH（HS-N11F2-001）

    附注：

        印章：鈐有"胡適的書"朱文方印。

        其他：(1)初版。(2)精裝。(3)據清光緒甲午年黃岡王氏刊本影印。

0958 全相平話四種/著者不詳. ——出版地不詳：出版者不詳，出版年不詳

    4 冊；像；19 厘米

    HSMH（HS-N01F5-015）

    附注：

        印章：各冊鈐有"胡適的書"朱文方印。

        題記：紙書套有胡適朱筆注記："一九五四年四月，在日本東京買得，不知是否塩谷溫原影本？適之。"

批注圈劃:第 1 冊《全相武王伐紂平話》扉頁有 1954 年 8 月 26 日胡適的黑筆長篇注記,各卷有胡適的朱、紅、黑筆圈點和注記。

　　與胡適的關係:(1)紙書套背上有胡適以黑筆所題的書目"全相平話四種"。(2)各冊封面書名係胡適以朱筆題簽。

　　其他:(1)據日本內閣文庫藏元代建安虞氏刊本影印。(2)分爲上、下二欄,上欄爲圖,下欄爲文。(3)附紙書套。

0959　**全相平話四種**/著者不詳. ——出版地不詳:出版者不詳,出版年不詳

　　4 冊;像;19 厘米

　　HSMH(HS-N01F5-016)

　　附注:

　　　　印章:各冊鈐有"胡適的書"朱文方印。

　　　　其他:(1)據日本內閣文庫藏元代建安虞氏刊本影印。(2)分爲上、下二欄,上欄爲圖,下欄爲文。(3)附函套。

0960　**權力論**/羅素著;涂序瑄譯. ——臺北:"國立編譯館",1958

　　[6],234 頁;21 厘米

　　世界名著選譯

　　HSMH(HS-N15F1-020)

　　附注:

　　　　印章:鈐有"胡適的書"朱文方印。

　　　　其他:臺初版。

0961　**權載之文集五十卷**/權德輿撰. ——上海:商務印書館,1936

　　2 冊;23 厘米

　　四部叢刊初編縮本集部 150,151

　　HSMH(HS-N11F4-013)

　　附注:

　　　　印章:鈐有"胡適的書"朱文方印。

　　　　批注圈劃:(1)第 1 冊序,卷 18,20—22 有胡適的紅筆注記與圈劃。(2)第 2 冊卷 28、32、49、50、補刻有胡適的紅、藍筆圈劃。

夾紙：二冊均有夾紙。

其他：(1)初版。(2)扉頁印有"HONG KONG"字樣。(3)第1冊牌記記載"上海商務印書館縮印無錫孫氏藏大興朱氏刊本"。

0962 羣書治要五十卷/魏徵撰. ——上海：商務印書館，1936

4冊；23厘米

四部叢刊初編縮本子部101—104

HSMH（HS-N11F3-044）

附注：

印章：鈐有"胡適的書"朱文方印。

批注圈劃：(1)第1冊目錄有朱筆注記。(2)第4冊卷40、44、47有胡適的紅筆注記、校改與圈劃。

其他：(1)初版。(2)扉頁印有"HONG KONG"字樣。(3)第1冊牌記記載"上海商務印書館縮印日本尾張藩刻本"。

0963 讓我們面對日益迫切的臺灣人口問題/蔣夢麟著. ——臺北：出版者不詳，1959

[16]頁；21厘米

HSMH（HS-N07F5-005）

0964 人權論集/胡適等撰. ——上海：新月書店，1930

[4], 204頁；19厘米

HSMH（HS-N06F2-029）

附注：

與胡適的關係：封面書名係胡適所題簽。

其他：初版。

0965 人權論集/胡適等撰. ——上海：新月書店，1931

[4], 204頁；19厘米

HSMH（HS-N06F2-030）

附注：

与胡适的关系:封面书名系胡适所题签。

其他:4 版。

0966 人物志三卷/刘邵撰. ——上海:商务印书馆,1936

1 册; 23 厘米

四部丛刊初编缩本子部 097

HSMH（HS-N11F3-041）

附注:

印章:钤有"胡适的书"朱文方印。

批注圈划:(1)《颜氏家训》各卷均有胡适的红、朱笔注记、校改与圈划。

(2)《白虎通德论》有胡适的红笔注记与圈划。

夹纸:《颜氏家训》有夹纸 1 张。

其他:(1)初版。(2)扉页印有"HONG KONG"字样。(3)牌记记载"上海商务印书馆缩印明刊本"。(4)与《颜氏家训》二卷、《白虎通德论》十卷合刊。

0967 人造卫星与太空船/王石安著. ——出版地不详:新生报,1960

[6], 176 页:图; 19 厘米

征服太空科学小丛书第二辑

HSMH（HS-N08F2-042）

附注:

印章:钤有"胡适的书"朱文方印。

其他:初版。

0968 人之子:一个先知的传/ Emil Ludwig 著;孙洵侯译. ——台北:台湾"商务印书馆",1961

[7], 174 页:图; 21 厘米

汉译世界名著

HSMH（HS-N17F6-063）

附注:

题记:扉页有孙洵侯的手写题赠:"适之先生教正 洵侯敬上 承谢谢给我

853

改正補序裡的錯誤。'很高興'三字，我忘改正爲'很感激'，乞恕 洵侯又上 六一，十，十六。"

相關記載：1961年7月12日有孫洵侯致胡適函1封，爲謝指正《譯者補序》事，參見館藏號：HS-NK01-250-018。

其他：(1)臺1版。(2)精裝。

0969 仁山集五卷/金履祥撰. —— 上海：商務印書館，1935

2冊；18厘米

叢書集成初編

HSMH（HS-N10F5-096）

附注：

印章：鈐有"胡適的書"朱文方印。

其他：(1)初版。(2)據金華叢書本排印。

0970 日本帝國主義下之臺灣/矢内原忠雄著；陳茂源譯. —— 臺北：臺灣省文獻委員會，1952

[11]，302頁；18厘米

臺灣叢書譯文本第一種

HSMH（HS-N10F1-006）

附注：

印章：封面蓋有"贈閱"印戳，鈐有"胡適的書"朱文方印。

0971 日本漢學研究論文集/馬導源譯. —— 臺北："中華叢書編審委員會"，1960

[4]，271頁；19厘米

"中華叢書"

HSMH（HS-N10F1-027）

附注：

印章：鈐有"胡適的書"朱文方印。

題記：館藏一冊扉頁有譯者題贈："適之先生教政 後學馬導源拜于 十一，廿六。"

批注圈劃：館藏一冊有胡適的紅筆注記與圈劃。

相關記載:1960 年 11 月 26 日馬導源致函胡適,略述致贈著作等事,參見館藏號:HS-NK01-231-046。

0972 日本語法精解:英文法比較研究/洪炎秋著.——臺北:世界書局,1957

2 冊:表;21 厘米

HSMH(HS-N18F1-025)

附注:

　　其他:初版。

0973 日本之動亂/重光葵著;徐義宗,邵友保合譯.——香港:南風出版社,1954

[12],340 頁:圖;19 厘米

HSMH(HS-N07F5-010)

附注:

　　印章:鈐有"胡適的書"朱文方印。

　　題記:内封面有毛筆贈書字樣。

　　夾紙:有夾紙 2 張。

　　其他:初版。

0974 日據下之臺政/井出季和太著;郭輝編譯.——臺北:臺灣省文獻委員會,1956

3 冊;19 厘米

臺灣叢書譯文本第三種

HSMH(HS-N10F1-008)

附注:

　　印章:各冊封面蓋有"贈閱"印戳,鈐有"胡適的書"朱文方印。

0975 日新月異/艾倫著;詹耀謙譯.——香港:今日世界出版社,1954

[8],334 頁;18 厘米

今日世界叢書之七

HSMH(HS-N15F1-013)

附注:

其他：(1)初版。(2)作者原序頁 1 有黑筆手寫注記："王志維 四三，九，十四。"

0976 日語之門／啓明書局編譯所編著. ──臺北：啓明書局，1960

[6]，126 頁；19 厘米

日語自修叢書之一

HSMH（HS-N18F1-028）

附注：

夾紙：夾有胡適紅筆練習日文字母的紙條 1 張。

其他：再版。

0977 儒家佚書輯本五十五種六十九卷／馬國翰輯. ──臺北：世界書局，1958

160 頁；19 厘米

世界文庫四部刊要中國思想名著之一

HSMH（HS-N10F3-038）

附注：

印章：鈐有"胡適的書"朱文方印。

其他：初版。

0978 儒家哲學／梁啓超著. ──臺北：臺灣"中華書局"，1956

1，110 頁；18 厘米

HSMH（HS-N06F5-027）

附注：

印章：鈐有"胡適的書"朱文方印。

其他：臺 1 版。

0979 儒林譜及其他二種／焦袁熹纂. ──上海：商務印書館，1937

1 冊：表；18 厘米

叢書集成初編

HSMH（HS-N10F5-015）

附注：

印章:鈐有"胡適的書"朱文方印。

其他:(1)初版。(2)據版權頁題名。(3)內容:《儒林譜》、《傳經表》、《國朝經師經義目錄》。

0980 儒林外史研究論集/作家出版社編輯部編.——北京:作家出版社,1955

1,148 頁;20 厘米

HSMH(HS-N06F5-065)

附注:

印章:鈐有"胡適的書"朱文方印。

其他:第1版。

0981 入華耶穌會士列傳/費賴之(Aloys Pfister)撰;馮承鈞譯.——臺北:臺灣"商務印書館",1960

[7],212 頁;21 厘米

HSMH(HS-N07F2-054)

附注:

印章:鈐有"胡適的書"朱文方印。

題記:書名頁有胡適紅筆注記:"原書有傳四百六十七篇,此冊只有五十篇。已囑商務主持人去查餘篇的下落了。適之 一九六一,七,四。"

批注圈劃:有胡適的紅筆注記、校改與劃綫。

內附文件:書名頁夾有1961年7月4日趙叔誠致胡頌平信函1封,參見館藏號:HS-NK05-118-008。

其他:臺1版。

0982 瑞三煤礦概況/李建興著.——出版地不詳:出版者不詳,1956

1 冊:圖,表;23 厘米

HSMH(HS-N18F1-004)

附注:

其他:李建興即李紹唐。

0983 瑞三煤礦侯硐礦場紀實/李紹唐著.——出版地不詳:出版者不詳,出版年

不詳

2, 38 頁：表；19 厘米

HSMH（HS-N18F1-002）

附註：

印章：鈐有"胡適的書"朱文方印。

其他：李紹唐即李建興。

0984 卅年存稿/陳伯莊著．——香港：東南印務出版社，1959

1 冊；21 厘米

HSMH（HS-N08F2-030）

附註：

印章：鈐有"胡適的書"朱文方印。

與胡適的關係：(1)收錄胡適《陳伯莊"卅年存稿"序》一文。(2)收錄《丙集"二胡論"》一文，其一係論胡適。

0985 卅年存稿/陳伯莊著．——香港：東南印務出版社，1959

1 冊；21 厘米

HSMH（HS-N10F1-015）

附註：

印章：鈐有"胡適的書"朱文方印。

與胡適的關係：(1)收錄胡適《陳伯莊"卅年存稿"序》一文。(2)收錄《丙集"二胡論"》一文，其一係論胡適。

0986 薩天錫前後集/薩都剌撰．——上海：商務印書館，1936

[118]頁；23 厘米

四部叢刊初編縮本集部 309

HSMH（HS-N11F5-032）

附註：

印章：鈐有"胡適的書"朱文方印。

其他：(1)初版。(2)扉頁印有"HONG KONG"字樣。(3)牌記記載"上海商務印書館縮印明弘治刊黑口本"。(4)封面題名"薩天錫詩集"。(5)

與《句曲外史貞居先生詩集》合刊。

0987 三朝名臣言行錄十四卷/朱熹撰. ——上海：商務印書館，1935

2 冊；23 厘米

四部叢刊初編縮本史部 062，063

HSMH（HS-N11F3-012）

附注：

印章：鈐有"胡適的書"朱文方印。

其他：(1)初版。(2)各冊扉頁均印有"HONG KONG"字樣。(3)第 1 冊牌記記載"上海商務印書館縮印海鹽張氏涉園藏宋本"。

0988 三國會要二十二卷敘例目錄一卷/楊晨撰. ——臺北：世界書局，1960

8，396 頁；19 厘米

中國學術名著歷代會要第一期書第 4 冊

HSMH（HS-N11F2-005）

附注：

印章：鈐有"胡適的書"朱文方印。

其他：(1)初版。(2)精裝。

0989 三國演義/羅貫中著；趙聰校點. ——香港：友聯出版社，1961

2 冊；21 厘米

中國典籍輯要

HSMH（HS-N07F6-029）

附注：

印章：鈐有"胡適的書"朱文方印。

批注圈劃：上冊《重印三國演義序》有胡適的紅筆劃綫與注記。

其他：初版。

0990 三國志補注六十五卷/陳壽撰；易培基補注. ——臺北：藝文印書館，1955

2 冊；26 厘米

HSMH（HS-N09F5-007）

附注：

　　印章：鈐有"胡適的書"朱文方印。

　　批注圈劃：第 1 冊卷 13、14，第 2 冊卷 28 有胡適的紅筆注記與圈點。

　　夾紙：第 1 冊有夾紙 1 張。

　　其他：據易培基加注吳氏西爽堂刊本影印。

0991　三國志集解六十五卷/陳壽撰；盧弼集解.——臺北：藝文印書館，出版年不詳

　　2 冊；26 厘米

　　HSMH（HS-N09F5-008）

　　附注：

　　印章：二冊均鈐有"胡適的書"朱文方印。

　　批注圈劃：(1)第 1 冊封面有胡適的藍筆注記"盧弼集解（上）"，書背有藍筆注記"集解上"。《三國志集解序》頁 5 有胡適的紅筆注記。(2)第 2 冊封面有胡適的藍筆注記"盧弼集解（下）"，書背有藍筆注記"集解下"。

　　夾紙：第 1 冊扉頁有夾紙 1 張，印有"謹呈適之先生　藝文印書館敬贈"字樣。

　　其他：(1)封面題名"三國志"。(2)據民國間盧弼排印本影印。

0992　三國志旁證三十卷/梁章鉅撰.——臺北：藝文印書館，1955

　　303 頁；26 厘米

　　HSMH（HS-N09F5-009）

　　附注：

　　印章：鈐有"胡適的書"朱文方印。

　　其他：(1)初版。(2)據清道光三十年（1850）致曲山館刊本影印。

0993　三民主義大同世界新論/鄧熙著.——臺北：臺灣書店，1951

　　[10]，58 頁；18 厘米

　　HSMH（HS-N18F6-001）

　　附注：

　　夾紙：夾信封殘片 1 張。

0994 三臺記遊集/陳虉撰. ——出版地不詳：出版者不詳，出版年不詳

30 頁；19 厘米

HSMH（HS-N15F2-085）

附注：

　　印章：鈐有"胡適的書"朱文方印。

　　題記：扉頁有作者的題贈："適之先生諟正　蝶衣寄於香港　四十八年十一月"。

　　相關記載：有 1959 年 11 月 24 日陳虉致胡適贈書信函 1 封，參見館藏號：HS-NK01-033-003。

0995 三續今古奇觀/建文書局編輯部註譯. ——南市：建文書局，1946

1，139 頁；19 厘米

HSMH（HS-N07F6-021）

附注：

　　其他：再版。

0996 桑園讀書記/鄧之誠著. ——北京：三聯書店，1955

2，111 頁；20 厘米

HSMH（HS-N01F4-068）

附注：

　　印章：鈐有"胡適的書"朱文方印。

　　題記：封面有手題簽贈："敬贈 適之先生時先生經舊金山往紐約　房兆楹　杜聯喆　一九六〇，七，十九。"

　　其他：第 1 版。

0997 莎翁悲劇六種/莎士比亞著. ——臺北：啓明書局，1961

1 冊：圖；19 厘米

世界文學大系外國之部 4

HSMH（HS-N11F1-013）

附注：

印章：鈐有"胡適的書"朱文方印。

其他：(1)初版。(2)精裝。

0998 山的兒子/何錡章著. ——臺北：廣隆印書局，1961

9，51，16 頁；18 厘米

HSMH（HS-N15F2-066）

附注：

印章：鈐有"胡適的書"朱文方印。

題記：扉頁有作者的題贈："胡院長賜正 晚何錡章謹贈 七月廿日。"

其他：初版。

0999 山海經十八卷/郭璞傳. ——上海：商務印書館，1936

1 冊；23 厘米

四部叢刊初編縮本子部 107

HSMH（HS-N11F3-047）

附注：

印章：鈐有"胡適的書"朱文方印。

批注圈劃：(1)《山海經目錄》有胡適的紅筆劃綫。(2)《穆天子傳序》有胡適的紅、黑筆校改與圈劃。

其他：(1)初版。(2)扉頁印有"HONG KONG"字樣。(3)牌記記載"上海商務印書館縮印江安傅氏雙鑑樓藏明成化刊本"。(4)與《穆天子傳》六卷合刊。

1000 山海經箋疏十八卷圖讚一卷/郭璞傳；郝懿行箋疏. ——臺北：藝文印書館，出版年不詳

2 冊；19 厘米

HSMH（HS-N10F3-046）

附注：

印章：鈐有"胡適的書"朱文方印。

其他：據清阮氏琅嬛館刊本影印。

1001 山河歲月/胡蘭成著.──出版地不詳:胡蘭成,1954

　　[3],282 頁;19 厘米

　　HSMH(HS-N17F6-032)

　　附註:

　　　　題記:扉頁有作者的手寫題贈:"謹呈 胡適之先生 後學胡蘭成於日本。"

1002 商君書解詁定本慎子/朱師轍撰.──臺北:世界書局,1958

　　1 冊;19 厘米

　　世界文庫四部刊要中國思想名著之一

　　HSMH(HS-N06F4-053)

　　附註:

　　　　印章:鈐有"胡適的書"朱文方印。

　　　　夾紙:偶有夾紙。

　　　　其他:(1)1 版。(2)書名頁題名"商君書解詁定本 五卷附錄三卷"。

1003 尚書新證/于省吾著.──臺北:藝文印書館,出版年不詳

　　306 頁;19 厘米

　　HSMH(HS-N10F2-012)

　　附註:

　　　　印章:鈐有"胡適的書"朱文方印。

　　　　其他:書名頁題名"雙劍誃尚書新證"。

1004 上古秦漢文學史/柳存仁著.──上海:商務印書館,1948

　　[8],171 頁:圖;18 厘米

　　國學小叢書

　　HSMH(HS-N06F6-015)

　　附註:

　　　　印章:書名頁鈐有"胡適的書"朱文方印。

　　　　題記:書名頁有著者手寫題贈:"適之先生指正 學生存仁拜呈。"

　　　　夾紙:書末夾有購書發票 1 張。

　　　　其他:初版。

863

1005 少年的悲哀/國木田獨步等著；郁達夫等譯. ——臺北：啓明書局，1956

    1，93 頁；19 厘米

    世界短篇小説名著

    HSMH（HS-N15F2-040）

    附注：

        印章：鈐有"胡適的書"朱文方印。

        批注圈劃：《少年的悲哀》、《羽衣》、《消遣的對話》等文有胡適的綠筆注記與校改。

        其他：初版。

1006 少儀外傳二卷/吕祖謙撰. ——上海：商務印書館，1936

    1，56 頁；18 厘米

    叢書集成初編

    HSMH（HS-N10F5-082）

    附注：

        印章：鈐有"胡適的書"朱文方印。

        批注圈劃：(1)扉頁有胡適的藍筆注記："今天讀此書一遍。大概此書編纂在朱熹《小學》之前，《小學》取材于此書不少。《小學》自題年月為淳熙丁未（十四年，1187）三月朔旦，那時伯恭已死了六七年了。伯恭死在淳熙八年（1181）。"(2)多處有胡適的紅、黑、藍筆注記與圈劃。

        其他：(1)初版。(2)據墨海金壺本排印。

1007 社會科學通論/常燕生著. ——香港："自由出版社"，1958

    ［12］，122 頁：像；18 厘米

    常燕生先生文集第四册

    HSMH（HS-N07F4-017）

    附注：

        印章：鈐有"胡適的書"朱文方印。

        題記：版權頁有黑筆手寫題贈："先父遺著 敬呈適之先生存政 世晚常崇寶敬呈。"

其他:初版。

1008 什麽是文學/胡適著. ——臺北:遠東圖書公司,1954

1,46 頁;19 厘米

HSMH（HS-N06F2-048）

附注:

印章:鈐有"胡適的書"朱文方印。

與胡適的關係:收錄胡適《文學改良芻議》、《建設的文學革命論》、《什麽是文學》等文。

其他:初版。

1009 神會和尚遺集/胡適輯. ——上海:亞東圖書館,1930

[8],220 頁;19 厘米

HSMH（HS-DS-033）

附注:

印章:一册鈐有"國立中央研究院歷史語言研究所圖書之記"朱文長方印;一册鈐有"胡適"朱文方印。

題記:館藏一册扉頁有藍筆題贈:"送給原編者！房兆楹在香港買到 一九六〇,五,廿一日。"

夾紙:館藏一册夾有本書出版版本細目之紙卡 1 張,書衣殘片 1 張。

其他:(1)初版。(2)封面附題"胡適校敦煌唐寫本"。

1010 生物史觀研究/常燕生著. ——香港:"自由出版社",1958

[11],318 頁:像;18 厘米

常燕生先生文集第五册

HSMH（HS-N07F4-019）

附注:

印章:鈐有"胡適的書"朱文方印。

題記:版權頁有黑筆手寫題贈:"先父遺著 敬陳 適之先生存政 世晚常崇寶敬呈。"

其他:初版。

1011 生物史觀與社會/常燕生著. ——香港:"自由出版社",1958

[11], 172 頁:像;18 厘米

常燕生先生文集第三冊

HSMH(HS-N10F5-015)

附注:

印章:鈐有"胡適的書"朱文方印。

題記:版權頁有黑筆手寫題贈:"適之先生賜存 世晚常崇寶敬呈。"

其他:初版。

1012 聖多瑪斯論三位一體/馬雷著;李貴良譯. ——臺北:華明書局,1961

114 頁;19 厘米

HSMH(HS-N07F2-049)

附注:

印章:書名頁鈐有"李貴良"朱文方印。

題記:書名頁有黑筆題贈:"慰堂館長指正 譯者敬贈。"

其他:初版。

1013 聖經學規纂及其他二種/李塨稿. ——出版地不詳:商務印書館,1939

1 冊;18 厘米

叢書集成初編

HSMH(HS-N10F5-015)

附注:

印章:鈐有"胡適的書"朱文方印。

其他:(1)初版。(2)據版權頁題名。(3)內容:《聖經學規纂》、《論學》、《健餘劄記》。

1014 聖蕾娜/吳陵著. ——臺北:東方文化供名社,1954

145,8 冊;19 厘米

東方文叢

HSMH(HS-N15F2-058)

附注：

　　印章：鈐有"胡適的書"朱文方印。

　　題記：扉頁有吳望伋的毛筆題贈字樣，並有胡適的藍筆注記："吳望伋先生贈 適之。"

　　批注圈劃：多頁有胡適的藍筆校改與劃綫。

　　夾紙：有夾紙1張。

　　其他：初版。

1015　聖女戰馬鎗/王藍著.——臺北：紅藍出版社，1959

　　［1］，101頁；19厘米

　　HSMH（HS-N15F2-027）

　　附注：

　　　印章：鈐有"胡適的書"朱文方印。

　　　其他：臺5版。

1016　聖詠集/方濟堂聖經學會編譯.——北平：方濟堂，1946

　　58，514頁；18厘米

　　舊約全書之三

　　HSMH（HS-N08F1-006）

　　附注：

　　　印章：鈐有"胡適的書"朱文方印。

　　　其他：精裝。

1017　失學民眾教育課程標準芻議/祁致賢著.——臺北：臺灣省"國語推行委員會"，1956

　　2，28頁；表；19厘米

　　HSMH（HS-N18F3-038）

1018　師門五年記/羅爾綱著.——出版地不詳：出版者不詳，出版年不詳

　　［1］，58頁；19厘米

　　HSMH（HS-N06F4-030）

附注：

  印章：鈐有"胡適的書"朱文方印。

  批注圈劃：全書有胡適的紅、緑筆校改與圈點。

  其他：爲胡適校改本。

1019　師門五年記／羅爾綱著. ——出版地不詳：出版者不詳，出版年不詳

  [1]，57 頁；19 厘米

  HSMH（HS-N06F4-031）

  附注：

  印章："適之校本"冊與"適之自校本"冊均鈐有"胡適的書"朱文方印，一冊蓋有"胡適敬贈"印戳，餘冊鈐有"胡適的書"朱文方印。

  題記：館藏一冊封面有胡適的紅筆題記："適之校本"；另一冊封面有胡適的紅筆題記："適之自校本。"

  批注圈劃：(1)"適之校本"冊有胡適的紅筆自校與圈點。(2)"適之自校本"冊有胡適的紅筆劃綫與注記。

  其他：館藏 12 冊。

1020　師門五年記／羅爾綱著. ——臺北：胡適紀念館，出版年不詳

  57 頁；19 厘米

  HSMH（HS-N06F4-032）

  附注：

  題記：封面印有胡適的藍筆注記："適之再校本　四七，十二，廿八夜。"

1021　師門五年記／羅爾綱著. ——出版地不詳：出版者不詳，出版年不詳

  [1]，57 頁；19 厘米

  HSMH（HS-N17F6-018）

  附注：

  印章：鈐有"胡適的書"朱文方印。

1022　施耐庵／陳紀瀅著. ——臺北："中華文化出版事業委員會"，1958

  811—834 頁；19 厘米

"現代國民基本知識叢書"

HSMH（HS-N18F1-010）

附注：

　　題記：封面有作者的手寫題贈："適之先生賜正 作者敬上 四七，十一，七 施耐庵 陳紀瀅撰。"

　　其他：爲《中國文學史論集》抽印本。

1023 施植之先生早年回憶録/施肇基著.——出版地不詳：出版者不詳，出版年不詳

　　[7]，47，7 頁：像；20 厘米

　　HSMH（HS-N07F3-017）

　　附注：

　　　　印章：鈐有"胡適的書"朱文方印。

　　　　題記：扉頁有傅安明手寫題贈："適之先生誨政 安明敬上 四九，三，十四。"

　　　　夾紙：(1)夾有"施唐鈺華敬贈"的名片 1 張。(2)夾有印記傅安明的美國地址 1 張。

　　　　與胡適的關係：(1)書名係由胡適所題簽。(2)文前收録胡適的《胡適之先生序》一文。

1024 詩比興箋/陳沆撰.——臺北：藝文印書館，出版年不詳

　　135 頁；19 厘米

　　HSMH（HS-N10F4-030）

　　附注：

　　　　印章：鈐有"胡適的書"朱文方印。

1025 詩詞曲語辭典/張相著.——臺北：藝文印書館，1957

　　[26]，730 頁；20 厘米

　　叢書集成初編

　　HSMH（HS-N06F5-039）

　　附注：

印章:書名頁鈐有"胡適的書"朱文方印。

批注圈劃:書名頁有胡適的紅筆校改;叙言末有胡適的紅筆注記與校改。

其他:(1)初版。(2)精裝。

1026 詩集傳/朱熹集傳.——出版地不詳:藝文印書館,出版年不詳

4冊;19厘米

HSMH（HS-N10F2-005）

附注:

印章:鈐有"胡適的書"朱文方印。

其他:影印本。

1027 詩經學新論/金公亮著.——臺北:啓明書局,1958

[7],152頁;19厘米

青年百科入門中國文學組

HSMH（HS-N10F1-019）

附注:

印章:鈐有"胡適的書"朱文方印。

其他:初版。

1028 詩經原始十八卷首二卷/方玉潤撰.——臺北:藝文印書館,1960

4冊:圖;19厘米

HSMH（HS-N10F2-021）

附注:

印章:鈐有"胡適的書"朱文方印。

其他:(1)初版。(2)據清同治十年(1871)刊本影印。

1029 詩歷/伍受真編.——臺北:台灣"中華書局",1960

1冊;19厘米

HSMH（HS-N15F2-074）

附注:

印章:鈐有"胡適的書"朱文方印。

其他:再版。

1030 十駕齋養新錄/錢大昕撰.——臺北:臺灣"商務印書館",1956

4 冊;19 厘米

國學基本叢書

HSMH(HS-N10F4-027)

附注:

印章:鈐有"胡適的書"朱文方印。

批注圈劃:各冊均有胡適的藍、紅筆圈劃與注記。

夾紙:第 2 冊有夾紙 5 張;第 4 冊有夾紙 2 張。

其他:臺初版。

1031 十九世紀初年德意志的國難與復興/常燕生著.——香港:"自由出版社",1958

[13],291 頁:像;18 厘米

常燕生先生文集第十冊

HSMH(HS-N07F4-014)

附注:

印章:鈐有"胡適的書"朱文方印。

題記:版權頁有黑筆手寫題贈:"先父遺著 敬呈適之先生存政 世晚常崇寶敬呈。"

其他:初版。

1032 十七世紀廣南之新史料/陳荊和編著.——臺北:"中華叢書委員會",1960

1 冊;21 厘米

"中華叢書"

HSMH(HS-N07F5-049)

附注:

批注圈劃:有胡適的紅、綠筆注記與圈劃。

1033 十三經索引/葉紹鈞編.——上海:開明書店,1934

［42］，1718 頁；19 厘米

HSMH（HS-N10F2-001）

附注：

印章：鈐有"胡適"朱文長方印、"胡適"白文方印。

其他：(1)再版。(2)精裝。

1034 石徂徠集二卷／石介撰. ——上海：商務印書館，1936

2 冊；18 厘米

叢書集成初編

HSMH（HS-N10F5-099）

附注：

印章：鈐有"胡適的書"朱文方印。

其他：(1)初版。(2)據正誼堂全書本排印。

1035 石湖居士詩集三十四卷／范成大撰. ——上海：商務印書館，1936

184 頁；23 厘米

四部叢刊初編縮本集部 251

HSMH（HS-N11F5-006）

附注：

印章：鈐有"胡適的書"朱文方印。

批注圈劃：卷 7,11—18,20,21,23,25—27 有胡適的藍、鉛、黑、朱筆注記與圈劃。

其他：(1)初版。(2)扉頁印有"HONG KONG"字樣。(3)牌記記載"上海商務印書館縮印愛汝堂刊本"。

1036 石經考及其他二種／顧炎武撰. ——上海：商務印書館，1936

1 冊；18 厘米

叢書集成初編

HSMH（HS-N10F5-004）

附注：

印章：鈐有"胡適的書"朱文方印。

其他:(1)初版。(2)據版權頁題名。(3)内容:《石經考》、《漢石經殘字考》、《魏三體石經遺字考》。

1037 石門文字禪三十卷/釋德洪撰.——上海:商務印書館,1936

2 册;圖;23 厘米

四部叢刊初編縮本集部 217,218

HSMH（HS-N11F4-052）

附注:

印章:鈐有"胡適的書"朱文方印。

批注圈劃:第 2 册卷 21—27,29,30 有胡適的鉛、藍筆注記與圈劃。

夾紙:第 2 册有夾紙 1 張。

其他:(1)初版。(2)扉頁印有"HONG KONG"字樣。(3)第 1 册牌記記載"上海商務印書館縮印江南圖書館藏明徑山寺本"。

1038 史諱舉例八卷/陳垣撰.——北京:科學出版社,1958

[9],175 頁;21 厘米

HSMH（HS-N06F4-055）

附注:

印章:鈐有"胡適的書"朱文方印。

其他:第 1 版。

1039 史記會注考證一百三十卷/瀧川龜太郎著.——臺北:藝文印書館,1959

10 册:圖版;20 厘米

HSMH（HS-N07F1-003）

附注:

印章:各册鈐有"胡適的書"朱文方印。

批注圈劃:(1)第 1 册《史記索隱序》末有胡適的紅筆注記與劃綫。(2)第 2、4 册偶有胡適的紅筆劃綫與圈點。

夾紙:第 1 册夾有便箋殘片 1 張;第 2 册有夾紙數張;第 4 册有夾紙數張。

其他:(1)精裝。(2)附録《史記總論》。(3)據日本昭和七至九年(1932—1934)東京研究所排印本影印。

1040 史記一百三十卷/司馬遷撰. ——臺北：藝文印書館, 出版年不詳

3 冊；26 厘米

HSMH（HS-N09F5-004）

附注：

印章:鈐有"胡適的書"朱文方印。

批注圈劃:(1)第 1 冊《史記序》頁 9 有胡適的鋼筆注記與圈劃, 卷 7 有胡適的紅筆注記與圈點。(2)第 3 冊卷末《讀書雜志》、《王念孫敘》有胡適的紅筆圈點與劃綫。

夾紙:(1)第 1 冊有夾紙 4 張。(2)第 2 冊有空白夾紙 2 張, 另有胡適的手寫藍筆筆記夾紙 1 張, 原夾於第 3 冊頁 1225, 現挪移至第 2 冊卷 59 頁 839 處。

其他:據清乾隆武英殿刊本影印。

1041 史事人物談/趙宋岑著. ——臺北：趙宋岑發行, 1958

7, 211 頁；19 厘米

HSMH（HS-N08F2-047）

附注：

印章:鈐有"胡適的書"朱文方印。

與胡適的關係:封面書名係由胡適所題簽。

1042 史通二十卷/劉知幾撰. ——上海：商務印書館, 1936

179 頁；23 厘米

四部叢刊初編縮本史部 070

HSMH（HS-N11F3-017）

附注：

印章:鈐有"胡適的書"朱文方印。

批注圈劃:全書多處有胡適的藍、紅、黑筆注記與圈劃。

夾紙:有夾紙多張。

其他:(1)初版。(2)扉頁印有"HONG KONG"字樣。(3)牌記記載"上海商務印書館縮印明張鼎思覆校陸深本"。(4)附錄《孫潛夫顧千里校勘

劄記》。

1043 史學與史學方法/許冠三著. ——九龍:"自由出版社",1959

2 冊;21 厘米

大學叢書

HSMH(HS-N18F5-026)

附注:

印章:鈐有"胡適的書"朱文方印。

批注圈劃:下冊偶有胡適的紅筆校改與圈劃。

其他:(1)香港初版。(2)館藏下冊。

1044 使署閒情/六十七輯. ——臺北:臺灣銀行,1961

[24],140 頁;19 厘米

臺灣文獻叢刊第一二二種

HSMH(HS-N09F1-006)

附注:

印章:鈐有"胡適的書"朱文方印。

1045 世界兵學與全球戰略/黃煥文著. ——香港:亞洲出版社,1957

[21],208 頁,圖版[12]頁;21 厘米

HSMH(HS-N17F2-024)

附注:

印章:鈐有"胡適的書"朱文方印。

題記:內封面有作者的手寫題贈:"適之先生 黃煥文敬贈。"

其他:初版。

1046 世界人權宣言/編者不詳. ——出版地不詳:聯合國新聞部,1949

1 冊;22 厘米

HSMH(HS-N08F2-052)

附注:

印章:鈐有"胡適的書"朱文方印。

875

其他：譯自"UNIVERSAL DECLARATION OF HUMAN RIGHTS"。

1047 世界通史/高亞偉著.——臺北：幼獅書店，1960

1 冊；21 厘米

大學用書

HSMH（HS-N18F5-027）

附注：

　　印章：鈐有"胡適的書"朱文方印。

　　題記：內封面有作者的手寫題贈："適之夫子大人賜正 受業高亞偉敬呈。"

　　其他：(1)初版。(2)原書不知幾冊，館藏僅上冊。

1048 世界文學大系詩詞/李石曾主編.——臺北：啓明書局，1960

1 冊：圖；19 厘米

世界文學大系中國之部

HSMH（HS-N11F1-002）

附注：

　　印章：鈐有"胡適的書"朱文方印。

　　其他：(1)初版。(2)精裝。(3)《世界文學大系 中國之部》第 1 冊。

1049 世界文學大系筆記尺牘/李石曾主編.——臺北：啓明書局，1960

1 冊；19 厘米

世界文學大系中國之部

HSMH（HS-N11F1-003）

附注：

　　印章：鈐有"胡適的書"朱文方印。

　　其他：(1)初版。(2)精裝。(3)《世界文學大系 中國之部》第 2 冊。

1050 世界文學大系戲曲/李石曾主編.——臺北：啓明書局，1960

1 冊：圖；19 厘米

世界文學大系中國之部

HSMH（HS-N11F1-004）

附注：

　　印章：钤有"胡適的書"朱文方印。

　　其他：(1)初版。(2)精裝。(3)《世界文學大系 中國之部》第3冊。

1051 世界文學大系傳奇小説/李石曾主編. ——臺北：啓明書局，1960

　　1冊：圖；19厘米

　　世界文學大系中國之部

　　HSMH（HS-N11F1-005）

　　附注：

　　　　印章：钤有"胡適的書"朱文方印。

　　　　其他：(1)初版。(2)精裝。(3)《世界文學大系 中國之部》第4冊。

1052 世界文學大系小説/李石曾主編. ——臺北：啓明書局，1960

　　1冊：圖；19厘米

　　世界文學大系中國之部

　　HSMH（HS-N11F1-006）

　　附注：

　　　　印章：钤有"胡適的書"朱文方印。

　　　　其他：(1)初版。(2)精裝。(3)《世界文學大系 中國之部》第5冊。

1053 世界文學大系詩詞(乙集)/司空圖等著. ——臺北：啓明書局，1961

　　1冊；19厘米

　　世界文學大系中國之部詩詞6

　　HSMH（HS-N11F1-008）

　　附注：

　　　　印章：钤有"胡適的書"朱文方印。

　　　　其他：(1)初版。(2)精裝。

1054 世界文學史/正文編輯委員會編著. ——臺北：正文書局，1959

　　2冊：圖，表；22厘米

　　HSMH（HS-N17F4-007）

附注：

  印章：鈐有"胡適的書"朱文方印。

  題記：上冊內封面有毛筆題贈："適之先生正之 正文書局敬贈。"

  其他：精裝。

1055 世界之新希望/羅素撰；張易譯.——臺北："國立編譯館"，1958

  1 冊；21 厘米

  世界名著選譯

  HSMH（HS-N07F5-004）

  附注：

    印章：鈐有"胡適的書"朱文方印。

    夾紙：有夾紙 1 張。

    其他：臺再版。

1056 世説新語/劉義慶撰；劉孝標注.——臺北：藝文印書館，出版年不詳

  2 冊(886 頁)；19 厘米

  HSMH（HS-N06F6-011）

  附注：

    印章：二冊均鈐有"胡適的書"朱文方印。

    批注圈劃：第 2 冊頁 881、882 有胡適的紅筆劃綫與圈點。

    其他：影印本。

1057 叔苴子內外編/莊元臣撰.——出版地不詳：商務印書館，1939

  1, 113, 1 頁；18 厘米

  叢書集成初編

  HSMH（HS-N10F5-041）

  附注：

    印章：鈐有"胡適的書"朱文方印。

    其他：(1)初版。(2)據粵雅堂叢書本排印。

1058 書序辨一卷/顧頡剛輯點.——北平：樸社，1933

[60]，148，2頁：表；19厘米

辨僞叢刊之一

HSMH（HS-N07F2-044）

附注：

  印章：鈐有"胡適的書"朱文方印、"□總文庫"朱文方印。

  批注圈劃：偶有紅筆圈註。

1059 書學邇言/楊守敬述.——臺北：藝文印書館，1957

  62頁；15厘米

  藝文叢書4901

  HSMH（HS-N07F3-026）

  附注：

    印章：鈐有"胡適的書"朱文方印。

    其他：初版。

1060 書影/周亮工著.——上海：古典文學出版社，1957

  [17]，149頁；19厘米

  中國文學參考資料小叢書第二輯

  HSMH（HS-N07F5-048）

  附注：

    印章：鈐有"胡適的書"朱文方印。

    批注圈劃：(1)出版説明末有胡適的紅筆筆記："此書明明是十卷，此本僅排印了前五卷，而無一字説明缺後五卷的理由！胡適 四九，十一，七夜。"(2)有胡適的紅筆劃綫與圈點。

    其他：第1版。

1061 蜀道難/羅莘田著.——上海：獨立出版社，1946

  [12]，132頁；19厘米

  HSMH（HS-N01F4-070）

  附注：

    印章：鈐有"胡適的書"朱文方印。

内附文件:扉頁粘貼致胡適的明信片1張,背面有手寫短箋。

其他:再版。

1062 曙光/羅門著.——臺北:藍星詩社,1958

4,74頁;18厘米

藍星詩叢

HSMH(HS-N17F6-007)

附注:

印章:鈐有"胡適的書"朱文方印。

題記:內封面有作者的黑筆題贈:"胡適博士教正 後學羅門敬贈 五十年元月"。

1063 述學內外篇四卷補遺一卷別錄一卷/汪中撰.——上海:商務印書館,1936

1冊:圖;23厘米

四部叢刊初編縮本集部389

HSMH(HS-N11F6-023)

附注:

印章:鈐有"胡適的書"朱文方印。

批注圈劃:《述學》有胡適的紅筆注記與圈劃。

其他:(1)初版。(2)扉頁印有"HONG KONG"字樣。(3)牌記記載"上海商務印書館縮印無錫孫氏藏汪氏刻本"。(4)與《容甫先生遺詩》合刊。

1064 恕谷後集/李塨著.——上海:商務印書館,1936

3冊;18厘米

叢書集成初編

HSMH(HS-N10F4-007)

附注:

印章:鈐有"胡適的書"朱文方印。

批注圈劃:(1)第1冊序有胡適的藍筆注記:"我有雍正四年初刻的稍晚印本,卷首當有'恕谷先生遠道圖',王孫裔繪。適之。"(2)各冊有胡適的紅、藍、黑筆圈點、劃綫與注記。(3)第3冊卷11頁129有胡適的紅筆注记："雍正四年(1726)初刻有阎镐序,记'列为十卷'。十卷以后,当是后来陆续收入的。适之。"

其他:(1)初版。(2)据畿辅丛书本排印。

1065 **數學趣談**/康梁著.——香港:友聯出版社,1959

[7],190 頁:圖;18 厘米

HSMH(HS-N17F6-057)

附注:

印章:鈐有"胡適的書"朱文方印。

其他:初版。

1066 **數學通訊**/作者不詳.——臺北:數學通訊,1959

23 頁;26 厘米

HSMH(HS-N21F3-102)

附注:

題記:館藏一冊内封面有黑筆手寫題贈:"胡院長賜存 晚劉登勝項武忠袁化吳達森 敬贈。"

1067 **雙關實用日語文法**/丁卓著.——臺北:遠東圖書公司,1957

162 頁;18 厘米

HSMH(HS-N18F1-029)

附注:

其他:(1)4 版。(2)封面題名"實用日語文法"。

1068 **雙劍誃論語新證**/于省吾著.——臺北:藝文印書館,出版年不詳

24 頁;19 厘米

HSMH(HS-N17F3-004)

附注:

其他:據石印本影印。

1069 **雙劍誃論語新證**/于省吾著.——臺北:藝文印書館,出版年不詳

24 頁；19 厘米

HSMH（HS-N10F2-006）

附注：

　　印章：鈐有"胡適的書"朱文方印。

1070 雙劍誃論語新證/于省吾著.——臺北：藝文印書館，出版年不詳

1 冊；19 厘米

HSMH（HS-N10F2-022）

附注：

　　印章：鈐有"胡適的書"朱文方印。

　　其他：書背題名"詩經新證"。

1071 雙劍誃易經新證四卷/于省吾撰.——臺北：藝文印書館，出版年不詳

202 頁；19 厘米

HSMH（HS-N10F2-018）

附注：

　　印章：鈐有"胡適的書"朱文方印。

　　其他：(1)封面題名"易經新證"。(2)據 1936 年刊本影印。

1072 雙劍誃殷契駢枝/于省吾著.——臺北：藝文印書館，出版年不詳

126 頁；19 厘米

HSMH（HS-N10F2-016）

附注：

　　印章：鈐有"胡適的書"朱文方印。

　　其他：書背題名"殷契駢枝"。

1073 水滸/施耐庵著；汪原放句讀.——上海：亞東圖書館，1948

4 冊；17 厘米

HSMH（HS-N07F6-026）

附注：

　　與胡適的關係：第 1 冊收錄胡適《水滸傳考證》一文。

其他:15 版。

1074 水滸續集/汪原放,章希呂點讀;周育和等校對.——上海:亞東圖書館,1934

2 冊;19 厘米

HSMH（HS-N07F6-027）

附注:

印章:二冊均鈐有"胡適"朱文長方印。

批注圈劃:(1)下冊《論略》頁 2 有胡適朱筆注記:"當年不該刪,應該收在書尾。適之。"(2)下冊偶有朱筆劃綫。

與胡適的關係:上冊收錄胡適《水滸續集兩種序》一文。

其他:精裝。

1075 水滸研究/何心著.——上海:上海文藝聯合出版社,1955

[4],383 頁:表;18 厘米

中國古典文學研究叢刊

HSMH（HS-N06F5-052）

附注:

印章:鈐有"胡適的書"朱文方印。

題記:書名頁有胡適手寫注記:"友人說,'何心'姓陸,字澹盦,是項定榮夫人的父親。適之。"

夾紙:頁 194 有鉛筆注記筆記 1 張。

相關記載:1956 年 2 月 19 日胡適日記記載:"去年大陸上印出了一部《水滸研究》,著者署名'何心'。此書是一部很好的考證,可以説是結《水滸》研究的總帳的書。此書有批評我的一些地方,大致都很對。我很想知道這位新起的《水滸》研究專家,曾寫信去託程靖宇訪問此人的真姓名。……"參見館藏號:HS-DY01-1956-0219。

其他:第 1 版第 3 次印刷。

1076 水經注四十卷/酈道元撰.——上海:商務印書館,1936

3 冊;23 厘米

四部叢刊初編縮本史部 066—068

HSMH（HS-N11F3-015）

附注：

印章：鈐有"胡適的書"朱文方印。

其他：(1)初版。(2)扉頁印有"HONG KONG"字樣。(3)牌記記載"上海商務印書館縮印武英殿聚珍板本"。

1077 水經注十五卷/桑欽撰；酈道元注.——北京：文學古籍刊行社,1955

724頁；21厘米

HSMH（HS-N02F3-003）

附注：

印章：《重印文學古籍緣起》、卷1均鈐有"胡適的書"朱文方印。

題記：扉頁有胡適紅筆手寫注記："袁守和兄寄贈 胡適。"

批注圈劃：(1)出版說明有胡適紅筆眉批及劃綫。(2)正文前扉頁有胡適紅筆手寫注記"舊刻卷數（殿本葉數）"筆記。(3)內文有胡適的紅、綠筆注記、圈點及劃綫。

夾紙：卷7頁305夾有紅筆手寫注記1張。

其他：(1)北京第1版。(2)精裝。

1078 水經注/酈道元著.——上海：商務印書館,出版年不詳

2冊；19厘米

國學基本叢書簡編

HSMH（HS-N02F5-022）

附注：

印章：二冊均鈐有"胡適的書"朱文方印；上冊書名頁有胡適的朱筆簽名。

批注圈劃：(1)《酈道元水經注原序》有胡適的紅筆圈點。(2)二冊均有胡適的紅、黑、鉛、藍等各色筆眉批、圈點、劃綫及注記編號。

其他：(1)排印本。(2)牌記題"本書係用萬有文庫版本印行原裝分訂六冊每冊面數各自起迄今合訂二冊面數仍舊讀者鑒之"。

1079 水經注版本展覽目錄/胡適撰.——北京：北京大學,出版年不詳

1—30頁；22厘米

HSMH（HS-N02F5-020）

附注：

题记：(1)馆藏一册封面有胡适的黑笔手写注记："卅八年一月四日收到此册。胡适。"(2)馆藏一册封面有胡适的朱笔注记："适之自校本"；红笔注记："重校过"，"续收藏的用◎，借校的用△，有缩照影片的用○ 适之。"(3)馆藏一册封面有胡适黑笔注记："自校本 适之"，"自校改本"。

批注圈划：馆藏各册均有胡适红、黑、蓝笔注记、校改与圈点。

与胡适的关系：封面题名系胡适毛笔题签"北京大学五十周年纪念 水经注版本展览目录"。

相关记载：1949年1月4日胡适日记记载："收到寄来的《水经注展览目录》十多册。"

其他：为《北京大学五十周年纪念·北京大学图书馆善本书录》抽印本。

1080 水经注版本展览目录/胡适撰. ——北京：北京大学，出版年不详

1—30 页；22 厘米

HSMH（HS-N02F5-021）

附注：

题记：第 1 册页 1 有红笔誊钞胡适注记。

批注圈划：其中一册有红、蓝笔改订笔记，非胡适笔迹。

其他：为《北京大学五十周年纪念·北京大学图书馆善本书录》影印本。

1081 水经注等八种古籍引用书目汇编/马念祖编. ——北京：中华书局，1959

[4]，133 页；19 厘米

HSMH（HS-N02F3-002）

附注：

印章：书名页钤有"胡适的书"朱文方印。

题记：封面有胡适红笔手写注记："袁守和兄送的 适之 一九五九，八，卅。"

批注圈划：版权页有胡适的红笔划线；内文偶有红笔划线。

其他：第 1 版。

1082 **水經注引得**/鄭德坤編. ——北平：燕京大學圖書館哈佛燕京學社引得編纂處，1934

　　2 冊；27 厘米

　　哈佛燕京學社引得第十七號

　　HSMH（HS-N02F3-001）

　　附注：

　　　印章：二冊封面均蓋有"胡適"印戳；二冊扉頁均鈐有"胡適的書"朱文方印。

　　　批注圈劃：(1)第 1 冊有胡適的紅、黑筆批注及劃綫。(2)第 2 冊偶有胡適的藍筆注記。

　　　夾紙：第 1 冊扉頁夾有胡適手寫藍筆筆記 2 張。

1083 **水心先生文集二十九卷**/葉適撰. ——上海：商務印書館，1936

　　2 冊；23 厘米

　　四部叢刊初編縮本集部 261，262

　　HSMH（HS-N11F5-010）

　　附注：

　　　印章：鈐有"胡適的書"朱文方印。

　　　批注圈劃：(1)第 1 冊卷 9—14 有胡適的藍、黑、紅筆注記與圈劃。(2)第 2 冊卷 15—24，28，29 有胡適的紅筆注記、校改與圈劃。

　　　夾紙：二冊均有夾紙數張。

　　　其他：(1)初版。(2)扉頁印有"HONG KONG"字樣。(3)第 1 冊牌記記載"上海商務印書館縮印烏程劉氏藏明正統本"。

1084 **說文解字繫傳通釋四十卷**/徐鍇撰. ——上海：商務印書館，1936

　　2 冊；23 厘米

　　四部叢刊初編縮本經部 017，018

　　HSMH（HS-N11F2-031）

　　附注：

　　　印章：鈐有"胡適的書"朱文方印。

　　　批注圈劃：第 2 冊卷 30 有胡適的紅筆注記與劃綫。

夾紙：二冊各有夾紙1張。

其他：(1)初版。(2)二冊扉頁均印有"HONG KONG"字樣。(3)第1冊牌記記載"上海商務印書館縮印常熟瞿氏藏殘宋本配吳興張氏藏影宋寫本"。

1085　説文解字注三十二卷/段玉裁撰.——臺北：藝文印書館，1957

[4]，877頁：表；19厘米

HSMH（HS-N09F1-019）

附注：

印章：鈐有"胡適的書"朱文方印。

其他：(1)再版。(2)精裝。(3)據經韵樓藏版影印。

1086　説文解字十五卷/許慎撰.——上海：商務印書館，1936

1冊；23厘米

四部叢刊初編縮本經部016

HSMH（HS-N11F2-030）

附注：

印章：鈐有"胡適的書"朱文方印。

夾紙：有夾紙2張。

其他：(1)初版。(2)牌記記載"上海商務印書館縮印日本岩崎氏藏宋刊本"。

1087　説苑二十卷/劉向撰.——上海：商務印書館，1936

1冊；23厘米

四部叢刊初編縮本子部075

HSMH（HS-N11F3-022）

附注：

印章：鈐有"胡適的書"朱文方印。

批注圈劃：《揚子法言》多處有胡適的紅、黑、藍筆的注記與圈劃。

夾紙：有夾紙數張。

其他：(1)初版。(2)扉頁印有"HONG KONG"字樣。(3)牌記記載"上海

商務印書館縮印平湖葛氏傳樸堂藏明鈔本"。(4)與《揚子法言》十二卷合刊。

1088 司馬氏書儀十卷/司馬光著. ——上海：商務印書館，1936

[11]，122，1頁；18厘米

叢書集成初編

HSMH（HS-N10F5-084）

附注：

　　印章：鈐有"胡適的書"朱文方印。

　　其他：(1)初版。(2)據學津討原本排印。

1089 思文大紀八卷/臺灣銀行經濟研究室編. ——臺北：臺灣銀行，1961

2，158頁；19厘米

臺灣文獻叢刊第一百十一種

HSMH（HS-N09F2-055）

附注：

　　印章：鈐有"胡適的書"朱文方印。

　　夾紙：夾有臺灣銀行信封殘片1張。

1090 思想改造文選第一集/光明日報編輯所編輯. ——北京：光明日報社，1952

[5]，66頁；18厘米

光明日報叢刊第九輯

HSMH（HS-N06F3-003）

附注：

　　印章：鈐有"胡適的書"朱文方印。

　　題記：封面有胡適的藍筆注記："March 25, 1952 收到聿修兄寄的這本書。適之。"

　　批注圈劃：(1)封面有胡適的英文手寫注記。(2)全書多處有胡適的紅、藍、黑筆注記與劃綫。(3)封底有胡適的英文鉛筆注記。

　　其他：初版。

1091 思想改造文選第四集/光明日報編輯所編輯.——北京：光明日報社,1952

[3],110 頁；18 厘米

HSMH（HS-N06F3-004）

附注：

印章：鈐有"胡適的書"朱文方印。

批注圈劃：(1)封面有胡適的紅筆注記："請閱後仍還給我。胡適","May 1952"。(2)全書多處有胡適的紅、藍筆注記與劃綫。

其他：再版。

1092 思想改造文選第五集/光明日報編輯所編輯.——北京：光明日報社,1952

[3],92 頁；18 厘米

光明日報叢刊

HSMH（HS-N06F3-005）

附注：

印章：鈐有"胡適的書"朱文方印。

其他：初版。

1093 思想改造之路/桐廬編.——香港：初步書店,1952

[1],54 頁；19 厘米

HSMH（HS-N15F1-015）

附注：

印章：鈐有"胡適的書"朱文方印。

其他：8 版。

1094 斯未信齋文編/徐宗幹著.——臺北：臺灣銀行,1960

[12],182 頁；19 厘米

臺灣文獻叢刊第八十七種

HSMH（HS-N09F2-031）

附注：

印章：鈐有"胡適的書"朱文方印。

1095 斯未信齋雜錄/徐宗幹著. ——臺北:臺灣銀行,1960

[3],120 頁;19 厘米

臺灣文獻叢刊第九十三種

HSMH(HS-N09F2-037)

附注:

印章:鈐有"胡適的書"朱文方印。

1096 四部正偽三卷/胡應麟著;顧頡剛校點. ——北平:樸社,1933

[24],92,10 頁;20 厘米

辨偽叢刊之一

HSMH(HS-N07F2-040)

附注:

印章:鈐有"胡適的書"朱文方印。

其他:再版。

1097 四朝大政錄/劉心學撰. ——北平:文殿閣書莊,1937

112 頁;19 厘米

國學文庫

HSMH(HS-N07F6-013)

附注:

印章:鈐有"胡適的書"朱文方印。

其他:(1)重印本。(2)與《三朝大議錄》合刊一冊。

1098 四存編/顏元著;王星賢標點. ——北京:古籍出版社,1957

3,166 頁;圖;21 厘米

HSMH(HS-N07F3-016)

附注:

印章:鈐有"胡適的書"朱文方印。

其他:第 1 版。

1099 四庫全書提要辨證史部四卷子部八卷/余嘉錫著. ——出版地不詳:藝文印書

館，出版年不詳

4 冊；19 厘米

HSMH（HS-N12F2-005）

附注：

 印章：鈐有"胡適的書"朱文方印。

 批注圈劃：第 3 冊有胡適的藍、紅筆注記、校改與圈劃。

 夾紙：第 4 冊有夾紙 1 張。

 其他：封面與書背題名"四庫提要辨證"。

1100 四年從政回憶/凌竹銘著. ——出版地不詳：交通建設學會，1957

 160 頁；21 厘米

 HSMH（HS-N08F2-059）

 附注：

  印章：鈐有"胡適的書"朱文方印。

1101 四十自述/胡適著. ——上海：亞東圖書館，1933

 [8]，180 頁；像；19 厘米

 HSMH（HS-N06F3-011）

 附注：

  題記：封面有胡適的黑筆注記："This Second Edition is from the collection of the late R. S. Britton. Hu Shih。"

  批注圈劃：偶有胡適的紅筆校改。另有藍、鉛筆劃記。

  其他：(1)再版。(2)書名頁題名"胡適・四十自述 第一冊"。

1102 四十自述/胡適著. ——上海：亞東圖書館，1939

 [8]，179 頁：像；19 厘米

 HSMH（HS-N06F3-012）

 附注：

  題記：(1)封面有胡適的黑筆英文注記："Six Autobiographical Chapter. Hu Shih。"(2)封面有胡適的黑筆注記："適之自己留的一本 廿八，十二，十七。"

批注圈劃：(1)插圖三下方有胡適的藍筆英文注記："To Virginia Hartman with love. Hu Shih。"(2)偶有胡適的黑筆校改。

其他：(1)5 版。(2)書名頁題名"胡適·四十自述 第一冊"。(3)本書書名係由錢玄同所題簽。

1103 四十自述/胡適著.——上海：亞東圖書館，1947

[8], 179 頁：像；18 厘米

HSMH（HS-N06F2-037）

附注："

印章：鈐有"胡適的書"朱文方印、"真善美圖書館"印戳。

題記：封面有李敖藍筆注記："送給 適之先生 四七，十二，十七，李敖。"

夾紙：有夾紙 1 張。

其他：(1)8 版。(2)書名頁題名"胡適·四十自述 第一冊"。(3)本書書名係由錢玄同所題簽。

1104 四十自述/胡適著.——上海：亞東圖書館，1947

[8], 179 頁：像；19 厘米

HSMH（HS-N06F3-013）

附注：

題記：封面有胡適的黑筆注記："前些時我試寄一張一元美金的紙幣去，今天收到上海亞東寄來自述三本。適之 一九五〇，七，廿五。"

批注圈劃：有胡適的紅、朱筆校改。

夾紙：(1)扉頁粘貼郵票 5 枚。(2)頁 82 夾有本書出版版次記錄紙卡 1 張。(3)書末粘貼亞東圖書館發票 1 張，並貼有印花稅票數張。

其他：(1)8 版。(2)書名頁題名"胡適·四十自述 第一冊"。(3)本書書名係由錢玄同所題簽。

1105 四十自述/胡適著.——臺北：六藝出版社，1954

[8], 122 頁：像；18 厘米

HSMH（HS-N06F2-038）

附注：

印章：一冊鈐有"胡適的書"朱文方印。

批注圈劃：館藏二冊有胡適的紅、綠、黑筆校改及胡頌平的棕色筆校改。

與胡適的關係：(1)封面書名係胡適所題簽。(2)序前有胡適《自由中國版自記》一文。

其他：(1)臺初版。(2)書背題名"胡適四十自述"。(3)書名頁題名"胡適・四十自述・第一冊"。

1106 四十自述/胡適著. ——臺北：遠東圖書公司，1959

[8]，122頁：像；19厘米

HSMH（HS-N06F2-039）

附注：

與胡適的關係：(1)封面書名係胡適所題簽。(2)序前有胡適《自由中國版自記》一文。

其他：(1)初版。(2)書背題名"胡適四十自述"。(3)書名頁題名"胡適・四十自述・第一冊"。(4)書末附正誤表。

1107 松雪齋文集十卷/趙孟頫撰. ——上海：商務印書館，1936

128頁；23厘米

四部叢刊初編縮本集部293

HSMH（HS-N11F5-022）

附注：

印章：鈐有"胡適的書"朱文方印。

其他：(1)初版。(2)扉頁印有"HONG KONG"字樣。(3)牌記記載"上海商務印書館縮印元刊本"。

1108 宋本廣韻/著者不詳. ——臺北：藝文印書館，1956

1冊；19厘米

HSMH（HS-N10F2-004）

附注：

印章：鈐有"胡適的書"朱文方印。

其他：(1)初版。(2)精裝。(3)據清康熙間張氏重刊澤存堂版影印。

893

1109 宋本花間集/趙崇祚輯.——臺北：藝文印書館，1960

　　1 冊；19 厘米

　　HSMH（HS-N10F4-043）

　　附注：

　　　　印章：鈐有"胡適的書"朱文方印。

　　　　其他：(1)初版。(2)卷首題名"花間集"。

1110 宋朝事實/李攸撰.——上海：商務印書館，1935

　　5，324，1 頁；19 厘米

　　國學基本叢書

　　HSMH（HS-N07F5-021）

　　附注：

　　　　印章：鈐有"胡適的書"朱文方印、"永井藏書"朱文方印。

　　　　批注圈劃：偶有黑、鉛筆劃綫與注記，非胡適筆迹。

　　　　其他：(1)初版。(2)精裝。

1111 宋代香藥貿易史稿/林天蔚著.——九龍："中國學社"，1960

　　[16]，437 頁，圖版：圖，表；22 厘米

　　HSMH（HS-N10F3-003）

　　附注：

　　　　印章：鈐有"胡適的書"朱文方印。

　　　　題記：書名頁有羅香林題辭："適之先生 教正 晚羅香林代贈。"

　　　　批注圈劃：目錄有胡適的藍筆校正。

　　　　夾紙：頁 183 有夾紙 1 張，上有藍筆注記："香港大學羅香林寄 已復謝 四九，四，十六！"

　　　　其他：(1)初版。(2)英文題名"A HISTORY OF THE PERFUME TRADE OF THE SUNG DYNASTY"。

1112 宋明理學/吳康著.——臺北："華國出版社"，1955

　　362，5 頁：圖，表；19 厘米

學藝小叢書

HSMH（HS-N15F2-007）

附注：

　　印章：鈐有"胡適的書"朱文方印。

　　題記：封面後有吳康的手寫題贈："適之先生我師誨正 作者。"

　　批注圈劃：頁35、36有胡適的藍筆注記與劃綫。

　　其他：初版。

1113 宋詩選註/錢鍾書選註. ——北京：人民文學出版社，1958

　　［44］，324頁；19厘米

　　中國古典文學讀本叢書

　　HSMH（HS-N06F6-001）

　　附注：

　　　　印章：鈐有"胡適的書"朱文方印。

　　　　題記：內封面有程靖宇藍筆題贈："適之校長 惠存 生靖宇寄上 一九五九年三月 在九龍。"

　　　　批注圈劃：偶有胡適的藍筆校改與注記。

　　　　相關記載：1959年4月29日有胡適評此書與錢鍾書事，參見《胡適之先生晚年談話錄》（臺北：聯經，1984）頁20、21。

　　　　其他：北京第1版。

1114 宋史研究集/宋史研究會編. ——臺北："中華叢書委員會"，1958

　　1冊：圖；21厘米

　　"中華叢書"

　　HSMH（HS-N07F5-023）

　　附注：

　　　　印章：鈐有"胡適的書"朱文方印。

　　　　題記：內封面有胡適紅筆注記："蔣復璁先生贈胡適 四七，十一，廿七。"

　　　　批注圈劃：頁210有胡適的紅筆校改。

　　　　其他：原書不知幾輯，館藏第1輯。

1115 宋史研究集第一輯/宋史研究會編. ——臺北:"中華叢書委員會",1958

[6],472 頁;21 厘米

"中華叢書"

HSMH（HS-N18F4-032）

附註:

印章:鈐有"胡適的書"朱文方印。

與胡適的關係:收錄胡適《關於宋明刊本水經注》一文。

其他:精裝。

1116 宋史四百九十六卷/脫脫等修. ——臺北:藝文印書館,出版年不詳

14 冊:表;26 厘米

HSMH（HS-N09F4-015）

附註:

印章:鈐有"胡適的書"朱文方印。

批注圈劃:(1)第 1 冊卷 37—39,第 2 冊卷 41、43,第 8 冊卷 265,第 9 冊卷 282、305,第 10 冊卷 311 有胡適的紅筆注記、圈點與劃綫。(2)第 12 冊卷 395、396、414 有胡適的藍、紅筆注記與圈點。(3)第 13 冊卷 421 有胡適的紅筆注記與劃綫。

其他:據清乾隆武英殿刊本影印。

1117 宋書一百卷/沈約撰. ——臺北:藝文印書館,出版年不詳

2 冊:表;26 厘米

HSMH（HS-N09F4-001）

附註:

印章:鈐有"胡適的書"朱文方印。

批注圈劃:(1)第 1 冊卷 35、37 有胡適的紅筆圈點。(2)第 2 冊卷 84、87、88、100 有胡適的紅筆圈點與注記。

夾紙:二冊均有夾紙。

其他:據清乾隆武英殿刊本影印。

1118 宋學士文集七十五卷/宋濂撰. ——上海:商務印書館,1936

3 册；23 厘米

四部叢刊初編縮本集部 314—316

HSMH（HS-N11F5-037）

附注：

印章：鈐有"胡適的書"朱文方印。

批注圈劃：三冊均多卷有胡適的紅、藍筆注記、校改與圈劃。

夾紙：各冊均有夾紙數張。

其他：（1）初版。（2）扉頁印有"HONG KONG"字樣。（3）第 1 冊牌記記載"上海商務印書館縮印侯官李氏觀槿齋藏明正德刊本"。

1119 宋元南戲百一錄/錢南揚著. ——北京：哈佛燕京學社，1934

[8]，246 頁，書影[6]頁；27 厘米

燕京學報專號之九

HSMH（HS-N06F4-057）

附注：

印章：鈐有"胡適的書"朱文方印。

其他：排印本。

1120 宋元戲曲考/王國維撰. ——臺北：藝文印書館，出版年不詳

174 頁；19 厘米

HSMH（HS-N10F4-042）

附注：

印章：鈐有"胡適的書"朱文方印。

其他：影印本。

1121 宋元學案/黃宗羲撰. ——上海：商務印書館，1935

4 冊：表；19 厘米

國學基本叢書

HSMH（HS-N07F1-001）

附注：

印章：各冊鈐有"胡適的書"朱文方印。

批注圈劃:各冊多處有胡適的紅、綠、藍、鉛、朱筆等各色筆注記、校改與劃綫。

夾紙:第1、2、4冊有夾紙數張。

其他:(1)4版。(2)精裝。

1122 蘇俄的戰略與策略:共產黨征服自由世界計畫/周之鳴編著. ——出版地不詳:"中國國民黨中央改造委員會"第六組,1951

　　1冊;19厘米

　　資料研究專輯

　　HSMH(HS-N08F2-025)

　　附注:

　　　印章:鈐有"胡適的書"朱文方印。

　　　其他:總冊數不詳,館藏上冊。

1123 蘇俄的戰略與策略:共產黨征服自由世界計畫/周之鳴著. ——臺北:蘇俄問題研究所,1951

　　1冊;19厘米

　　蘇俄問題研究叢書第一卷

　　HSMH(HS-N18F6-008)

　　附注:

　　　印章:鈐有"胡適的書"朱文方印。

　　　題記:封面有作者的題贈:"胡適先生指正 後學周之鳴謹贈 一九五一年二月於台北市。"

　　　其他:總冊數不詳,館藏上冊。

1124 蘇俄遺傳學批判/赫胥黎著;李景均譯. ——臺北:"中華文化出版事業委員會",1953

　　[11],249頁;19厘米

　　"現代國民基本知識叢書"第二輯

　　HSMH(HS-N17F6-052)

　　附注:

印章:鈐有"胡適的書"朱文方印。

題記:內封面有譯者的手寫題贈:"適之先生指正 李景均謹贈 1954 元月。"

批注圈劃:封面有胡適的藍筆英文注記:"C. C. Li:School of Public Health, Univ. of Pittsburgh。"

其他:初版。

1125 蘇俄在中國名辭索引及詮釋/陳錫璋編. ——臺南:陳錫璋,1960

17,573 頁:表;20 厘米

HSMH(HS-N18F6-011)

附注:

印章:鈐有"胡適的書"朱文方印、"陳錫璋印"白文方印。

題記:扉頁有編者的毛筆題贈:"恭呈適公院長教正 晚生陳錫璋謹呈 民國四十九年十二月於南市。"

夾紙:夾附信封殘片 1 張,上有藍筆注記:"已復 四九,十二,十四。"

其他:精裝。

1126 蘇俄征服中國密件:一面國際共黨征服亞洲鏡子/周之鳴編著. ——臺北:蘇俄問題研究所,1953

[32],295 頁;19 厘米

蘇俄問題研究叢書第二卷

HSMH(HS-N 08F2-024)

附注:

印章:鈐有"胡適的書"朱文方印。

題記:封面有作者手寫題贈:"胡適先生指正 后學之鳴敬贈。"

其他:初版。

1127 蘇聯共產黨(布)歷史簡要讀本/聯共(布)中央特設委員會編. ——北京:解放社,1949

564 頁;20 厘米

HSMH(HS-N15F1-022)

附注：

　　印章：鈐有"胡適的書"朱文方印。

　　其他：精裝。

1128　蘇平仲文集十六卷／蘇伯衡撰.——上海：商務印書館，1936

　　206頁；23厘米

　　四部叢刊初編縮本集部320

　　HSMH（HS-N11F5-040）

　　附注：

　　　印章：鈐有"胡適的書"朱文方印。

　　　批注圈劃：卷6、11有胡適的紅筆圈劃。

　　　其他：(1)初版。(2)扉頁印有"HONG KONG"字樣。(3)牌記記載"上海商務印書館縮印上元鄧氏羣碧樓藏明正統刊本"。

1129　蘇氏易傳九卷／蘇軾著.——上海：商務印書館，1936

　　2冊；18厘米

　　叢書集成初編

　　HSMH（HS-N10F5-023）

　　附注：

　　　印章：書名頁蓋有"國立中央圖書館敬贈 PRESENTED BY THE NATIONAL CENTRAL LIBRARY NANKING"印戳，鈐有"胡適的書"朱文方印。

　　　其他：(1)初版。(2)據學津討源本排印。

1130　蘇學士文集十六卷校語一卷／蘇舜欽撰.——上海：商務印書館，1936

　　125頁；23厘米

　　四部叢刊初編縮本集部179

　　HSMH（HS-N11F4-036）

　　附注：

　　　印章：鈐有"胡適的書"朱文方印。

　　　其他：(1)初版。(2)扉頁印有"HONG KONG"字樣。(3)牌記記載"上海商務印書館縮印白華書屋本"。

1131 素描/謝六逸著.——臺北:啓明書局,1957

　　78 頁;19 厘米

　　新文藝文庫謝六逸小品一集

　　HSMH(HS-N17F6-038)

　　附注:

　　　其他:再版。

1132 訴信錄/蔣復璁著.——臺中:光啓書局,1958

　　88 頁;19 厘米

　　文化叢書之二

　　HSMH(HS-N07F2-050)

　　附注:

　　　印章:鈐有"胡適的書"朱文方印。

　　　題記:書名頁有著者題贈:"適師誨正 生復璁敬呈。"

　　　其他:初版。

1133 遂初堂詩選十二卷/愛新覺羅·煥明著;朱浩懷選校.——臺中:朱浩懷,1960

　　27,148 頁;19 厘米

　　HSMH(HS-N07F2-013)

　　附注:

　　　印章:鈐有"胡適的書"朱文方印。

　　　題記:封面有黑筆手寫題贈:"適之院長先生賜存 朱浩懷謹贈。"

　　　其他:初版。

1134 隋書八十五卷/長孫無忌等撰.——臺北:藝文印書館,出版年不詳

　　2 冊;26 厘米

　　HSMH(HS-N09F4-010)

　　附注:

　　　印章:鈐有"胡適的書"朱文方印。

901

批注圈劃：(1)第 1 冊卷 32 有胡適的紅筆圈點與劃綫。(2)第 2 冊卷末頁 949、950 有胡適的黑筆圈點與年代注記。

其他：(1)封面題名"隋史"。(2)據清乾隆武英殿刊本影印。

1135 隋唐制度淵源略論稿/陳寅恪著. ——重慶：商務印書館，1945

1，117 頁；20 厘米

國立中央研究院歷史語言研究所專刊

HSMH（HS-N06F3-046）

附注：

印章：鈐有"胡適的書"朱文方印；封面蓋有"贈閱"印戳。

批注圈劃：有胡適的紅、藍筆批注與劃綫。

內附文件：頁 85 夾有 1960 年 7 月 21 日西文剪報一則，參見館藏號：HS-NK05-336-025。

其他：再版。

1136 隋唐制度淵源略論稿/陳寅恪著. ——臺北："中央研究院"歷史語言研究所，出版年不詳

[1]，117 頁；21 厘米

"中央研究院"歷史語言研究所專刊

HSMH（HS-N07F6-009）

附注：

其他：與《唐代政治史述論稿》合刊一冊。

1137 孫連仲回憶錄/孫連仲著. ——臺北：孫仿魯先生古稀華誕籌備委員會，1962

[5]，86，12 頁：圖；19 厘米

HSMH（HS-N08F2-067）

附注：

題記：扉頁有胡適的藍筆長篇注記："五一年二月二日是孫連仲將軍的七十歲生日，我不能去賀壽，請胡頌平先生去簽名祝賀。賀客每人可得'回憶錄'一冊。我昨天一口氣看完了，覺得這是很平實也很忠實的一本簡式自傳，我盼望他肯把詳細情節從容敘述出來。胡適 五一，二，三。"

批注圈劃:多處有胡適的藍、紅、綠筆劃綫與注記。

1138 孫淵如詩文集/孫星衍撰. ——上海:商務印書館,1936

2 冊;23 厘米

四部叢刊初編縮本集部 382,383

HSMH(HS-N11F6-020)

附注:

印章:鈐有"胡適的書"朱文方印。

批注圈劃:第 1 冊多處有胡適的藍筆注記與圈劃。

夾紙:第 1 冊有夾紙數張。

其他:(1)初版。(2)印有"HONG KONG"字樣。(3)第 1 冊牌記記載"上海商務印書館縮印原刊本"。

1139 孫子集註十三卷/吉天保輯. ——上海:商務印書館,1936

1 冊;23 厘米

四部叢刊初編縮本子部 077

HSMH(HS-N11F3-024)

附注:

印章:鈐有"胡適的書"朱文方印。

其他:(1)初版。(2)扉頁印有"HONG KONG"字樣。(3)牌記記載"上海商務印書館縮印江南圖書館藏明嘉靖刊本"。(4)與《六韜》六卷、《吳子》二卷、《司馬法》三卷合刊。

1140 縮本四部叢刊初編書錄/商務印書館編. ——上海:商務印書館,1936

2,134 頁;23 厘米

四部叢刊初編縮本

HSMH(HS-N11F2-016)

附注:

印章:鈐有"胡適的書"朱文方印。

題記:(1)封面有胡適的朱筆注記:"胡適第三次買的四部叢刊初編。"(2)書名頁有胡適的朱筆長篇注記:"去年十二月,我在華府,老友 Mrs. Mary

Crozier 述 General Wm. Crozier 的遺志，贈我美金二百元，要我自己挑選愛讀的書作為他們的贈書。我才決心要買點有用的書，重建一個參考圖書館。一九五〇年二月，李孤帆兄替我買得這部縮本四部叢刊初編。四月廿五日運到紐約。書價乙千七百五十元港幣，六折，合乙千〇五十元。運費等等，共一百五十五元六角。其時美金合港幣 6.15，故此書書價與運費（港幣 1205）合美金一百九十六元。胡適。"

批注圈劃：(1)書背有胡適的朱筆圈點。(2)有胡適的朱、紅、黑、藍筆注記與圈劃。

夾紙：《例言》有夾紙 1 張，上有胡適的黑筆手寫注記二則："已買得初編原影本五冊。適之"，"(109)弘明集 1553 王文伯借去，失落了。適之"。

相關記載：1950 年 2 月 13 日有李孤帆致胡適信，說明代購此部叢書事，參見館藏號：HS-NK02-007-029。

其他：(1)初版。(2)平裝。(3)版權頁記載平裝本共 440 冊，精裝本共 110 冊。

1141 所謂"全氏雙韭山房三世校本"水經注/胡適撰. ——臺北："清華學報社"，1956

   1—20 頁；26 厘米

   "清華學報"新一卷第一期

   HSMH（HS-N02F5-018）

   附注：

   其他：爲《清華學報》新 1 卷第 1 期抽印本(1956 年 6 月)。

1142 所知錄三卷/錢澄之著. ——臺北：臺灣銀行，1960

   [4],66 頁；19 厘米

   臺灣文獻叢刊第八十六種

   HSMH（HS-N09F2-030）

1143 臺北縣文獻叢輯第二輯/臺北縣文獻委員會編. ——臺北：臺北縣文獻委員會，1956

   [4],454 頁：表；26 厘米

HSMH（HS-N18F2-002）

附注：

　　題記：扉頁有編者的手寫題贈："適之先生指教　晚學盛清沂敬贈　民國四十八年三月卅一日。"

　　與胡適的關係：1959年3月31日有盛清沂致胡適贈書信函1封，參見館藏號：HS-NK01-269-001。

1144　臺北縣志稿卷二疆域志稿/盛清沂編纂.——臺北：臺北縣文獻委員會，1958

　　1冊：圖，表；26厘米

　　HSMH（HS-N18F2-005）

附注：

　　題記：內封面有編者的手寫題贈："適之先生指教　晚學盛清沂敬贈　民國四十八年三月卅一日。"

　　夾紙：封面裏粘附盛清沂的手寫注記便條1張。

　　與胡適的關係：1959年3月31日有盛清沂致胡適贈書信函1封，參見館藏號：HS-NK01-269-001。

1145　臺北縣志稿卷五開闢志稿/盛清沂編纂.——臺北：臺北縣文獻委員會，1959

　　1冊；26厘米

　　HSMH（HS-N18F2-006）

附注：

　　題記：內封面有編者的手寫題贈："適之先生指教　晚學盛清沂敬贈　民國四十八年三月卅一日。"

　　夾紙：目錄粘附盛清沂的手寫注記便條1張。

　　與胡適的關係：1959年3月31日有盛清沂致胡適贈書信函1封，參見館藏號：HS-NK01-269-001。

　　其他：油印本。

1146　臺風雜記/佐倉孫三著.——臺北：臺灣銀行，1961

　　[18]，62頁：圖；19厘米

　　臺灣文獻叢刊第一百〇七種

905

HSMH（HS-N09F2-051）

附注：

　　印章：鈐有"胡適的書"朱文方印。

1147 臺海見聞錄/董天工著.——臺北：臺灣銀行，1961

　　[8]，68 頁；19 厘米

　　臺灣文獻叢刊第一二九種

　　HSMH（HS-N09F1-012）

　　附注：

　　　　印章：各冊鈐有"胡適的書"朱文方印。

1148 臺海使槎錄八卷/黃叔璥著.——臺北：臺灣銀行，1935

　　[2]，177 頁；19 厘米

　　臺灣文獻叢刊第四種

　　HSMH（HS-N09F2-006）

　　附注：

　　　　印章：鈐有"胡適的書"朱文方印。

1149 臺南市志稿卷五文教志/黃典權主修.——臺南：臺南市文獻委員會，1959

　　6，306，圖版[20]頁：表；26 厘米

　　HSMH（HS-N18F2-004）

　　附注：

　　　　夾紙：夾信封殘片 1 張。

1150 臺灣城懷古集/林勇著.——臺南：興文齋書局，1960

　　[12]，236，[6]頁：圖；19 厘米

　　HSMH（HS-N17F1-009）

　　附注：

　　　　印章：鈐有"胡適的書"朱文方印、"林勇"朱文方印。

　　　　題記：扉頁有作者毛筆題贈："中央研究院 胡院長適批正 晚林勇敬呈 七月廿四日。"

1151 **臺灣地名手冊**/陳正祥編.——臺北：臺灣省文獻委員會，1959

285 頁：圖，表；26 厘米

臺灣叢書第七種

HSMH（HS-N17F1-006）

附注：

印章：封面蓋有"贈閱"印戳，鈐有"胡適的書"朱文方印。

內附文件：夾附 1960 年 7 月 13 日臺灣省文獻委員會贈書信函 1 封，參見館藏號：HS-NK05-142-024。

1152 **臺灣番事物產與商務**/臺灣銀行經濟研究室編.——臺北：臺灣銀行，1960

［12］，122 頁：表；19 厘米

臺灣文獻叢刊第四十六種

HSMH（HS-N09F2-019）

附注：

印章：鈐有"胡適的書"朱文方印。

1153 **臺灣番政志**/林熊祥主編；温吉編譯.——臺北：臺灣省文獻委員會，1957

2 冊：表；19 厘米

臺灣叢書譯文本第四種

HSMH（HS-N10F1-009）

附注：

印章：各冊封面蓋有"贈閱"印戳，鈐有"胡適的書"朱文方印。

1154 **臺灣割據志**/川口長孺著.——臺北：臺灣銀行，1957

4，87 頁；19 厘米

臺灣文獻叢刊第一種

HSMH（HS-N09F2-003）

附注：

印章：鈐有"胡適的書"朱文方印。

907

1155 臺灣公藏方志聯合目錄/"國立中央圖書館"編. ── 臺北：正中書局, 1960

[4], 107, 30 頁：圖表；26 厘米

HSMH（HS-N21F1-013）

附註：

　　印章：書名頁及正文首頁鈐有"胡適的書"朱文方印。

　　批注圈劃：偶有胡適的紅、藍筆校改與圈劃。

　　夾紙：頁 16 有夾紙 1 張。

　　其他：(1)臺初版。(2)據 1957 年重排印本。

1156 臺灣公藏宋元本聯合書目/昌彼得編. ── 臺北："國立中央圖書館", 1955

1, 70 頁；19 厘米

HSMH（HS-N07F5-046）

附註：

　　批注圈劃：有胡適的紅、黑筆劃綫與圈點。

1157 臺灣海防檔/臺灣銀行經濟研究室編. ── 臺北：臺灣銀行, 1961

2 冊；19 厘米

臺灣文獻叢刊第一百一十種

HSMH（HS-N09F2-054）

附註：

　　印章：鈐有"胡適的書"朱文方印。

1158 臺灣：進步的寶島/鄭良等著. ── 臺北："英文自由中國評論社", 1956

2, 84 頁；18 厘米

HSMH（HS-N18F3-042）

1159 臺灣考古學民族學概觀/鹿野忠雄著；宋文薰譯. ── 臺北：臺灣省文獻委員會, 1955

[36], 214 頁, 圖版[28]頁：圖；19 厘米

臺灣叢書譯文本第二種

HSMH（HS-N10F1-007）

附注：

　　印章：封面蓋有"贈閱"印戳，鈐有"胡適的書"朱文方印。

1160 臺灣省立農學院簡介/著者不詳.——出版地不詳：出版者不詳，1958

　　35頁：圖，摺圖；26厘米

　　HSMH（HS-N21F1-017）

1161 臺灣省立師範大學教育研究所集刊第二輯/臺灣省立師範大學編.——臺北：臺灣省立師範大學，1959

　　[4]，119頁：表；26厘米

　　HSMH（HS-N17F2-011）

　　附注：

　　　　印章：鈐有"胡適的書"朱文方印。

1162 臺灣省立師範大學國文研究所集刊第三號/臺灣省立師範大學編.——臺北：臺灣省立師範大學，1959

　　3，396頁；27厘米

　　HSMH（HS-N17F2-012）

　　附注：

　　　　印章：鈐有"胡適的書"朱文方印，其中一冊蓋有"臺灣省立師範大學文學院國文研究所"橢圓印戳。

　　　　題記：其中一冊扉頁有毛筆題贈："適之先生賜正　臺灣省立師範大學文學院國文研究所敬贈。"

1163 臺灣省立師範大學國文研究所集刊第四號/臺灣省立師範大學編.——臺北：臺灣省立師範大學，1960

　　[6]，604頁：表；27厘米

　　HSMH（HS-N17F2-013）

　　附注：

　　　　印章：鈐有"胡適的書"朱文方印。

1164 臺灣省立師範大學國文研究所集刊第五號/臺灣省立師範大學編.——臺北：臺灣省立師範大學，1961

    ［3］，437，［1］頁：表；27 厘米

    HSMH（HS-N17F2-014）

    附注：

        印章：鈐有"胡適的書"朱文方印。

1165 臺灣省立師範大學教職員通訊錄/臺灣省立師範大學人事室編.——出版地不詳：臺灣省立師範大學，1960

    ［13］，79，4 頁；19 厘米

    HSMH（HS-N21F1-048）

    附注：

        其他：封面有黑筆注記："中央研究院 胡秘書 頌平。"

1166 臺灣省山地同胞教育之演進/杜聰明著.——出版地不詳：出版者不詳，1961

    9 頁：表；26 厘米

    HSMH（HS-N17F5-016）

1167 臺灣省通志稿卷一政事志保安篇/賀嗣章編纂.——臺北：臺灣省文獻委員會，1959

    3，238 頁：表；26 厘米

    HSMH（HS-N18F2-003）

    附注：

        印章：封面蓋有"贈閱"印戳。

1168 臺灣省通志稿卷四經濟志礦業篇/林朝棨纂修.——臺北：臺灣省文獻委員會編纂組，1960

    12，354 頁：圖，表；26 厘米

    臺灣省通志稿

    HSMH（HS-N17F1-005）

    附注：

印章:封面蓋有"贈閱"印戳,鈐有"胡適的書"朱文方印。

內附文件:夾附1961年10月9日臺灣省文獻委員會贈書信函1封,參見館藏號:HS-NK05-142-042。

1169 臺灣省通志稿卷六學藝志文學篇第三冊/廖漢臣纂修. ——臺北:臺灣省文獻委員會編纂組,1959

212頁:表;26厘米

臺灣省通志稿

HSMH(HS-N17F1-003)

附注:

印章:封面蓋有"贈閱"印戳,鈐有"胡適的書"朱文方印。

內附文件:夾附1961年3月16日臺灣省文獻委員會贈書信函1封,參見館藏號:HS-NK05-142-035。

1170 臺灣省通志稿卷九革命志拒清篇/毛一波,黎仁纂修. ——臺北:臺灣省文獻委員會編纂組,1960

4,146頁:表;26厘米

臺灣省通志稿

HSMH(HS-N17F1-004)

附注:

印章:封面蓋有"贈閱"印戳,鈐有"胡適的書"朱文方印。

內附文件:夾附1961年4月24日臺灣省文獻委員會贈書信函1封,參見館藏號:HS-NK05-142-037。

1171 臺灣史事研究第一輯/黃典權著. ——臺北:海東山房,1958

62頁:表;22厘米

HSMH(HS-N18F1-008)

附注:

印章:鈐有"胡適的書"朱文方印。

題記:封面有作者的手寫題贈:"適之先生指教 晚黃典權敬奉 四八,十二,二。"

911

其他：爲《臺南文化》第 6 卷抽印本。

1172 臺灣私法人事編/臺灣銀行經濟研究室編. —— 臺北：臺灣銀行，1961

    5 冊；19 厘米

    臺灣文獻叢刊第一一七種

    HSMH（HS-N09F1-002）

    附注：

        印章：鈐有"胡適的書"朱文方印。

1173 臺灣私法商事編/臺灣銀行經濟研究室編. —— 臺北：臺灣銀行，1961

    2 冊；19 厘米

    臺灣文獻叢刊第九十一種

    HSMH（HS-N09F2-035）

    附注：

        印章：鈐有"胡適的書"朱文方印。

1174 臺灣私法債權編/臺灣銀行經濟研究室編. —— 臺北：臺灣銀行，1960

    2 冊；19 厘米

    臺灣文獻叢刊第七十九種

    HSMH（HS-N09F2-025）

    附注：

        印章：鈐有"胡適的書"朱文方印。

1175 臺灣鐵路旅客列車時刻表/臺灣鐵路局運務處餐旅服務所編. —— 臺北：臺灣鐵路局運務處餐旅服務所，1958

    86 頁：表；13 厘米

    HSMH（HS-N18F3-019）

    附注：

        批注圈劃：偶有胡適的紅筆圈劃。

1176 臺灣通紀四卷/陳衍著. —— 臺北：臺灣銀行，1961

2 冊；19 厘米

臺灣文獻叢刊第一二〇種

HSMH（HS-N09F1-005）

附注：

　　印章:鈐有"胡適的書"朱文方印。

1177　臺灣通覽/大華晚報社編.——臺北：大華晚報社，1960

　　[20]，616 頁：圖；25 厘米

　　HSMH（HS-N21F1-004）

　　附注：

　　　　其他:精裝。

1178　臺灣土地改革紀要/陳誠著.——臺北："中華書局"，1961

　　[10]，284 頁：表；21 厘米

　　HSMH（HS-N07F5-003）

　　附注：

　　　　印章:鈐有"胡適的書"朱文方印。

　　　　內附文件:書末夾附 1961 年 7 月 24 日陳雪屏贈書信函 1 封,參見館藏號:HS-NK05-091-036。

　　　　其他:初版。

1179　臺灣文獻資料目錄/臺灣省立臺北圖書館編.——臺北：臺灣省文獻委員會，1958

　　1，172，6 頁；26 厘米

　　HSMH（HS-N18F3-004）

　　附注：

　　　　印章:封面蓋有"贈閱"印戳,鈐有"胡適的書"朱文方印。

　　　　內附文件:書內夾有 1959 年 5 月 9 日臺灣省文獻委員會致胡適贈書信函 1 封,參見館藏號:HS-NK05-142-016。

1180　臺灣縣志/陳文達編纂.——出版地不詳：臺灣省文獻委員會，1958

2 冊：圖；19 厘米

臺灣叢書第六種

HSMH（HS-N10F1-005）

附注：

　　印章：封面蓋有"贈閱"印戳，鈐有"胡適的書"朱文方印。

　　其他：據清康熙五十九年（1720）刻本影印。

1181 臺灣縣志十卷／陳文達著.——臺北：臺灣銀行，1961

　　2 冊：地圖；19 厘米

　　臺灣文獻叢刊第一百〇三種

　　HSMH（HS-N09F2-047）

　　附注：

　　　　印章：鈐有"胡適的書"朱文方印。

1182 臺灣遙寄／馬偕博士著；林耀南譯.——臺北：臺灣省文獻委員會，1959

　　[10]，262 頁：圖；18 厘米

　　臺灣叢書譯文本第五種

　　HSMH（HS-N10F1-010）

　　附注：

　　　　印章：封面蓋有"贈閱"印戳，鈐有"胡適的書"朱文方印。

　　　　內附文件：夾有 1959 年 12 月 14 日臺灣省文獻委員會贈書信函 1 封，參見館藏號：HS-NK05-142-018。

1183 臺灣遊記／臺灣銀行經濟研究室編.——臺北：臺灣銀行，1960

　　[6]，96 頁；19 厘米

　　臺灣文獻叢刊第八十九種

　　HSMH（HS-N09F2-033）

　　附注：

　　　　印章：鈐有"胡適的書"朱文方印。

1184 臺灣鄭氏紀事三卷／川口長孺著.——臺北：臺灣銀行，1958

2, 78 頁, 地圖[1]頁; 19 厘米

臺灣文獻叢刊第五種

HSMH（HS-N09F2-007）

附注：

　　印章:鈐有"胡適的書"朱文方印。

1185 太玄經十卷附説玄一卷釋文一卷/揚雄撰;范望注.——上海:商務印書館, 1936

120 頁:圖; 23 厘米

四部叢刊初編縮本子部 090

HSMH（HS-N11F3-035）

附注：

　　印章:鈐有"胡適的書"朱文方印。

　　其他:(1)初版。(2)扉頁印有"HONG KONG"字樣。(3)牌記記載"上海商務印書館縮印明萬玉堂翻宋本"。

1186 太炎文錄續編/章炳麟著.——臺北:新興書局, 1956

1 冊; 19 厘米

國學基本叢書

HSMH（HS-N07F2-002）

附注：

　　印章:鈐有"胡適的書"朱文方印。

　　夾紙:(1)初版。(2)有夾紙數張。

1187 臺游日記四卷/蔣師轍著.——臺北:臺灣銀行, 1957

8, 141 頁; 19 厘米

臺灣文獻叢刊第六種

HSMH（HS-N09F2-008）

附注：

　　批注圈劃:偶有胡適的紅筆劃綫與注記。

1188 太極拳全書/曾昭然編著. ——香港：友聯出版社, 1960

228 頁：圖；21 厘米

HSMH（HS-N08F2-034）

附註：

　　印章：鈐有"胡適的書"朱文方印。

　　夾紙：(1)夾有胡適紅筆英文筆記便箋 1 張。(2)夾有本書登錄卡 1 張。

　　其他：初版。

1189 太平廣記五百卷/李昉等奉敕撰. ——臺北：新興書局, 1958

10 冊；18 厘米

名人筆記叢書

HSMH（HS-N09F2-001）

附註：

　　印章：鈐有"胡適的書"朱文方印。

　　夾紙：第 6 冊《婦人類》頁 1995 有夾紙 1 張，上有胡適的黑筆手寫注記"妬婦類"。

1190 太平經合校/王明編. ——北京：中華書局, 1960

[43], 760 頁；21 厘米

HSMH（HS-N06F1-004）

附註：

　　印章：鈐有"胡適的書"朱文方印。

　　批注圈劃：前言有胡適的綠筆圈劃；書末粘附長幅插圖紙袋上有胡適的綠筆注記。

　　夾紙：夾紙 1 張。

　　其他：(1)第 1 版。(2)精裝。(3)書末粘附長幅插圖 1 袋。

1191 太平天國曆法考訂/郭廷以著. ——上海：商務印書館, 1937

[5], 212 頁：表；19 厘米

HSMH（HS-N07F5-017）

附註：

印章:內封面有胡適綠筆簽名"胡適",鈐有"胡適的書"朱文方印。

其他:初版。

1192 太平天國史綱/羅爾綱著. ——上海:商務印書館,1937

[15],134頁:表;23厘米

HSMH(HS-N06F3-031)

附註:

印章:鈐有"胡適的書"朱文方印。

批注圈劃:(1)多處有胡適的藍、鉛筆批注、校改與劃綫。(2)書末頁134有胡適藍筆注記:"一九五四,八,廿七夜重讀一遍。適之。"

其他:初版。

1193 太平御覽一千卷/李昉等敕撰. ——臺北:新興書局,1959

12冊;21厘米

國學基本叢書

HSMH(HS-N09F3-008)

附註:

印章:鈐有"胡適的書"朱文方印。

批注圈劃:(1)第2冊卷112頁638有胡適的紅筆圈點。(2)第8冊卷556頁2509有胡適的紅筆圈點。(3)第11冊卷871頁3779、卷882頁3834有胡適的紅筆圈點。

夾紙:第4、7、8、10、11冊有夾紙。

其他:初版。

1194 太上老子道德經集解/董思靖集解. ——上海:商務印書館,1939

[8],90頁;18厘米

叢書集成初編

HSMH(HS-N10F5-030)

附註:

印章:鈐有"胡適的書"朱文方印。

其他:(1)初版。(2)據十萬卷樓叢書本排印。

1195 談虎集/周作人著. ——上海：北新書局，1928

［12］，298 頁；19 厘米

國學基本叢書

HSMH（HS-N15F2-017）

附注：

印章：鈐有"胡適的書"朱文方印。

其他：(1)初版。(2)精裝。

1196 檀弓叢訓及其他二種/楊慎撰. ——出版地不詳：商務印書館，1939

1 冊；18 厘米

叢書集成初編

HSMH（HS-N10F5-083）

附注：

印章：鈐有"胡適的書"朱文方印。

其他：(1)初版。(2)據版權頁題名。(3)內容：《檀弓叢訓》、《檀弓訂誤》、《考定檀弓》。

1197 湯若望傳/魏特著；楊丙辰譯. ——臺北：臺灣"商務印書館"，1960

2 冊：圖；19 厘米

HSMH（HS-N07F2-033）

附注：

印章：鈐有"胡適的書"朱文方印。

題記：第 1 冊書名頁有胡適紅筆注記："此書不是中基會編譯委員會主持的。此書初版在卅八年(1949)二月，編譯會早已停辦了。"

批注圈劃：偶有胡適的紅筆劃綫與批注。

其他：(1)臺 1 版。(2)英文題名"Johann Adam Schall Von Bell S. J."。

1198 唐大詔令集一百三十卷/宋敏求編. ——北京：商務印書館，1959

［46］，712 頁；27 厘米

HSMH（HS-N06F1-002）

附注:

　　印章:鈐有"胡適的書"朱文方印。

　　其他:(1)初版。(2)精裝。

1199 唐代廣州光孝寺與中印交通之關係/羅香林著.——香港:"中國學社",1960

　　6,192,24頁,圖版38頁;22厘米

　　HSMH(HS-N07F5-039)

　　附注:

　　　　印章:封面有胡適的藍筆簽名"胡適"。

　　　　題記:書名頁有作者手寫題贈:"適之先生教正　後學　羅香林敬贈。"

　　　　其他:初版。

1200 唐代桂林之摩崖佛像/羅香林著.——香港:"中國學社",1958

　　6,158頁,圖版15葉:摺地圖;22厘米

　　HSMH(HS-N06F1-024)

　　附注:

　　　　印章:鈐有"胡適的書"朱文方印。

　　　　題記:書名頁有著者手寫注記:"適之先生教正　後學　羅香林敬上。"

　　　　其他:(1)初版。(2)英文題名"Buddhist rock sculptures of the T'ang dynasty at Kweilin"。

1201 唐代文化史/羅香林著.——臺北:臺灣"商務印書館",1955

　　[4],255頁;21厘米

　　HSMH(HS-N07F5-038)

　　附注:

　　　　印章:鈐有"胡適的書"朱文方印。

　　　　其他:臺1版。

1202 唐代政治史述論稿/陳寅恪著.——臺北:"中央研究院"歷史語言研究所,出版年不詳

　　[2],116頁;21厘米

"中央研究院"歷史語言研究所專刊

HSMH（HS-N07F6-010）

1203 唐會要一百卷目錄一卷/王溥撰. ——臺北：世界書局，1960

3 冊；19 厘米

中國學術名著歷代會要第一期書第 5—7 冊

HSMH（HS-N11F2-006）

附注：

　　印章：鈐有"胡適的書"朱文方印。

　　其他：(1)初版。(2)精裝。(3)據武英殿聚珍版排印。

1204 唐陸宣公集/陸贄撰. ——臺北：藝文印書館，1955

[198]頁；19 厘米

HSMH（HS-N10F4-037）

附注：

　　印章：鈐有"胡適的書"朱文方印。

　　其他：(1)初版。(2)精裝。

1205 唐僕尚丞郎表二十二卷/嚴耕望撰. ——臺北："中央研究院"歷史語言研究所，1956

4 冊：表；21 厘米

"中央研究院"歷史語言研究所專刊之三十六

HSMH（HS-N07F6-008）

附注：

　　印章：鈐有"胡適的書"朱文方印。

　　其他：初版。

1206 唐人小説/汪辟疆校録. ——上海：古典文學出版社，1958

[10]，299 頁；21 厘米

HSMH（HS-N06F4-044）

附注：

印章：鈐有"胡適的書"朱文方印。

其他：第1版第7次印刷。

1207 唐書二百二十五卷釋音二十五卷/歐陽修撰. ——臺北：藝文印書館，出版年不詳

5冊：表；26厘米

HSMH（HS-N09F4-012）

附注：

印章：鈐有"胡適的書"朱文方印。

批注圈劃：(1)第1冊卷5、6有胡適的紅筆圈點與注記。(2)第2冊偶有胡適的藍筆圈點。(3)第3冊卷75、76偶有胡適的藍筆圈點。(4)第4冊卷147頁1794有胡適的紅、黑筆批注與圈點，卷181頁2102末有1959年11月12日胡適的紅筆長篇筆記二則。

夾紙：(1)第2冊卷71頁863夾有胡適手寫筆記共6張，係胡適整理"宰相世系表"的索引。(2)第4冊有夾紙2張。

其他：據清乾隆武英殿刊本影印。

1208 唐宋文舉要/高步瀛著. ——臺北：藝文印書館，1958

6冊；19厘米

HSMH（HS-N10F4-038）

附注：

印章：鈐有"胡適的書"朱文方印。

其他：初版。

1209 唐宋諸賢絕妙詞選十卷/花菴詞客編. ——上海：商務印書館，1936

1冊；23厘米

四部叢刊初編縮本集部438

HSMH（HS-N11F6-044）

附注：

印章：鈐有"胡適的書"朱文方印。

其他：(1)初版。(2)與《中興以來絕妙詞選》合刊。(3)扉頁印有"HONG

KONG"字樣。(4)牌記記載"上海商務印書館縮印明翻宋刊本"。

1210 唐文粹一百卷/姚鉉撰. —— 上海：商務印書館，1936

3 冊；23 厘米

四部叢刊初編縮本集部 408—410

HSMH（HS-N11F6-034）

附注：

印章:鈐有"胡適的書"朱文方印。

批注圈劃:(1)第 1 冊序、目錄有胡適的朱、紅、藍筆圈劃。(2)第 2 冊卷 31、46、48、49、61—64 有胡適的朱、紅、藍、黑、綠、鉛筆注記、校改與圈劃。(3)第 3 冊卷 65、83、92、95、96、《校勘記》有胡適的朱、紅、黑、鉛筆注記、校改與圈劃。

夾紙:第 3 冊有夾紙數張。

其他:(1)初版。(2)扉頁印有"HONG KONG"字樣。(3)第 1 冊牌記記載"上海商務印書館縮印校宋明嘉靖刊本"。

1211 唐寫本老子/著者不詳. —— 臺北：藝文印書館，出版年不詳

66 頁；19 厘米

HSMH（HS-N10F3-031）

附注：

印章:鈐有"胡適的書"朱文方印。

其他:影印本。

1212 唐寫本論語/著者不詳. —— 臺北：藝文印書館，出版年不詳

76 頁；19 厘米

HSMH（HS-N10F2-007）

附注：

印章:鈐有"胡適的書"朱文方印。

1213 唐寫本尚書/著者不詳. —— 臺北：藝文印書館，出版年不詳

1，86，20 頁；19 厘米

HSMH（HS-N10F2-011）

附注：

　　印章：鈐有"胡適的書"朱文方印。

　　其他：(1)影印本。(2)書名頁題名"唐寫本古文尚書孔傳十二卷今文尚書三卷"。

1214 唐虞考信錄／崔述著.——上海：商務印書館，1937

　　87頁；18厘米

　　叢書集成初編

　　HSMH（HS-N10F5-005）

附注：

　　印章：書名頁蓋有"國立中央圖書館敬贈 PRESENTED BY THE NATIONAL CENTRAL LIBRARY NANKING"印戳，鈐有"胡適的書"朱文方印。

　　其他：(1)初版。(2)據畿輔叢書本排印。

1215 桃花幾瓣／劉大白著.——臺北：啓明書局，1957

　　[6]，82頁；19厘米

　　新文藝叢書劉大白詩集之一

　　HSMH（HS-N17F6-010）

附注：

　　印章：館藏一冊鈐有"胡適的書"朱文方印。

　　其他：初版。

1216 陶鴻慶老子王弼注勘誤補正／嚴靈峯著.——臺北：無求備齋，1957

　　1冊；19厘米

　　HSMH（HS-N10F3-035）

附注：

　　印章：鈐有"胡適的書"朱文方印、"靈峰著作"朱文方印、"無求備齋"朱文方印。

　　題記：書名頁有作者手寫題贈："適之先生教正　後學嚴靈峰謹贈 民國四十七年五月於台北市。"

夾紙：有信封殘片1張；夾有"中央研究院"便條1張，上有胡適的藍筆注記。

其他：(1)初版。(2)附《讀〈老子〉札記》。

1217 陶山集十六卷/陸佃撰．——上海：商務印書館，1935

2冊；18厘米

叢書集成初編

HSMH（HS-N10F5-094）

附注：

印章：鈐有"胡適的書"朱文方印。

其他：(1)初版。(2)據聚珍版叢書本排印。

1218 陶淵明評論/李辰冬著．——臺北："中華文化出版事業委員會"，1956

[5]，160，[43]頁；19厘米

"現代國民基本知識叢書"第四輯

HSMH（HS-N07F2-016）

附注：

印章：鈐有"胡適的書"朱文方印。

題記：書名頁有著者手寫題贈："適之先生賜正 生李辰冬謹呈 四八，三月 台北。"

其他：(1)初版。(2)附錄《新編陶靖節集》。

1219 陶淵明/梁啟超著．——臺北：臺灣"中華書局"，1956

1，59頁；18厘米

HSMH（HS-N06F5-021）

附注：

印章：鈐有"胡適的書"朱文方印。

其他：臺1版。

1220 天工開物/宋應星著．——上海：商務印書館，出版年不詳

[3]，308頁：圖；19厘米

國學基本叢書簡編

HSMH（HS-N08F2-037）

附註：

　　印章：鈐有"適之"白文方印、"胡適的書"朱文方印。

　　批注圈劃：頁 217—235 有胡適的黑筆注記與劃綫。

1221　天籟集/周若漁著.——加拿大：華天出版社，1960

　　12，192 頁：圖；19 厘米

　　人生哲學叢書三

　　HSMH（HS-N15F2-031）

　　附註：

　　　　印章：鈐有"胡適的書"朱文方印。

1222　天馬集/蘇雪林著.——臺北：三民書局，1957

　　［6］，198 頁；19 厘米

　　HSMH（HS-N15F1-008）

　　附註：

　　　　印章：鈐有"胡適的書"朱文方印。

　　　　題記：扉頁有作者的手寫題贈："適之老師鈞誨 受業蘇雪林敬呈 四七年五四。"

　　　　夾紙：有夾紙 1 張，上有黑筆注記："已復謝，寄新生報彭歌 四八，十，廿八。"

　　　　相關記載：1958 年 5 月 12 日有胡適致蘇雪林謝贈書信函 1 封，參見館藏號：HS-NK05-139-003 。

　　　　其他：初版。

1223　天聖明道本國語/韋昭註.——臺北：藝文印書館，出版年不詳

　　512 頁；19 厘米

　　HSMH（HS-N10F3-042）

　　附註：

　　　　印章：鈐有"胡適的書"朱文方印。

其他:封面及書背題名"國語韋昭註"。

1224 天文日曆/台灣省氣象所編. —— 臺北:台灣省氣象所,1959

118 頁:圖;19 厘米

HSMH（HS-N15F2-005）

附注:

印章:鈐有"胡適的書"朱文方印。

1225 天下同文/著者不詳. —— 臺北:藝文印書館,1957

131—158 頁;15 厘米

藝文叢書 4402 疆村叢書之二

HSMH（HS-N07F3-024）

附注:

印章:鈐有"胡適的書"朱文方印。

批注圈劃:有胡適的藍筆圈點與眉批。

其他:(1)初版。(2)據疆村叢書本影印。(3)與《中州樂府》合刊。

1226 天隱子及其他二種/司馬承禎撰. —— 出版地不詳:商務印書館,1937

1 冊;18 厘米

叢書集成初編

HSMH（HS-N10F5-034）

附注:

印章:鈐有"胡適的書"朱文方印。

其他:(1)初版。(2)據版權頁題名。(3)內容:《天隱子》、《玄真子》、《無能子》。

1227 田園交響曲/紀德等著;黎烈文等譯. —— 臺北:啟明書局,1956

1,78 頁;19 厘米

世界短篇小說名著

HSMH（HS-N15F2-034）

附注:

印章:鈐有"胡適的書"朱文方印。

其他:初版。

1228 鐵崖先生古樂府復古詩/楊維楨撰. ——上海:商務印書館,1936

88 頁;23 厘米

四部叢刊初編縮本集部 313

HSMH(HS-N11F5-036)

附注:

印章:鈐有"胡適的書"朱文方印。

其他:(1)初版。(2)扉頁印有"HONG KONG"字樣。(3)牌記記載"上海商務印書館縮印常熟瞿氏藏明成化本"。(4)封面題名"鐵崖先生古樂府"。

1229 鐵雲藏龜/劉鶚著. ——臺北:藝文印書館,1959

2 冊:圖;19 厘米

HSMH(HS-N21F1-031)

附注:

其他:據抱殘守缺齋所藏三代文字之一影印。

1230 廷寄/福康安藏;林熊祥主編. ——臺北:臺灣省文獻委員會,1954

[28],350 頁;18 厘米

臺灣叢書第四種

HSMH(HS-N10F1-003)

附注:

印章:封面蓋有"贈閱"印戳,鈐有"胡適的書"朱文方印。

1231 亭林詩文集/顧炎武撰. ——上海:商務印書館,1936

1 冊;23 厘米

四部叢刊初編縮本集部 339

HSMH(HS-N11F6-002)

附注:

印章：鈐有"胡適的書"朱文方印。

題記：牌記有胡適的紅筆注記："此書'顒'字皆全缺。似印在嘉慶時代。適之。"

批注圈劃：多卷有胡適的紅、藍、綠筆注記、校改與圈劃。

夾紙：有夾紙數張。

其他：(1)初版。(2)扉頁印有"HONG KONG"字樣。(3)牌記記載"上海商務印書館縮印初刻本"。(4)與《亭林餘集》合刊。

1232 聽雨叢談十二卷/福格著；汪北平校點.——北京：中華書局，1959

[14]，227 頁；19 厘米

清代史料筆記叢刊

HSMH（HS-N06F4-040）

附注：

印章：鈐有"胡適的書"朱文方印。

批注圈劃：偶有藍筆注記與劃綫，非胡適筆迹。

其他：第1版。

1233 通鑑紀事本末四十二卷/袁樞撰.——上海：商務印書館，1936

6 冊；23 厘米

四部叢刊初編縮本史部 051—056

HSMH（HS-N11F3-007）

附注：

印章：鈐有"胡適的書"朱文方印。

批注圈劃：第 2 冊卷 14 偶有胡適的紅筆校改。

其他：(1)初版。(2)各冊扉頁均印有"HONG KONG"字樣。(3)第 1 冊牌記記載"上海商務印書館縮印宋刊本"。

1234 通俗編二十五卷/翟顥撰.——上海：商務印書館，1937

2 冊；18 厘米

HSMH（HS-N10F5-087）

附注：

印章:鈐有"胡適的書"朱文方印。

批注圈劃:第 1 冊偶有胡適的藍、鉛筆圈劃;第 2 冊卷 21 偶有胡適的朱筆圈劃。

夾紙:第 1 冊有夾紙 1 張。

其他:(1)初版。(2)據函海本排印。

1235 通志堂經解目錄及其他一種/翁方綱訂.——上海:商務印書館,1937

19,33 頁;18 厘米

叢書集成初編

HSMH(HS-N10F5-001)

附注:

印章:鈐有"胡適的書"朱文方印。

批注圈劃:《讀易別錄》卷上頁 22 有胡適的朱筆劃綫。

其他:(1)初版。(2)内容:《通志堂經解目錄》、《讀易別錄》。

1236 同是天涯淪落人/杜若著.——臺北:杜若發行,1961

526 頁;19 厘米

HSMH(HS-N17F6-027)

附注:

題記:館藏二冊扉頁均有杜若的手寫題贈字樣。

批注圈劃:館藏一冊扉頁有胡適的紅筆注記。

其他:(1)初版。(2)館藏 2 冊。

1237 圖書大辭典簿錄之部/梁啓超著.——臺北:臺灣"中華書局",1958

61 頁;18 厘米

HSMH(HS-N06F5-001)

附注:

印章:鈐有"胡適的書"朱文方印。

其他:臺 1 版。

1238 圖書與圖書館/蔣復璁著.——臺北:"中華文化出版事業社",1959

2 冊；19 厘米

"現代國民基本知識叢書"第六輯

HSMH（HS-N17F6-021）

附注：

　　印章:鈐有"胡適的書"朱文方印。

　　題記:第 1 冊内封面有作者的手寫題贈:"適師鈞誨 學生蔣復璁敬呈。"

　　其他:初版。

1239 團結革新之路：國大三次會議論國是/林紫貴著.——出版地不詳：出版者不詳，出版年不詳

　　[2], 33 頁, [11]頁；19 厘米

HSMH（HS-N21F2-016）

附注：

　　其他:封面有毛筆題贈:"適之先生教正。"

1240 退溪全書/李滉撰.——漢城：成均館大學校大東文化研究院，1958

　　2 冊：圖版，書影;22 厘米

HSMH（HS-N07F4-004）

附注：

　　印章:鈐有"胡適的書"朱文方印。

　　其他:(1)影印本。(2)精裝。

1241 退齋筆錄及其他一種/著者不詳.——上海：商務印書館，1936

　　1 冊；18 厘米

　　叢書集成初編

HSMH（HS-N10F4-013）

附注：

　　印章:鈐有"胡適的書"朱文方印。

　　夾紙:夾紙 1 張。

　　其他:(1)初版。(2)内容:《退齋筆錄》、《卻掃編》。

1242 駝峯集/許希哲著.——馬尼拉：菲律賓文教出版公司，1958

[4]，184 頁：圖；18 厘米

華僑文藝創作叢書之一

HSMH（HS-N15F1-007）

附注：

印章：館藏二冊均鈐有"胡適的書"朱文方印；一冊鈐有"許希哲印"朱文方印。

題記：館藏一冊扉頁有許希哲藍筆題贈："中央研究院院長胡適之先生指正 作者敬呈 四十九年六月四日。"

其他：初版。

1243 駝鈴/張自英著.——臺北：中原出版社，1958

[3]，93 頁：圖；19 厘米

HSMH（HS-N17F6-053）

附注：

題記：扉頁有作者的藍筆題贈。

1244 外交官銜名錄 =Diplomatic List /"中華民國外交部禮賓司"編.——臺北："中華民國外交部禮賓司"，1958

47 頁；18 厘米

HSMH（HS-N18F3-029）

附注：

其他：中、英文對照。

1245 外蒙古撤治問題/李毓澍著.——臺北："中央研究院"近代史研究所，1961

[9]，264 頁；22 厘米

"中央研究院"近代史研究所專刊

HSMH（HS-N13F2-012）

附注：

其他：(1)初版。(2)精裝。

1246 輓歌／原田康子著；鄭清茂譯．——臺北：明華書局，1959

276 頁；19 厘米

文學名著譯叢

HSMH（HS-N15F2-057）

附註：

印章：鈐有"胡適的書"朱文方印、"鄭清茂"朱文方印。

題記：扉頁有譯者的手寫題贈："適之先生賜正 晚清茂敬贈 四十八年五月十八日。"

批注圈劃：頁 2、3、33 有胡適的紅、藍筆劃綫。

其他：(1) 初版。(2) 精裝。

1247 宛陵先生集六十卷拾遺一卷附錄一卷／梅堯臣撰．——上海：商務印書館，1936

3 冊；23 厘米

四部叢刊初編縮本集部 189—191

HSMH（HS-N11F4-041）

附註：

印章：鈐有"胡適的書"朱文方印。

批注圈劃：(1) 第 1 冊牌記有胡適的黑筆注記："此書有宋刻，有影宋刻，似不當用此明刻本。適之。"(2) 第 1 冊卷 4、5、7、10、11、15、18 有胡適的藍、紅筆注記與圈劃。(3) 第 2 冊卷 20，22，24，25，27，28，30—35，38 有胡適的黑、紅筆注記、校改與圈劃。(4) 第 3 冊卷 41、44、49、54、60，附錄有胡適的黑、紅、藍筆注記與圈點。

夾紙：各冊均有夾紙數張。

其他：(1) 初版。(2) 扉頁印有"HONG KONG"字樣。(3) 第 1 冊牌記記載"上海商務印書館縮印明刊本"。

1248 王荊公／梁啓超著．——臺北：臺灣"中華書局"，1956

[4]，217 頁；18 厘米

HSMH（HS-N06F5-022）

附註：

印章:鈐有"胡適的書"朱文方印。

其他:臺1版。

1249　王若曰古義/董作賓著. ——臺北:藝文印書館,出版年不詳

24頁:圖;19厘米

HSMH（HS-N10F3-015）

附注:

印章:鈐有"胡適的書"朱文方印。

1250　王文成公全書三十八卷/王守仁撰. ——上海:商務印書館,1936

5冊;23厘米

四部叢刊初編縮本集部329—333

HSMH（HS-N11F5-044）

附注:

印章:鈐有"胡適的書"朱文方印。

批注圈劃:(1)第1冊目錄卷1—3有胡適的朱、藍、紅筆注記與圈劃。(2)第3冊卷20有胡適的藍筆圈點。

夾紙:第3、5冊各有夾紙。

其他:(1)初版。(2)扉頁印有"HONG KONG"字樣。(3)第1冊牌記記載"上海商務印書館縮印明隆慶刊本"。

1251　王陽明知行合一之教/梁啟超著. ——臺北:臺灣"中華書局",1958

46頁;18厘米

HSMH（HS-N06F5-026）

附注:

印章:鈐有"胡適的書"朱文方印。

其他:臺1版。

1252　王右丞集六卷/王維撰. ——上海:商務印書館,1936

1冊;23厘米

四部叢刊初編縮本集部145

933

HSMH（HS-N11F4-008）

附注：

　　印章：鈐有"胡適的書"朱文方印。

　　批注圈劃：(1)《王右丞集》卷3、6有胡適的藍筆注記、校改與圈劃。(2)《元次山文集》卷8、9，拾遺有胡適的紅筆圈點。

　　其他：(1)初版。(2)書名頁題"須溪校唐王右丞集"。(3)牌記記載"上海商務印書館縮印元刊本"。(4)與《高常侍集》八集、《孟浩然集》四卷、《元次山文集》合刊。

1253 危急存亡之秋/蔣經國著.——臺北：出版者不詳，出版年不詳
　　［8］，216頁：像；21厘米
　　HSMH（HS-N17F4-012）
　　附注：
　　　　印章：鈐有"胡適的書"朱文方印。

1254 爲改善教師生活而努力/台灣省政府教育廳編印.——出版地不詳：出版者不詳，出版年不詳
　　1冊；19厘米
　　HSMH（HS-N07F4-033）
　　附注：
　　　　其他：一九五九年六月三日劉廳長對臺灣省臨時省議會報告。

1255 僞全國人代會二屆政協全委會三屆二次會議之綜合研究/"司法行政部"調查局編.——臺北："司法行政部"調查局，1960
　　2，175頁：表；19厘米
　　"匪情研究專報"
　　HSMH（HS-N08F2-026）
　　附注：
　　　　印章：鈐有"胡適的書"朱文方印。

1256 僞文教"先進代表"會議的研析/"司法行政部"調查局編.——臺北："司法行

政部"調查局, 1960

[3], 69 頁: 摺表; 19 厘米

"匪情研究專報"

HSMH（HS-N08F2-056）

附注:

 印章:鈐有"胡適的書"朱文方印。

1257 未央歌/鹿橋著.——臺北:人生出版社, 1959

[7], 615, [5]頁: 圖; 22 厘米

HSMH（HS-N17F6-062）

附注:

 印章:鈐有"胡適的書"朱文方印。

 題記:扉頁有胡適的紅筆注記:"台北連雲街四號 吳詠香寄 一九六一,九,一日收到。"

 夾紙:有夾紙 1 張。

 其他:初版。

1258 渭南文集五十卷/陸游撰.——上海:商務印書館, 1936

2 冊; 23 厘米

四部叢刊初編縮本集部 258, 259

HSMH（HS-N11F5-008）

附注:

 印章:鈐有"胡適的書"朱文方印。

 批注圈劃:(1)第 1 冊序,目錄,卷 14, 15, 17—22 有胡適的紅、綠筆注記與圈劃。(2)第 2 冊卷 25—32, 36, 40, 41 有胡適的紅、鉛筆注記與圈劃。

 夾紙:第 2 冊有夾紙 1 張。

 其他:(1)初版。(2)扉頁印有"HONG KONG"字樣。(3)第 1 冊牌記記載"上海商務印書館縮印江南圖書館藏明華氏活字印本"。

1259 魏書一百一十四卷/魏收撰.——臺北:藝文印書館, 出版年不詳

3 冊; 26 厘米

HSMH（HS-N09F4-005）

附注：

　　印章:鈐有"胡適的書"朱文方印。

　　批注圈劃:各冊均有胡適的紅筆注記、圈點與劃綫。

　　夾紙:第2冊有夾紙1張;第3冊有夾紙3張。

　　其他:(1)據清乾隆武英殿刊本影印。(2)書名頁作"魏書一百四十卷"。

1260 魏文武明帝詩註/黃節註.——臺北：藝文印書館，出版年不詳

110 頁；19 厘米

HSMH（HS-N10F4-033）

附注：

　　印章:鈐有"胡適的書"朱文方印。

1261 温國文正司馬公集八十卷/司馬光撰.——上海：商務印書館，1936

3 冊；23 厘米

四部叢刊初編縮本集部 180—182

HSMH（HS-N11F4-037）

附注：

　　印章:鈐有"胡適的書"朱文方印。

　　批注圈劃:(1)第1冊目錄有胡適的紅筆圈點。(2)第2、3冊多卷有胡適的紅筆注記與圈劃。

　　夾紙:第2冊有夾紙數張。

　　其他:(1)初版。(2)封面題名"温國文正司馬公文集"。(3)扉頁印有"HONG KONG"字樣。(4)第1冊牌記記載"上海商務印書館縮印常熟瞿氏藏宋紹興本"。

1262 瘟君夢十二回/岳騫著.——香港：友聯出版社，1961

[2]，511，[4]頁；19 厘米

HSMH（HS-N17F6-030）

附注：

　　其他:初版。

1263 文定集二十四卷拾遺一卷/汪應辰撰. ——上海：商務印書館，1935

4 冊；18 厘米

叢書集成初編

HSMH（HS-N10F5-095）

附注：

印章：鈐有"胡適的書"朱文方印。

其他：(1)初版。(2)據聚珍版叢書本排印。

1264 文山先生全集二十卷/文天祥撰. ——上海：商務印書館，1936

2 冊；23 厘米

四部叢刊初編縮本集部 281，282

HSMH（HS-N11F5-015）

附注：

印章：鈐有"胡適的書"朱文方印。

其他：(1)初版。(2)扉頁印有"HONG KONG"字樣。(3)第 1 冊牌記記載"上海商務印書館縮印烏程許氏藏明本"。

1265 文體指南/顧藎丞著. ——臺北：啓明書局，1958

[9]，131 頁；18 厘米

青年百科入門國學入門組

HSMH（HS-N10F1-051）

附注：

印章：鈐有"胡適的書"朱文方印。

其他：初版。

1266 文物精華/張其昀著. ——臺北：中國文化研究所，1960—1961

10 冊：圖；30 厘米

HSMH（HS-N07F4-001）

附注：

題記：《編輯要旨》有作者手寫題贈："適之先生 敬以此書爲先生壽 後學

張其昀敬贈 四九,十二,十五。"

其他:(1)初版。(2)精裝。

1267 文心雕龍/劉勰撰.——上海:商務印書館,1936

4 冊;23 厘米

四部叢刊初編縮本集部 431—434

HSMH(HS-N11F6-041)

附注:

印章:鈐有"胡適的書"朱文方印。

批注圈劃:(1)第 2 冊《唐詩紀事》卷 25 偶有胡適的黑筆圈劃。(2)第 4 冊《唐詩紀事》卷 64—68 有胡適的黑、朱筆圈劃。

夾紙:第 4 冊有夾紙數張。

其他:(1)初版。(2)與《唐詩紀事》合刊。(3)扉頁印有"HONG KONG"字樣。(4)第 1 冊牌記記載"上海商務印書館縮印明刊本"。

1268 文選六十卷/昭明太子撰.——臺北:藝文印書館,1957

552,96 頁;26 厘米

HSMH(HS-N09F3-005)

附注:

印章:鈐有"胡適的書"朱文方印。

夾紙:有夾紙 1 張。

其他:(1)再版。(2)據宋淳熙本重雕鄱陽胡氏藏版影印。

1269 文學新論/李辰冬著.——臺北:"中華文化出版事業社",1959

2 冊;19 厘米

"現代國民基本知識叢書"第二輯

HSMH(HS-N07F2-017)

附注:

印章:鈐有"胡適的書"朱文方印。

題記:第 1 冊書名頁有著者手寫題贈:"適之先生賜正 生李辰冬謹呈 四八,三月 台北。"

其他:再版。

1270 文學研究集刊第一冊/北京大學文學研究所編.——北京:人民文學出版社,1957

[2],144 頁:書影;21 厘米

HSMH(HS-N06F4-002)

附注:

印章:鈐有"胡適的書"朱文方印。

批注圈劃:版權頁有胡適的紅筆劃綫。

與胡適的關係:(1)收錄毛星《胡適文學思想批判》一文。(2)收錄胡念貽《古典文學研究中胡適怎樣歪曲文學的社會意義》一文。(3)收錄曹道衡《批判胡適誇大他個人在新文學運動中的作用》一文。

其他:第 1 版第 4 次印刷。

1271 文學研究集刊第五冊/北京大學文學研究所編.——北京:人民文學出版社,1957

[2],375 頁,圖版[3]頁;21 厘米

HSMH(HS-N06F4-003)

附注:

印章:鈐有"胡適的書"朱文方印。

批注圈劃:《關於黃宗羲、顧炎武、王夫之等人的思想及其與"紅樓夢"的關係》、《曹雪芹的生卒年及其他》等文有胡適的紅筆劃記。

夾紙:有夾紙 1 張。

其他:(1)第 1 版第 2 次印刷。(2)書名頁與版權頁有黑筆塗抹痕迹。

1272 文學與生活第一輯/李辰冬著.——臺北:力行書局,1959

[4],258 頁;21 厘米

HSMH(HS-N07F3-033)

附注:

印章:鈐有"胡適的書"朱文方印。

題記:書名頁有著者手寫題贈:"適之先生賜正 生李辰冬謹呈 四八,三月

台北。"

其他:臺北 4 版。

1273 文學與生活第二輯/李辰冬著. ——臺北:力行書局,1958

[4],159 頁;21 厘米

HSMH(HS-N07F3-034)

附注:

印章:鈐有"胡適的書"朱文方印。

題記:書名頁有著者手寫題贈:"適之先生賜正 生李辰冬謹呈 四八,三月 台北。"

其他:臺再版。

1274 文藝復興小史/常燕生著. ——香港:"自由出版社",1957

[13],122 頁:像;18 厘米

常燕生先生文集第七冊

HSMH(HS-N07F4-015)

附注:

印章:鈐有"胡適的書"朱文方印。

題記:版權頁有黑筆手寫題贈:"敬呈 適之先生存政 世晚常崇寶敬呈。"

其他:初版。

1275 文徵明赤壁賦/文徵明行草;世界科學社藝術部編. ——臺北:世界科學社,出版年不詳

1 冊:圖;26 厘米

HSMH(HS-N02F5-014)

附注:

其他:(1)影印本。(2)附錄《文徵明小傳》。

1276 文字蒙求/王筠撰. ——臺北:藝文印書館,1957

194 頁;19 厘米

HSMH(HS-N10F2-017)

附注：

  印章：鈐有"胡適的書"朱文方印。

  其他：再版。

1277 文字學入門/胡樸安著. ——臺北：啓明書局，1958

  [5]，155 頁；18 厘米

  青年百科入門國學入門組

  HSMH（HS-N10F1-053）

  附注：

    印章：鈐有"胡適的書"朱文方印。

    其他：初版。

1278 我不識字的母親/李樸生著. ——香港：東南印務出版社，1956

  [10]，188 頁：圖；19 厘米

  HSMH（HS-N08F2-048）

  附注：

    印章：鈐有"胡適的書"朱文方印。

    題記：封面有王樸生手寫題贈："適之先生指正 樸生敬贈。"

    批注圈劃：有胡適的黑、紅筆校改與劃綫。

    其他：初版。

1279 我的父親/蔣經國著. ——出版地不詳：出版者不詳，出版年不詳

  1 冊：圖，像；21 厘米

  HSMH（HS-N17F4-011）

  附注：

    印章：鈐有"胡適的書"朱文方印。

    其他：精裝。

1280 我的思想是怎樣轉變過來的/裴文中等著. ——北京：五十年代出版社，1950

  [3]，132 頁；18 厘米

  HSMH（HS-N06F3-002）

附注：

　　印章：鈐有"胡適的書"朱文方印。

　　批注圈劃：(1)封面有胡適的紅、黑筆英文注記。(2)多處有胡適的紅、藍、綠、黑、鉛筆注記與劃綫。

　　其他：5版。

1281 我國古代數學簡史/林致平，管公度著.——臺北："中華文化出版事業委員會"，1958

　　30頁；18厘米

　　中國科學史論集

　　HSMH（HS-N08F2-045）

　　附注：

　　　其他：爲《中國科學史論集》（一）抽印本（頁1—30）。

1282 我可佩的華僑朋友/李樸生著.——臺北：正中書局，1958

　　4，284頁；19厘米

　　HSMH（HS-N18F5-031）

　　附注：

　　　印章：鈐有"胡適的書"朱文方印。

　　　題記：內封面有作者的手寫題贈："適之先生指正 樸生敬贈。"

　　　夾紙：夾附信封殘片1張。

　　　內附文件：夾附1958年李樸生致胡適贈書信函1封，參見館藏號：HS-NK05-031-047。

　　　其他：臺初版。

1283 我們必須選擇我們的方向/胡適著.——出版地不詳："自由中國社"，1949

　　2，28頁；19厘米

　　"自由中國社叢書"之一

　　HSMH（HS-N06F2-023）

　　附注：

　　　題記：館藏共3冊，館藏一冊封面有胡適的藍筆注記"初印本"；館藏一冊封面有胡適的鉛筆注記"適之自校本"。

批注圈劃:"初印本"與封面無注記之冊均有胡適的朱筆劃綫。

其他:初版。

1284 我們必須選擇我們的方向/胡適著.——出版地不詳:"自由中國社",1950

2,62 頁;19 厘米

"自由中國社叢書"

HSMH(HS-N06F2-024)

附注:

題記:館藏共 2 冊,館藏一冊封面有胡適的紅筆注記:"校本 適之。"

批注圈劃:(1)館藏二冊均有胡適的紅、黑筆注記、校改與劃綫。(2)館藏一冊扉頁有胡適的黑筆英文筆記。

其他:再版。

1285 我們必須選擇我們的方向/胡適著.——出版地不詳:"自由中國社",1957

1,62 頁;19 厘米

"自由中國社叢書"

HSMH(HS-N06F2-025)

附注:

印章:館藏共 2 冊,館藏一冊鈐有"胡適的書"朱文方印。

批注圈劃:館藏一冊有鉛、紅筆劃綫。

夾紙:館藏一冊有夾紙 1 張。

其他:3 版。

1286 我在教育界的經驗/蔡元培著.——出版地不詳:出版者不詳,出版年不詳

12 頁;21 厘米

HSMH(HS-N17F5-015)

附注:

相關記載:館藏黃得時致胡適贈書信函 1 封,未書年份,參見館藏號:HS-NK01-197-020。

1287 我怎樣寫作/謝冰瑩著. ——臺北：謝冰瑩，1961

[6]，218 頁；19 厘米

HSMH（HS-N08F2-049）

附注：

題記：書名頁有作者手寫題贈："適之先生賜正 後學謝冰瑩謹贈 五十，十一，十。"

其他：初版。

1288 烏克蘭民間故事/知堂譯. ——香港：大公書局，1953

[9]，190 頁；19 厘米

大公翻譯叢書之一

HSMH（HS-N15F2-083）

附注：

印章：鈐有"胡適的書"朱文方印。

批注圈劃：多頁有胡適的紅筆注記與圈劃。

其他：港初版。

1289 吳承恩詩文集四卷/吳承恩原著；劉修業輯校. ——上海：古典文學出版社，1958

[8+]，246 頁：圖；19 厘米

HSMH（HS-N06F5-055）

附注：

印章：鈐有"胡適的書"朱文方印。

題記：封面有胡適藍筆注記："陳虞（蝶衣）先生寄贈 胡適。"

其他：(1)第 1 版。(2)附錄 5 篇。

1290 吳愙齋先生年譜/顧廷龍著. ——北京：哈佛燕京學社，1935

6，304，5 頁，圖版[16]頁：圖；26 厘米

燕京學報專號之十

HSMH（HS-N09F6-002）

附注：

印章：鈐有"胡適的書"朱文方印。

批注圈劃：頁 99 有胡適的鉛筆校改。

夾紙：頁 99 夾有綠色紙條 1 張，上有胡適的手寫藍筆注記。

1291 吳佩孚先生集/吳佩孚先生集編輯委員會編. ——臺北：吳佩孚先生集編輯委員會，1960

2 冊：像；21 厘米

HSMH（HS-N17F4-013）

附注：

印章：鈐有"胡適的書"朱文方印。

1292 吳越春秋十卷/趙曄撰. ——上海：商務印書館，1936

1 冊；23 厘米

四部叢刊初編縮本史部 064

HSMH（HS-N11F3-013）

附注：

印章：鈐有"胡適的書"朱文方印。

其他：(1)初版。(2)扉頁印有"HONG KONG"字樣。(3)牌記記載"上海商務印書館縮印明弘治鄺璠刻本"。(4)與《越絕書》十五卷合刊。

1293 吳子通駁正胡適讀經平議/吳子通著. ——出版地不詳：吳子通，出版年不詳

35 頁；19 厘米

HSMH（HS-N06F4-011）

1294 無量壽經義疏六卷/慧遠撰. ——香港：佛經流通處，出版年不詳

[314]頁；21 厘米

HSMH（HS-N06F1-023）

附注：

印章：鈐有"胡適的書"朱文方印、"悟明"白文方印。

題記：封面裏有題贈字樣："胡公適之老居士六秩晉八華誕 觀音山凌雲寺悟明敬祝。"

夾紙:夾有"悟明"名片1張。

1295 五代會要三十卷目錄一卷/王溥撰.——臺北:世界書局,1960

[14],369頁;19厘米

中國學術名著歷代會要第一期書第8冊

HSMH(HS-N11F2-007)

附注:

印章:鈐有"胡適的書"朱文方印。

其他:(1)初版。(2)精裝。

1296 五代史記七十四卷/歐陽修撰.——臺北:藝文印書館,出版年不詳

448頁;26厘米

HSMH(HS-N09F4-014)

附注:

印章:鈐有"胡適的書"朱文方印。

其他:(1)書名頁題名"五代史記七十五卷"。(2)據清乾隆武英殿刊本影印。

1297 五朝名臣言行錄十卷/朱熹撰.——上海:商務印書館,1936

1冊;23厘米

四部叢刊初編縮本史部061

HSMH(HS-N11F3-011)

附注:

印章:鈐有"胡適的書"朱文方印。

其他:(1)初版。(2)扉頁印有"HONG KONG"字樣。(3)牌記記載"上海商務印書館縮印海鹽張氏涉園藏宋本"。

1298 五經讀本/著者不詳.——臺北:啓明書局,1957

8冊;21厘米

HSMH(HS-N06F6-016)

附注:

印章：各冊鈐有"胡適的書"朱文方印。

其他：(1)再版。(2)據粹芬閣藏本影印。(3)封面題名"景印古本五經讀本"。

1299 五四愛國運動四十周年紀念特刊/國立北京大學臺灣同學會編.——臺北：國立北京大學台灣同學會，1959

[1]，75頁；19厘米

HSMH（HS-N06F2-015）

附注：

印章：館藏二冊鈐有"胡適的書"朱文方印。

批注圈劃：館藏一冊有胡適的紅、藍筆劃綫與注記。

夾紙：(1)館藏一冊書末有胡頌平的演講草稿10張。(2)偶有夾紙及信封殘片。

與胡適的關係：收錄胡適《紀念"五四"》一文。

1300 五四運動論叢/三民主義研究所編.——臺北：正中書局，1961

[10]，182頁；22厘米

專題研討選輯第四種

HSMH（HS-N06F4-022）

附注：

印章：一冊鈐有"胡適的書"朱文方印。

批注圈劃：(1)一冊偶有胡適的紅筆劃記。(2)一冊有胡適的綠筆注記與劃綫。

夾紙：一冊有夾紙2張。

1301 五續今古奇觀/著者不詳.——出版地不詳：出版者不詳，出版年不詳

1，154+頁；19厘米

HSMH（HS-N07F6-022）

附注：

其他：館藏頁154後佚失。

1302 武昌首義/文獻編纂委員會編. ——臺北:文獻編纂委員會,1961

[30],624頁:書影;27厘米

HSMH(HS-N09F6-018)

附注:

印章:鈐有"胡適的書"朱文方印。

夾紙:夾有紙卡2張。

其他:初印本。

1303 武昌首義/文獻編纂委員會編. ——臺北:文獻編纂委員會,1961

[32],618頁:書影;27厘米

HSMH(HS-N09F6-019)

附注:

印章:鈐有"胡適的書"朱文方印。

其他:第2版增訂本。

1304 武漢市實況調查/"司法行政部"調查局編. ——臺北:"司法行政部"調查局,1961

[3],46頁:圖;18厘米

大陸地區研究專報

HSMH(HS-N08F2-022)

附注:

印章:鈐有"胡適的書"朱文方印。

1305 西班牙文化史/徐斌譯. ——臺北:"中華叢書委員會",1958

10,310頁,圖版[12]頁;21厘米

"中華叢書"

HSMH(HS-N10F1-012)

附注:

印章:鈐有"胡適的書"朱文方印。

1306 西漢會要七十卷目錄一卷/徐天麟撰. ——臺北:世界書局,1960

[15]，723 頁；19 厘米

中國學術名著歷代會要第一期書第 2 冊

HSMH（HS-N11F2-003）

附注：

  印章：鈐有"胡適的書"朱文方印。

  其他：(1)初版。(2)精裝。

1307 西京雜記六卷/劉歆撰. ——上海：商務印書館，1936

  1 冊；23 厘米

  四部叢刊初編縮本子部 106

  HSMH（HS-N11F3-046）

  附注：

    印章：鈐有"胡適的書"朱文方印。

    批注圈劃：(1)《西京雜記》卷 2—6 有胡適的紅筆圈劃與注記。(2)《世說新語》卷上之下有胡適的紅筆圈點。

    其他：(1)初版。(2)扉頁印有"HONG KONG"字樣。(3)牌記記載"上海商務印書館縮印江安傅氏雙鑑樓藏明刻本"。(4)與《世說新語》三卷合刊。

1308 西崑酬唱集二卷/楊億編. ——上海：商務印書館，1936

  3 冊；23 厘米

  四部叢刊初編縮本集部 411—413

  HSMH（HS-N11F6-035）

  附注：

    印章：鈐有"胡適的書"朱文方印。

    批注圈劃：(1)第 2 冊《樂府詩集》卷 25，27，44—47 有胡適的綠、紅、黑筆注記與圈劃。(2)第 3 冊《樂府詩集》卷 74、81、82 有胡適的綠、黑筆圈劃。

    其他：(1)初版。(2)第 1 冊封面題名"西崑詶唱集"。(3)與《樂府詩集》一百卷合刊。(4)扉頁印有"HONG KONG"字樣。(5)第 1 冊牌記記載"上海商務印書館縮印江安傅氏藏明嘉靖本"。

1309 西山先生真文忠公文集五十一卷/真德秀撰. ——上海：商務印書館，1936

    4 冊；23 厘米

    四部叢刊初編縮本集部 268—271

    HSMH（HS-N11F5-012）

    附注：

        印章：鈐有"胡適的書"朱文方印。

        批注圈劃：第 1 冊卷 2 偶有胡適的紅筆圈劃。

        夾紙：第 1 冊卷 2 有夾紙 1 張。

        其他：(1)初版。(2)扉頁印有"HONG KONG"字樣。(3)第 1 冊牌記記載"上海商務印書館縮印江南圖書館藏明正德刊本"。

1310 西廂記諸宮調/董解元撰；侯岱麟校訂. ——北京：文學古籍刊行社，1955

    1 冊：圖；21 厘米

    HSMH（HS-N06F5-037）

    附注：

        印章：鈐有"胡適的書"朱文方印。

        其他：第 1 版。

1311 西厓文集附懲毖錄/柳成龍著. ——漢城：成均館大學校大東文化研究院，1958

    [10]，729 頁；22 厘米

    HSMH（HS-N07F4-005）

    附注：

        印章：鈐有"胡適的書"朱文方印。

        其他：(1)影印本。(2)精裝。

1312 西洋經濟史/張漢裕著. ——臺北：張漢裕，1961

    [5]，168 頁：圖；21 厘米

    HSMH（HS-N07F4-013）

    附注：

印章:內封面鈐有"張漢裕印"朱文方印。
題記:內封面有作者手寫題贈:"適之先生指正 後學張漢裕敬贈。"
夾紙:夾有信封殘片1張,上印有本書作者姓名與地址。
其他:初版。

1313 西洋思想史/ Crane Brinton 撰;王德昭譯.——臺北:"教育部",1959

2,338 頁;22 厘米

大學用書選譯

HSMH（HS-N07F4-041）

附注:

印章:鈐有"胡適的書"朱文方印。
題記:書名頁有譯者手寫題贈:"適之校長吾師 教正 受業王德昭敬呈 一九六一。"
批注圈劃:版權頁有胡適紅筆注記問號。
其他:(1)初版。(2)精裝。

1314 西洋文化簡史/常燕生著.——香港:"自由出版社",1957

[11],143 頁:像;18 厘米

常燕生先生文集第六冊

HSMH（HS-N07F4-016）

附注:

印章:鈐有"胡適的書"朱文方印。
題記:版權頁有黑筆手寫題贈:"先父遺著 敬呈 適之先生存政 世晚常崇寶敬呈。"

1315 西洋文學史話/謝六逸著.——臺北:啓明書局,1958

[3],288 頁;18 厘米

文化叢書

HSMH（HS-N10F1-060）

附注:

印章:鈐有"胡適的書"朱文方印。

其他：初版。

1316 西洋哲學史/李石岑著．——臺北：啓明書局，1958

[8], 231 頁；19 厘米

文化叢書

HSMH（HS-N10F1-056）

附注：

　　印章：鈐有"胡適的書"朱文方印。

　　其他：初版。

1317 西遊補十六回/董説撰．——臺北：世界書局，1958

1 冊：圖；19 厘米

世界文庫四部刊要中國通俗小説名著之一

HSMH（HS-N06F5-062）

附注：

　　印章：鈐有"胡適的書"朱文方印。

　　其他：(1)1 版。(2)據北京圖書館藏明崇禎原刊本影印。

1318 西遊記/吴承恩著；趙聰校點．——香港：友聯出版社，1961

2 冊；21 厘米

中國典籍輯要

HSMH（HS-N07F6-030）

附注：

　　印章：鈐有"胡適的書"朱文方印。

　　其他：初版。

1319 西域文明史概論/羽田亨著；鄭元芳譯．——上海：商務印書館，1934

[7], 94 頁，圖版 13 頁：圖；19 厘米

史地小叢書

HSMH（HS-N07F4-020）

附注：

印章:鈐有"胡適的書"朱文方印。

其他:初版。

1320 西藏研究/"中國邊疆歷史語文學會"編.——臺北:"中國邊疆歷史語文學會",1960

[3],198頁:表;21厘米

"中國邊疆歷史語文學會叢書"之一

HSMH(HS-N18F5-024)

附注:

印章:鈐有"胡適的書"朱文方印。

其他:初版。

1321 希臘羅馬古代社會史/古朗士著;李宗侗譯.——臺北:"中華文化出版事業委員會",1955

2冊;19厘米

"現代國民基本知識叢書"第三輯

HSMH(HS-N07F4-021)

附注:

印章:鈐有"胡適的書"朱文方印。

題記:(1)二冊封面均有胡適紅筆注記:"玄伯先生寄贈 胡適。"(2)第1冊内封面有李宗侗黑筆手寫題贈。

批注圈劃:第2冊偶有胡適的紅筆劃綫與圈點。

内附文件:第1冊分別夾有李宗桐致胡適、范同仲致胡適書信共2封,參見館藏號:HS-NK05-031-016。

其他:初版。

1322 惜抱軒詩文集/姚鼐撰.——上海:商務印書館,1936

215頁;23厘米

四部叢刊初編縮本集部370

HSMH(HS-N11F6-015)

附注:

953

印章：鈐有"胡適的書"朱文方印。

批注圈劃：文集卷6有胡適的黑筆圈劃。

其他：(1)初版。(2)扉頁印有"HONG KONG"字樣。(3)牌記記載"上海商務印書館縮印原刊本"。

1323 習齋記餘/顏元著. ——上海：商務印書館，1936

2冊；18厘米

叢書集成初編

HSMH（HS-N10F4-006）

附註：

印章：鈐有"胡適的書"朱文方印。

批注圈劃：第1冊卷2、5有胡適的紅、藍筆校改與注記。

其他：(1)初版。(2)據畿輔叢書本排印。

1324 細說清朝/黎東方著. ——臺北：文星書店，1962

2冊：圖；21厘米

HSMH（HS-N18F4-027）

附註：

印章：鈐有"胡適的書"朱文方印。

題記：上冊扉頁有黎東方的手寫題贈："適之先生教正 東方謹獻。"

夾紙：其中一部下冊夾附1961年11月26日開立的購書發票1張。

其他：初版。

1325 俠隱記/大仲馬著；啓明書局編輯所編譯. ——臺北：啓明書局，1958

[8]，281頁；19厘米

世界教育小說三集

HSMH（HS-N15F2-069）

附註：

印章：鈐有"胡適的書"朱文方印。

批注圈劃：多頁有胡適的藍筆校改與劃綫。

內附文件：頁77夾有剪報《僞政協委員跌價》一則，上有胡適的筆劃綫。

其他:再版。

1326 霞外攟屑十卷/平步青著. ——北京:中華書局,1959

3 冊;19 厘米

明清筆記叢刊

HSMH(HS-N06F4-039)

附注:

印章:鈐有"胡適的書"朱文方印。

其他:第 1 版。

1327 下弦月/張自英著. ——臺北:"反攻出版社",1957

[5],77 頁:圖;19 厘米

HSMH(HS-N17F6-054)

附注:

題記:扉頁有張自英的藍筆題贈。

夾紙:夾有信封殘片 1 張。

其他:初版。

1328 夏考信錄及其他一種/崔述著. ——上海:商務印書館,1937

[84]頁;18 厘米

叢書集成初編

HSMH(HS-N10F5-006)

附注:

印章:鈐有"胡適的書"朱文方印。

其他:(1)初版。(2)據版權頁題名。(3)據畿輔叢書本排印。(4)內容:
《夏考信錄》、《商考信錄》。

1329 廈門志十六卷/周凱著. ——臺北:臺灣銀行,1961

5 冊:表;19 厘米

臺灣文獻叢刊第九十五種

HSMH(HS-N09F2-039)

附注：

　　印章：鈐有"胡適的書"朱文方印。

1330　先秦經籍考/江俠菴編譯. ——上海：商務印書館，出版年不詳

　　3 冊；19 厘米

　　HSMH（HS-N07F2-065）

　　附注：

　　印章：鈐有"胡適的書"朱文方印。

　　批注圈劃：(1) 上冊序有胡適的藍筆劃綫，頁 235 有藍筆注記。(2) 下冊頁 371 有胡適的鉛筆校改。

　　其他：封面著者爲江俠庵。

1331　先秦兩漢簡牘考/陳槃著. ——臺北："中華文化出版事業委員會"，1956

　　1—27 頁；18 厘米

　　"現代國民基本知識叢書"

　　HSMH（HS-N18F1-011）

　　附注：

　　題記：頁 1 有陳槃的手寫題贈："適之太夫子誨正。"

　　其他：爲《中國學術史論集》抽印本。

1332　先秦名學史/胡適著. ——上海：亞東圖書館，1922

　　[14]，187 頁；22 厘米

　　HSMH（HS-DS-025）

　　附注：

　　印章：館藏一冊鈐有"胡適的書"朱文方印。

　　批注圈劃：(1) 館藏一冊書名頁有胡適的英文黑筆注記。(2) 館藏一冊偶有胡適的黑筆校改與注記。

　　夾紙：館藏一冊有夾紙 1 張。

　　其他：(1) 初版。(2) 英文題名"The development of the logical method in ancient China"。

1333 先秦史/黎東方著.——臺北:"中華文化出版事業委員會",1956

4,145 頁;19 厘米

"現代國民基本知識叢書"第四輯

HSMH(HS-N10F1-028)

附注:

 印章:鈐有"胡適的書"朱文方印。

 其他:初版。

1334 先秦政治思想史/梁啓超著.——臺北:臺灣"中華書局",1956

[6],217 頁;18 厘米

HSMH(HS-N06F5-004)

附注:

 印章:鈐有"胡適的書"朱文方印。

 其他:臺 1 版。

1335 先秦諸子繫年/錢穆著.——上海:商務印書館,出版年不詳

2 冊:表;22 厘米

大學叢書

HSMH(HS-N06F3-053)

附注:

 印章:二冊均鈐有"胡適的書"朱文方印。

 批注圈劃:上冊有胡適的紅筆注記、圈點與劃綫。

 夾紙:上冊有夾紙 4 張。

1336 先知書/思高聖經學會譯釋.——香港:思高聖經學會,1951—1954

3 冊:圖;18 厘米

舊約全書

HSMH(HS-N08F1-008)

附注:

 印章:鈐有"胡適的書"朱文方印。

 夾紙:下冊夾有信封殘片 1 張。

其他：精裝。

1337 閑閑老人滏水文集二十卷附錄一卷／趙秉文撰. ——上海：商務印書館，1936

[24]，206頁；23厘米

四部叢刊初編縮本集部283

HSMH（HS-N11F5-016）

附注：

印章：鈐有"胡適的書"朱文方印。

其他：(1)初版。(2)扉頁印有"HONG KONG"字樣。(3)牌記記載"上海商務印書館縮印湘潭袁氏藏汲古閣精寫本"。

1338 現存元人雜劇本事考／羅錦堂著. ——臺北：羅錦堂，1960

[24]，452頁；21厘米

HSMH（HS-N06F5-034）

附注：

印章：内封面鈐有"胡適的書"朱文方印、"羅錦堂"白文方印。

題記：内封面有著者黑筆題贈："適公院長 賜正 晚生羅錦堂呈拙 四十九年四月于台灣。"

批注圈劃：有胡適的紅、綠、藍筆注記、校改與劃綫。

夾紙：有夾紙數張。

相關記載：(1)1960年4月10日有羅錦堂致胡適函1封，叙述寄贈此書事，參見館藏號：HS-NK01-094-005。(2)館藏胡適為羅錦堂的博士論文評試會所準備的口試材料，共計20張小紙片，參見館藏號：HS-NK05-185-009，或參見《胡適之先生年譜長編初稿》，第10冊，頁3492—3496。

其他：博士論文——師範大學國文研究所；指導教授：鄭騫。

1339 現存元人雜劇書錄／徐調孚編著. ——上海：上海文藝聯合出版社，1955

[9]，169頁；18厘米

HSMH（HS-N06F5-040）

附注：

印章：鈐有"胡適的書"朱文方印。

批注圈劃：(1)有胡適的紅筆注記與劃綫。(2)版權頁有胡適的紅筆劃綫。

其他：第 1 版。

1340 現代國際關係與國際組織/杜光塤編著. ——臺北：正中書局"國立編譯館"，1959

[7]，616 頁；20 厘米

部定大學用書

HSMH（HS-N07F4-009）

附注：

 印章：鈐有"胡適的書"朱文方印。

 批注圈劃：偶有胡適的紅筆劃綫。

 其他：臺 2 版。

1341 現代農業/趙連芳著. ——臺北："中華文化事業出版委員會"，1954

3 冊：表；19 厘米

"現代國民基本知識叢書"

HSMH（HS-N07F3-011）

附注：

 印章：鈐有"胡適的書"朱文方印。

 其他：再版。

1342 現代史實講集/梁敬錞主講. ——紐約：紐約學術界同人座談會，1959

74 頁：表；18 厘米

HSMH（HS-N15F2-010）

附注：

 印章：鈐有"胡適的書"朱文方印。

 題記：封面有講者的手寫題贈："適之先生教正 敬錞奉呈 一九五九，八，十五。"

 批注圈劃：頁 45、62 有胡適的紅筆校改。

 其他：初版。

1343 現代政治人物述評/沈雲龍著. ——香港:"自由出版社",1959

[10],188頁;18厘米

HSMH(HS-N17F6-009)

附注:

印章:鈐有"胡適的書"朱文方印、"沈雲龍"朱文方印。

題記:內封面有沈雲龍的手寫題贈:"適之院長 指正 著者敬贈 四八,五,十九。"

夾紙:夾有信封殘片1張。

其他:初版。

1344 現階段大陸人民的反共運動/"司法行政部"調查局編印. ——臺北:"司法行政部"調查局,1958

5,360頁;19厘米

"匪情研究專報"

HSMH(HS-N07F4-039)

附注:

印章:鈐有"胡適的書"朱文方印。

1345 憲法講話/"國民大會"秘書處編. ——臺北:"國民大會"秘書處,1961

[4],142頁;21厘米

參考資料叢刊之七

HSMH(HS-N18F5-033)

1346 憲法與臨時條款海外報刊重要言論選集/"海外出版社"編. ——臺北:"海外出版社",1959

36頁;19厘米

HSMH(HS-N17F2-017)

附注:

印章:鈐有"胡適的書"朱文方印。

夾紙:夾有信封殘片1張,上有胡適的紅筆注記:"已復 四九,一,廿二。"

相關記載:1960 年 1 月 15 日有鄭彥棻致胡適贈書信函 1 封,參見館藏號:HS-NK01-215-012。

1347 憲政法規/"立法院"秘書處編.——出版地不詳:"立法院"秘書處,1948
[4],190 頁;18 厘米
HSMH(HS-N08F2-010)
附注:
印章:鈐有"胡適的書"朱文方印。
批注圈劃:有胡適的紅、黑、鉛筆注記與劃綫。

1348 陷匪後的"北京大學"/著者不詳.——出版地不詳:"中國國民黨中央委員會"第二組,1959
2,16 頁;21 厘米
"匪情參考資料"
HSMH(HS-N08F2-004)

1349 香港與中西文化之交流/羅香林著.——香港:"中國學社",1961
8,266,[42]頁,圖版 52 頁:表;23 厘米
HSMH(HS-N07F5-040)
附注:
題記:書名頁有作者手寫題贈:"適之先生教正 後學 羅香林敬贈。"
批注圈劃:頁 94 有鉛筆校改;頁 196 有胡適的藍筆注記與劃綫。
其他:初版。

1350 相思子/劉大白著.——臺北:啓明書局,1957
[6],88 頁;19 厘米
新文藝叢書劉大白詩集之二
HSMH(HS-N17F6-011)
附注:
印章:館藏一册鈐有"胡適的書"朱文方印。
其他:初版。

1351 向大地/亞汀著.——臺北：龍門出版社，1957

[4]，50頁；19厘米

新藝叢書之四

HSMH（HS-N17F6-020）

附注：

印章：鈐有"胡適的書"朱文方印。

題記：內封面有作者的手寫題贈："適之先生指正 後學亞汀敬贈 五十年元月十一日於基隆。"

其他：(1)初版。(2)內文偶有藍筆校改，應爲作者校正筆迹。

1352 向日葵/覃子豪著.——臺北：藍星詩社，1955

[4]，71頁；20厘米

藍星詩叢

HSMH（HS-N17F6-035）

附注：

印章：鈐有"胡適的書"朱文方印。

題記：扉頁有作者的手寫題贈："適之先生賜正 後學覃子豪敬贈 五十年元月。"

其他：初版。

1353 象山先生全集三十六卷/陸九淵撰.——上海：商務印書館，1936

2冊：圖；23厘米

四部叢刊初編縮本集部246，247

HSMH（HS-N11F5-004）

附注：

印章：鈐有"胡適的書"朱文方印。

批注圈劃：(1)第1冊卷14、15、19有胡適的紅筆注記與圈劃。(2)第2冊卷32—36有胡適的紅、朱筆注記與圈劃。

夾紙：第1冊有夾紙1張。

其他：(1)初版。(2)扉頁印有"HONG KONG"字樣。(3)第1冊牌記記載"上海商務印書館縮印明刊本"。

1354 象學芻議/周乃昌著.——高雄：新聲出版社，1960

[3]，80頁；19厘米

HSMH（HS-N21F1-053）

附注：

內附文件：夾附1961年2月14日著者致胡適贈書信函1封,請參見館藏號：HS-NK05-043-001。

其他：初版。

1355 小畜集三十卷附札記/王禹偁撰.——上海：商務印書館，1936

1冊；23厘米

四部叢刊初編縮本集部175

HSMH（HS-N11F4-031）

附注：

印章：鈐有"胡適的書"朱文方印。

批注圈劃：《小畜集》卷20有胡適的鉛筆校改。

其他：(1)初版。(2)扉頁印有"HONG KONG"字樣。(3)牌記記載"上海商務印書館縮印常熟瞿氏藏宋刊配舊鈔本"。(4)與《小畜外集》合刊。

1356 小兒語及其他二種/呂得勝纂.——上海：商務印書館，1936

1冊；18厘米

叢書集成初編

HSMH（HS-N10F5-079）

附注：

印章：鈐有"胡適的書"朱文方印。

其他：(1)初版。(2)據版權頁題名。(3)內容：《小兒語》、《續小兒語》、《養正類編》。

1357 小琉球漫誌十卷/朱仕玠著.——臺北：臺灣銀行，1957

5，102頁；19厘米

963

臺灣文獻叢刊第三種

HSMH（HS-N09F2-005）

附注：

　　印章：鈐有"胡適的書"朱文方印。

　　批注圈劃：頁4有藍筆校改。

1358 小木屋/孟瑤著.——臺北：作品出版社，1960

　　114頁；19厘米

　　作品叢書第三種

　　HSMH（HS-N15F2-059）

　　附注：

　　　　其他：初版。

1359 小說舊聞鈔/魯迅著.——北京：人民文學出版社，1953

　　180頁；18厘米

　　HSMH（HS-N06F5-048）

　　附注：

　　　　印章：鈐有"胡適的書"朱文方印。

　　　　批注圈劃：頁94、95有胡適的黑筆注記與校改。

　　　　其他：(1)北京重印第1版第3次印刷。(2)版權頁印"根據魯迅全集出版社'魯迅全集'單行本紙版重印"。

1360 小屯第一本遺址的發現與發掘：乙編殷虛建築遺存/石璋如著.——臺北："中央研究院"歷史語言研究所，1959

　　[33]，332頁，圖版[22]頁：圖；38厘米

　　中國考古報告集之二

　　HSMH（HS-N13F1-001）

　　附注：

　　　　其他：(1)初版。(2)精裝。

1361 小屯第二本殷虛文字：甲編/董作賓著.——上海：國立中央研究院歷史語言

研究所,1948

　　1 冊:圖版;38 厘米

　　中國考古報告集之二

　　HSMH（HS-N13F1-004）

　　附注:

　　　　題記:內封面有毛筆題贈:"敬贈胡院長。"

　　　　其他:(1)初版。(2)精裝。

1362 小屯第二本殷虛文字甲編考釋/屈萬里著.——臺北:"中央研究院"歷史語言研究所,1961

　　12,500 頁,圖版[58]頁;圖;37 厘米

　　中國考古報告集之二

　　HSMH（HS-N13F1-003）

　　附注:

　　　　其他:初版。

1363 小屯第二本殷虛文字:乙編上輯/董作賓主編.——出版地不詳:國立中央研究院歷史語言研究所,1948

　　1 冊:圖版;38 厘米

　　中國考古報告集之二

　　HSMH（HS-N13F1-005）

　　附注:

　　　　題記:內封面有毛筆題贈:"敬贈胡院長。"

　　　　其他:(1)初版。(2)精裝。

1364 小屯第二本殷虛文字:乙編中輯/張秉權著.——出版地不詳:"國立中央研究院"歷史語言研究所,1953

　　1 冊:圖版;38 厘米

　　中國考古報告集之二

　　HSMH（HS-N13F1-006）

　　附注:

題記：内封面有毛筆題贈："敬贈胡院長。"

其他：(1)初版。(2)精裝。

1365 小屯第二本殷虛文字：乙編下輯/董作賓主編.——出版地不詳："國立中央研究院"歷史語言研究所, 1953

1冊：圖版；38厘米

中國考古報告集之二

HSMH（HS-N13F1-007）

附注：

題記：内封面有毛筆題贈："敬贈胡院長。"

其他：(1)初版。(2)精裝。

1366 小屯第二本殷虛文字：丙編上輯（一）/張秉權著.——臺北："中央研究院"歷史語言研究所, 1957

1冊：圖版；38厘米

中國考古報告集之二

HSMH（HS-N13F1-008）

附注：

題記：内封面有毛筆題贈："敬贈胡院長。"

其他：(1)初版。(2)精裝。

1367 小屯第二本殷虛文字：丙編上輯（二）/張秉權著.——臺北："中央研究院"歷史語言研究所, 1959

1冊：圖版；38厘米

中國考古報告集之二

HSMH（HS-N13F1-009）

附注：

印章：扉頁蓋有"贈閱"印戳。

其他：(1)初版。(2)精裝。

1368 小屯第三本殷虛器物：甲編陶器/李濟著.——臺北："中央研究院"歷史語言

研究所,1956

　　1册:图;37厘米

　　中国考古报告集之二

　　HSMH（HS-N13F1-002）

　　附注：

　　　题记:内封面有毛笔题赠:"敬赠胡院长。"

　　　其他:(1)初版。(2)原书不知几册,馆藏上辑。

1369 小学国语教材问题：改革小学国语教学初步实验报告书/祁致贤著.——台北：台湾省"国语推行委员会",1952

　　2,[146]页;18厘米

　　HSMH（HS-N18F3-039）

1370 小学国语教育改进意见/祁致贤著.——出版地不详：台湾省"国语推行委员会",1958

　　[1],122:表;18厘米

　　HSMH（HS-N18F3-032）

1371 小学集解六卷/张伯行纂辑.——上海：商务印书馆,1936

　　4册;18厘米

　　丛书集成初编

　　HSMH（HS-N10F5-080）

　　附注：

　　　印章:钤有"胡适的书"朱文方印。

　　　批注圈划:(1)第1册牌记有胡适的黑笔长篇注记:"我七八岁时读小学,能背诵全书。今年六十二岁,今夜一气看完这六卷书。其前三卷,大致都像不曾读过的;其后三卷,还依稀如旧曾记诵的书。大致儿童爱读故事,故后三卷,特别是第六卷,我最爱读,所以在五十多年之后还可记得一部分。胡适 一九五三,二,十二日。"(2)第2册扉页有胡适的红笔注记:"小学三大纲,其第三纲为'敬身'。我从前没有细想朱吕何以选此二字为第三纲。今天重检小学全部,觉得此一纲颇有深意,身是个人,敬身即

967

是尊重個人。看他們引哀公問篇作此第三綱的總說明,其意義可想。適之 四八,三,七夜。"(3)各冊均有胡適的紅、黑等各色筆圈劃與注記。

夾紙:第3、4冊有夾紙數張。

其他:(1)初版。(2)據正誼堂全書本排印。

1372 小學稽業五卷/李塨撰.——上海:商務印書館,1937

[3],84頁;18厘米

叢書集成初編

HSMH(HS-N10F5-081)

附注:

印章:鈐有"胡適的書"朱文方印。

其他:(1)初版。(2)據畿輔叢書本排印。

1373 小夜曲/拜倫著;華生譯.——臺北:讀者書店,1958

[10],108頁;19厘米

世界文學叢書

HSMH(HS-N15F1-009)

附注:

印章:鈐有"胡適的書"朱文方印。

其他:初版。

1374 小止觀六妙門合訂本/智顗述.——臺北:臺灣印經處,1951

79頁:圖;19厘米

HSMH(HS-N06F2-012)

附注:

印章:鈐有"胡適的書"朱文方印。

題記:封面有胡適的紅筆注記:"此是天台智者大師著作中流行最廣的一本小冊子,可說是天台教義的最簡明的敘述。(老同學郭虞裳先生送我的)胡適 四九,四,十一。"

批注圈劃:有胡適的紅筆注記與劃綫。

其他:初版。

1375 孝經一卷/著者不詳. ——上海：商務印書館，1936

　　1 冊；23 厘米

　　四部叢刊初編縮本經部 009

　　HSMH（HS-N11F2-024）

　　附注：

　　　印章：鈐有"胡適的書"朱文方印。

　　　批注圈劃：多處有胡適的紅、藍、綠筆注記與圈劃。

　　　其他：(1)初版。(2)與《論語集解》合刊。(3)牌記記載"上海商務印書館縮印建德周氏藏宋本"。

1376 絜齋集二十四卷/袁燮撰. ——上海：商務印書館，1935

　　5 冊；18 厘米

　　叢書集成初編

　　HSMH（HS-N10F5-097）

　　附注：

　　　印章：鈐有"胡適的書"朱文方印。

　　　其他：(1)初版。(2)據聚珍版叢書本排印。

1377 寫甚麼怎麼寫/王藍著. ——臺北：紅藍出版社，1959

　　[1]，91 頁；19 厘米

　　HSMH（HS-N17F6-056）

　　附注：

　　　印章：鈐有"胡適的書"朱文方印。

　　　題記：內封面有作者的手寫題贈："適之先生教正 晚王藍拜贈。"

　　　其他：3 版。

1378 謝康樂詩註四卷/黃節註. ——臺北：藝文印書館，出版年不詳

　　204 頁；19 厘米

　　HSMH（HS-N10F4-034）

　　附注：

969

印章:鈐有"胡適的書"朱文方印。

1379 心聲集/陳恒壽著.——新竹:陳恒壽,1960

165 頁;19 厘米

HSMH(HS-N17F6-033)

附注:

印章:鈐有"胡適的書"朱文方印、"陳恒壽"朱文方印。

題記:內封面有作者的手寫題贈:"院長胡 斧正 晚陳恒壽敬呈 四十九年十二月十七日。"

內附文件:夾附 1960 年 12 月 17 日陳恒壽致胡適贈書信函 1 封,參見館藏號:HS-NK05-091-026。

其他:(1)初版。(2)封面題名"心聲"。

1380 新大陸遊記節錄/梁啓超著.——臺北:臺灣"中華書局",1957

[13],171 頁;18 厘米

HSMH(HS-N06F5-032)

附注:

印章:鈐有"胡適的書"朱文方印。

其他:(1)臺 1 版。(2)附《夏威夷遊記》、《遊臺灣書牘》。

1381 新夫婦見面/泰戈爾等著;徐志摩等譯.——臺北:啓明書局,1956

1,98 頁;19 厘米

世界短篇小説名著

HSMH(HS-N15F2-036)

附注:

印章:鈐有"胡適的書"朱文方印。

其他:初版。

1382 新加九經字樣及其他一種/唐玄度撰.——上海:商務印書館,1936

1 冊;18 厘米

叢書集成初編

HSMH（HS-N10F5-086）

附注：

印章：鈐有"胡適的書"朱文方印。

其他：（1）初版。（2）據版權頁題名。（3）內容：《新加九經字樣》、《佩觿》。

1383 新校定的敦煌寫本神會和尚遺著兩種/胡適著. ——臺北："中央研究院"歷史語言研究所，1958

827—882 頁：圖；26 厘米

慶祝趙元任先生六十五歲論文集"中央研究院"歷史語言研究所集刊 29

HSMH（HS-N18F6-005）

附注：

題記：（1）館藏一冊封面有胡適的藍、黑筆注記："校本 適之自用。"（2）館藏一冊封面有胡適的黑、紅筆注記二則："胡適自校本 四八，二，十二夜。二，十三夜校完"，"有誤的頁數：P. 845、873、876、877"。（3）館藏一冊封面有胡適的綠筆注記"校本"。（4）館藏一冊封面有胡適的紅筆注記："校本之一 重校定時須參考此本。適之。"

批注圈劃：（1）"適之自用"本偶有胡適的黑筆校改。（2）"胡適自校本"多處有胡適的紅、綠、藍筆批注、校改與劃綫。（3）"校本"多處有胡適的紅、綠、藍、黑筆批注、校改與圈劃。（4）"校本之一"多處有胡適的紅筆注記、校改與劃綫。

相關記載：1959 年 2 月 13 日胡適日記提及《新校定的敦煌寫本神會和尚遺著兩種》裝訂與校勘事。

其他：館藏 8 冊。

1384 新校九卷本陽春白雪前集四卷後集五卷/楊朝英選；隋樹森校訂. ——北京：中華書局，1957

20，208 頁；19 厘米

HSMH（HS-N06F6-002）

附注：

印章：鈐有"胡適的書"朱文方印。

其他：第1版。

1385 新舊約全書/著者不詳.——香港：香港聖經會，1957

［1276］頁：圖；22厘米

HSMH（HS-N08F2-003）

附注：

題記：扉頁有英文注記："To Dr. Hu Shih on his seventieth birthday Sunday, December 17, 1961."

夾紙：夾有"韓復禮（DR. GEORGE H. HUMPHREYS II）"名片1張。

其他：精裝。

1386 新舊約全書/著者不詳.——出版地不詳：出版者不詳，出版年不詳

［1682］頁；22厘米

HSMH（HS-N08F2-002）

附注：

印章：鈐有"胡適的書"朱文方印、"胡適"白文長方印、"胡適"白文方印。

題記：(1)扉頁有喻耕葆的黑筆手寫題贈："敬贈給 適之先生存 主後一九五八年的基督徒"。(2)扉頁有胡適的藍筆注記："台北松江路132巷七號喻耕葆女士 一九五八年五月十二日收到。"

夾紙：夾有注記喻耕葆地址的信封殘片1張。

相關記載：1958年5月13日有胡適覆喻耕葆信函1封，爲謝來信及贈本書事，參見館藏號：HS-NK01-170-010。

其他：精裝。

1387 新民主主義論/毛澤東著.——香港：新民主出版社，1949

［2］，49頁；19厘米

毛澤東選集

HSMH（HS-N06F3-037）

附注：

印章：鈐有"胡適的書"朱文方印。

批注圈劃：(1)有胡適的朱、紅、黑、鉛等各色筆注記與劃綫。(2)書末胡

适的朱筆注記:"May 17,1949。"

夾紙:有夾紙1張。

其他:4版。

1388 新三國/黎東方著.——臺北:遠東圖書公司,1954

4,132頁;19厘米

HSMH(HS-N10F1-030)

附注:

其他:初版。

1389 新三國志/黎東方著.——檳城:"國民印務",1956

[6],118頁:圖;19厘米

HSMH(HS-N15F1-004)

附注:

印章:鈐有"胡適的書"朱文方印。

題記:內封面有黎東方的手寫題贈:"適之先生賜正 東方 四十七年六月十一日寄。"

其他:第5版。

1390 新生神曲依利阿德選譯等五種/但丁等著.——臺北:啟明書局,1961

1冊:圖;19厘米

世界文學大系外國之部2

HSMH(HS-N11F1-011)

附注:

印章:鈐有"胡適的書"朱文方印。

其他:(1)初版。(2)精裝。(3)《新生》、《神曲·地獄》、《依利阿德選譯》、《羅蜜歐與朱麗葉》、《擬情書》合刊。

1391 新王道論/鍾伯毅著.——臺北:世界書局,1960

[29]頁;27厘米

叢書集成初編

HSMH（HS-N17F5-010）

附注：

　　題記：封面裏有作者毛筆題贈："適之先生教正 弟鍾伯毅敬贈。"

　　其他：初版。

1392 新聞事業行政概論／呂光，潘賢模編著.——臺北：臺灣"商務印書館"，1956

［10］，366 頁：圖；21 厘米

HSMH（HS-N17F2-025）

附注：

　　印章：鈐有"胡適的書"朱文方印。

　　題記：封面有作者的手寫題贈："請適之老先生指正 晚呂光敬贈 五十年八月台灣。"

　　其他：初版。

1393 新元史二百五十七卷考證五十八卷／柯紹忞撰.——臺北：藝文印書館，出版年不詳

5 冊：表；26 厘米

HSMH（HS-N09F3-002）

附注：

　　印章：鈐有"胡適的書"朱文方印。

　　批注圈劃：第 1 冊卷 12、13 有胡適的紅筆圈劃與注記。

1394 新竹縣制度考／臺灣銀行經濟研究室編.——臺北：臺灣銀行，1961

［8］，126 頁；19 厘米

臺灣文獻叢刊第一百〇一種

HSMH（HS-N09F2-045）

附注：

　　印章：鈐有"胡適的書"朱文方印。

1395 新竹新志／畢慶昌等著.——臺北："中華叢書委員會"，1958

2，306 頁：圖，表；22 厘米

"中華叢書"

HSMH（HS-N17F1-008）

附注：

　　印章：鈐有"胡適的書"朱文方印。

1396　行憲法規/南京中央日報編.——南京：中央日報社，1947

　　59 頁；18 厘米

　　HSMH（HS-N06F3-039）

　　附注：

　　　　印章：鈐有"胡適的書"朱文方印。

　　　　其他：(1)初版。(2)本書原爲《中央日報》社資料組藏書，内有紅、藍筆注記與圈劃，非胡適筆迹。

1397　行政改革言論集/"臨時行政改革委員會"編印.——臺北："臨時行政改革委員會"，1958

　　3，288 頁；19 厘米

　　HSMH（HS-N07F4-036）

　　附注：

　　　　印章：鈐有"胡適的書"朱文方印。

　　　　其他：初版。

1398　熊龍峯四種小説/王古魯蒐録校註.——上海：古典文學出版社，1958

　　5，71 頁，書影[6]頁；19 厘米

　　HSMH（HS-N06F4-046）

　　附注：

　　　　印章：鈐有"胡適的書"朱文方印。

　　　　其他：第 1 版。

1399　熊勿軒先生文集附録/熊鉌撰.——上海：商務印書館，1936

　　[10]，87 頁；18 厘米

　　叢書集成初編

HSMH（HS-N10F4-003）

附注：

印章：鈐有"胡適的書"朱文方印。

其他：(1)初版。(2)據正誼堂全書本排印。

1400 修辭學講話/陳介白著.——臺北：啓明書局，1958

[17]，259，10 頁；19 厘米

青年百科入門讀書作文入門組

HSMH（HS-N10F1-025）

附注：

印章：鈐有"胡適的書"朱文方印。

其他：初版。

1401 虛雲和尚法彙十卷/岑學呂編.——香港：虛雲和尚法彙編印辦事處，1953

3 冊：圖；21 厘米

HSMH（HS-N06F2-001）

附注：

印章：鈐有"胡適的書"朱文方印。

題記：館藏一部上冊扉頁有胡適的紅筆注記"詹先生寄贈胡適"字樣及英文住址。

批注圈劃：(1)館藏一部《年譜》封面有胡適的手寫注記："此是香港的初級。適之"，"閱後乞賜還 胡適"。(2)二部均有胡適的各色筆圈劃與注記。

夾紙：(1)館藏一部《年譜》頁 82 夾有胡適藍筆手寫"李政道楊振寧"字樣便箋 1 張。(2)偶有夾紙。

其他：(1)內容：第 1 冊（上冊），卷 1—6；第 2 冊（下冊），卷 7—10；第 3 冊，《年譜》。(2)版權頁題名"虛雲和尚法彙附年譜"。

1402 虛雲和尚年譜/岑學呂編.——臺北：臺灣印經處印行，1958

[5]，259 頁：圖，像；19 厘米

HSMH（HS-N06F2-002）

附注:

批注圈劃:(1)館藏一冊封面有胡適的紅筆注記:"此是台北翻印香港的修正'三版'。適之。"(2)館藏一冊偶有胡適的紅筆注記。

夾紙:館藏一冊有夾紙1張。

其他:初版。

1403 徐闇公先生年譜/台灣銀行經濟研究室編.——臺北:臺灣銀行,1961

[4],104頁;19厘米

臺灣文獻叢刊第一二三種

HSMH(HS-N09F1-007)

附注:

印章:鈐有"胡適的書"朱文方印。

1404 徐公文集三十卷/徐鉉撰.——上海:商務印書館,1936

220頁;23厘米

四部叢刊初編縮本集部173

HSMH(HS-N11F4-033)

附注:

印章:鈐有"胡適的書"朱文方印。

其他:(1)初版。(2)扉頁印有"HONG KONG"字樣。(3)牌記記載"上海商務印書館縮印校鈔本"。

1405 徐光啓傳/羅光著.——香港:公教真理學會,1953

2,138頁;19厘米

中國名人傳記叢書

HSMH(HS-N07F2-047)

附注:

印章:鈐有"胡適的書"朱文方印。

夾紙:有夾紙2張。

其他:初版。

1406 徐孝穆集十卷/徐陵撰. ——上海：商務印書館，1936

1 冊；23 厘米

四部叢刊初編縮本集部 135

HSMH（HS-N11F3-059）

附注：

　　印章:鈐有"胡適的書"朱文方印。

　　批注圈劃:《庚子山集》卷 1 頁 18 有朱筆注記,似非胡適筆迹。

　　其他:(1)初版。(2)扉頁印有"HONG KONG"字樣。(3)牌記記載"上海商務印書館縮印明屠隆刻本"。(4)與《庚子山集》十六卷合刊。

1407 徐志摩選集/徐志摩著. ——上海：萬象書屋，1935

[10]，194 頁；19 厘米

現代創作文庫

HSMH（HS-N07F3-031）

附注：

　　印章:鈐有"胡適的書"朱文方印。

　　批注圈劃:有胡適的黑筆注記。

　　其他:初版。

1408 緒言及其他三種/戴震撰. ——出版地不詳：商務印書館，1939

1 冊；18 厘米

叢書集成初編

HSMH（HS-N10F5-065）

附注：

　　印章:鈐有"胡適的書"朱文方印。

　　批注圈劃:《緒言》卷上有胡適的黑筆劃綫;卷下末有胡適的黑筆注記二則:"據此跋,在嘉道間有緒言與原善合刻之本。諸家均未著示。適之"，"伍氏亦未提及緒言與孟子字義疏證的關係"。

　　其他:(1)初版。(2)據版權頁題名。(3)內容:《緒言》、《星閣正論》、《子貫附言》、《業儒臆說》。

1409 續補明紀編年/王汝南著.——臺北:臺灣銀行,1961

[6],144 頁;19 厘米

臺灣文獻叢刊第一百十四種

HSMH(HS-N09F2-058)

附注:

　　印章:鈐有"胡適的書"朱文方印。

1410 續焚書/李贄著.——北京:中華書局,1959

[16],130 頁;20 厘米

HSMH(HS-N07F2-061)

附注:

　　印章:鈐有"胡適的書"朱文方印。

　　批注圈劃:有胡適的紅筆注記與劃綫。

　　夾紙:有夾紙數張。

　　其他:第1版。

1411 續今古奇觀三十回/著者不詳.——出版地不詳:出版者不詳,出版年不詳

2,[250]頁;18 厘米

繡像通俗小說

HSMH(HS-N07F6-020)

附注:

　　批注圈劃:(1)扉頁有胡適的藍筆長篇注記。(2)內文有胡適的紅筆注記、校改與劃綫。

1412 續近思錄十四卷/張伯行集解.——上海:商務印書館,1936

3 冊;18 厘米

叢書集成初編

HSMH(HS-N10F5-048)

附注:

　　印章:鈐有"胡適的書"朱文方印。

　　其他:(1)初版。(2)據正誼堂全書本排印。

1413 續墨子閒詁/劉載賡著.——臺北：藝文印書館，出版年不詳

238 頁；19 厘米

HSMH（HS-N10F3-023）

附注：

印章：鈐有"胡適的書"朱文方印。

1414 續世說十二卷/孔平仲撰；錢熙祚校.——臺北：藝文印書館，出版年不詳

424 頁；19 厘米

HSMH（HS-N06F4-048）

附注：

印章：鈐有"胡適的書"朱文方印。

1415 續俠隱記/大仲馬著；啓明書局編輯所編譯.——臺北：啓明書局，1955

2 冊；19 厘米

世界文學名著

HSMH（HS-N15F2-070）

附注：

印章：鈐有"胡適的書"朱文方印。

批注圈劃：上、下冊均偶有胡適的藍筆劃綫。

其他：臺 2 版。

1416 續易卦十二講/周志輔著.——香港九龍：周志輔，1959

[62]頁：圖；26 厘米

HSMH（HS-N21F2-058）

附注：

其他：(1)初版。(2)與《易義雜錄》合刊。

1417 續殷曆譜/嚴一萍著.——臺北：藝文印書館，1955

[5], 158, 73 頁：圖，表；19 厘米

四部叢刊初編縮本集部 135

HSMH(HS-N06F4-049)

附注:

印章:鈐有"胡適的書"朱文方印、"一萍之印"白文方印。

題記:扉頁有作者毛筆題贈:"適之先生教正 後學晚 嚴一萍敬贈 四十七年五月八日。"

批注圈劃:偶有胡適的紅筆校改與劃綫。

其他:(1)初版。(2)精裝。

1418 續資治通鑑二百二十卷/畢沅編著.——臺北:藝文印書館,出版年不詳

4 冊;26 厘米

HSMH(HS-N09F5-003)

附注:

印章:鈐有"胡適的書"朱文方印。

批注圈劃:第 2 冊卷 68 頁 353 有胡適的綠筆圈點。

其他:據江蘇書局補刊鎮洋畢氏本影印。

1419 續資治通鑑長編新定本六百卷序一卷總目一卷/李燾撰.——臺北:世界書局,1961

15 冊;20 厘米

中國學術名著國史彙編第一期書

HSMH(HS-N06F6-014)

附注:

印章:館藏一部第 1 冊印有"臺北市吳淞中國公學校友會"橡皮章;館藏一部鈐有"胡適的書"朱文方印。

題記:館藏一部第 1 冊扉頁有毛筆題贈:"胡校長七秩華誕紀念 中國公學校友會 敬祝。"

批注圈劃:館藏一部第 4 冊偶有胡適的紅筆注記與圈點。

夾紙:館藏一部第 4 冊偶有夾紙。

其他:(1)初版。(2)精裝。

1420 宣和遺事四集/楊家駱主編;劉雅農總校.——臺北:世界書局,1958

［1］，142 頁；19 厘米

世界文庫四部刊要中國通俗小説名著之一

HSMH（HS-N11F3-059）

附注：

　　印章：鈐有"胡適的書"朱文方印。

　　其他：(1)1 版。(2)據金陵王氏洛川校正重刊本排印並以士禮居叢書本參校之。

1421　玄奘西遊記／朱偰著. ——香港：大源書店，1957

［7］，186 頁：地圖；18 厘米

HSMH（HS-N17F6-048）

附注：

　　印章：鈐有"胡適的書"朱文方印。

　　批注圈劃：頁 184 有胡適的紅筆校改。

1422　旋風／姜貴著. ——臺北：明華書局，1959

519，1 頁；19 厘米

HSMH（HS-N17F6-072）

附注：

　　印章：鈐有"胡適的書"朱文方印。

　　與胡適的關係：正文前收録 1957 年 12 月 8 日胡適致姜貴信手稿書影 1 封，作爲本書代序，館藏抄件，參見館藏號：HS-NK01-143-013。

1423　薛文清公讀書録及其他二種／薛瑄撰. ——出版地不詳：商務印書館，1939

2 册；18 厘米

叢書集成初編

HSMH（HS-N10F5-053）

附注：

　　印章：鈐有"胡適的書"朱文方印。

　　其他：(1)初版。(2)據版權頁題名。(3)内容：《薛文清公讀書録》、《白沙語要》、《楓山章先生語録》。

1424 學福齋雜著及其他二種/沈大成纂. ——上海：商務印書館，1939

1 冊：圖；18 厘米

叢書集成初編

HSMH（HS-N10F5-019）

附注：

印章：鈐有"胡適的書"朱文方印。

批注圈劃：有胡適的綠筆劃綫與注記。

其他：(1)初版。(2)據版權頁題名。(3)內容：《學福齋雜著》、《樵香小記》、《龍城札記》。

1425 學禮/李塨著. ——上海：商務印書館，1936

49 頁；18 厘米

叢書集成初編 1038

HSMH（HS-N17F5-002）

附注：

印章：鈐有"胡適的書"朱文方印。

其他：(1)初版。(2)據畿輔叢書本排印。

1426 學人第一輯/海天出版社編. ——臺北：海天出版社，1957

132 頁；19 厘米

文史叢刊

HSMH（HS-N18F3-041）

附注：

印章：鈐有"胡適的書"朱文方印、"李辰冬印"朱文方印。

批注圈劃：偶有紅、黑筆校改與劃綫。

其他：初版。

1427 學庸淺言新註/著者不詳. ——臺中：乾記出版社，1959

[152]頁；19 厘米

HSMH（HS-N21F2-114）

附注：

相關記載：1960年6月28日有鄭普仁致胡適贈書信函1封,參見館藏號：HS-NK01-215-028。

其他：(1)本書收錄《大學淺言新註序》、《大學淺言新註》、《中庸淺言新註序》、《中庸淺言新註》。(2)《大學淺言新註》偶有紅筆劃綫,應非胡適筆迹。

1428 雪盦隨筆/張目寒著.——臺北：暢流半月刊,1956

[5],184頁；19厘米

HSMH（HS-N17F6-023）

附注：

印章：内封面鈐有"張目寒"朱文圓印。

題記：内封面有作者的手寫題贈："適之先生教正 張目寒。"

其他：初版。

1429 荀子補釋/劉師培著.——臺北：藝文印書館,出版年不詳

172頁；19厘米

HSMH（HS-N10F3-020）

附注：

印章：鈐有"胡適的書"朱文方印。

其他：據寧武南氏校印本影印。

1430 荀子詞例舉要/劉師培著.——臺北：藝文印書館,出版年不詳

24頁；19厘米

HSMH（HS-N10F3-021）

附注：

印章：鈐有"胡適的書"朱文方印。

其他：據寧武南氏校印本影印。

1431 荀子集解/王先謙著.——上海：商務印書館,出版年不詳

1冊；19厘米

国学基本丛书简编

HSMH（HS-N07F2-063）

附注：

 印章：钤有"胡适的书"朱文方印。

 批注圈划：偶有红色铅笔划记。

 其他：扉页印有"本书系用万有文库版本印行原装分订四册每册面数各自起迄今合订一册面数仍旧读者鉴之"。

1432 荀子集解二十卷/王先谦撰. ——台北：艺文印书馆，出版年不详

 2 册；19 厘米

 HSMH（HS-N10F3-019）

 附注：

  印章：钤有"胡适的书"朱文方印。

1433 荀子集解订补/李涤生著. ——台中：台湾省立农学院，1960

 1 册；25 厘米

 "国家长期发展科学教育委员会"甲种补助

 HSMH（HS-N17F5-030）

 附注：

  其他：(1)油印本。(2)偶有蓝笔校改，非胡适笔迹。

1434 荀子新证/于省吾著. ——台北：艺文印书馆，出版年不详

 100 页；19 厘米

 HSMH（HS-N10F3-022）

 附注：

  印章：钤有"胡适的书"朱文方印。

1435 荀子二十卷/荀况撰；杨倞注. ——上海：商务印书馆，1936

 224 页；23 厘米

 四部丛刊初编缩本子部 072

 HSMH（HS-N11F3-019）

附注：

　　印章：鈐有"胡適的書"朱文方印。

　　批注圈劃：《荀子注》序，卷4、11、15，跋有胡適的紅、藍筆注記與圈劃。

　　夾紙：有夾紙2張。

　　其他：(1)初版。(2)扉頁印有"HONG KONG"字樣。(3)牌記記載"上海商務印書館縮印古逸叢書本"。

1436 訓蒙千字文／著者不詳．——香港：明記書莊，出版年不詳

　　[22]頁；21厘米

　　HSMH（HS-N08F3-004）

　　附注：

　　批注圈劃：全書均有胡適的紅筆校改與注記。

　　其他：封面題名"初等小學讀本：訓蒙千字文"。

1437 遜志齋集二十四卷／方孝孺撰．——上海：商務印書館，1936

　　3冊；23厘米

　　四部叢刊初編縮本集部323—325

　　HSMH（HS-N11F5-042）

　　附注：

　　印章：鈐有"胡適的書"朱文方印。

　　批注圈劃：(1)第1冊卷1—3有胡適的紅筆圈點與劃綫。(2)第3冊附錄有胡適的紅筆注記與圈劃。

　　夾紙：第1冊有夾紙1張。

　　其他：(1)初版。(2)扉頁印有"HONG KONG"字樣。(3)第1冊牌記記載"上海商務印書館縮印明刊本"。

1438 雅歌／歌底斯英譯；王福民漢譯．——香港：王牖民，1960

　　[5]，175頁：彩圖；21厘米

　　HSMH（HS-N07F2-056）

　　附注：

　　印章：扉頁鈐有"丁星"白文方印、鈐有"胡適的書"朱文方印。

題記:扉頁有手寫題贈:"胡院長適之 座右 丁星 敬贈 十一,廿八,四九。"
其他:(1)初版。(2)英文題名"THE SONG OF SONGS"。

1439 "亞洲"短篇小説選:第二集/王晶心等著.——香港:亞洲出版社,1955

2,176 頁:圖;18 厘米

HSMH（HS-N15F2-071）

附注:

印章:鈐有"胡適的書"朱文方印。

題記:扉頁有手寫題贈:"適之先生指正 晚王晶心敬贈 四九,二,二十六。"

其他:初版。

1440 言論自由在中國歷史上/胡秋原抄纂.——臺北:"民主潮社",1958

14,54 頁;19 厘米

HSMH（HS-N07F4-035）

附注:

印章:鈐有"胡適的書"朱文方印。

題記:封面有胡秋原手寫題贈:"適之先生教正 秋原敬贈。"

其他:初版。

1441 言曦短論集/邱言曦著.——臺北:"中央日報社",1959

5,192 頁;18 厘米

HSMH（HS-N15F2-080）

附注:

印章:鈐有"胡適的書"朱文方印。

題記:封面後有手寫題贈:"適之先生教正 晚邱楠敬贈。"

其他:初版。

1442 研幾圖及其他一種/王柏撰.——上海:商務印書館,1937

1 冊:表;18 厘米

叢書集成初編

HSMH（HS-N10F5-052）

附注：

　　印章：鈐有"胡適的書"朱文方印。

　　其他：(1)初版。(2)據版權頁題名。(3)內容：《研幾圖》、《北溪字義》。

1443 延平二王遺集/鄭成功，鄭經撰. ——臺北：世界書局，1957

　　1 冊；19 厘米

　　世界文庫四部刊要民族正氣叢刊之一

　　HSMH（HS-N06F6-010）

　　附注：

　　　　印章：鈐有"胡適的書"朱文方印。

　　　　批注圈劃：兩篇序有藍、紅筆校改。

　　　　其他：(1)初版。(2)據愛日精廬鈔本影印。

1444 揅經室集/阮元撰. ——上海：商務印書館，1936

　　4 冊：圖；23 厘米

　　四部叢刊初編縮本集部 390—393

　　HSMH（HS-N11F6-024）

　　附注：

　　　　印章：鈐有"胡適的書"朱文方印。

　　　　批注圈劃：(1)第 1、2 冊多卷有胡適的黑、紅、藍、綠、朱筆注記、校改與圈劃。(2)第 3 冊三集目錄有胡適的紅筆圈劃。

　　　　其他：(1)初版。(2)扉頁印有"HONG KONG"字樣。(3)第 1 冊牌記記載"上海商務印書館縮印原刊本"。

1445 嚴幾道先生遺著/南洋學會研究組編. ——新加坡：南洋學會，1959

　　8，166 頁，圖版[9]頁；20 厘米

　　南洋學會叢書之二

　　HSMH（HS-N06F4-051）

1446 顏魯公文集十五卷補遺一卷/顏真卿撰. ——上海：商務印書館，1936

1 冊；23 厘米

四部叢刊初編縮本集部 146

HSMH（HS-N11F4-009）

附注：

　　印章：鈐有"胡適的書"朱文方印。

　　批注圈劃：《岑嘉州詩》序,卷 1、2 有胡適的紅、藍筆注記與圈劃。

　　夾紙：《岑嘉州詩》卷 2 有夾紙 1 張。

　　其他：(1)初版。(2)扉頁印有"HONG KONG"字樣。(3)牌記記載"上海商務印書館縮印明刊本"。(4)與《岑嘉州詩》合刊。

1447 顏氏家訓七卷/顏之推撰；趙曦明注；盧文弨補.——出版地不詳：藝文印書館,出版年不詳

　　442 頁；19 厘米

　　HSMH（HS-N07F2-015）

　　附注：

　　　　批注圈劃：偶有胡適的紅筆校改、注記與圈點。

　　　　夾紙：有夾紙數張。

　　　　其他：(1)封面題名"顏氏家訓注"。(2)據清乾隆 54 年(1789)盧氏抱經堂刊本影印。

1448 顏氏學記/戴望著.——上海：商務印書館,1934

　　1 冊；19 厘米

　　國學基本叢書

　　HSMH（HS-N07F3-014）

　　附注：

　　　　印章：鈐有"胡適的書"朱文方印。

　　　　其他：(1)再版。(2)扉頁印記"本書係用萬有文庫版本印行原裝分訂二冊每冊面數各自起迄今合訂一冊面數仍舊讀者鑒之"。

1449 顏習齋先生年譜/李塨纂.——上海：商務印書館,1937

　　2,91 頁；18 厘米

叢書集成初編

HSMH（HS-N10F4-022）

附注：

　　印章：鈐有"胡適的書"朱文方印。

　　批注圈劃：(1)多處有胡適的紅筆注記與劃綫。(2)書末有胡適的紅筆長篇注記："我的留學日記裏有'1911年十月三日，得[梅]覲莊所寄顏習齋年譜，讀之亦無大好處'。此是四十六年前的事。當時我還有長信給覲莊，'論宋儒之功'。大概我當時只讀習齋年譜，所以不能充分了解習齋排斥程朱的革命精神。我讀顏李遺書（畿輔叢書本）在1917—1918，那時候我的思想已經過大變化，經過大解放了，所以我能了解顏李的'反理學'的大貢獻。可惜梅覲莊的思想後來反走上'衛道'之路，我們後來竟沒有談論顏李的機會，我竟不知道覲莊後來對顏李取什麼態度。覲莊是宣城人，他家定九先生是同情于顏李的。宣城袁蕙纕也是一位篤信顏李的思想家。我很想知道覲莊和這個宣城遺風有何關係，可惜覲莊已死了多年了！胡適記　一九五七，十一，九夜。"

　　其他：(1)初版。(2)據畿輔叢書本排印。

1450　顏習齋先生言行録/鍾錂纂．——上海：商務印書館，1939

　　[5]，64頁；18厘米

　　叢書集成初編

　　HSMH（HS-N10F5-062）

　　附注：

　　　印章：鈐有"胡適的書"朱文方印。

　　　其他：(1)初版。(2)據畿輔叢書本排印。

1451　顏習齋學譜/郭霭春著．——上海：商務印書館，1957

　　6，126頁：像；19厘米

　　HSMH（HS-N07F3-013）

　　附注：

　　　印章：鈐有"胡適的書"朱文方印。

　　　其他：初版。

1452 鹽鐵論十卷/桓寬撰. ——上海:商務印書館,1936

    1 冊;23 厘米

    四部叢刊初編縮本子部 074

    HSMH(HS-N11F3-021)

    附注:

        印章:鈐有"胡適的書"朱文方印。

        批注圈劃:《新序》卷 2 有胡適的藍筆眉批。

        其他:(1)初版。(2)扉頁印有"HONG KONG"字樣。(3)牌記記載"上海商務印書館縮印長沙葉氏藏明涂楨本"。(4)與《新序》十卷合刊。

1453 剡川姚氏本戰國策三十三卷/高誘註. ——臺北:藝文印書館,出版年不詳

    2 冊;19 厘米

    HSMH(HS-N10F3-043)

    附注:

        印章:鈐有"胡適的書"朱文方印。

        其他:封面及書背題名"戰國策"。

1454 剡源戴先生文集三十卷/戴表元撰. ——上海:商務印書館,1936

    250 頁;23 厘米

    四部叢刊初編縮本集部 292

    HSMH(HS-N11F5-021)

    附注:

        印章:鈐有"胡適的書"朱文方印。

        其他:(1)初版。(2)牌記記載"上海商務印書館縮印明刊本"。

1455 晏子春秋八卷/晏嬰撰. ——上海:商務印書館,1936

    1 冊:圖;23 厘米

    四部叢刊初編縮本史部 060

    HSMH(HS-N11F3-010)

    附注:

印章：鈐有"胡適的書"朱文方印。

批注圈劃：《古列女傳》卷6有胡適的黑筆圈點。

其他：(1)初版。(2)扉頁印有"HONG KONG"字樣。(3)牌記記載"上海商務印書館縮印江南圖書館藏明活字印本"。(4)與《古列女傳》八卷合刊。

1456 楊龜山集六卷／楊時撰．——上海：商務印書館，1936

2冊；18厘米

叢書集成初編

HSMH（HS-N10F5-100）

附注：

印章：鈐有"胡適的書"朱文方印。

其他：(1)初版。(2)據正誼堂全書本排印。

1457 楊淇園先生年譜／楊振鍔著；方豪校．——上海：商務印書館，1946

[8]，98頁：表；18厘米

中國公教真理學會叢書

HSMH（HS-N07F2-046）

附注：

印章：封面有胡適手寫紅筆簽名"適之"，鈐有"胡適的書"朱文方印。

批注圈劃：偶有胡適的紅筆注記與劃綫。

夾紙：有夾紙1張。

其他：上海初版。

1458 楊盈川集十卷／楊炯撰．——上海：商務印書館，1936

1冊；23厘米

四部叢刊初編縮本集部137

HSMH（HS-N11F4-002）

附注：

印章：鈐有"胡適的書"朱文方印。

批注圈劃：《駱賓王文集》卷10有胡適的朱筆劃記。

其他:(1)初版。(2)扉頁印有"HONG KONG"字樣。(3)牌記記載"上海商務印書館縮印江南圖書館藏明刊本"。(4)與《幽憂子集》七卷、《駱賓王文集》十卷合刊。

1459 楊忠愍公遺筆及其他五種/楊繼盛撰.——上海:商務印書館,1939

1 冊;18 厘米

叢書集成初編

HSMH(HS-N10F5-078)

附注:

印章:鈐有"胡適的書"朱文方印。

其他:(1)初版。(2)據版權頁題名。(3)內容:《楊忠愍公遺筆》、《家誡要言》、《訓子言》、《龐氏家訓》、《藥言》、《溫氏母訓》。

1460 姚少監詩集十卷/姚合撰.——上海:商務印書館,1936

1 冊;23 厘米

四部叢刊初編縮本集部 166

HSMH(HS-N11F4-024)

附注:

印章:鈐有"胡適的書"朱文方印。

批注圈劃:《李義山詩集》卷 6 有胡適的鉛筆圈點。

其他:(1)初版。(2)扉頁印有"HONG KONG"字樣。(3)牌記記載"上海商務印書館縮印明鈔本"。(4)與《李義山詩集》、《李義山文集》、《溫庭筠詩集》合刊。

1461 堯峰文鈔四十卷/汪琬撰;林佶編.——上海:商務印書館,1936

2 冊;23 厘米

四部叢刊初編縮本集部 355,356

HSMH(HS-N11F6-009)

附注:

印章:鈐有"胡適的書"朱文方印。

其他:(1)初版。(2)扉頁印有"HONG KONG"字樣。(3)第 1 冊牌記記載"上海商務印書館縮印林佶寫刊本"。

1462 藥堂襍文/周作人著. ——上海：北新書局，出版年不詳

[4]，154 頁；18 厘米

HSMH（HS-N15F2-021）

附注：

印章：鈐有"胡適的書"朱文方印。

批注圈劃：多頁有胡適的藍、紅筆注記與圈劃。

1463 冶鑛心得/李紹唐著. ——出版地不詳：出版者不詳，出版年不詳

2，18 頁；16 厘米

HSMH（HS-N18F1-001）

附注：

印章：鈐有"胡適的書"朱文方印。

其他：李紹唐即李建興。

1464 野椰/ William Faulkner 著；沙文淵譯. ——屏東：白沙書屋，1960

4，166 頁：像；19 厘米

HSMH（HS-N15F2-056）

附注：

印章：鈐有"胡適的書"朱文方印、"沙文淵"朱文方印。

題記：內封面有譯者的手寫題贈："適之前輩先生賜正 後學沙文淵敬贈四九年秋。"

其他：初版。

1465 夜讀抄/周作人著. ——上海：北新書局，1934

4，313 頁；18 厘米

HSMH（HS-N15F2-020）

附注：

印章：鈐有"胡適的書"朱文方印。

批注圈劃：頁 21、313 有胡適的藍筆注記。

其他：初版。

1466 一百二十回的水滸/施耐庵著；胡適序. ——上海：商務印書館，1939

    20 冊；18 厘米

    萬有文庫國學基本叢書

    HSMH（HS-N06F5-051）

    附註：

        印章：各冊均鈐有"胡適的書"朱文方印。

        與胡適的關係：第 1 冊收錄胡適《水滸傳新考——百二十回本忠義水滸全書序》一文。

        其他：簡編本。

1467 一峯遊記/楊一峯著. ——臺北：力行出版社，1957

    [10]，170 頁；19 厘米

    HSMH（HS-N17F6-022）

    附註：

        印章：鈐有"胡適的書"朱文方印。

        題記：內封面有作者的毛筆題贈："適之師教正 受業楊一峯敬呈 四七、十二、二一。"

        其他：初版。

1468 伊川擊壤集二十卷集外詩一卷/邵雍撰. ——上海：商務印書館，1936

    163 頁；23 厘米

    四部叢刊初編縮本集部 192

    HSMH（HS-N11F4-042）

    附註：

        印章：鈐有"胡適的書"朱文方印。

        批注圈劃：卷 2,4,5,8—16,20 有胡適的藍、紅筆校改、注記與圈點。

        夾紙：有夾紙 1 張。

        其他：(1)初版。(2)扉頁印有"HONG KONG"字樣。(3)牌記記載"上海商務印書館縮印江南圖書館藏明成化刊本"。

1469 醫部全書/著者不詳. ——臺北：藝文印書館，1958

  3 冊：圖；19 厘米

  HSMH（HS-N10F3-050）

  附注：

   印章：鈐有"胡適的書"朱文方印。

   其他：(1)精裝。(2)據"國立中央圖書館"藏古今圖書集成本影印。

1470 夷氛聞記/梁廷枬著；邵循正校註. ——北京：中華書局，1959

  [10]，172 頁；19 厘米

  近代史料筆記叢刊

  HSMH（HS-N08F2-036）

  附注：

   印章：鈐有"胡適的書"朱文方印。

   其他：第 1 版。

1471 儀禮十七卷/鄭玄註. ——上海：商務印書館，1936

  186 頁；23 厘米

  四部叢刊初編縮本經部 004

  HSMH（HS-N11F2-020）

  附注：

   印章：鈐有"胡適的書"朱文方印。

   批注圈劃：卷 8 偶有胡適的黑筆圈點。

   夾紙：有夾紙 1 張。

   其他：(1)初版。(2)牌記記載"上海商務印書館縮印長沙葉氏藏明徐氏仿宋本"。

1472 遺產集/莫泊桑著；啓明書局編譯所編譯. ——臺北：啓明書局，1958

  [2]，136 頁：圖；19 厘米

  莫泊桑全集之九

  HSMH（HS-N15F2-045）

附注：

　　印章:鈐有"胡適的書"朱文方印。

　　其他:初版。

1473 遺山先生文集四十卷/元好問撰.——上海：商務印書館，1936

　　2冊；23厘米

　　四部叢刊初編縮本集部285,286

　　HSMH（HS-N11F3-059）

　　附注：

　　　印章:鈐有"胡適的書"朱文方印。

　　　其他:(1)初版。(2)扉頁印有"HONG KONG"字樣。(3)第1冊牌記記載"上海商務印書館縮印烏程蔣氏密韻樓藏明弘治刊本"。

1474 易程傳六卷/程頤撰.——上海：商務印書館，1936

　　4冊：圖；18厘米

　　叢書集成初編

　　HSMH（HS-N10F5-024）

　　附注：

　　　印章:鈐有"胡適的書"朱文方印。

　　　其他:(1)初版。(2)據古逸叢書本影印。

1475 易程傳六卷/程頤撰.——出版地不詳：藝文印書館，出版年不詳

　　304頁：圖；19厘米

　　HSMH（HS-N17F6-005）

　　附注：

　　　其他:(1)封面題名"周易傳"。(2)據古逸叢書覆元至正本影印。

1476 易卦十二講/周志輔著.——香港九龍：周志輔，1958

　　[66]頁：圖；25厘米

　　HSMH（HS-N21F2-057）

　　附注：

批注圈劃:(1)《講 五五》有紅筆劃綫。(2)《記 一二七》印缺三字,有藍筆手寫補遺。

其他:(1)初版。(2)與《易解偶記》合冊。

1477 易林斷歸崔篆的判決書:考證學方法論舉例/胡適撰.——臺北:藝文印書館,出版年不詳

41 頁;19 厘米

HSMH（HS-N06F2-017）

附註:

印章:館藏一冊鈐有"胡適的書"朱文方印。

題記:館藏一冊封面有胡適紅筆注記:"適之自校本。"

批注圈劃:館藏一冊有胡適的紅筆注記。

其他:(1)原刊中央研究院歷史語言研究所集刊第二十本(1948 年出版)頁 25—48,藝文版據撰者 1948 年改訂本影印。(2)附錄:1947 年 4 月 1 日余嘉錫論學信函。

1478 易説六卷/司馬光撰.——上海:商務印書館,1936

[6],150 頁;18 厘米

叢書集成初編

HSMH（HS-N10F5-022）

附註:

印章:鈐有"胡適的書"朱文方印。

其他:(1)初版。(2)據聚珍本排印。

1479 易圖明辨十卷/胡渭輯著.——上海:商務印書館,1935

2 冊:圖;18 厘米

叢書集成初編

HSMH（HS-N10F5-026）

附註:

印章:鈐有"胡適的書"朱文方印。

其他:(1)初版。(2)據守山閣叢書本排印。

1480 易緯是類謀及其他四種/鄭玄注.——出版地不詳：商務印書館，1937

  1冊；18厘米

  叢書集成初編

  HSMH（HS-N10F5-069）

  附注：

    印章：鈐有"胡適的書"朱文方印。

    批注圈劃：《易緯乾鑿度》有胡適的紅筆圈劃。

    其他：(1)初版。(2)據版權頁題名。(3)內容：《易緯是類謀》、《易緯乾鑿度》、《易緯乾坤鑿度》、《易緯乾元序制記》、《易緯坤靈圖》。

1481 意林五卷補二卷逸文一卷/馬總撰.——上海：商務印書館，1936

  86頁；23厘米

  四部叢刊初編縮本子部105

  HSMH（HS-N11F3-045）

  附注：

    印章：鈐有"胡適的書"朱文方印。

    批注圈劃：卷2有胡適的朱筆圈點與注記。

    其他：(1)初版。(2)扉頁印有"HONG KONG"字樣。(3)牌記記載"上海商務印書館縮印武英殿聚珍版本"。

1482 藝術論/程大城著.——臺北：半月文藝社，1961

  [5]，415頁；21厘米

  HSMH（HS-N17F1-011）

  附注：

    印章：鈐有"程敬□"朱文方印。

    題贈：扉頁有作者手寫題贈："適公老師賜正　晚程大城謹贈　五十年十一月。"

1483 藝文掌故叢談/彭國棟著.——臺北：正中書局，1955

  [12]，272頁；19厘米

999

HSMH（HS-N10F1-041）

附注：

　　印章：鈐有"胡適的書"朱文方印。

　　其他：臺初版。

1484 繹志十九卷劄記一卷/胡承諾撰.——上海：商務印書館，1936

　　5 冊；18 厘米

　　叢書集成初編

　　HSMH（HS-N10F5-058）

　　附注：

　　　印章：鈐有"胡適的書"朱文方印。

　　　其他：(1)初版。(2)據湖北叢書本排印。

1485 逸周書集訓校釋十卷逸文二卷/朱右曾撰.——臺北：藝文印書館，出版年不詳

　　252 頁；19 厘米

　　HSMH（HS-N10F2-013）

　　附注：

　　　印章：鈐有"胡適的書"朱文方印。

　　　其他：影印本。

1486 因話錄及其他一種/趙璘撰.——出版地不詳：商務印書館，1939

　　1 冊；18 厘米

　　叢書集成初編

　　HSMH（HS-N10F4-017）

　　附注：

　　　印章：鈐有"胡適的書"朱文方印。

　　　批注圈劃：多處有胡適的紅筆圈劃與注記。

　　　其他：(1)初版。(2)內容：《因話錄》、《乾鐉子》。

1487 因論及其他三種/劉禹錫著.——上海：商務印書館，1936

1 冊；18 厘米

叢書集成初編

HSMH（HS-N10F5-035）

附注：

  印章：鈐有"胡適的書"朱文方印。

  其他：(1)初版。(2)據版權頁題名。(3)內容：《因論》、《兩同書》、《讒書》、《宋景文雜說》。

1488 殷虛卜辭綜述/陳夢家著. ——北京：科學出版社，1956

  9，674 頁；圖，摺圖；27 厘米

  考古學專刊甲種第二號

  HSMH（HS-N09F6-001）

  附注：

    印章：鈐有"胡適的書"朱文方印。

    夾紙：有夾紙 3 張。

    其他：(1)第 1 版。(2)精裝。

1489 殷虛書契前編八卷/羅振玉編. ——臺北：藝文印書館，出版年不詳

  2 冊：圖；19 厘米

  HSMH（HS-N21F1-032）

  附注：

    批注圈劃：上冊序有胡適的紅筆注記、校改與圈點。

    其他：(1)上冊牌記記載"集古遺文第一"。(2)據壬子年（1912）上虞羅振玉本影印。

1490 殷虛書契後編二卷/羅振玉撰. ——臺北：藝文印書館，出版年不詳

  87 葉：圖；19 厘米

  HSMH（HS-N21F1-033）

  附注：

    批注圈劃：前言有胡適的紅筆注記與圈劃。

    其他：本書不載出版項。

1491 尹和靖集及其他一種／尹焞撰. —— 上海：商務印書館，1936

　　1 冊；18 厘米

　　叢書集成初編

　　HSMH（HS-N10F5-101）

　　附註：

　　　印章：鈐有"胡適的書"朱文方印。

　　　其他：(1)初版。(2)據版權頁題名。(3)內容：《尹和靖集》、《李忠愍公集》。

1492 尹文子一卷／尹文撰. —— 上海：商務印書館，1936

　　1 冊；23 厘米

　　四部叢刊初編縮本子部 094

　　HSMH（HS-N11F3-038）

　　附註：

　　　印章：鈐有"胡適的書"朱文方印。

　　　其他：(1)初版。(2)扉頁印有"HONG KONG"字樣。(3)牌記記載"上海商務印書館縮印江南圖書館藏明覆宋刊本"。(4)與《慎子》內外篇、《鶡冠子》三卷、《鬼谷子》三卷合刊。

1493 飲冰室詩話／梁啓超著. —— 臺北：臺灣"中華書局"，1957

　　127 頁；18 厘米

　　HSMH（HS-N06F5-031）

　　附註：

　　　印章：鈐有"胡適的書"朱文方印。

　　　其他：臺 1 版。

1494 隱居通議／劉壎著. —— 上海：商務印書館，1937

　　4 冊；18 厘米

　　叢書集成初編

　　HSMH（HS-N10F5-013）

附注:

 印章:鈐有"胡適的書"朱文方印。

 批注圈劃:(1)第 1 冊卷 1—3 有胡適的紅、藍筆注記與劃綫。(2)第 3 冊卷 16、17 有胡適的紅筆劃綫。

 摺頁:第 4 冊卷 27 有一處摺角。

 其他:(1)初版。(2)據讀畫齋叢書本排印。

1495 **印度通史**/周祥光編著.——臺北:台灣東方書店,1958

 [19],408 頁;19 厘米

 大學叢書

 HSMH(HS-N10F1-042)

 附注:

  其他:初版。

1496 **印文學**/默鳳道人編.——臺北:藝文印書館,1957

 4 冊;15 厘米

 藝文叢書 4902

 HSMH(HS-N07F3-027)

 附注:

  印章:鈐有"胡適的書"朱文方印。

  其他:初版。

1497 **英國經濟之現勢及其趨勢**/游春梸著.——臺北:"國際經濟出版社",1957

 3,35 頁;19 厘米

 HSMH(HS-N21F2-110)

 附注:

  題記:館藏二冊封面均有游春梸的手寫題贈,一冊封面注記"中央研究院胡院長適之先生指正";另一冊封面注記:"國立中央研究院胡院長適之先生就職紀念 著者敬賀 四七,四,十,寄自台北市。"參見館藏號:HS-NK01-140-010。

1498 英美法總論／V. A. Griffith 著；姚淇清譯述.——臺北："教育部"，1959

[16]，290 頁；21 厘米

大學用書選譯

HSMH（HS-N07F2-038）

附註：

印章：鈐有"胡適的書"朱文方印。

題記：書名頁有譯者手寫題贈："敬請 適之先生 教正 姚淇清敬贈 四九，六，廿一。"

內附文件：夾附姚淇清致胡適信函 1 封，參見館藏號：HS-NK05-055-005。

1499 英語動詞十講／胡學古著.——臺北：廣隆印書局，1959

[4]，180 頁；18 厘米

HSMH（HS-N21F1-054）

附註：

印章：版權頁鈐有"胡學古"朱文方印。

批注圈劃：偶有紅筆修改。

內附文件：夾附作者於 1961 年 7 月 18 日致雷太太請轉贈胡適之贈書信函 1 封，信末有胡適紅筆注記："湖南人，湖南大學畢業。基隆市立一中，校長現在風波中。"參見館藏號：HS-NK05-052-010。

其他：(1)初版。(2)英文題名"TEN LESSONS of ENGLISH VERBS"。

1500 景印刻十三經注疏附校勘記／阮元校勘.——臺北：啓明書店，1959

12 冊；26 厘米

HSMH（HS-N17F5-032）

附註：

印章：鈐有"胡適的書"朱文方印。

其他：(1)初版。(2)據粹芬閣藏版影印。

1501 影印宋磧砂版大藏經目錄／著者不詳.——出版地不詳：出版者不詳，出版年不詳

1 冊；14 厘米

HSMH（HS-N08F3-002）

附注：

    批注圈劃：有胡適的朱、藍筆注記與圈劃。

    其他：(1)原無書名，係以卷首定名。(2)自行裝訂成冊。

1502 影印宋磧砂版大藏經片段影片/著者不詳.——出版地不詳：出版者不詳，出版年不詳

    1 冊；14 厘米

    HSMH（HS-N08F3-003）

    附注：

        印章：鈐有"胡適的書"朱文方印。

        題記：自製封面有胡適的紅筆注記："哈佛大學藏的'磧砂藏經'影片 適之。"

        批注圈劃：有胡適的朱、藍、黑筆注記與劃綫。

        其他：(1)原無書名，係由本館訂定。(2)自行裝訂成冊。

1503 擁護蔣總統連任文電彙刊第二輯/"國民大會"秘書處 編.——臺北："國民大會"秘書處，1960

    32，352，10 頁；26 厘米

    HSMH（HS-N17F1-010）

1504 永嘉先生八面鋒/著者不詳.——上海：商務印書館，1936

    [4]，106 頁；18 厘米

    叢書集成初編

    HSMH（HS-N10F4-005）

    附注：

        印章：鈐有"胡適的書"朱文方印。

        其他：(1)初版。(2)據湖海樓叢書本排印。

1505 永訣集/莫泊桑著；啓明書局編譯所編譯.——臺北：啓明書局，1958

[5],142 頁:圖;19 厘米

莫泊桑全集之三

HSMH（HS-N15F2-041）

附注:

印章:鈐有"胡適的書"朱文方印。

其他:初版。

1506 郵吻/劉大白著.——臺北:啓明書局,1957

[5],92 頁;19 厘米

新文藝叢書劉大白詩集之三

HSMH（HS-N17F6-012）

附注:

印章:館藏一冊鈐有"胡適的書"朱文方印。

其他:初版。

1507 遊蹤萬里/鄧文儀著.——出版地不詳:出版者不詳,1954

[16],360 頁:圖;21 厘米

HSMH（HS-N17F6-060）

附注:

印章:鈐有"胡適的書"朱文方印。

批注圈劃:偶有胡適的藍筆劃綫。

其他:再版。

1508 有關識字運動的幾個問題/著者不詳.——臺北:臺灣省"國語推行委員會"附設語文補習學校實驗民教班,1955

9 頁;18 厘米

HSMH（HS-N18F3-037）

1509 酉陽雜俎二十卷續集十卷/段成式撰.——上海:商務印書館,1936

165 頁;23 厘米

四部叢刊初編縮本子部 108

HSMH（HS-N11F3-048）

附注：

　　印章：鈐有"胡適的書"朱文方印。

　　批注圈劃：續集卷1、2有胡適的黑筆注記與劃綫。

　　其他：(1)扉頁印有"HONG KONG"字樣。(2)牌記記載"上海商務印書館縮印明刊本"。

1510 于湖居士文集四十卷/張孝祥撰.——上海：商務印書館，1936

　　237頁；23厘米

　　四部叢刊初編縮本集部225

　　HSMH（HS-N11F4-056）

附注：

　　印章：鈐有"胡適的書"朱文方印。

　　其他：(1)初版。(2)扉頁印有"HONG KONG"字樣。(3)牌記記載"上海商務印書館縮印慈谿李氏藏宋本"。

1511 余蓮青先生家傳/蔡元培撰.——出版者不詳：出版地不詳，出版年不詳

　　[10]頁；28厘米

　　HSMH（HS-N21F1-024）

附注：

　　印章：鈐有"胡適的書"朱文方印。

　　其他：(1)精裝。(2)爲照相本形式，以經摺裝方式裝訂成一册，可參見館藏號：HS-NK05-348-041。

1512 漁洋山人精華録十卷/林佶編.——上海：商務印書館，1936

　　145頁；23厘米

　　四部叢刊初編縮本集部354

　　HSMH（HS-N11F6-008）

附注：

　　印章：鈐有"胡適的書"朱文方印。

　　其他：(1)初版。(2)扉頁印有"HONG KONG"字樣。(3)牌記記載"上海

商務印書館縮印林佶寫刻本"。

1513 宇宙知識論/朱安著．——出版地不詳：出版者不詳，出版年不詳
　　［85］葉；26厘米
　　HSMH（HS-N07F4-002）
　　附註：
　　　其他：油印初稿本。

1514 宇宙知識論/朱安著．——出版地不詳：出版者不詳，出版年不詳
　　［170］頁；26厘米
　　HSMH（HS-N18F2-001）
　　附註：
　　　夾紙：夾有信封殘片1張。
　　　內附文件：書末夾有朱安致胡適贈書信函1封，參見館藏號：HS-NK05-015-001。
　　　其他：油印初稿本。

1515 雨天的書/周作人著．——北京：新潮社，1925
　　［14］，302頁：圖；19厘米
　　HSMH（HS-N15F2-018）
　　附註：
　　　印章：鈐有"胡適的書"朱文方印。
　　　夾紙：夾紙18張。
　　　其他：初版。

1516 語言問題/趙元任著．——臺北：臺灣大學文學院，1959
　　［3］，220頁；26厘米
　　臺灣大學文學院叢書之一
　　HSMH（HS-N02F6-032）
　　附註：
　　　印章：書名頁鈐有"胡適的書"朱文方印與趙元任黑筆簽名。

1517 玉川子詩集二卷外集一卷/盧仝撰. ——上海：商務印書館，1936

1 冊；23 厘米

四部叢刊初編縮本集部 169

HSMH（HS-N11F4-027）

附注：

　　印章:鈐有"胡適的書"朱文方印。

　　批注圈劃:(1)《玉川子詩集》有胡適的紅筆注記與圈點。(2)《司空表聖文集》序、卷 9 有胡適的藍、黑筆注記與圈劃。(3)《司空表聖詩集》卷 1,3—5 有胡適的紅筆圈點。

　　夾紙:《司空表聖文集》卷 9 有夾紙 1 張,上有胡適的綠筆注記。

　　其他:(1)初版。(2)扉頁印有"HONG KONG"字樣。(3)牌記記載"上海商務印書館縮印舊鈔本"。(4)與《司空表聖文集》、《司空表聖詩集》、《玉山樵人集》合刊。

1518 玉篇三十卷/顧野王撰. ——上海：商務印書館，1936

108 頁；23 厘米

四部叢刊初編縮本經部 019

HSMH（HS-N11F2-032）

附注：

　　印章:鈐有"胡適的書"朱文方印。

　　批注圈劃:卷 6、9、11 有胡適的紅筆圈劃。

　　夾紙:卷 11 有夾紙 1 張。

　　其他:(1)初版。(2)扉頁印有"HONG KONG"字樣。(3)牌記記載"上海商務印書館縮印建德周氏藏元本"。(4)書名頁題名"大廣益會玉篇"。

1519 玉臺新詠集十卷/徐陵撰. ——上海：商務印書館，1936

94 頁；23 厘米

四部叢刊初編縮本集部 404

HSMH（HS-N11F6-030）

附注：

印章：鈐有"胡適的書"朱文方印。

批注圈劃：(1)序末有胡適的紅筆筆記一則。(2)卷1、10有胡適的紅、藍筆注記與圈劃。

其他：(1)初版。(2)扉頁印有"HONG KONG"字樣。(3)牌記記載"上海商務印書館縮印無錫孫氏藏明活字本"。

1520 與高麗使臣函札/著者不詳.——出版者不詳：出版地不詳，出版年不詳

2冊

HSMH（HS-N21F5-142）

附注：

印章：內頁多處有鈐印、第2冊胡適手寫跋文末鈐有"胡適"朱文長印。

批注圈劃：第2冊冊末有1956年1月20日胡適手寫跋文："右十五件，計葉志詵三札，汪喜孫八札，附答汪孟慈書……又李鈞、李伯衡、陳用光各一札。諸札上欵皆稱翠微先生，汪札兩稱'使者'，陳碩士札說'辱荷貴邦好學之士訪問'，則此人是外國文士駐節北京，似是韓國使臣……"

夾紙：二冊封面後均有胡適的手寫筆記紙數張。

其他：(1)為微捲型式。微捲包裝盒上有胡適的綠筆注記："國朝名人書翰。"(2)此書原無冊名。胡適將《囗鴈尺一集》及另兩冊(原無冊名，今暫定名為"與高麗使臣函札")命名為"道咸同三朝文人與高麗使臣函札"，參見館藏號：HS-NK05-215-005。(3)此二冊為1958年自美國紐約寓所運送至臺灣，1962年3月31日胡祖望先生似將此二冊帶回華盛頓，故本館僅存微捲，並無原本，相關資料可參見館藏號：HS-NK05-215-005、HS-NK05-367-001。

1521 娛妻記/曾虛白等譯.——臺北：啟明書局，1956

1，79頁；19厘米

世界短篇小說名著

HSMH（HS-N15F1-011）

附注：

印章：鈐有"胡適的書"朱文方印。

其他：初版。

1522 豫章黃先生文集三十卷/黃庭堅撰. ——上海：商務印書館，1936

　　2 冊；23 厘米

　　四部叢刊初編縮本集部 211，212

　　HSMH（HS-N11F4-048）

　　附注：

　　　　印章：鈐有"胡適的書"朱文方印。

　　　　批注圈劃：（1）第 1 冊卷 5，7，9—11，16 有胡適的紅、鉛筆圈劃。（2）第 2 冊卷 17，18，20，21，23—26，29，30 有胡適的紅、藍筆注記、校改與圈劃。

　　　　夾紙：二冊均有夾紙。

　　　　其他：（1）初版。（2）扉頁印有"HONG KONG"字樣。（3）第 1 冊牌記記載"上海商務印書館縮印嘉興沈氏藏宋本"。

1523 元白詩箋證稿/陳寅恪著. ——出版地不詳：出版者不詳，出版年不詳

　　1，329 頁：像；19 厘米

　　HSMH（HS-N06F3-045）

　　附注：

　　　　印章：一冊封面有胡適紅筆簽名"適之"；一冊鈐有"胡適的書"朱文方印。

　　　　題記：館藏一冊封面有董作賓的紅色鉛筆注記："寅恪公自遠道託人送此書一冊與賓，乃在臺北影印少許，贈友好。謹以此冊呈適之先生。生作賓四十七，十二，廿五。"

　　　　批注圈劃：董作賓所題贈之冊有胡適的少許紅筆注記與劃綫。

　　　　夾紙：一冊有夾紙 1 張。

1524 元城語錄解附行錄解脫文/馬永卿輯；王崇慶解. ——上海：商務印書館，1939

　　[7]，65 頁；18 厘米

　　叢書集成初編

　　HSMH（HS-N10F5-037）

　　附注：

　　　　印章：鈐有"胡適的書"朱文方印。

批注圈劃：有胡適的紅、朱、鉛筆注記與劃綫。

其他：(1)初版。(2)據惜陰軒叢書本排印。

1525 元代白話碑/馮承鈞著. ——上海：商務印書館，1933

1，63 頁：表；19 厘米

史地小叢書

HSMH（HS-N06F2-009）

附注：

印章：鈐有"胡適的書"朱文方印。

其他：國難後第 1 版。

1526 元代雜劇全目/傅惜華著. ——北京：作家出版社，1957

[7]，429 頁；20 厘米

中國戲曲史資料叢刊中國古典戲曲總錄之三

HSMH（HS-N10F3-051）

附注：

其他：第 1 版。

1527 元豐類藁五十卷附錄一卷/曾鞏撰. ——上海：商務印書館，1936

2 冊；23 厘米

四部叢刊初編縮本集部 187，188

HSMH（HS-N11F4-040）

附注：

印章：鈐有"胡適的書"朱文方印。

批注圈劃：第 1 冊卷 11、第 2 冊卷 50 有胡適的紅筆校改與圈點。

其他：其他：(1)初版。(2)封面題名"南豐先生元豐類藁"。(3)扉頁印有"HONG KONG"字樣。(4)第 1 冊牌記記載"上海商務印書館縮印烏程蔣氏密韻樓藏元刊本"。

1528 元劇研究/吳梅著. ——臺北：啓明書局，1958

[4]，125 頁；19 厘米

青年百科入門中國文學組

HSMH（HS-N10F1-023）

附註：

 印章：鈐有"胡適的書"朱文方印。

 其他：初版。

1529 原抄本日知錄/顧炎武著.——臺中：崔震華，1958

 ［39］，998頁；21厘米

 HSMH（HS-N07F6-007）

 附註：

  印章：鈐有"胡適的書"朱文方印。

  題記：扉頁有徐文珊手寫題贈："謹以此書爲適之師壽 點校者學生徐文珊 四十七年十二月十七日 台灣省台中市。"

  批注圈劃：頁876、877有胡適的紅筆注記與劃綫；偶有胡適的紅、綠筆校改與劃綫。

  夾紙：有夾紙數張。

  其他：(1)精裝。(2)封面題名"原抄本顧亭林日知錄"。

1530 元曲家攷畧/孫楷第著.——上海：上雜出版社，1953

 2，116頁；21厘米

 中國戲曲理論叢書

 HSMH（HS-N06F6-005）

 附註：

  印章：鈐有"胡適的書"朱文方印。

  題記：扉頁有程綏楚的毛筆題贈："適之我師惠存 生綏楚敬贈 四三，三，十六 香港。"

  其他：(1)第1版。(2)版權頁有黑筆塗抹痕迹。(3)版權頁題名"元曲家考略"。

1531 元曲選/臧晉叔撰.——臺北：啓明書局，1961

 2冊：圖；19厘米

世界文學大系中國之部 8,9

HSMH（HS-N06F6-008）

附註：

 印章：二冊均鈐有"胡適的書"朱文方印。

 其他：(1)初版。(2)精裝。

1532 元曲選一百種目錄一卷圖一卷/臧晉叔撰．——臺北：藝文印書館，出版年不詳

21 冊：圖；19 厘米

HSMH（HS-N10F4-039）

附註：

 印章：鈐有"胡適的書"朱文方印。

 批注圈劃：(1)《元曲選圖》書背重新裝訂，上有胡適的黑筆手寫"元曲選圖"。(2)《甲下》冊、《己上》冊偶有胡適的紅筆圈劃。

 夾紙：《癸上》冊有信封殘片 1 張，上有黑筆注記："已復謝 五十，二，四。"

 其他：(1) 書名頁題名"精選元人雜劇百種"。(2) 據明萬曆丙辰年（1616）雕蟲館藏板影印。

1533 元人雜劇鉤沉四十五種/關漢卿等撰．——臺北：世界書局，1960

1 冊；19 厘米

中國學術名著曲學叢書第一集第 5 冊

HSMH（HS-N11F2-012）

附註：

 印章：鈐有"胡適的書"朱文方印。

 其他：(1)初版。(2)精裝。

1534 元史二百一十卷/宋濂等修．——臺北：藝文印書館，出版年不詳

5 冊：表；26 厘米

HSMH（HS-N09F3-001）

附註：

 印章：鈐有"胡適的書"朱文方印。

批注圈劃：(1)第1冊卷21有胡適的紅筆注記與圈劃。(2)第4冊卷136偶有胡適的紅筆圈點。

其他：據清乾隆武英殿刊本影印。

1535 元氏長慶集六十卷/元稹撰. ——上海：商務印書館，1936

203頁；23厘米

四部叢刊初編縮本集部162

HSMH（HS-N11F4-021）

附注：

印章：鈐有"胡適的書"朱文方印。

批注圈劃：卷38、40、51，集外文章，校文有胡適的黑、紅筆注記與圈點。

其他：(1)初版。(2)扉頁印有"HONG KONG"字樣。(3)牌記記載"上海商務印書館縮印江南圖書館藏明嘉靖刊本"。

1536 元雜劇研究/吉川幸次郎著；鄭清茂譯. ——臺北：藝文印書館，1960

[9]，310頁：圖；19厘米

HSMH（HS-N06F5-041）

附注：

印章：鈐有"胡適的書"朱文方印。

題記：扉頁有譯者藍筆題贈："適之先生賜正　晚清茂敬贈　四十九年四月廿三日。"

與胡適的關係：書名頁書名係由胡適所題簽。

相關記載：1960年4月26日有鄭茂清致胡適函1封，叙述寄贈此書事，參見館藏號：HS-NK01-215-026。

其他：(1)初版。(2)附鄭清茂《譯後記》一文。

1537 袁枚評傳/楊鴻烈著. ——上海：商務印書館，1935

2，202頁：像；19厘米

國學小叢書

HSMH（HS-N05F3-227）

附注：

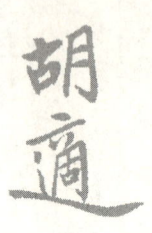

　　批注圈劃：偶有胡適的紅、藍、鉛筆校改與批注。

　　其他：(1)2 版。(2)原書裝放在一只牛皮紙袋中，紙袋封套上有胡適手寫注記："楊鴻烈的袁枚評傳（王際真兄借我的）適之。"

1538 袁中郎尺牘/袁宏道撰. —— 上海：中國圖書館出版部，1935

　　8，98 頁；19 厘米

　　HSMH（HS-N07F2-005）

　　附注：

　　　　印章：鈐有"胡適的書"朱文方印。

　　　　批注圈劃：偶有胡適的紅筆圈點與劃綫。

　　　　其他：封面題名"袁中郎全集 尺牘"。

1539 袁中郎詩集/袁宏道撰. —— 上海：中國圖書館出版部，1935

　　[34]，262 頁；19 厘米

　　HSMH（HS-N07F2-004）

　　附注：

　　　　印章：鈐有"胡適的書"朱文方印。

　　　　批注圈劃：《袁中郎傳》頁 1—4 有胡適的紅筆注記；內頁偶有胡適的紅筆圈點與劃綫。

　　　　其他：封面題名"袁中郎全集 詩集"。

1540 袁中郎隨筆/袁宏道撰. —— 上海：中國圖書館出版部，1935

　　6，66 頁；19 厘米

　　HSMH（HS-N07F2-006）

　　附注：

　　　　印章：鈐有"胡適的書"朱文方印。

　　　　批注圈劃：偶有胡適的紅筆注記與劃綫。

　　　　其他：封面題名"袁中郎全集 隨筆"。

1541 袁中郎文鈔/袁宏道撰. —— 上海：中國圖書館出版部，1935

　　4，84 頁；19 厘米

HSMH（HS-N07F2-003）

附注：

    印章：钤有"胡適的書"朱文方印。

    其他：封面題名"袁中郎全集 文鈔"。

1542 袁中郎遊記/袁宏道撰.——上海：中國圖書館出版部，1935

  4，62 頁；19 厘米

  HSMH（HS-N07F2-007）

  附注：

    印章：钤有"胡適的書"朱文方印。

    其他：封面題名"袁中郎全集 遊記"。

1543 遠東英漢字典/梁實秋主編.——臺北：遠東圖書公司，1958

  18，1832，12 頁；13 厘米

  HSMH（HS-N21F4-094）

  附注：

    題記：扉頁有本書發行人手寫題贈："適之先生賜存 晚浦家麟敬贈 47.4.16。"

    摺頁：偶有摺角。

1544 遠山堂明曲品劇品校錄/祁彪佳著；黃裳校錄.——上海：上海出版公司，1955

  2，308 頁，書影[10]頁；21 厘米

  HSMH（HS-N06F4-056）

  附注：

    印章：钤有"胡適的書"朱文方印。

    其他：第 1 版。

1545 越南共和國經濟建設五年計劃農業部分(譯文)/徐廷瑚譯.——出版地不詳：出版者不詳，出版年不詳

  [5]，131 頁；33 厘米

HSMH（HS-N21F2-009）

附注：

　　題記：封面粘附譯者徐廷瑚（徐海帆）名片，有手寫注記："拙譯越南農業五年計画一冊送呈適之先生參考。"

　　夾紙：封面粘附譯者名片1張。

1546 粵謳一卷題詞一卷方言凡例一卷/招子庸編.——臺北：世界書局，1961

1冊；19厘米

中國學術名著俗文學叢刊第一集第6冊

HSMH（HS-N11F2-011）

附注：

　　印章：鈐有"胡適的書"朱文方印。

　　其他：(1)初版。(2)精裝。

1547 閱史郄視/李塨著.——上海：商務印書館，1937

66頁；18厘米

叢書集成初編

HSMH（HS-N10F4-024）

附注：

　　印章：鈐有"胡適的書"朱文方印。

　　批注圈劃：卷1有胡適的鉛筆圈劃。

　　其他：(1)初版。(2)據畿輔叢書本排印。

1548 閱微草堂筆記二十四卷/紀昀撰.——上海：商務印書館，1931

1冊；21厘米

HSMH（HS-N06F5-035）

附注：

　　印章：鈐有"胡適的書"朱文方印。

　　批注圈劃：有胡適的紅筆圈點與劃綫。

　　夾紙：有夾紙數張。

　　其他：(1)7版。(2)精裝。

1549 雲笈七籤一百二十二卷/張君房撰. —— 上海：商務印書館，1936

　　5 冊：圖；23 厘米

　　四部叢刊初編縮本子部 126—130

　　HSMH（HS-N11F3-054）

　　附注：

　　　印章：鈐有"胡適的書"朱文方印。

　　　批注圈劃：(1)第 1 冊序有胡適的藍筆注記與圈點，序末有藍筆注記："此序前半記宋道藏的編纂時代，甚有史料價值"；卷 6 有藍筆圈點與劃綫。(2)第 2 冊卷 28 有胡適的紅、藍筆注記與圈劃。(3)第 5 冊卷 59 偶有胡適的藍筆劃綫。(4)第 5 冊卷 103、117 有胡適的紅筆圈劃與注記。

　　　夾紙：第 2 冊扉頁夾有胡適的 3 張藍筆手寫字稿"張君房雲笈七籤的結構"；卷 28 有空白夾紙 1 張。

　　　其他：(1)初版。(2)扉頁印有"HONG KONG"字樣。(3)第 1 冊牌記記載"上海商務印書館縮印正統道藏本"。

1550 雲林縣要覽/雲林縣政府編. —— 雲林：雲林縣政府，1957

　　1 冊：摺圖；18 厘米

　　HSMH（HS-N17F5-017）

1551 雲麓漫鈔/趙彥衛著. —— 上海：古典文學出版社，1957

　　[3]，224 頁：圖；18 厘米

　　中國文學參考資料小叢書第一輯

　　HSMH（HS-N07F4-028）

　　附注：

　　　批注圈劃：卷 8 偶有胡適的紅筆劃綫與圈點。

　　　夾紙：有夾紙 1 張。

　　　其他：第 1 版。

1552 雲谿友議三卷/范攄著. —— 上海：古典文學出版社，1958

　　[5]，79 頁；19 厘米

1019

中國文學參考資料叢書

HSMH（HS-N06F4-045）

附注：

　　印章：鈐有"胡適的書"朱文方印。

　　其他：第 1 版第 2 次印刷。

1553 雲遊雜紀/洪炎秋著.——臺中："中央書局"，1959

　　[11]，262 頁：圖；19 厘米

　　HSMH（HS-N15F1-002）

　　附注：

　　　印章：鈐有"胡適的書"朱文方印、"洪炎秋□"朱文方印。

　　　題記：扉頁有作者的手寫題贈："適之吾師哂正 洪炎秋 敬呈。"

　　　其他：初版。

1554 雲自在龕隨筆四卷/繆荃孫著.——北京：商務印書館，1958

　　4，186 頁；19 厘米

　　HSMH（HS-N06F4-043）

　　附注：

　　　印章：鈐有"胡適的書"朱文方印。

　　　其他：初版。

1555 澤瀉集/周作人著.——上海：北新書局，1927

　　[5]，182 頁；20 厘米

　　苦雨齋小書之三

　　HSMH（HS-N15F2-051）

　　附注：

　　　印章：封面蓋有"澳門私立中山中學校"印戳，鈐有"胡適的書"朱文方印。

　　　批注圈劃：頁 11 有紅筆英文注記。

　　　夾紙：有夾紙 1 張。

　　　其他：初版。

1556 怎樣教學説話/祁致賢編著. ——臺北：復興書局，1954

2，70 頁；19 厘米

"國民學校叢書"

HSMH（HS-N18F3-036）

附注：

其他：初版。

1557 怎樣判別是非/殷海光著. ——臺北：文星書店，1959

［2］，79 頁；19 厘米

文星叢書 2

HSMH（HS-N18F6-002）

附注：

印章：鈐有"胡適的書"朱文方印。

其他：初版。

1558 怎樣掃除文盲/祁致賢著. ——出版地不詳：臺灣省"國語推行委員會"，1954

2，41 頁；18 厘米

HSMH（HS-N18F3-033）

1559 怎樣研究蘇俄/熱希達原著；殷海光譯註. ——香港：友聯出版社，1957

［1］，220 頁；18 厘米

HSMH（HS-N18F6-009）

附注：

印章：鈐有"胡適的書"朱文方印。

其他：(1)初版。(2)內封面印有"友聯出版社贈"字樣。

1560 曾后希畫集/曾后希編撰. ——香港：東方文物出版社，1955

［2］，［24］，［5］頁：圖；26 厘米

HSMH（HS-N01F1-002）

附注：

題記：館藏一冊封面有作者題贈："適之道長賜教 四十七年十一月后希客

臺灣"；另一冊封面有作者題贈："適之先生教 后希四十九年五月廿四日於臺北。"

其他：(1)再版。(2)館藏 2 冊。

1561 曾文正公詩文集/曾國藩撰. ——上海：商務印書館，1936

166 頁；23 厘米

四部叢刊初編縮本集部 398

HSMH（HS-N11F6-028）

附注：

印章：鈐有"胡適的書"朱文方印。

批注圈劃：文集卷 1、2 有胡適的紅筆圈劃。

其他：(1)初版。(2)扉頁印有"HONG KONG"字樣。(3)牌記記載"上海商務印書館縮印原刊本"。

1562 增補二十史朔閏表/陳垣編纂；董作賓增補. ——臺北：藝文印書館，1958

246 頁；26 厘米

HSMH（HS-N09F3-006）

附注：

印章：鈐有"胡適的書"朱文方印。

題記：書名頁有董作賓的紅筆題贈："適之先生備用 作賓敬呈 四十七，十二，卅。"

批注圈劃：有胡適的紅、綠、黑、藍、鉛筆注記與劃綫。

其他：(1)初版。(2)封面題名"二十史朔閏表"。

1563 增訂殷虛書契考釋三卷/羅振玉撰. ——臺北：藝文印書館，出版年不詳

350 頁；19 厘米

HSMH（HS-N21F1-034）

附注：

批注圈劃：王國維序、羅振玉序、書末後序均有胡適的紅筆注記與圈劃。

其他：(1)本書不載出版項。(2)封面題名"殷虛書契考釋"。(3)據民國

丁卯年(1916)東方學會印本影印。

1564 增廣箋註簡齋詩集三十卷無住詞一卷/陳與義撰.——上海：商務印書館，1936

1 冊；23 厘米

四部叢刊初編縮本集部 224

HSMH（HS-N11F4-055）

附註：

　　印章：鈐有"胡適的書"朱文方印。

　　批註圈劃：《無住詞》有胡適的紅筆注記與圈點。

　　其他：(1)初版。(2)扉頁印有"HONG KONG"字樣。(3)牌記記載"上海商務印書館縮印常熟瞿氏藏字本"。(4)與《簡齋詩外集》一卷合刊。

1565 增校清朝進士題名碑錄附引得/房兆楹，杜聯喆合編.——北平：哈佛燕京學社，1941

26，434 頁；26 厘米

引得特刊第 19 號

HSMH（HS-N06F1-003）

附註：

　　印章：鈐有"胡適的書"朱文方印。

　　題記：扉頁有胡適的藍筆注記："編者房兆楹先生杜聯喆女士第二次贈我此冊.胡適敬記 一九五一年 十一月八夜。"

　　批註圈劃：(1)《筆畫檢字》、《拼音檢字》有胡適的紅、藍筆劃綫與注記。(2)內文有胡適的紅、綠、黑、藍、鉛筆注記與劃綫。(3)頁 241—244 附錄一有胡適的紅筆筆記與校改。

　　夾紙：(1)夾紙 1 張。(2)書末粘附手寫稿共 4 頁,上有胡適的紅、藍、黑筆注記。

　　與胡適的關係：書背書籤題名係胡適以黑筆手寫。

　　相關記載：1960 年 4 月 20 日胡適有《丁文江傳記校勘後記》一文，提及此書附錄一校改之處,參見館藏號：HS-NK05-184-009，或《胡適之先生年譜長編初稿》，第 9 冊，頁 3245。

其他：(1)精裝。(2)其他書名"Chin Shih T'i Ming Pei Lu of Ch'ing Dynasty"。

1566 增修箋註草堂詩餘/佚名輯. ——上海：商務印書館，1936

90 頁；23 厘米

四部叢刊初編縮本集部 439

HSMH（HS-N11F6-045）

附註：

印章：鈐有"胡適的書"朱文方印。

其他：(1)初版。(2)扉頁印有"HONG KONG"字樣。(3)牌記記載"上海商務印書館縮印杭州葉氏藏明本"。

1567 增修詩話總龜/阮閱撰. ——上海：商務印書館，1936

2 冊；23 厘米

四部叢刊初編縮本集部 435,436

HSMH（HS-N11F6-042）

附註：

印章：鈐有"胡適的書"朱文方印。

批注圈劃：第 1 冊目錄、卷 24 有胡適的紅筆注記與圈劃。

夾紙：第 1 冊有夾紙 1 張。

其他：(1)初版。(2)扉頁印有"HONG KONG"字樣。(3)第 1 冊牌記記載"上海商務印書館縮印明嘉靖刊本"。

1568 戰國策校注十卷/鮑彪校注；吳師道重校. ——上海：商務印書館，1936

1 冊；23 厘米

四部叢刊初編縮本史部 058,059

HSMH（HS-N11F3-009）

附註：

印章：鈐有"胡適的書"朱文方印。

其他：(1)初版。(2)各冊扉頁均印有"HONG KONG"字樣。(3)第 1 冊牌記記載"上海商務印書館縮印江南圖書館藏元至正刊本"。

1569 湛然居士文集十四卷/耶律楚材撰. —— 上海：商務印書館，1936

　　152 頁；23 厘米

　　四部叢刊初編縮本集部 287

　　HSMH（HS-N11F5-019）

　　附注：

　　　　印章：鈐有"胡適的書"朱文方印。

　　　　批注圈劃：序，卷 4、6、8、13、14 有胡適的紅筆注記、校改與圈劃。

　　　　其他：(1)初版。(2)扉頁印有"HONG KONG"字樣。(3)牌記記載"上海商務印書館縮印無錫孫氏小淥天藏影元本"。

1570 張橫渠集 十二卷/張載撰. —— 上海：商務印書館，1936

　　3 冊；18 厘米

　　叢書集成初編

　　HSMH（HS-N10F5-102）

　　附注：

　　　　印章：鈐有"胡適的書"朱文方印。

　　　　其他：(1)初版。(2)據正誼堂全書本排印。

1571 張南軒先生文集七卷/張栻撰. —— 上海：商務印書館，1936

　　2 冊；18 厘米

　　叢書集成初編

　　HSMH（HS-N10F5-103）

　　附注：

　　　　印章：鈐有"胡適的書"朱文方印。

　　　　批注圈劃：(1)第 1 冊目錄末有胡適的紅筆注記："此集刪削甚多。朱序說全集有四十四卷。"(2)二冊均有胡適的紅筆注記與劃綫。

　　　　其他：(1)初版。(2)據正誼堂全書本排印。

1572 張說之文集二十五卷/張說之撰. —— 上海：商務印書館，1936

　　170 頁；23 厘米

四部叢刊初編縮本集部 139

HSMH（HS-N11F4-004）

附註：

印章：鈐有"胡適的書"朱文方印。

批注圈劃：(1)牌記有胡適的紅筆注記："此本多不可讀。"(2)多處有胡適的紅、黑、鉛筆注記與圈劃。

夾紙：卷 13 有夾紙 1 張。

其他：(1)初版。(2)扉頁印有"HONG KONG"字樣。(3)牌記記載"上海商務印書館縮印明嘉靖丁酉刊本"。

1573 張文襄公選集/張之洞著.——臺北：臺灣銀行，1961

2 冊；19 厘米

臺灣文獻叢刊第九十七種

HSMH（HS-N09F2-041）

附註：

印章：鈐有"胡適的書"朱文方印。

1574 張蔭麟文集/張蔭麟撰；倫偉良編.——臺北："中華叢書委員會"，1956

[26]，586 頁；21 厘米

"中華叢書"

HSMH（HS-N06F3-054）

附註：

印章：鈐有"胡適的書"朱文方印。

題記：扉頁有張其昀黑筆題贈："適之先生 惠存 晚張其昀敬贈。"

批注圈劃：(1)目錄有胡適的紅、黑筆注記與校改。(2)頁 1《僞古文尚書案之反控與再鞫》一文有胡適的紅筆批注："此篇用意與我的易林判決書完全相同。方法也相同。適之 四九，三，廿八。"(3)全書有胡適的紅筆注記、校改與劃綫。

夾紙：頁 215 夾有胡適手寫《張蔭麟編年》稿紙 2 張，參見館藏號：HS-NK05-187-018；頁 445 有夾紙 1 張。

内附文件：版權頁夾有 1960 年 3 月 27 日剪報一則，參見館藏號：HS-

NK05-325-018。

相關記載:1960 年 3 月 27 日胡適談起張蔭麟及評其《尚書考》與胡適"《易林》判歸崔篆"的方法一樣,參見《胡適之先生晚年談話錄》(臺北:聯經,1984)頁 63、64。

1575 張右史文集六十卷/張耒撰. ——上海:商務印書館,1936

2 冊;23 厘米

四部叢刊初編縮本集部 214,215

HSMH(HS-N11F4-050)

附注:

印章:鈐有"胡適的書"朱文方印。

批注圈劃:(1)第 1 冊列傳有胡適的藍筆注記。(2)第 2 冊卷 35、49、58、59 有胡適的藍筆校改、圈點與注記。

其他:(1)初版。(2)扉頁印有"HONG KONG"字樣。(3)第 1 冊牌記記載"上海商務印書館縮印舊鈔本"。

1576 彰化節孝冊/吳德功輯. ——臺北:臺灣銀行,1961

6,86 頁;19 厘米

臺灣文獻叢刊第一百〇八種

HSMH(HS-N09F2-052)

附注:

印章:鈐有"胡適的書"朱文方印。

1577 章氏叢書正續編/章炳麟著. ——臺北:世界書局,1958

2 冊:像;21 厘米

世界文庫四部刊要

HSMH(HS-N12F1-002)

附注:

印章:鈐有"胡適的書"朱文方印。

其他:(1)初版。(2)精裝。

1578 章實齋的史學/吳天任著. —— 香港：東南書局，1958

6，296 頁；19 厘米

HSMH（HS-N06F3-028）

附注：

印章：鈐有"胡適的書"朱文方印。

題記：扉頁有作者題贈："適之先生教 吳天任敬贈。"

批注圈劃：有胡適的紅筆眉批、注記與劃綫。

其他：(1) 初版。(2) 附錄《章實齋經修方志考略》、《胡著姚訂章實齋年譜商榷》，其中《胡著姚訂章實齋年譜商榷》一文係糾駁胡適的《章實齋先生年譜》一書。

1579 章實齋先生年譜/胡適著；姚名達訂補. —— 上海：商務印書館，1931

[45]，149，2 頁，圖版 1 頁：圖；19 厘米

中國史學叢書

HSMH（HS-N06F3-022）

附注：

印章：鈐有"胡適的書"朱文方印。

題記：封面有胡適的紅筆題記："適之校本。"

批注圈劃：偶有胡適的紅筆校改與注記。

夾紙：夾有紙卡 1 張。

與胡適的關係：序前圖版頁印有胡適毛筆題辭："章實齋先生夫婦遺象"，"姚達人先生熱心搜求實齋傳記材料，果然訪得此像，可謂有志者事竟成了 胡適敬記 十九，九，廿八"。

其他：(1) 初版。(2) 疑是胡適携離北平的書稿之一。1962 年"商務印書館"所印的臺 1 版，即據此校本影印。(3) 本書無版權頁，出版項係依據"國家圖書館"登錄。

1580 章實齋先生年譜/胡適著；姚名達訂補. —— 上海：商務印書館，1931

[45]，149，2 頁，圖版 1 頁：圖；19 厘米

中國史學叢書

HSMH（HS-N06F3-023）

附注：

印章：封面蓋有"胡適"印戳。

批注圈劃：(1)封面有胡適的紅筆注記："偶有校改之處。適之。"此本校改在"適之校本"（N06F3-022）之後，故有若干新的校正。(2)有胡適的紅、藍筆校改、增補、注記與圈劃。

夾紙：夾紙1張。

與胡適的關係：序前圖版頁印有胡適毛筆題辭："章實齋先生夫婦遺象"，"姚達人先生熱心搜求實齋傳記材料，果然訪得此像，可謂有志者事竟成了 胡適敬記 十九，九，廿八"。

其他：(1)初版。(2)本書無版權頁，出版項係依據"國家圖書館"登錄。

1581 趙一清與全祖望辨別經注的通則/胡適撰. —— 臺北："國立中央研究院"，1954

249—255 頁；26 厘米

HSMH（HS-N02F5-016）

附注：

題記：館藏一冊封面有胡適紅筆手寫注記："1959 年八、九月適之重校本"，"此文應重寫。應先列舉東原'水經立文'四則的三個説法，次舉東潛，次舉謝山。或依時代，先叙全，次叙趙，次叙戴？適之"。

批注圈劃：館藏一冊有胡適的紅筆校改及劃綫。

其他：爲"國立中央研究院"院刊第1輯抽印本。

1582 哲學大辭典/啓明書局編譯所編. —— 臺北：啓明書局，1960

[30]，413，[19]頁；20 厘米

HSMH（HS-N12F1-005）

附注：

印章：鈐有"胡適的書"朱文方印。

其他：(1)初版。(2)精裝。

1583 哲學史/杜威演講. —— 上海：泰東圖書局，1920

3，80 頁；19 厘米

HSMH（HS-N15F2-008）

附注：

其他：初版。

1584 哲學概論/金子馬治著.——臺北：啓明書局，1958

[13]，225 頁；18 厘米

文化叢書

HSMH（HS-N10F1-057）

附注：

印章：鈐有"胡適的書"朱文方印。

其他：初版。

1585 哲學概論/唐君毅著.——香港：孟氏教育基金會，1961

2 冊；21 厘米

HSMH（HS-N18F5-030）

附注：

印章：鈐有"胡適的書"朱文方印。

內附文件：上冊夾附 1961 年 5 月 26 日孟氏教育基金會主任鄭寶照致胡適贈書信函 1 封，參見館藏號：HS-NK05-120-013。

其他：初版。

1586 折獄龜鑑及其他一種/鄭克撰.——上海：商務印書館，1937

2 冊；18 厘米

叢書集成初編

HSMH（HS-N10F5-074）

附注：

印章：鈐有"胡適的書"朱文方印。

批注圈劃：二冊多處有胡適的黑、藍、紅、鉛、朱筆注記與劃綫。

夾紙：第 2 冊有夾紙 2 張。

其他：(1) 初版。(2) 據版權頁題名。(3) 內容：《折獄龜鑑》、《折獄卮言》。

1587 鷓鴣集/莫泊桑著；啓明書局編譯所編譯. ──臺北：啓明書局，1958

[5]，142頁：圖；19厘米

莫泊桑全集之七

HSMH（HS-N15F2-044）

附注：

　　印章：鈐有"胡適的書"朱文方印。

　　其他：初版。

1588 真本野叟曝言/夏敬渠撰；世界書局編輯部考校. ──臺北：世界書局，1957

2冊；19厘米

世界文庫四部刊要通俗小說名著叢刊之一

HSMH（HS-N06F5-058）

附注：

　　印章：鈐有"胡適的書"朱文方印。

　　批注圈劃：上冊《坊本原序》有胡適的紅筆劃綫。

1589 真誥/陶弘景撰. ──出版地不詳：商務印書館，1939

3冊：圖；18厘米

叢書集成初編

HSMH（HS-N10F5-033）

附注：

　　印章：鈐有"胡適的書"朱文方印。

　　批注圈劃：第3冊卷16、19有胡適的紅、鉛筆圈點與劃綫。

　　夾紙：第3冊卷16有夾紙1張。

　　其他：(1)初版。(2)據學津討原本排印。

1590 枕流答問/周志輔著. ──香港九龍：周志輔，1955

107頁；18厘米

HSMH（HS-N21F2-106）

附注：

1031

其他:初版。

1591 震川先生集三十卷/歸有光撰. —— 上海:商務印書館,1936

3 冊;23 厘米

四部叢刊初編縮本集部 336—338

HSMH(HS-N11F6-001)

附註:

印章:鈐有"胡適的書"朱文方印。

批注圈劃:第 1 冊卷 3 有胡適的黑筆圈劃。

夾紙:第 1 冊有夾紙數張;第 3 冊有夾紙 1 張。

其他:(1)初版。(2)扉頁印有"HONG KONG"字樣。(3)第 1 冊牌記記載"上海商務印書館縮印康熙本"。

1592 正草隸篆四體千字文/著者不詳. —— 上海:三興書局,1939

23 頁;19 厘米

HSMH(HS-N17F5-008)

附註:

其他:新版。

1593 正草隸篆四體千字文/著者不詳. —— 臺中:瑞成書局,1956

28 頁;19 厘米

HSMH(HS-N17F5-009)

1594 正法念處經閻浮提洲地誌勘校錄/ Sylvain Lévi 著;馮承鈞譯述. —— 上海:商務印書館,1935

[4],106 頁;19 厘米

尚志學會叢書

HSMH(HS-N06F2-007)

附註:

印章:鈐有"胡適的書"朱文方印。

批注圈劃:有胡適的朱筆劃綫。

其他：(1)初版。(2)英文題名"Pour I' Histoire du Ramayana"。

1595 正蒙會稿四卷/劉璣撰．——上海：商務印書館，1936

　　2 冊；18 厘米

　　叢書集成初編

　　HSMH（HS-N10F5-054）

　　附注：

　　　　印章：鈐有"胡適的書"朱文方印。

　　　　其他：(1)初版。(2)據惜陰軒叢書本排印。

1596 正氣歌註解/鮑士鎏著．——臺北：志成出版社，1961

　　[1]，14 頁；19 厘米

　　HSMH（HS-N21F2-113）

　　附注：

　　　　印章：封面鈐有"鮑士鎏"朱文方印。

　　　　題記：封面有著者手寫注記："適公院長教正 鄉晚鮑士鎏謹贈。"

　　　　夾紙：頁 1 夾有信封殘片 1 張，手寫注記："嘉義文化路 207 巷 12 號 鮑械。"

1597 政治學/薩孟武著．——臺北：薩孟武，1959

　　[9]，627，3 頁：表；21 厘米

　　HSMH（HS-N17F2-019）

　　附注：

　　　　印章：鈐有"胡適的書"朱文方印、"薩孟武印"朱文方印。

　　　　題記：內封面有作者的手寫題贈："適之先生教正 後學薩孟武敬贈 48. 12. 12.。"

　　　　其他：增補 4 版。

1598 政治學/程天放主編．——臺北：正中書局，1961

　　[8]，354 頁；21 厘米

　　二十世紀之社會科學

1033

HSMH（HS-N08F2-058）

附注：

 題記：扉頁有編者手寫題贈："適之先生教正　程天放敬贈五十年十月於台北。"

 其他：臺初版。

1599　鄭成功第三百廿六週年誕辰紀念展覽會圖集/林熊祥編.——臺北：臺灣省文獻委員會，1951

 ［10］，35 頁：像，圖，表；26 厘米

 HSMH（HS-N18F5-035）

 附注：

  印章：內封面蓋有"贈閱"印戳。

  其他：精裝。

1600　鄭端簡公今言類編/鄭曉撰.——上海：商務印書館，1936

 3 冊；18 厘米

 叢書集成初編

 HSMH（HS-N10F4-016）

 附注：

  印章：鈐有"胡適的書"朱文方印。

  其他：(1)初版。(2)據鹽邑志林本影印。

1601　鄭端簡公吾學編餘/鄭曉撰.——上海：商務印書館，1936

 ［4］，116 頁；18 厘米

 叢書集成初編

 HSMH（HS-N10F4-015）

 附注：

  印章：鈐有"胡適的書"朱文方印。

  夾紙：夾紙 1 張。

  其他：(1)初版。(2)據鹽邑志林本影印。

1602 鄭堂札記/周中孚著.——臺北：臺灣"商務印書館",1956

44,［1］頁；19厘米

國學基本叢書

HSMH（HS-N10F4-026）

附注：

　　印章：鈐有"胡適的書"朱文方印。

　　批注圈劃：卷2—5,跋有胡適的藍筆圈劃與校改。

　　其他：臺初版。

1603 鄭延平開府臺灣人物志/黃典權著.——臺南：海東山房,1958

10,134頁：表；26厘米

HSMH（HS-N17F1-002）

附注：

　　印章：內封面鈐有"胡適的書"朱文方印。

　　題記：扉頁有作者毛筆題贈："適之先生指教　晚黃典權敬贈　四八,十二,二,於台南。"

1604 知堂乙酉文編/周作人著.——香港：三育圖書文具公司,1961

［3］,154頁：圖；19厘米

HSMH（HS-N15F2-022）

附注：

　　印章：鈐有"胡適的書"朱文方印。

　　批注圈劃：多頁有胡適的紅筆注記、校改與圈劃。

　　其他：初版。

1605 卮林十卷補遺一卷/周嬰纂.——上海：商務印書館,1936

3冊；18厘米

叢書集成初編

HSMH（HS-N10F5-018）

附注：

　　印章：鈐有"胡適的書"朱文方印。

批注圈劃：(1)第1冊牌記有胡適的朱筆劃綫；目錄有胡適的紅、藍筆注記；內文多處有胡適的紅筆劃綫與注記。(2)第2冊有胡適的紅、朱筆綫與注記。(3)第3冊有胡適的紅、綠、藍筆劃綫與注記。

其他：(1)初版。(2)據湖海樓叢書本排印。

1606 脂硯齋紅樓夢輯評/俞平伯輯. ——上海：上海文藝聯合出版社，1955

6，609頁；19厘米

中國古典文學研究叢刊

HSMH（HS-DS-018）

附注：

印章：鈐有"胡適的書"朱文方印。

題記：內封面有毛筆題贈："適之校長惠存 學生程靖宇購寄於香港 一九五五年四月廿四日。"

批注圈劃：多處有胡適的紅、綠筆注記、校改與圈劃。

夾紙：夾紙數張。

其他：第1版第2次印刷。

1607 脂硯齋重評石頭記八十回/曹雪芹著. ——北京：文學古籍刊行社，1955

2冊；21厘米

HSMH（HS-N05F4-014）

附注：

印章：鈐有"胡適的書"朱文方印。

題記：第1冊書名頁有胡適毛筆注記："王夢鷗先生贈我的。胡適。"

批注圈劃：(1)第1冊出版說明有胡適的紅筆劃綫；圖版《曹雪芹小像》有胡適的藍筆注記；目錄有胡適的紅筆注記；內文多處有胡適的紅、黑、藍筆圈點與眉批。(2)第2冊有胡適的紅、藍筆注記、圈點與校改；頁1624有1961年5月11日胡適紅、黑筆長篇筆記；頁1797有胡適的紅筆注記："用戚本校。可見戚本的底本是一個很好的寫本。適之 一九六一，六，廿一。"

相關記載：(1)本書係於1959年11月11日王夢鷗所寄贈，參見館藏編號：HS-NK01-142-034。(2)1959年11月11日有胡適覆王夢鷗函，說明所贈《庚辰年脂評石頭記》正是民國廿二年校閱過的原書,參見館藏編號:HS-NK01-142-046。本函亦收錄在《胡適之先生年譜長編初稿》,第8冊,頁3035。

其他:(1)精裝。(2)據清乾隆二十五年(庚辰)手抄脂硯齋四閱朱墨評本影印。

1608 直講李先生文集三十七卷外集三卷門人錄一卷/李覯撰. ——上海:商務印書館,1936

　　2冊:圖;23厘米

　　四部叢刊初編縮本集部183,184

　　HSMH(HS-N11F4-038)

　　附注:

　　　印章:鈐有"胡適的書"朱文方印。

　　　批注圈劃:(1)第1冊序、目錄、卷14末有胡適的藍筆注記。(2)第2冊卷34、36,《門人錄》有胡適的朱筆圈點。

　　　其他:(1)初版。(2)扉頁印有"HONG KONG"字樣。(3)第1冊牌記記載"上海商務印書館縮印江南圖書館藏明刊本"。

1609 止齋先生文集五十二卷附錄一卷/陳傅良撰. ——上海:商務印書館,1936

　　2冊;23厘米

　　四部叢刊初編縮本集部236,237

　　HSMH(HS-N11F5-001)

　　附注:

　　　印章:鈐有"胡適的書"朱文方印。

　　　批注圈劃:第2冊卷36—45,51,52有胡適的藍、紅筆注記與圈劃。

　　　夾紙:第2冊有夾紙數張。

　　　其他:(1)初版。(2)扉頁印有"HONG KONG"字樣。(3)第1冊牌記記載"上海商務印書館縮印烏程劉氏藏明弘治本"。

1610 紙的起源/李書華著. ——臺北:大陸雜誌社,1955

　　[1],66頁:圖;19厘米

HSMH（HS-N08F2-043）

附注：

　　印章：鈐有"胡適的書"朱文方印。

　　題記：封面有作者手寫題贈："適之兄指正 李書華敬贈 4/19/55。"

　　批注圈劃：偶有胡適的紅筆校改與劃綫。

1611 指南車與指南針/李書華著.——臺北：藝文印書館，1959

［13］，124 頁：圖；22 厘米

HSMH（HS-N08F2-057）

附注：

　　印章：鈐有"胡適的書"朱文方印。

　　夾紙：夾有信封殘片 1 張。

　　其他：初版。

1612 指南車與指南針/李書華著.——臺北：藝文印書館，1959

［13］，124 頁：圖；21 厘米

HSMH（HS-N15F2-050）

附注：

　　題記：扉頁有作者的藍筆題贈："適之吾兄指正 弟李書華敬贈 五〇，二，七。"

　　夾紙：夾有信封殘片 1 張，上有李書華在紐約的英文地址。

　　其他：(1)初版。(2)中、英文對照。

1613 至書及其他一種/蔡沈撰.——出版地不詳：商務印書館，1939

1 冊；18 厘米

叢書集成初編

HSMH（HS-N10F5-045）

附注：

　　印章：鈐有"胡適的書"朱文方印。

　　批注圈劃：《明本釋》卷中有胡適的鉛筆劃記。

　　其他：(1)初版。(2)據版權頁題名。(3)內容：《至書》、《明本釋》。

1614 志摩日記/徐志摩著. ——上海：晨光出版公司，1949

　　236 頁：圖；17 厘米

　　晨光文學叢書

　　HSMH（HS-N07F3-030）

　　附注：

　　　內附文件：內附剪報一則，參見館藏號：HS-NK05-395-028。

　　　其他：3 版。

1615 治學方法論/胡適著. ——臺北：遠東圖書公司，1954

　　1，62 頁；19 厘米

　　HSMH（HS-N06F2-049）

　　附注：

　　　印章：一冊鈐有"胡適的書"朱文方印。

　　　與胡適的關係：收錄胡適《清代學者的治學方法》、《國學季刊發刊宣言》、《治學的方法與材料》等文。

　　　其他：初版。

1616 智慧的燈/華嚴著. ——臺北：文星書店，1961

　　4，334 頁；19 厘米

　　HSMH（HS-N21F1-035）

　　附注：

　　　題記：館藏一冊扉頁有胡適黑筆題贈："送給李敖 適之"，"作者華嚴女士是嚴幾道先生的孫女，是葉明勳先生的夫人"。

　　　批注圈劃：葉明勳所贈之冊內文偶有黑、紅筆劃綫。

　　　相關記載：(1)館藏一冊爲葉明勳、嚴停雲所贈，胡適於 1961 年 10 月 18 日致函感謝並預約 5 部《智慧的燈》，參見館藏號：HS-NK01-165-004。(2)胡適預約《智慧的燈》1 冊簽字送給李敖，附信封 1 個，信封封面有胡適親筆注記："小說一本 請從吾先生交給李敖先生 適之。"(3)著者本名"嚴停雲"。

　　　其他：初版。

1617 智慧的燈/華嚴著.——臺北:文星書店,1961

4,334,5 頁;19 厘米

HSMH(HS-N21F1-036)

附注:

相關記載:1961 年 10 月 18 日有胡適致函感謝贈書並預約 5 部《智慧的燈》,參見館藏號:HS-NK01-165-004。

其他:3 版。

1618 智慧書/方濟堂聖經學會編譯.——北平:方濟堂,1947

14,591 頁;18 厘米

舊約全書之四

HSMH(HS-N08F1-005)

附注:

印章:鈐有"胡適的書"朱文方印。

其他:精裝。

1619 致敬紀要/李紹唐著.——出版地不詳:出版者不詳,出版年不詳

[1],27 頁;18 厘米

HSMH(HS-N18F1-003)

附注:

印章:鈐有"胡適的書"朱文方印。

其他:李紹唐即李建興。

1620 質孔說/周夢顏輯.——上海:商務印書館,1936

[8],43 頁;18 厘米

叢書集成初編

HSMH(HS-N07F2-023)

附注:

印章:書名頁蓋有"國立中央圖書館敬贈 PRESENTED BY THE NATIONAL CENTRAL LIBRARY NANKING"印戳,鈐有"胡適的書"朱文方印。

其他:(1)初版。(2)牌記記載"本館據琳琅祕室叢書本排印初編各叢書僅有此本"。

1621 制憲述要/雷震著.——香港:友聯出版社,1957

[2],195頁;19厘米

HSMH（HS-N17F2-015）

附注:

印章:鈐有"胡適的書"朱文方印。

其他:初版。

1622 中俄關係史料中華民國六年至八年東北邊防/"中央研究院"近代史研究所編.——臺北:"中央研究院"近代史研究所,1960

2冊;26厘米

中國近代史資料彙編

HSMH（HS-N13F2-008）

附注:

其他:(1)初版。(2)精裝。

1623 中俄關係史料中華民國六年至八年俄政變與一般交涉/"中央研究院"近代史研究所編.——臺北:"中央研究院"近代史研究所,1960

2冊;26厘米

中國近代史資料彙編

HSMH（HS-N13F2-007）

附注:

其他:(1)初版。(2)精裝。

1624 中俄關係史料中華民國六年至八年外蒙古/"中央研究院"近代史研究所編.——臺北:"中央研究院"近代史研究所,1959

[65],642,41頁:摺圖;27厘米

中國近代史資料彙編

HSMH（HS-N13F2-009）

附注：

    其他：(1)初版。(2)精装。

1625 中俄關係史料中華民國六年至八年新疆邊防/"中央研究院"近代史研究所編.——臺北："中央研究院"近代史研究所，1961

[54]，306，27 頁：摺圖；27 厘米

中國近代史資料彙編

HSMH（HS-N13F2-010）

附注：

    其他：(1)初版。(2)精装。

1626 中俄關係史料中華民國六年至八年中東鐵路/"中央研究院"近代史研究所編.——臺北："中央研究院"近代史研究所，1960

2 冊：摺圖，表；27 厘米

中國近代史資料彙編

HSMH（HS-N13F2-011）

附注：

    其他：(1)初版。(2)精装。

1627 中復堂選集/姚瑩著.——臺北：臺灣銀行，1960

2 冊；19 厘米

臺灣文獻叢刊第八十三種

HSMH（HS-N09F2-027）

附注：

    印章：鈐有"胡適的書"朱文方印。

1628 中共十年/祖國周刊社編輯.——香港：友聯出版社，1960

[2]，520 頁：表；19 厘米

HSMH（HS-N08F2-065）

附注：

    印章：鈐有"胡適的書"朱文方印。

其他:初版。

1629 中共政治批評/吳立行著. ——香港:前驅出版社,1960

[5],111頁;18厘米

HSMH(HS-N08F2-019)

附注:

印章:鈐有"胡適的書"朱文方印;蓋有"吳立行贈 With The Compliments of Woo Li Hsing"印戳。

其他:初版。

1630 中古文學概論/徐嘉瑞著. ——臺北:啓明書局,1958

[20],178頁:表;19厘米

青年百科入門中國文學組

HSMH(HS-N10F4-018)

附注:

印章:鈐有"胡適的書"朱文方印。

與胡適的關係:收錄胡適《中古文學概論序》一文。

相關記載:1923年9月24日胡適日記記載:"……晚上作完《中古文學概論》序。"

其他:初版。

1631 中國邊疆民族簡史/周昆田編著. ——臺北:臺灣書店,1961

[12],248頁:圖,表;19厘米

HSMH(HS-N10F1-034)

附注:

印章:鈐有"胡適的書"朱文方印、"周昆田印"朱文方印。

題記:扉頁有著者的手寫題贈:"適之先生 指正 鄉後學周昆田敬贈。"

夾紙:夾有信封殘片1張,上有胡適的藍筆注記。

1632 中國不平等條約之緣起及其廢除之經過/錢泰著. ——臺北:"國防研究院",1961

［10］，202 頁：表；21 厘米

實踐叢刊

HSMH（HS-N17F2-021）

附注：

　　印章：鈐有"胡適的書"朱文方印。

　　夾紙：夾有"錢泰"名片 1 張。

1633 中國詞史/胡雲翼著.——臺北：啓明書局，1958

［5］，212 頁；19 厘米

青年百科入門中國文學組

HSMH（HS-N10F1-022）

附注：

　　印章：鈐有"胡適的書"朱文方印。

　　其他：初版。

1634 中國叢書綜錄/上海圖書館編.——北京：中華書局，1959—1962

3 冊；27 厘米

HSMH（HS-N09F6-023）

附注：

　　印章：鈐有"胡適的書"朱文方印。

　　批注圈劃：偶有胡適的紅筆校改與注記。

　　夾紙：有夾紙 8 張。

　　其他：(1)第 1 版。(2)精裝。(3)共 3 冊，館藏僅第 1 冊。

1635 中國的科名/齊如山著.——臺北："中國新聞出版公司"，1956

6，228 頁；18 厘米

HSMH（HS-N15F2-006）

附注：

　　印章：鈐有"胡適的書"朱文方印、"齊如山"白文方印。

　　題記：封面有作者的毛筆題贈："適之兄教正　弟齊如山敬贈。"

　　其他：初版。

1636 中國地方志綜録增訂本/朱士嘉編. ——上海：商務印書館，1958

[6]，318，[107]頁；26 厘米

HSMH（HS-N07F6-003）

附注：

印章：鈐有"胡適的書"朱文方印。

其他：重印第 1 版(增訂本)。

1637 中國法律與中國社會/瞿同祖著；吳文藻主編. ——上海：商務印書館，1947

[9]，259 頁；21 厘米

社會學叢刊甲集第五種

HSMH（HS-N08F1-001）

附注：

印章：鈐有"胡適的書"朱文方印。

題記：扉頁有作者手寫題贈："適之先生教正 後學瞿同祖敬贈。"

批注圈劃：偶有胡適的藍筆注記與劃綫。

其他：(1)初版。(2)有黑筆塗改，非胡適字迹。

1638 中國佛教史籍概論/陳垣著. ——北京：科學出版社，1957

5，148 頁；20 厘米

HSMH（HS-N06F3-044）

附注：

印章：鈐有"胡適的書"朱文方印。

批注圈劃：(1)版權頁有黑筆塗抹痕迹。(2)有胡適的紅、藍筆注記、校改與劃綫。

夾紙：有夾紙 3 張。

其他：第 1 版第 2 次印刷。

1639 中國歌謠/朱自清撰. ——臺北：世界書局，1961

1 冊；19 厘米

中國學術名著俗文學叢刊第一集第 7 册

1045

HSMH（HS-N11F2-010）

附注：

印章：鈐有"胡適的書"朱文方印。

其他：(1)初版。(2)精裝。(3)與《中國俗文學概論 十七章》合刊。

1640 中國共產黨的秘密/燕夫著.——出版地不詳：東南出版社，1950

［7］，154 頁：圖；19 厘米

HSMH（HS-N08F2-018）

附注：

印章：鈐有"劉燕夫"朱文方印、"胡適的書"朱文方印。

題記：封面有作者手寫題贈："適之先生惠閱 晚劉燕夫 敬贈 四十三年四月二日於臺北。"

其他：3 版。

1641 中國共產黨之來源/沈雲龍著.——臺北："民主潮社"，1959

4，92 頁；19 厘米

HSMH（HS-N08F2-066）

附注：

印章：鈐有"胡適的書"朱文方印、"沈雲龍"朱文方印。

題記：書名頁有沈雲龍手寫題贈："適之院長 指正 著者敬贈 四十七年農曆除夕。"

批注圈劃：偶有胡適的紅筆批注與劃綫。

與胡適的關係：封面書名係由胡適所題簽。

其他：初版。

1642 中國公學校友會通訊錄/著者不詳.——臺北："中國公學校友會"，1957

3，16 頁：圖；19 厘米

HSMH（HS-N18F3-024）

附注：

批注圈劃：全書有胡適的藍、黑筆注記。

1643 中國古代社會新研/李玄伯著.——上海：開明書店，1948

[11]，283 頁：圖；18 厘米

HSMH（HS-N07F4-030）

附注：

印章：鈐有"胡適的書"朱文方印。

批注圈劃：偶有胡適的綠筆圈點與劃綫。

其他：初版。

1644 中國古代文藝思潮/青木正兒著.——臺北：啓明書局，1958

[8]，159 頁；19 厘米

青年百科入門中國文學組

HSMH（HS-N10F1-017）

附注：

印章：鈐有"胡適的書"朱文方印。

其他：初版。

1645 中國古代哲學史/胡適著.——臺北：臺灣"商務印書館"，1958

[16]，[385]，3 頁；19 厘米

HSMH（HS-N06F4-025）

附注：

印章：二冊鈐有"胡適的書"朱文方印

夾紙：(1)一冊有夾紙 1 張。(2)一冊夾有本書出版版本細目之紙卡1 張。

其他：臺 1 版。

1646 中國古代宗教研究：天道上帝之部/杜而未著.——臺北：華明書局，1959

[8]，246 頁；19 厘米

HSMH（HS-N06F2-011）

附注：

印章：書名頁鈐有"胡適的書"朱文方印。

題記：封面有作者題贈："中央研究院 院長 胡適之先生 賜正 著者敬贈。"

夾紙：有信封殘片 1 張。

1047

其他：初版。

1647 中國古典散文研究論文集／人民文學出版社編輯部編．——北京：人民文學出版社，1959

[1]，162 頁；20 厘米

HSMH（HS-N06F6-006）

附註：

印章：鈐有"胡適的書"朱文方印。

題記：(1)扉頁有胡適藍筆注記程靖宇的香港地址。(2)書名頁有胡適藍筆注記："程靖宇先生寄贈的。胡適 四八，十二，廿五。"

其他：(1)北京第 1 版。(2)書名頁有藍筆塗抹痕迹。

1648 中國古今地名大辭典／臧勵龢等編．——上海：商務印書館，1933

[27]，1410，[364]頁；22 厘米

HSMH（HS-N07F3-001）

附註：

印章：鈐有"胡適的書"朱文方印。

批注圈劃：(1)《檢字》有胡適的紅、藍、綠筆圈點與注記。(2)頁 640、641、814、1184、1185、1247、1286 有紅筆劃綫；頁 1264 有綠筆劃綫；頁 985 有胡適的紅筆校改。(3)索引頁 21 有胡適的紅筆注記。

夾紙：有夾紙 4 張。

其他：(1)國難後第 1 版。(2)精裝。

1649 中國古曆析疑／章鴻釗著．——北京：科學出版社，1958

[9]，132 頁：表；20 厘米

HSMH（HS-N07F4-032）

附註：

印章：鈐有"胡適的書"朱文方印。

其他：第 1 版。

1650 中國古書目錄／編者不詳．——東京：山本書店，1960

81頁；25厘米

HSMH（HS-N21F1-005）

1651 中國固有的化學工藝/齊如山著.——臺北："中國新聞出版公司"，1956

5，77頁；19厘米

"中國百科小叢書"

HSMH（HS-N08F2-040）

附注：

印章：鈐有"胡適的書"朱文方印。

其他：初版。

1652 中國國民黨史/華林一撰述；蔡元培校閱.——上海：商務印書館，1928

5，134頁；19厘米

新時代史地叢書

HSMH（HS-N07F6-012）

附注：

印章：鈐有"胡適的書"朱文方印。

題記：封面有王克私的黑筆注記："Ph de Vargas Yenching April, 1929。"

批注圈劃：有胡適的藍、黑筆劃綫與注記。

內附文件：書末附剪報一則，參見館藏號：HS-NK05-313-005。

其他：初版。

1653 中國近百年政治史/李劍農著.——臺北：臺灣"商務印書館"，1959

2冊：表；21厘米

HSMH（HS-N07F5-027）

附注：

印章：鈐有"胡適的書"朱文方印。

其他：臺2版。

1654 中國近代農業學術發展概述/沈宗瀚著.——臺北："中華文化出版事業委員會"，1956

1—33 頁；18 厘米

"現代國民基本知識叢書"

HSMH（HS-N18F1-012）

附注：

 題記：頁 1 有沈宗瀚的手寫題贈："適之先生教正 宗瀚謹贈 四五，十一，廿 台北。"

 其他：爲《中國學術史論集》抽印本。

1655 中國近代史/李方晨著. ——臺北：陽明出版社，1958

 2 冊：表；21 厘米

 HSMH（HS-N07F5-028）

 附注：

  印章：鈐有"胡適的書"朱文方印。

  題記：上冊內封面有著者手寫題贈："恭祝吾師六八華誕 生李方晨敬贈 四十七年十二月十七日。"

  夾紙：上冊夾有信封殘片 1 張。

  內附文件：上冊夾有 1958 年 12 月 17 日李方晨致胡適信函 1 封，參見館藏號：HS-NK05-031-010。

  其他：再版。

1656 中國近三百年學術史/錢穆著. ——上海：商務印書館，1948

 2 冊；20 厘米

 大學叢書

 HSMH（HS-N06F3-052）

 附注：

  印章：二冊均鈐有"胡適的書"朱文方印。

  批注圈劃：二冊多處均有胡適的鉛、綠、紅、藍、黑等各色筆批注與劃綫。

  夾紙：上冊有夾紙 3 張。

  其他：3 版。

1657 中國近三百年學術史/梁啓超著. ——臺北：臺灣"中華書局"，1958

3,374 頁;18 厘米

HSMH（HS-N06F5-006）

附注：

　　印章:鈐有"胡適的書"朱文方印。

　　其他:臺2版。

1658　中國經濟史/周金聲著. ——臺北:周金聲,1959

　　4 冊;21 厘米

　　HSMH（HS-N18F4-035）

　　附注：

　　　　印章:鈐有"胡適的書"朱文方印、"周金聲"白文方印。

　　　　題記:第1冊封面裏有作者的手寫題贈:"敬祈適之先生賜正　後學周金聲敬上　四八,十一,四。"

　　　　夾紙:第1冊夾有信封殘片1張,上有手寫注記:"已復謝,並登記　四八,十一,六。"

　　　　其他:初版。

1659　中國勞工運動史/"中國勞工運動史編纂委員會"編. ——臺北:"中國勞工福利出版社",1959

　　2 冊;22 厘米

　　HSMH（HS-N15F2-047）

　　附注：

　　　　印章:鈐有"胡適的書"朱文方印、"馬超俊印"朱文方印。

　　　　題記:上冊扉頁有毛筆題贈:"適之先生教正　弟馬超俊敬贈。"

　　　　其他:(1)初版。(2)精裝。

1660　中國歷代戰爭史/"三軍大學中國歷代戰爭史編纂委員會"編. ——臺北:"三軍大學",1961—1972

　　15 冊:圖,摺地圖;21 厘米

　　HSMH（HS-N09F6-014）

　　附注：

印章:鈐有"徐培根印"白文方印、"胡適的書"朱文方印。

題贈:扉頁有黑筆題贈:"適之先生指教 晚徐培根敬贈。"

其他:(1)精裝。(2)館藏第 1 編。

1661 中國歷史名詞集解/馮作民著. ──臺北:趙麗齡發行, 1960

[14], 138 頁; 19 厘米

HSMH (HS-N10F1-033)

附注:

印章:鈐有"胡適的書"朱文方印、"馮作民"朱文方印。

題記:書名頁有著者的藍筆題贈:"胡院長 請指教 後學馮作民 五十,元,十五。"

批注圈劃:頁 68 有胡適的藍筆校改。

其他:初版。

1662 中國歷史研究法/梁啓超著. ──臺北:臺灣"中華書局", 1956

[311]頁; 18 厘米

HSMH (HS-N06F5-003)

附注:

印章:鈐有"胡適的書"朱文方印。

其他:臺 1 版。

1663 中國人口問題/張敬原著. ──臺北:"中國人口學會", 1959

[14], 444 頁:表; 21 厘米

人口研究叢書

HSMH (HS-N07F5-002)

附注:

印章:鈐有"胡適的書"朱文方印。

其他:初版。

1664 中國人名大辭典/臧勵龢等編. ──上海:商務印書館, 1933

1 冊; 23 厘米

HSMH（HS-N07F4-008）

附注：

印章：鈐有"胡適的書"朱文方印。

批注圈劃：(1)《檢字》有紅筆圈點。(2)頁656有胡適的藍筆注記；頁672有胡適的黑筆注記；頁785、794有紅筆圈點；頁1120,1123,1222—1224有紅筆劃綫。

夾紙：(1)頁165夾有藍筆手寫筆記1張。(2)有夾紙數張。

其他：(1)國難後第2版。(2)精裝。

1665 中國散曲史/羅錦堂著.——臺北："中華文化出版事業委員會",1957

2冊；19厘米

"現代國民基本知識叢書"第四輯

HSMH（HS-N06F6-004）

附注：

印章：鈐有"胡適的書"朱文方印、"羅錦堂"朱文方印。

題記：第1冊内封面有著者手寫題贈："適之院長 賜正 晚生羅錦堂敬呈。"

其他：再版。

1666 中國上古史八論/黎東方著.——臺北："中華文化出版事業委員會",1957

1,255頁：表；19厘米

"現代國民基本知識叢書"第四輯

HSMH（HS-N10F1-029）

附注：

印章：鈐有"胡適的書"朱文方印。

其他：初版。

1667 中國社會政治史/薩孟武著.——臺北：薩孟武,1961—

1冊：表；21厘米

HSMH（HS-N07F5-029）

附注：

1053

題記：內封面有作者手寫題贈："適之先生教正 薩孟武敬贈。"

夾紙：夾有印製薩孟武地址的紙條1張。

其他：(1)初版。(2)原書不知幾冊,館藏第1冊。

1668 中國神話研究／本局編譯所編著. ——臺北：啓明書局,1958

[8],213頁；18厘米

青年百科入門中國文學組

HSMH（HS-N10F1-055）

附注：

印章：鈐有"胡適的書"朱文方印。

其他：初版。

1669 中國史乘中未詳諸國考證／Gustave Schlegel 著；馮承鈞譯. ——上海：商務印書館,1928

2,196頁；19厘米

尚志學會叢書

HSMH（HS-N07F4-023）

附注：

印章：書名頁有手寫英文簽名"Schlegel"；鈐有"中山氏藏書之部"朱文方印；鈐有"胡適的書"朱文方印。

其他：初版。

1670 中國史的新頁／唐鉞著. ——上海：商務印書館,1929

[7],375頁；19厘米

唐鉞文存二編

HSMH（HS-N07F5-019）

附注：

印章：鈐有"胡適的書"朱文方印。

批注圈劃：偶有胡適的藍筆劃綫與注記；版權頁有胡適的藍筆注記年代換算。

其他：初版。

1671 中國史綱上古篇/張蔭麟編撰.——臺北：正中書局，1957

[6]，245頁：表；21厘米

HSMH（HS-N06F3-055）

附注：

印章：鈐有"胡適的書"朱文方印。

批注圈劃：偶有胡適的紅筆注記、校改及劃綫。

夾紙：信封殘片1張。

相關記載：1960年3月30日胡適談起張蔭麟的《中國史綱》一書，參見《胡適之先生晚年談話錄》(臺北：聯經，1984)頁65。

其他：臺3版。

1672 中國詩歌概論/胡懷琛著.——臺北：啓明書局，1958

[9]，105頁；19厘米

青年百科入門中國文學組

HSMH（HS-N10F1-021）

附注：

印章：鈐有"胡適的書"朱文方印。

其他：初版。

1673 中國史學論文索引/中國科學院歷史所第一、二所，北京大學歷史系編.——北京：科學出版社，1957

2冊；26厘米

HSMH（HS-N08F1-007）

附注：

印章：鈐有"胡適的書"朱文方印。

其他：第1版。

1674 中國史學論文索引/中國科學院歷史研究所第一、二所，北京大學歷史系合編.——北京：科學出版社，1958

2冊；26厘米

HSMH（HS-N15F1-024）

附注：

印章：鈐有"胡適的書"朱文方印。

其他：第1版第2次印刷。

1675 中國思想講話/本局編譯所編. ——臺北：啓明書局，1958

[6]，95頁；18厘米

青年百科入門國學入門組

HSMH（HS-N10F1-046）

附注：

印章：鈐有"胡適的書"朱文方印。

其他：初版。

1676 中國思想名著/楊家駱主編；劉雅農總校. ——臺北：世界書局，1958

12冊：表；19厘米

世界文庫四部刊要

HSMH（HS-N12F1-004）

附注：

印章：各冊鈐有"胡適的書"朱文方印；第1冊鈐有"楊家駱"朱文方印。

題記：第1冊扉頁有毛筆題贈："恭祝適之院長六十七歲承誕 後學楊家駱敬獻。"

批注圈劃：(1)第1冊書名頁後總目有胡適的紅筆圈劃；《荀子約注》重訂敘言末有胡適的紅筆筆記："楊序作于十八年（1929），高序作于廿三年（1934），此序之作在'二十餘年'後，約當1953—1955，故世界書局刪去作序年月。書中已有不少共產黨統治下的時髦話，可能此序也有刪去的話。適之"；《荀子約注》頁162、163、220、222有紅筆劃綫。(2)第4冊《顏氏家訓》、《老子道德經》上篇偶有胡適的紅筆劃綫與校改。(3)第5冊書名頁後總目、《莊子集釋》、《列子注》有胡適的紅筆注記與圈劃。

夾紙：(1)第4冊有夾紙1張。(2)第5冊有夾紙數張。

相關記載：1958年12月13日有楊家駱致胡適贈書信函1封，參見館藏號：HS-NK01-152-005，本書無版權頁，出版年份係依據此信函。

其他:精裝。

1677 中國思想史/錢穆著.——臺北:"中華文化出版事業委員會",1952

[16],222頁;19厘米

"現代國民基本知識叢書"

HSMH(HS-N07F4-027)

附注:

印章:鈐有"胡適的書"朱文方印。

其他:初版。

1678 中國思想史論集/徐復觀著.——臺中:私立東海大學,1959

2,238頁;21厘米

HSMH(HS-N07F5-024)

附注:

印章:鈐有"胡適的書"朱文方印。

題記:內封面有著者手寫題贈:"適之先生指正 後學徐復觀敬贈。"

夾紙:有信封殘片1張。

其他:初版。

1679 中國算學史/李儼著.——上海:商務印書館,1937

7,293頁:圖,表;19厘米

中國文化史叢書第一輯

HSMH(HS-N07F5-014)

附注:

印章:鈐有"胡適的書"朱文方印、"曉鷄"朱文橢圓印。

其他:(1)再版。(2)精裝。

1680 中國通俗小說書目十二卷補遺一卷補正一卷附索引二卷刊誤表二/孫楷第輯錄.——北平:國立北平圖書館,1933

[46],384,[100]頁;19厘米

HSMH(HS-N06F5-053)

附注：

　　印章：鈐有"胡適的書"朱文方印。

　　批注圈劃：偶有胡適的黑、紅筆注記與校改。

　　其他：初版。

1681 中國外交史／黃正銘著.——臺北：正中書局發行，1959

　　[8]，258頁；21厘米

　　"國立政治大學叢書"

　　HSMH（HS-N07F5-030）

　　附注：

　　印章：鈐有"胡適的書"朱文方印。

　　題記：扉頁有"胡院長適之 賜存 國立政治大學敬贈"。

　　內附文件：夾有政治大學致胡適的贈書公文1封，參見館藏號：HS-NK05-142-019。

　　其他：臺1版。

1682 中國偉人傳五種／梁啓超著.——臺北：臺灣"中華書局"，1957

　　68頁；18厘米

　　HSMH（HS-N06F5-029）

　　附注：

　　印章：鈐有"胡適的書"朱文方印。

　　其他：臺1版。

1683 中國文化東漸研究／梁容若著.——臺北："中華文化出版事業委員會"，1956

　　[4]，234頁；19厘米

　　"現代國民基本知識叢書"第四輯

　　HSMH（HS-N07F5-016）

　　附注：

　　印章：鈐有"胡適的書"朱文方印。

　　題記：內封面有作者手寫題贈："適之先生教正 梁容若敬贈於東海大學四十七年五月。"

其他:再版。

1684 中國文化史/梁啓超著.——臺北:臺灣"中華書局",1958

146 頁;表;18 厘米

HSMH(HS-N06F5-005)

附注:

印章:鈐有"胡適的書"朱文方印。

其他:(1)臺2版。(2)附《國文語原解》、《中國古代幣材考》。

1685 中國文化史導論/錢穆著.——臺北:正中書局,1951

[7],181 頁;20 厘米

HSMH(HS-N10F1-013)

附注:

印章:鈐有"胡適的書"朱文方印。

批注圈劃:有胡適的鉛、綠筆劃綫與注記。

夾紙:有黃色夾紙1張。

其他:臺2版。

1686 中國文學常識/胡雲翼著.——臺北:啓明書局,1958

[4],146 頁;18 厘米

青年百科入門國學入門組

HSMH(HS-N10F1-048)

附注:

印章:鈐有"胡適的書"朱文方印。

其他:初版。

1687 中國文學概論/兒島獻吉郎著.——臺北:啓明書局,1958

[14],274 頁;18 厘米

文化叢書

HSMH(HS-N10F1-059)

附注:

印章:鈐有"胡適的書"朱文方印。

其他:初版。

1688 **中國文學故事**/教育供應社有限公司編輯委員會編.——馬來西亞:教育供應社,1958

1 冊;20 厘米

馬來西亞聯合邦華文前期中學適用

HSMH(HS-N17F3-008)

附注:

印章:鈐有"胡適的書"朱文方印。

與胡適的關係:收錄《中國文學改革的先鋒——胡適》一文。

其他:(1)初版。(2)原書不知幾冊,館藏第 1 冊。

1689 **中國文學講話**/劉麟生著.——臺北:啓明書局,1958

[6],124 頁;19 厘米

青年百科入門中國文學組

HSMH(HS-N10F1-024)

附注:

印章:鈐有"胡適的書"朱文方印。

其他:初版。

1690 **中國文學史**/馮沅君著.——臺北:啓明書局,1958

[3],281 頁;18 厘米

文化叢書

HSMH(HS-N10F1-061)

附注:

印章:鈐有"胡適的書"朱文方印。

摺頁:有幾處摺頁。

其他:初版。

1691 **中國文學史論集**/張其昀等著.——臺北:"中華文化出版事業委員會",1958

2 册；19 厘米

"現代國民基本知識叢書"第五輯

HSMH（HS-N17F4-008）

附注：

  印章：鈐有"胡適的書"朱文方印。

  其他：精裝。

1692 中國文學史選例卷一/胡適著.——出版地不詳：出版者不詳,出版年不詳

  ［2］,84 頁；22 厘米

  HSMH（HS-N06F3-015）

  附注：

    印章：目錄鈐有"□□□印"白文方印。

    題記：封面有胡適的黑筆注記："一九五〇年六月十三夜在宋以忠夫人應誼女士處,得見此冊,我請他送給了我。胡適（紐約市）。"

    批注圈劃：偶有胡適的黑筆手寫校改；另有紅筆校改,但非胡適筆迹。

    相關記載：1950 年 6 月 13 日胡適日記記載宋以忠夫人贈此書事。

1693 中國文學小史/本局編譯所編.——臺北：啓明書局,1958

  ［5］,206 頁；18 厘米

  青年百科入門國學入門組

  HSMH（HS-N10F1-044）

  附注：

    印章：鈐有"胡適的書"朱文方印。

    其他：初版。

1694 中國文藝復興運動/胡適著.——出版地不詳："中國文藝協會",1958

  11 頁：像；19 厘米

  HSMH（HS-N18F5-001）

  附注：

    其他：抽印本。

1695　中國文字/台灣大學文學院古文字學研究室編印.——臺北：台灣大學文學院古文字學研究室，1960

1 冊；26 厘米

HSMH（HS-N07F3-038）

附註：

印章：鈐有"胡適的書"朱文方印。

題記：目錄有董作賓手寫題贈："敬請 適之先生 教正 作賓謹呈 四十九年，十一月廿九日。"

其他：(1)油印本。(2)原書不知幾冊，館藏第 1 冊。

1696　中國現代史叢刊第一冊/吳相湘主編.——臺北：正中書局，1960

[4]，300，10 頁，圖版[6]頁；21 厘米

HSMH（HS-N07F5-033）

附註：

印章：鈐有"胡適的書"朱文方印。

批注圈劃：《跋中央研究院歷史語言研究所藏的"毅軍函札"中的袁克定給馮國璋的手札》一文有胡適的紅筆校改。

夾紙：夾有英文名片 1 張。

與胡適的關係：收錄胡適《跋中央研究院歷史語言研究所藏的"毅軍函札"中的袁克定給馮國璋的手札》一文。

其他：臺初版。

1697　中國現代史叢刊第二冊/吳相湘主編.——臺北：正中書局，1960

[6]，496，[11]頁，圖版[10]頁；22 厘米

HSMH（HS-N07F5-034）

附註：

印章：鈐有"胡適的書"朱文方印。

題記：內封面有編者手寫題贈："適之先生 教正 受業吳相湘呈贈 49.6.21。"

其他：(1)臺初版。(2)精裝。

1698 中國現代史叢刊第三冊/吳相湘主編. ——臺北：正中書局，1961

[4]，438，8 頁，圖版[6]頁；22 厘米

HSMH（HS-N07F5-035）

附注：

其他：臺初版。

1699 中國憲法學會四十八年度年會會務報告/著者不詳. ——出版地不詳：出版者不詳，出版年不詳

[5]頁；27 厘米

HSMH（HS-N17F5-021）

附注：

其他：抽印本。

1700 中國小說史略/魯迅著. ——北京：人民文學出版社，1953

314 頁；18 厘米

HSMH（HS-N06F5-050）

附注：

印章：鈐有"胡適的書"朱文方印。

批注圈劃：(1)題記與後記有胡適的紅筆批注與圈點。(2)後記末有胡適藍筆注記："魯迅此書是開山之作，有工夫，也有見地。但他舉各書的例子，尤其是白話小說裏的例子，都很少有趣味的文字，往往都不夠代表各書的作風。胡適 四四，二，七。"

其他：(1)北京重印第 1 版第 4 次印刷。(2)版權頁印"根據魯迅全集出版社'魯迅全集'單行本紙版重印"。

1701 中國新聞法概論/呂光，潘賢模編著. ——臺北：正中書局，1956

[16]，230 頁：表；21 厘米

HSMH（HS-N17F2-026）

附注：

印章：鈐有"胡適的書"朱文方印。

題記：扉頁有作者的手寫題贈："請適之先生指正 晚呂光敬贈 五十年八

月台灣。"

夾紙:夾有信封殘片1張,上有藍筆注記:"已復謝 五十,八,廿三。"

其他:臺修訂1版。

1702 中國新文學大系/趙家璧主編.——上海:上海良友圖書印刷公司,1935—1936

10冊;23厘米

中國新文學大系

HSMH(HS-N06F2-062)

附注:

印章:鈐有"胡適的書"朱文方印、"施耀明印"朱文方印。

批注圈劃:偶有胡適的藍筆劃記與注記。

與胡適的關係:紙書套書背處有胡適手寫題籤:"第一個十年的新詩。"

其他:(1)初版。(2)精裝。(3)原書共10集,館藏第8集。(4)本書紙書套係以1955年3月23日友人自美國寄贈胡適的信封紙所製。

1703 中國新文學大系/趙家璧主編.——上海:良友圖書印刷公司,1935—1936

10冊;23厘米

HSMH(HS-N07F6-005)

附注:

印章:鈐有"胡適的書"朱文方印。

其他:(1)初版。(2)精裝。(3)原書共10集,館藏第2集《文學論爭集》。

1704 中國新文學運動小史/胡適著.——臺北:啓明書局,1958

[2],72頁;19厘米

HSMH(HS-N06F2-051)

附注:

印章:一冊鈐有"水澤柯印"朱文方印;一冊蓋有"胡適敬贈"印戳;餘冊鈐有"胡適的書"朱文方印。

題記:其中一冊書名頁有水澤柯黑筆題記:"這本書是 胡老師於民四十八

年給我,現轉贈胡適紀念館 水澤柯敬贈 民五十六年三月卅一日。"

與胡適的關係:(1)收錄胡適《中國新文學運動小史》、《逼上梁山》等文。(2)目次前收錄胡適於 1958 年 6 月 3 日所寫的自序。

其他:(1)初版。(2)偶有紅筆注記,非胡適筆迹。

1705 **中國星座對照之一斑**/高平子著.——臺北:"中華文化出版事業委員會",1958

19 頁;表;18 厘米

中國科學史論集

HSMH(HS-N08F2-044)

附注:

題記:頁 1 有作者手寫題贈:"呈適之先生 正之。"

其他:爲《中國科學史論集》(一)抽印本(頁 137—156)。

1706 **中國修辭學**/本局編譯所編著.——臺北:啓明書局,1958

[14],216 頁;18 厘米

青年百科入門國學入門組

HSMH(HS-N10F1-052)

附注:

印章:鈐有"胡適的書"朱文方印。

其他:初版。

1707 **中國學術思想變遷之大勢**/梁啓超著.——臺北:臺灣"中華書局",1956

104 頁:表;18 厘米

HSMH(HS-N06F5-008)

附注:

印章:鈐有"胡適的書"朱文方印。

其他:臺 1 版。

1708 **中國一周第六〇〇期**/"中國一周編輯委員會"主編.——臺北:聯合出版中心,1961

36 頁：圖；26 厘米

HSMH（HS-N21F4-024）

附注：

其他：孫洵侯《古音古語台灣話考》一文有黑筆校改及注記，非胡適筆迹。

1709 中國遠古史述要/任映滄編.——臺北："中國政治書刊出版合作社"，1954

278 頁；21 厘米

HSMH（HS-N18F4-031）

附注：

印章：鈐有"胡適的書"朱文方印。

夾紙：夾有信封殘片 1 張。

其他：初版。

1710 中國韻文裏頭所表現的情感/梁啓超著.——臺北；臺灣"中華書局"，1958

2，70 頁；18 厘米

HSMH（HS-N06F5-010）

附注：

印章：鈐有"胡適的書"朱文方印。

其他：臺 1 版。

1711 中國藏經譯印史/道安法師著.——出版地不詳：脩定中華大藏經會，出版年不詳

2，38 頁：圖，表；19 厘米

中國佛教史論集之一篇

HSMH（HS-N18F5-007）

附注：

印章：封面裏鈐有"民國道安"白文方印。

題記：封面裏有作者的手寫題贈："適之院長指正 道安敬贈於松山寺 四八年十一月三日。"

夾紙：夾有"中央研究院"便條 1 張，上有胡適的藍筆筆記："海印寺藏板祖堂集二十卷 原板匡高 21.4cm。"

1712 中國早期的鐵路經營/李國祁著. ——臺北:"中央研究院"近代史研究所,1961

2,243 頁:摺圖;22 厘米

"中央研究院"近代史研究所專刊

HSMH(HS-N13F2-014)

附注:

其他:(1)初版。(2)精裝。

1713 中國哲學史/馮友蘭著. ——上海:商務印書館,1947

2 冊;21 厘米

國立清華大學叢書之二

HSMH(HS-N06F3-056)

附注:

印章:二冊均鈐有"胡適的書"朱文方印。

批注圈劃:(1)上冊書背有胡適朱筆注記,部分字迹已脫落。(2)上冊自序有胡適的鉛筆注記。內文有胡適的藍、紅、黑、鉛等各色筆注記、校改與劃綫。(3)下冊封面有胡適的藍筆注記:"此冊敘南北朝至廖平,約一千六百年,只有 381 頁";內文及附錄諸文有胡適的藍、綠、黑、紅、鉛等各色筆注記、校改與劃綫。

夾紙:二冊均有夾紙數張。

其他:增訂 8 版。

1714 中國哲學史大綱卷上/胡適著. ——上海:商務印書館,1919

[9],398 頁;23 厘米

北京大學叢書

HSMH(HS-DS-023)

附注:

題記:封面有胡適黑筆手寫題記:"自校本。"

批注圈劃:(1)內文有胡適的黑、紅、鉛筆校改、劃綫與注記。(2)扉頁有手寫黑筆與鉛筆的正誤表。

夾紙：(1)有夾紙數張。(2)頁 41 夾有北京大學收發股掛號回執 1 張，上有鉛筆注記住址。(3)頁 194 夾有手寫紙 1 張，上有以毛筆題詩句兩行。(4)頁 396 夾有北京大學便箋殘片 1 張，上有鉛筆注記的正誤表。(5)版權頁後粘貼北京大學月刊用紙 1 張，上寫有毛筆注記的正誤表。

其他：(1)初版。(2)頁 157 的黑筆眉批，末書"十一、三、廿八"；頁 340 的眉批，末書"廿一、四、廿六"。可見此書是胡適於 1949 年携出北平的少數書稿之一。

1715 中國哲學史大綱：卷上/胡適著．——上海：商務印書館，1947

[10]，398，10 頁；21 厘米

大學叢書

HSMH（HS-DS-024）

附註：

印章：鈐有"胡適的書"朱文方印。

批注圈劃：偶有胡適的紅、黑、朱筆注記與校改。

夾紙：夾有本書出版版本細目之紙卡 1 張。

其他：(1)大叢本第 4 版。(2)附錄胡適《諸子不出於王官論》一文。

1716 中國哲學講話/李石岑著．——臺北：啓明書局，1958

[8]，442 頁；18 厘米

文化叢書

HSMH（HS-N10F1-062）

附註：

印章：鈐有"胡適的書"朱文方印。

其他：初版。

1717 中國哲學史資料選輯近代之部/中國科學院哲學研究所中國哲學史組編．——北京：中華書局，1959

1 冊；21 厘米

HSMH（HS-N07F5-037）

附註：

印章:鈐有"胡適的書"朱文方印。

題記:扉頁有胡適的藍筆注記:"袁守和兄送我的。胡適 一九六十,九,三。"

其他:(1)第1版。(2)精裝。(3)原書不知幾冊,館藏第6冊《近代之部》。

1718 中國哲學史資料選輯兩漢之部/中國科學院哲學研究所中國哲學史組編.——北京:中華書局,1960

1 冊;21 厘米

HSMH(HS-N07F5-036)

附注:

印章:鈐有"胡適的書"朱文方印。

題記:扉頁有胡適的藍筆注記:"袁守和兄送我的。胡適 一九六十,九,三。"

批注圈劃:《兩漢之部說明》有胡適的紅筆劃綫。

其他:(1)第1版。(2)精裝。(3)原書不知幾冊,館藏第2冊《兩漢之部》。

1719 中國成文法編制之沿革/梁啓超著.——臺北:臺灣"中華書局",1957

114 頁:表;18 厘米

HSMH(HS-N06F5-002)

附注:

印章:鈐有"胡適的書"朱文方印。

其他:(1)臺1版。(2)附《中國法理學發達史論》。

1720 中國之美文及其歷史/梁啓超著.——臺北:臺灣"中華書局",1956

181 頁:表;18 厘米

HSMH(HS-N06F5-009)

附注:

印章:鈐有"胡適的書"朱文方印。

其他:臺1版。

1721 中國之武士道/梁啓超著. ——臺北：臺灣"中華書局"，1957

[29]，61 頁；18 厘米

HSMH（HS-N06F5-030）

附註：

印章:鈐有"胡適的書"朱文方印。

其他:臺1版。

1722 中國中古思想史的提要/胡適著. ——北平：國立北京大學出版部，出版年不詳

1 冊；29 厘米

HSMH（HS-N06F3-017）

附註：

批注圈劃:內文有胡適的紅、藍、黑、鉛筆校正和注記，所改內容，後大半已收進本館據手稿本影印行世的《中國中古思想小史》的附錄部分。

夾紙:內文頁前粘有一紙，題爲"中國哲學史第二學期讀書報告"。

其他:(1)排印本。(2)本冊係胡適校改本。(3)本講義即毛子水在《中國中古思想小史》書末跋中所提及的北大"講義"，"講義"當是胡適携出北平的少數書稿之一。(4)本講義共分爲12講。

1723 中韓文化與文學/彭國棟編著. ——臺北："中央文物供應社"，1958

[6]，154 頁；18 厘米

HSMH（HS-N10F1-037）

附註：

印章:鈐有"胡適的書"朱文方印。

1724 中華大辭典第一冊/楊家駱編纂. ——臺北："中華叢書編審委員會"，1958

1 冊；22 厘米

HSMH（HS-N17F1-014）

附註：

印章:鈐有"胡適的書"朱文方印。

其他:(1)精裝。(2)原書不知幾冊,館藏第 1 冊。

1725 中華大字典/臺灣"中華書局編輯部"編輯.——臺北:"中華書局",1960

2 冊:圖;19 厘米

HSMH(HS-N08F3-001)

附注:

印章:鈐有"胡適的書"朱文方印。

摺頁:下冊"鳥"部有一處摺角。

其他:(1)臺 1 版。(2)精裝。

1726 中華民國出版圖書目錄(一)/"國立中央圖書館"編.——臺北:"中華文化出版事業委員會",1956

[4],376 頁;19 厘米

"現代國民基本知識叢書"第三輯

HSMH(HS-N10F3-004)

附注:

印章:鈐有"胡適的書"朱文方印。

其他:(1)初版。(2)附勘誤表。

1727 中華民國出版圖書目錄(二)/"國立中央圖書館"編.——臺北:"中華文化出版事業委員會",1956

3,126 頁;19 厘米

"現代國民基本知識叢書"第三輯

HSMH(HS-N10F3-005)

附注:

印章:鈐有"胡適的書"朱文方印。

其他:(1)再版。(2)附勘誤表。

1728 中華民國出版圖書目錄(三)/"國立中央圖書館"編.——臺北:"中華文化出版事業委員會",1958

[4],291 頁;19 厘米

"現代國民基本知識叢書"第五輯

HSMH（HS-N10F3-006）

附注：

　　印章：鈐有"胡適的書"朱文方印。

　　其他：初版。

1729 中華民國大事記/高蔭祖主編.——臺北市：世界社，1957

［10］，704 頁；22 厘米

HSMH（HS-N15F2-048）

附注：

　　印章：鈐有"胡適的書"朱文方印、"石曾李煜瀛印"朱文方印、"煜瀛"朱文方印。

　　題記：扉頁有毛筆題贈二則："適之先生誕辰贈此誌賀 中華民國四十七年十二月十七日 石曾李煜瀛因客台北"，"適之先生勉我作自述者屢屢乃中西友人對此事最熱心者之一余亦曾屢試愧尚無脫稿者曾以此書作題注本固爲重文館而作亦爲自述之參攷與相互印證而作惜亦去完成甚遠抑或有一日可效先生以著述壽友人手一笑而衹正之 石曾又識"。

　　批注圈劃：多頁有胡適的綠、紅筆注記、校改與劃綫。

　　其他：(1)初版。(2)精裝。

1730 中華民國留美同學會：Membership Roster 1958—1959/著者不詳.——出版地不詳：出版者不詳，出版年不詳

189 頁；19 厘米

HSMH（HS-N18F3-030）

附注：

　　其他：精裝。

1731 中華民國統計手冊第四期/"行政院"主計處編.——臺北："行政院"主計處，1959

245 頁；13 厘米

HSMH（HS-N18F3-018）

附注：

　　夾紙:扉頁夾有印製"敬請指正 陳慶瑜謹贈"便條1張。

　　其他:精裝。

1732 中華民國憲法/著者不詳. ——上海：商務印書館,1947

　　1冊；20厘米

　　HSMH（HS-N07F2-037）

　　附注：

　　　印章:鈐有"胡適的書"朱文方印。

　　　其他:(1)初版。(2)書末有藍筆長篇注記"動員戡亂時期臨時條款",非胡適筆迹。

1733 中華民國憲法/"國民大會"秘書處編. ——臺北："國民大會"秘書處,1961

　　2,28,40頁；21厘米

　　HSMH（HS-N18F5-032）

1734 中華民國憲法之制定/"國民大會"秘書處編. ——出版地不詳："國民大會"秘書處,1961

　　208頁：表；21厘米

　　參考資料叢刊之四

　　HSMH（HS-N08F1-012）

1735 中華民國現行法規大全/現行法規大全編纂委員會編. ——臺北：現行法規大全編纂委員會,1954

　　1冊：表；26厘米

　　HSMH（HS-N13F2-016）

　　附注：

　　　夾紙:夾紙4張。

　　　其他:(1)精裝。(2)原書不知幾冊,館藏第2冊。

1736 中華民國行憲史/劉錫五著. ——臺北："中華文化出版事業委員會",1958

2 冊；19 厘米

"現代國民基本知識叢書"第五輯

HSMH（HS-N08F2-007）

附注：

印章：二冊均鈐有"胡適的書"朱文方印、"劉錫五"朱文方印。

題記：第 1 冊書名頁有作者手寫題贈："適之先生賜教"，"民國四十七年十二月十七日爲母校國立北京大學六十週年紀念 適師六十晉七大慶敬此獻賀 受業劉錫五謹贈"。

夾紙：第 2 冊夾有注記作者地址信封殘片 1 張。

內附文件：(1)第 1 冊夾附 1958 年 12 月 15 日劉錫五致胡適贈書書信 1 封，參見館藏號：HS-NK05-129-020。(2)第 2 冊夾有第一屆"國民大會"代表全國聯誼會開會通知書 1 封，參見館藏號：HS-NK05-266-008。

其他：再版。

1737 中華民國學術機構錄：Directory of the cultural organizations of the Republic of China/著者不詳.——Taipei："National Central Library"，1961

114 頁：圖；21 厘米

HSMH（HS-N18F3-047）

附注：

印章：鈐有"胡適的書"朱文方印。

1738 中華民國之建立/包遵彭，李定一，吳相湘編纂.——臺北：正中書局，1957

[6]，313 頁；21 厘米

中國近代史論叢第一輯第八冊

HSMH（HS-N07F5-032）

附注：

批注圈劃：偶有胡適的紅筆劃綫與校改。

夾紙：有夾紙 1 張。

其他：臺初版。

1739 中華五千年史第一冊遠古史/張其昀著.——臺北：中國文化研究所，1961

16，162頁：圖；27厘米

中華文化研究所叢書

HSMH（HS-N07F3-040）

附注：

  印章：鈐有"胡適的書"朱文方印。

  夾紙：夾有張其昀的自序數頁，首頁有其手寫題贈："適之先生教正 後學 張其昀敬上 十二，卅。"

  其他：(1)初版。(2)精裝。

1740 中華五千年史第二冊西周史/張其昀著.——臺北：中國文化研究所，1961

  10，224頁：圖；27厘米

  中華文化研究所叢書

  HSMH（HS-N07F3-041）

  附注：

    夾紙：夾有張其昀"敬贈"的名片1張。

    其他：(1)初版。(2)精裝。

1741 中華藝術圖錄/譚旦冏纂輯.——臺北：明華書局，1959

  1冊：彩圖；26厘米

  HSMH（HS-N10F3-001）

  附注：

    印章：鈐有"胡適的書"朱文方印。

    其他：(1)初版。(2)英文題名"CHINESE ART"。

1742 中年自述/沈宗瀚著.——臺北：正中書局，1957

  [15]，215頁；21厘米

  HSMH（HS-N17F6-068）

  附注：

    印章：鈐有"胡適的書"朱文方印。

    題記：館藏一冊扉頁有作者的手寫題贈："敬謝適之先生序言與指教 弟沈宗瀚 民國四十六年七月廿一日"，以及胡適的藍筆注記："七月廿六日，此册寄到。郵費新台幣＄91.00。"

夾紙:館藏一册目錄前粘附胡適的黑筆筆記紙1張,信封殘片1張,夾紙1張。

與胡適的關係:收錄胡適《中年自述序》一文。

其他:臺初版。

1743 中年自述/沈宗瀚著.——臺北:正中書局,1962

[34],215頁;21厘米

HSMH(HS-N17F6-067)

附注:

題記:封面裏有沈宗瀚的手寫題贈。

與胡適的關係:(1)臺2版。(2)封面書名係胡適所題簽。(3)收錄胡適《中年自述序》手稿書影。

1744 中日文化論集續編/張其昀等著.——臺北:"中華文化出版事業委員會",1958

2册:圖;19厘米

"現代國民基本知識叢書"第五輯

HSMH(HS-N07F4-026)

附注:

印章:鈐有"胡適的書"朱文方印。

夾紙:夾紙1張,上有手寫注記王信忠在東京的地址。

其他:再版。

1745 中外老子著述目錄/嚴靈峯編纂.——臺北:"中華叢書委員會",1957

[10],380,6頁;19厘米

"中華叢書"

HSMH(HS-N07F2-026)

附注:

印章:鈐有"胡適的書"朱文方印。

1746 中外老子著述目録/嚴靈峯編纂.——臺北："中華叢書委員會"，1957

[10]，380，6頁；19厘米

"中華叢書"

HSMH（HS-N10F3-007）

附注：

印章:鈐有"靈峰著作"朱文方印、"無求備齋"朱文方印。

題記:扉頁有編者手寫題贈："適之先生 教正 後學嚴靈峰謹贈 民國四十七年五月於台北市。"

1747 中西經星同異考及其他一種/梅文鼎撰.——出版地不詳：商務印書館，1939

1冊；18厘米

叢書集成初編

HSMH（HS-N10F5-090）

附注：

印章:鈐有"胡適的書"朱文方印。

其他:(1)初版。(2)據版權頁題名。(3)內容:《中西經星同異考》、《史記天官書補目》。

1748 中興間氣集二卷/高仲武撰.——上海：商務印書館，1936

1冊；23厘米

四部叢刊初編縮本集部405

HSMH（HS-N11F6-031）

附注：

印章:鈐有"胡適的書"朱文方印。

其他:(1)初版。(2)扉頁印有"HONG KONG"字樣。(3)牌記記載"上海商務印書館縮印秀水沈氏藏明翻宋本"。(4)與《河嶽英靈集》合刊。

1749 中央博物院廿五年之經過/譚旦冏著.——臺北："中華叢書編審委員會"，1960

[24]，404頁，圖版[31]頁：圖；19厘米

"中華叢書"

1077

HSMH（HS-N21F1-029）

附注：

　　與胡適的關係：圖版頁 25 收錄胡適王世杰來庫視察合影照片 1 張。

1750 中央故宫博物館聯合特展展品説明書/"中央故宫博物院"聯合管理處出版委員會編. ——臺北："中央故宫博物院"聯合管理處出版委員會，1961

［1］，48 頁；23 厘米

HSMH（HS-N17F3-005）

1751 中央亞細亞的文化/羽田亨著；張宏英譯. ——長沙：商務印書館，1941

［3］，110 頁；18 厘米

史地小叢書

HSMH（HS-N07F4-024）

附注：

　　印章：鈐有"胡適的書"朱文方印。

1752 中央研究院概况：民國十七年至四十五年/"中央研究院"總辦事處編. ——臺北："中央研究院"，1956

18，38 頁；20 厘米

HSMH（HS-N18F3-048）

1753 中央研究院概况：民國十七年至四十六年/"中央研究院"總辦事處編. ——臺北："中央研究院"，1957

19，38 頁；21 厘米

HSMH（HS-N18F3-049）

1754 中央研究院歷史語言研究所集刊第一本第一分/中央研究院歷史語言研究所編. ——廣州：中央研究院，1928

117 頁：表；27 厘米

HSMH（HS-N17F2-001）

附注：

印章:封面蓋有"贈閱"印戳,鈐有"胡適的書"朱文方印。

與胡適的關係:收錄胡適《建文遜國傳說的演變——跋崇禎本遜國逸書殘本》一文。

1755 中央研究院歷史語言研究所集刊第四本第三分/中央研究院歷史語言研究所編.——上海:中央研究院,1934

233—353 頁:表;27 厘米

HSMH(HS-N17F2-002)

附注:

印章:封面蓋有"贈閱"印戳,鈐有"胡適的書"朱文方印。

與胡適的關係:收錄胡適《說儒》一文。

1756 中央研究院歷史語言研究所集刊第十四本/"中央研究院"歷史語言研究所集刊編輯委員會編.——臺北:"中央研究院"歷史語言研究所,1959

352 頁:圖,表;26 厘米

HSMH(HS-N17F2-003)

附注:

印章:蓋有"贈閱"印戳。

其他:1948 年上海付印,1959 年臺灣重印。

1757 中央研究院歷史語言研究所集刊第三十本/"中央研究院"歷史語言研究所集刊編輯委員會編輯.——臺北:"中央研究院"歷史語言研究所,1959

2 冊:圖,表;26 厘米

HSMH(HS-N17F2-006)

附注:

印章:鈐有"胡適的書"朱文方印。

其他:封面印記"歷史語言研究所集刊三十周年紀念專號"。

1758 中央研究院歷史語言研究所集刊第三十一本/"中央研究院"歷史語言研究所集刊編輯委員會編輯.——臺北:"中央研究院"歷史語言研究所,1960

433 頁:圖,表;26 厘米

HSMH（HS-N17F2-007）

附注：

　　印章：蓋有"贈閱"印戳。

1759 中印文學關係研究/裴普賢著.——臺北：臺灣省婦女寫作協會，1959

[1]，69 頁；19 厘米

婦女文叢之十二

HSMH（HS-N10F1-038）

附注：

　　印章：鈐有"胡適的書"朱文方印。

　　夾紙：館藏一冊夾信封殘片 1 張。

　　與胡適的關係：(1)封面書名係胡適題簽。(2)收錄《胡適的三大貢獻說》一文。

　　其他：初版。

1760 中越緬泰詩史/彭國棟著.——臺北："中華文化出版事業委員會"，1958

[4]，252 頁；19 厘米

"現代國民基本知識叢書"第五輯

HSMH（HS-N10F1-032）

附注：

　　印章：鈐有"胡適的書"朱文方印。

　　其他：初版。

1761 中州集十卷/元好問編.——上海：商務印書館，1936

1 冊；23 厘米

四部叢刊初編縮本集部 421

HSMH（HS-N11F6-037）

附注：

　　印章：鈐有"胡適的書"朱文方印。

　　批注圈劃：《中州集》序，總目，卷 1,2,4—6 有胡適的紅筆注記與圈劃。

　　其他：(1)初版。(2)扉頁印有"HONG KONG"字樣。(3)牌記記載"上海

商務印書館縮印董氏影元本"。(4)與《谷音》、《河汾諸老詩集》合刊。

1762 忠肅集二十卷拾遺一卷/劉摯撰. ——上海：商務印書館，1936

 4冊；18厘米

 叢書集成初編

 HSMH（HS-N10F5-093）

 附注：

  印章：鈐有"胡適的書"朱文方印。

  其他：(1)初版。(2)據聚珍版叢書本排印。

1763 鐘錶淺說/潘慤著. ——臺北：台灣開明書店，1956

 3，98頁：圖，表；19厘米

 HSMH（HS-N08F2-038）

 附注：

  印章：鈐有"胡適的書"朱文方印。

  題記：書名頁有潘慤手寫題贈："適之先生教正 作者敬呈。"

  批注圈劃：書名頁有胡適的紅筆注記："實君。"

  其他：初版。

1764 周髀算經二卷/李淳風等注釋. ——上海：商務印書館，1936

 1冊：圖；23厘米

 四部叢刊初編縮本子部089

 HSMH（HS-N11F3-034）

 附注：

  印章：鈐有"胡適的書"朱文方印。

  批注圈劃：《周髀算經》序、題辭、卷上有胡適的紅筆圈劃。

  其他：(1)初版。(2)扉頁印有"HONG KONG"字樣。(3)牌記記載"上海商務印書館縮印南陵徐氏積學齋藏明刊本"。(4)與《九章算術》九卷合刊。

1765 周佛海日記/周佛海著. ——香港：創墾出版社，1955

6，208，[2]頁，圖版[3]頁：像；18厘米

HSMH（HS-N07F5-011）

附注：

 印章：鈐有"胡適的書"朱文方印。

 批注圈劃：偶有胡適的紅筆劃綫與黑筆注記。

 其他：3版。

1766 周官新義/王安石撰.——臺北：臺灣"商務印書館"，1956

 [2]，265頁；19厘米

 國學基本叢書

 HSMH（HS-N10F4-025）

 附注：

  印章：鈐有"胡適的書"朱文方印。

  其他：臺初版。

1767 周禮正義/孫詒讓著.——臺北："商務印書館"，出版年不詳

 22冊；19厘米

 HSMH（HS-N10F2-008）

 附注：

  印章：鈐有"胡適的書"朱文方印。

  其他：據1931年楚學社本影印。

1768 周禮十二卷/鄭玄註.——上海：商務印書館，1936

 232頁；23厘米

 四部叢刊初編縮本經部003

 HSMH（HS-N11F2-019）

 附注：

  印章：鈐有"胡適的書"朱文方印。

  其他：(1)初版。(2)牌記記載"上海商務印書館縮印長沙葉氏藏明宋岳氏相臺本"。

1769 周氏冥通記四卷/陶弘景撰. ——上海：商務印書館，1936

    1，148 頁；18 厘米

    叢書集成初編

    HSMH（HS-N10F5-072）

    附注：

        印章：鈐有"胡適的書"朱文方印。

        批注圈劃：有胡適的紅筆圈點、劃綫與注記。

        夾紙：有夾紙數張。

        其他：(1)初版。(2)據秘冊彙函本影印。(3)版心題名"冥通記"。

1770 周書五十卷/令狐德棻等撰. ——臺北：藝文印書館，出版年不詳

    382 頁；26 厘米

    HSMH（HS-N09F4-007）

    附注：

        印章：鈐有"胡適的書"朱文方印。

        其他：據清乾隆武英殿刊本影印。

1771 周書斠補四卷/孫詒讓撰. ——臺北：藝文印書館，出版年不詳

    1 冊：摺圖；19 厘米

    HSMH（HS-N10F2-014）

    附注：

        印章：鈐有"胡適的書"朱文方印。

        批注圈劃：書背有胡適的藍筆注記"周書斠補"。

        其他：據清光緒庚子年(1926)刊本影印。

1772 周易十卷/王弼注. ——上海：商務印書館，1936

    1 冊：圖；23 厘米

    四部叢刊初編縮本經部 001

    HSMH（HS-N11F2-017）

    附注：

        印章：鈐有"胡適的書"朱文方印。

批注圈劃：偶有胡適的藍筆注記。

其他：(1)初版。(2)牌記記載"上海商務印書館縮印宋刊本"。(3)與《尚書》十三卷合刊。

1773 周易集解十七卷／(唐)李鼎祚輯.——上海：商務印書館，1936

4冊；18厘米

叢書集成初編

HSMH（HS-N10F5-021）

附注：

印章：鈐有"胡適的書"朱文方印。

其他：(1)初版。(2)據學津本排印。

1774 周作人代表作／三通書局編輯部編.——上海：三通書局，1941

[8]，258頁；18厘米

現代作家選集第三集

HSMH（HS-N15F2-019）

附注：

印章：鈐有"胡適的書"朱文方印。

夾紙：頁100有夾紙1張。

1775 周作人散文鈔／周作人著.——上海：開明書店，1933

[12]，133頁；19厘米

HSMH（HS-N15F2-016）

附注：

印章：鈐有"中華學生圖書□藏"朱文長方印、"馮賽先藏書"朱文方印、"胡適的書"朱文方印。

批注圈劃：多頁有胡適的紅筆圈劃。

其他：3版。

1776 周作人選集／周作人著；徐沉泗，葉忘憂編.——上海：萬象書屋，1936

[12]，252頁；18厘米

現代創作文庫第四輯

HSMH（HS-N15F2-014）

附注：

　　印章:鈐有"胡適的書"朱文方印。

　　其他:初版。

1777 朱舜水先生年譜/梁啓超著.——臺北:臺灣"中華書局",1957

59頁;18厘米

HSMH（HS-N06F5-025）

附注：

　　印章:鈐有"胡適的書"朱文方印。

　　其他:臺1版。

1778 洙泗考信録/崔述著.——上海:商務印書館,1937

104頁;18厘米

叢書集成初編

HSMH（HS-N10F5-010）

附注：

　　印章:鈐有"胡適的書"朱文方印。

　　批注圈劃:有胡適的藍、黑筆劃綫與注記。

　　夾紙:有夾紙數張。

　　其他:(1)初版。(2)據畿輔叢書本排印。

1779 朱文公校昌黎先生集四十卷外集十卷遺文一卷/韓愈撰;朱熹校.——上海:商務印書館,1936

2冊;23厘米

四部叢刊初編縮本集部152,153

HSMH（HS-N11F4-014）

附注：

　　印章:鈐有"胡適的書"朱文方印。

　　批注圈劃:(1)第1冊序有胡適的藍筆圈劃,末有注記:"此序甚好";卷11

1085

有胡適的朱、紅筆校改、注記與劃綫。(2)第 2 冊卷 18、19、31、34、傳有胡適的紅、藍筆注記與圈劃。

夾紙：二冊均有夾紙數張。

其他：(1)初版。(2)扉頁印有"HONG KONG"字樣。(3)第 1 冊牌記記載"上海商務印書館縮印元刊本"。

1780 朱熹教育學説/祁致賢編著. ——臺北：復興書局，1954

2，70 頁；19 厘米

"國民學校叢書"

HSMH（HS-N18F3-035）

附注：

其他：初版。

1781 朱自清文集第二集/朱自清著. ——臺中："中台書局"，1959

1 冊；19 厘米

HSMH（HS-N15F1-003）

附注：

批注圈劃：頁 232—235 有紅筆劃綫。

其他：原書不知幾冊，館藏第 2 集。

1782 朱子學的二卷/丘濬編輯. ——上海：商務印書館，1936

［8］，105 頁；18 厘米

叢書集成初編

HSMH（HS-N10F5-050）

附注：

印章：鈐有"胡適的書"朱文方印。

其他：(1)初版。(2)據正誼堂全書本排印。

1783 朱子學歸二十三卷/鄭端輯. ——上海：商務印書館，1936

3 冊；18 厘米

叢書集成初編

HSMH（HS-N10F5-051）

附註：

　　印章：鈐有"胡適的書"朱文方印。

　　其他：(1)初版。(2)據畿輔叢書本排印。

1784 洙泗考信餘錄/崔述著.——上海：商務印書館，1937

　　73 頁；18 厘米

　　叢書集成初編

　　HSMH（HS-N10F5-011）

附註：

　　印章：鈐有"胡適的書"朱文方印。

　　批注圈劃：有胡適的紅筆圈點與劃綫。

　　其他：(1)初版。(2)據畿輔叢書本排印。

1785 諸蕃志/趙汝适著.——臺北：臺灣銀行，1961

　　[10]，106 頁；19 厘米

　　臺灣文獻叢刊第一一九種

　　HSMH（HS-N09F1-004）

附註：

　　印章：鈐有"胡適的書"朱文方印。

1786 諸子考釋/梁啓超著.——臺北：臺灣"中華書局"，1957

　　2，121 頁：表；18 厘米

　　HSMH（HS-N06F5-020）

附註：

　　印章：鈐有"胡適的書"朱文方印。

　　其他：臺 1 版。

1787 諸子平議補錄二十卷/俞樾撰.——臺北：世界書局，1958

　　[6]，189 頁；19 厘米

　　世界文庫四部刊要中國思想名著之一

HSMH（HS-N07F2-011）

附注：

其他：1 版。

1788 竹書紀年二卷/沈約注. ——上海：商務印書館，1936

2 冊；23 厘米

四部叢刊初編縮本史部 021,022

HSMH（HS-N11F2-034）

附注：

印章：鈐有"胡適的書"朱文方印。

批注圈劃：(1) 第 1 冊《前漢紀》序有胡適的黑筆注記與圈劃。(2) 第 2 冊《前漢紀》卷 30 有胡適的紅筆圈劃。

夾紙：第 1 冊有夾紙 1 張。

其他：(1) 初版。(2) 二冊扉頁均印有"HONG KONG"字樣。(3) 第 1 冊牌記記載"上海商務印書館縮印天一閣刊本"。(4) 與《前漢紀》三十卷合刊。

1789 竹書紀年義證/雷學淇撰. ——臺北：藝文印書館，出版年不詳

2 冊；19 厘米

HSMH（HS-N10F3-040）

附注：

印章：鈐有"胡適的書"朱文方印。

1790 竹下寱言及其他二種/王文祿撰. ——出版地不詳：商務印書館，1937

1 冊；18 厘米

叢書集成初編

HSMH（HS-N10F5-040）

附注：

印章：鈐有"胡適的書"朱文方印。

摺頁：《竹下寱言》卷 1 有一處摺角。

其他：(1) 初版。(2) 據版權頁題名。(3) 內容：《竹子寱言》、《廉矩》、

《補衍》。

1791 註解傷寒論十卷/張機撰. ── 上海：商務印書館，1936

160頁：圖；23厘米

四部叢刊初編縮本子部084

HSMH（HS-N11F3-031）

附注：

印章：鈐有"胡適的書"朱文方印。

其他：(1)初版。(2)扉頁印有"HONG KONG"字樣。(3)牌記記載"上海商務印書館縮印明嘉靖乙巳刊本"。

1792 注釋音辯唐柳先生集四十三卷別集二卷外集二卷附錄二卷/童宗説注釋. ── 上海：商務印書館，1936

2冊；23厘米

四部叢刊初編縮本集部154，155

HSMH（HS-N11F4-015）

附注：

印章：鈐有"胡適的書"朱文方印。

批注圈劃：(1)第1冊卷3、4、6、7有胡適的紅、藍、鉛筆注記、校改與圈劃。(2)第2冊卷25、34，別集二卷，外集上卷有胡適的紅筆注記、校改與圈劃。

夾紙：第2冊有夾紙1張。

其他：(1)初版。(2)扉頁印有"HONG KONG"字樣。(3)第1冊牌記記載"上海商務印書館縮印元刊本"。

1793 轉注古音略及其他一種/楊慎撰. ── 上海：商務印書館，1937

1冊；18厘米

叢書集成初編

HSMH（HS-N10F5-089）

附注：

印章：鈐有"胡適的書"朱文方印。

其他：(1)初版。(2)據版權頁題名。(3)內容：《轉注古音略》、《奇字韻》。

1794 莊子斠補/劉師培著．——臺北：藝文印書館，出版年不詳
　　22頁；19厘米
　　HSMH（HS-N10F3-029）
　　附注：
　　　印章：鈐有"胡適的書"朱文方印。
　　　其他：據寧武南氏校印本影印。

1795 莊子解故/章炳麟著．——臺北：藝文印書館，出版年不詳
　　80頁；19厘米
　　HSMH（HS-N10F3-030）
　　附注：
　　　印章：鈐有"胡適的書"朱文方印。
　　　其他：據浙江圖書館校刊本影印。

1796 莊子新證/于省吾著．——臺北：藝文印書館，出版年不詳
　　50頁；19厘米
　　HSMH（HS-N10F3-028）
　　附注：
　　　印章：鈐有"胡適的書"朱文方印。
　　　其他：據1939年排印本影印。

1797 莊子/郭象註．——出版地不詳：藝文印書館，出版年不詳
　　2冊：書影；19厘米
　　HSMH（HS-N17F6-001）
　　附注：
　　　印章：鈐有"胡適的書"朱文方印。

1798 追悼志摩/胡適著．——出版地不詳：出版地不詳，出版年不詳

11 頁；19 厘米

HSMH（HS-N06F2-016）

附注：

 批注圈劃：各冊有胡頌平的校改字迹。

 與胡適的關係：封面書名由胡適所題簽。

 相關記載：本文亦刊載在《新月月刊》第 4 卷第 1 期。

 其他：單行本。

1799 綴網勞蛛/落華生著. ——臺北：啓明書局，1957

 ［2］，86 頁；19 厘米

 新文藝文庫落華生小說一集

 HSMH（HS-N17F6-042）

 附注：

  其他：(1)初版。(2)落華生即落花生，許地山的筆名。

1800 資治通鑑二百九十四卷/司馬光撰. ——上海：商務印書館，1936

 18 冊；23 厘米

 四部叢刊初編縮本史部 025—042

 HSMH（HS-N11F2-036）

 附注：

  印章：各冊均鈐有"胡適的書"朱文方印。

  批注圈劃：(1)第 6 冊卷 99、100 有胡適的紅、藍筆注記與劃綫。(2)第 7 冊卷 103—106 有胡適的綠、藍、紅、黑筆注記與圈劃。(3)第 14 冊卷 222 有胡適的紅筆圈劃。

  夾紙：第 6 冊有夾紙 2 張；第 7 冊有夾紙數張。

  其他：(1)初版。(2)各冊扉頁均印有"HONG KONG"字樣。(3)第 1 冊牌記記載"上海商務印書館縮印宋刊本"。

1801 資治通鑑二百九十四卷/司馬光編集；胡三省音註. ——臺北：藝文印書館，1955

 10 冊（4659 頁）；26 厘米

HSMH（HS-N09F5-002）

附注：

印章：鈐有"胡適的書"朱文方印。

批注圈劃：(1)第1冊卷22頁352有胡適的紅筆圈點。(2)第4冊卷101、102、104、105、111、114有胡適的紅、綠筆注記與圈點。(3)第7冊卷201、207、208有胡適的紅筆圈點與校改。(4)第8冊卷212、222有胡適的紅筆圈點、劃綫與校改。

夾紙：(1)第1冊有夾紙2張；第2冊有夾紙1張；第4冊有夾紙2張；第5冊有夾紙1張。(2)第6冊卷162有夾紙1張，上有胡適手寫的紅、藍、鋼筆筆記。(3)第7冊有夾紙1張；第8冊有夾紙4張。

其他：(1)初版。(2)據季滄葦藏新安朱一桂校刊本影印。

1802 資治通鑑二百九十四卷/司馬光撰；胡三省音註.——臺北：啓明書局，1960

8冊：表；26厘米

HSMH（HS-N06F6-017）

附注：

印章：鈐有"胡適的書"朱文方印。

其他：(1)初版。(2)據清嘉慶粹芬閣藏本影印。(3)原書共8冊，館藏闕第1冊。

1803 資治通鑑今註/司馬光撰；李宗侗，夏德儀等校註.——臺北："中華叢書委員會"，1956—

15冊：地圖；21厘米

"中華叢書"

HSMH（HS-N09F6-012）

附注：

印章：鈐有"胡適的書"朱文方印。

題記：第1冊扉頁有李宗侗的長篇藍筆題贈："適之先生 承來信關切註資治通鑑事並承加以指示，同人均感，特獻前二冊請教。……"

批注圈劃：第2冊有偶有胡適的藍筆校改、注記與圈劃。

夾紙：第2冊有夾紙6張。

其他：原書共 15 冊，館藏 1、2 兩冊。

1804 資治通鑑考異三十卷/司馬光撰. —— 上海：商務印書館，1936

211 頁；23 厘米

四部叢刊初編縮本史部 043

HSMH（HS-N11F3-002）

附注：

印章：鈐有"胡適的書"朱文方印。

批注圈劃：多處有胡適的紅筆注記、校改與圈劃。

夾紙：卷 3 有夾紙 1 張。

其他：(1)初版。(2)扉頁印有"HONG KONG"字樣。(3)牌記記載"上海商務印書館縮印宋刊本"。

1805 資治通鑑目錄三十卷/司馬光編. —— 上海：商務印書館，1936

3 冊：表；23 厘米

四部叢刊初編縮本史部 044—046

HSMH（HS-N11F3-003）

附注：

印章：鈐有"胡適的書"朱文方印。

批注圈劃：(1)第 1 冊卷 3、6 有胡適的紅筆圈點與注記。(2)第 2 冊卷 15 有胡適的紅筆校改。

其他：(1)初版。(2)各冊扉頁均印有"HONG KONG"字樣。(3)第 1 冊牌記記載"上海商務印書館縮印宋刊本"。

1806 資治通鑑釋文三十卷/史炤撰. —— 上海：商務印書館，1936

181 頁；23 厘米

四部叢刊初編縮本史部 050

HSMH（HS-N11F3-006）

附注：

印章：鈐有"胡適的書"朱文方印。

夾紙：有夾紙 1 張。

其他:(1)初版。(2)扉頁印有"HONG KONG"字樣。(3)牌記記載"上海商務印書館縮印烏程蔣氏密韵樓藏宋刊本"。

1807 資治通鑑外紀十卷目錄五卷/劉恕撰.——上海:商務印書館,1936
2 冊:表;23 厘米
四部叢刊初編縮本史部 048,049
HSMH(HS-N11F3-005)
附注:
印章:鈐有"胡適的書"朱文方印。
其他:(1)初版。(2)二冊扉頁均印有"HONG KONG"字樣。(3)第 1 冊牌記記載"上海商務印書館縮印明刊本"。

1808 子墨子學説/梁啓超著.——臺北:臺灣"中華書局",1956
72 頁:圖;18 厘米
HSMH(HS-N06F5-017)
附注:
印章:鈐有"胡適的書"朱文方印。
其他:臺 1 版。

1809 自己的園地/周作人著.——上海:北新書局,1927
[8],278 頁:圖;19 厘米
HSMH(HS-N15F2-015)
附注:
印章:鈐有"棟□"朱文圓印、"三清草盧"朱文方印、"胡適的書"朱文方印。
批注圈劃:多頁有胡適的紅筆注記與圈劃。
夾紙:頁 222 有夾紙 1 張。
其他:10 版。

1810 自由論/ John Stuart Mill 著;鄭學稼譯.——臺北:文星書店,1960
[4],120 頁;19 厘米

HSMH（HS-N08F2-008）

附注：

 印章：钤有"胡适的书"朱文方印。

 题记：封面有胡适黑笔注记："沈志明兄赠 适之"。

 其他：(1)初版。(2)译自 *On Liberty*。

1811 自由与文化/杜威(John Dewey)著；林以亮，娄贻哲译. ——香港：人生出版社，1954

 [17]，172，8页；19厘米

 人生学术丛书之二

 HSMH（HS-N18F6-003）

 附注：

  印章：初版二册均钤有"胡适的书"朱文方印。

  夹纸：初版一册有夹纸1张。

  其他：初版。

1812 宗徒经书/思高圣经学会译. ——香港：思高圣经学会，1959

 2册：摺图；18厘米

 新约全书之二

 HSMH（HS-N07F3-022）

 附注：

  印章：钤有"胡适的书"朱文方印。

  其他：(1)精装。(2)原书共2册，馆藏上册。

1813 总统府临时行政改革委员会总报告/"临时行政改革委员会"编. ——台北："临时行政改革委员会"，1958

 8，492页：表；27厘米

 HSMH（HS-N07F3-044）

 附注：

  印章：钤有"胡适的书"朱文方印。

  内附文件：扉页夹有王云五致胡适的赠书公文书信1封，参见馆藏号：

HS-NK05-006-004。

1814 足本鏡花緣/李汝珍撰. ──臺北：世界書局，1957

[17]，427頁；19厘米

世界文庫四部刊要通俗小說名著叢刊之一

HSMH（HS-N15F2-068）

附注：

印章：鈐有"胡適的書"朱文方印。

題記：內封面有黑筆題贈："適之先生賜正 生李辰冬敬贈 四八，四月，台北。"

批注圈劃：偶有胡適的紅、藍筆校改與圈劃。

夾紙：有夾紙數張。

其他：8版。

1815 足本儒林外史/吳敬梓撰. ──臺北：世界書局，1957

2冊；18厘米

世界文庫四部刊要通俗小說名著叢刊之一

HSMH（HS-N15F2-064）

附注：

題記：上冊扉頁有手寫題贈："適之先生賜正 生李辰冬敬贈 四八，四月，台北。"

批注圈劃：(1)上冊頁25有胡適的紅筆劃記。(2)下冊封面有胡適的藍筆注記："有缺頁(274)"；頁274有胡適的紅筆注記與劃記。

夾紙：上冊有夾紙1張。

其他：4版。

1816 足本儒林外史/吳敬梓撰. ──臺北：世界書局，1959

2冊；19厘米

世界文庫四部刊要中國通俗小說名著之一

HSMH（HS-N06F5-064）

附注：

印章:鈐有"胡適的書"朱文方印。

　　夾紙:上冊夾有手寫英文筆記紙1張。

　　相關記載:1959年4月4日有李辰冬致胡適函,敘述寄贈此書事,參見館藏號:HS-NK01-062-013。

　　其他:臺5版。

1817　足本三國演義/羅本撰;楊家駱編.——臺北:世界書局,1958

　　2冊:圖;19厘米

　　世界文庫四部刊要中國通俗小說名著之一

　　HSMH（HS-N06F5-063）

　　附注:

　　印章:鈐有"胡適的書"朱文方印。

　　題記:上冊書名頁有手寫題贈:"適之先生賜正　生李辰冬敬贈　四八、四月 台北。"

　　相關記載:1959年4月4日有李辰冬致胡適函,敘述寄贈此書事,參見館藏號:HS-NK01-062-013。

　　其他:19版。

1818　足本西遊記/吳承恩撰;楊家駱編.——臺北:世界書局,1958

　　2冊;19厘米

　　世界文庫四部刊要通俗小說名著叢刊之一

　　HSMH（HS-N06F5-060）

　　附注:

　　印章:鈐有"胡適的書"朱文方印。

　　題記:上冊扉頁有黑筆手寫題贈:"適之先生賜正　生李辰冬敬贈　四八、四月　台北。"

　　夾紙:二冊均有夾紙。

　　相關記載:1959年4月4日有李辰冬致胡適函,敘述寄贈此書事,參見館藏號:HS-NK01-062-013。

　　其他:9版。

1819 足本西遊記/吳承恩撰. —— 臺北：世界書局，1959

   2 冊；19 厘米

   世界文庫四部刊要通俗小説名著叢刊之一

   HSMH（HS-N15F2-082）

   附注：

   　　其他:(1)11 版。(2)原書共 2 冊，館藏下冊。

1820 足本西遊記/吳承恩撰；楊家駱編. —— 臺北：世界書局，1959

   2 冊；19 厘米

   世界文庫四部刊要通俗小説名著叢刊之一

   HSMH（HS-N06F5-061）

   附注：

   　　其他:(1)11 版。(2)原書共 2 冊，館藏上冊。

1821 足本醒世姻緣/西周生輯著. —— 臺北：世界書局，1953

   ［34］，835 頁；19 厘米

   HSMH（HS-N06F6-009）

   附注：

   　　印章:鈐有"胡適的書"朱文方印。

   　　批注圈劃:第 35 回有胡適的紅筆劃綫。

   　　夾紙:有夾紙數張。

   　　其他:(1)再版。(2)精裝。

1822 祖堂集附景印引/閔泳珪整理. —— 出版地不詳：出版者不詳，出版年不詳

   ［18］，129 頁；26 厘米

   HSMH（HS-N17F5-027）

   附注：

   　　夾紙:夾"閔泳珪"名片 1 張。

1823 祖堂集二十卷/著者不詳. —— 出版地不詳：出版者不詳，出版年不詳

   HSMH（HS-N21F5-144）

附注：

批注圈劃：館藏照片型式卷 2 頁 49 有胡適的藍筆手寫注記與劃綫；卷 3 頁 13 有藍筆注記。

夾紙：館藏照片型式卷 3 頁 11 有胡適的紅筆手寫注記夾紙 1 張；卷 5 頁 13、卷 7 頁 8 各有夾紙 1 張。

相關記載：（1）館藏 28 頁胡適手寫筆記，參見館藏號：HS－NK05－184－019。（2）《胡適之先生年譜長編初稿》第 9 册，頁 3349 有相關記載。（3）《胡適日記全集》（臺北：聯經，2004 年）第 9 册，頁 720 有相關記載（1961－01－08）。

其他：（1）爲微捲型式。另藏照片型式 1 套（卷 1—10），照片爲胡適生前即已完成，應攝自館藏《祖堂集》微捲，每張照片背面均有疑似金承藝手寫的編號。（2）本微捲由 1960 年 7 月 11 日韓國延世大學圖書館館長閔泳珪託吳相湘帶回致贈胡適，參見館藏號：HS－NK05－035－008。（3）照片型式共有 411 張，僅存卷 1—10，卷 4 頁 36 比館藏微捲影像檔多出一行字。

1824　纂圖互注禮記二十卷／鄭玄註. ——上海：商務印書館，1936

194 頁：圖；23 厘米

四部叢刊初編縮本經部 005

HSMH（HS－N11F2－021）

附注：

印章：鈐有"胡適的書"朱文方印。

批注圈劃：偶有胡適的紅、藍筆圈點與注記。

夾紙：有夾紙 2 張，其中綠色夾紙上有胡適的紅、藍筆英文注記。

其他：（1）初版。（2）封面題"禮記"。（3）牌記記載"上海商務印書館縮印宋刊本"。

1825　醉翁談錄二十卷／羅燁著. ——上海：古典文學出版社，1957

［8］，133 頁；19 厘米

中國文學參考資料小叢書第一輯 9

HSMH（HS－N06F4－047）

附注：

　　印章：鈐有"胡適的書"朱文方印。

　　批注圈劃：有胡適的紅筆注記與劃綫。

　　其他：第1版。

1826 醉翁談錄十集二十卷附錄一卷/羅燁撰. —— 臺北：世界書局，1958

［8］，133 頁；19 厘米

世界文庫四部刊要中國通俗小説名著之一

HSMH（HS-N06F5-046）

附注：

　　印章：鈐有"胡適的書"朱文方印。

　　題記：扉頁有黑筆題贈："適之先生賜教　後學楊家駱敬獻。"

　　其他：初版。

1827 尊孟辨附續辨別錄/余允文撰. —— 上海：商務印書館，1937

［2］，62 頁；18 厘米

叢書集成初編

HSMH（HS-N10F5-028）

附注：

　　印章：鈐有"胡適的書"朱文方印。

　　其他：(1)初版。(2)據守山閣叢書本排印。

1828 昨夜夢魂中/彭歌著. —— 香港：亞洲出版社，1956

［3］，289 頁；18 厘米

HSMH（HS-N15F2-073）

附注：

　　印章：鈐有"胡適的書"朱文方印。

　　題記：內封面有作者的手寫題贈："適之先生賜正　彭歌謹贈　四七年五月。"

　　批注圈劃：目次，頁12、24、81有胡適的紅、藍筆圈點與校改。

　　其他：初版。

1829 左文襄公奏牘/左宗棠著.——臺北：臺灣銀行，1960

[6]，142頁；19厘米

臺灣文獻叢刊第八十八種

HSMH（HS-N09F2-032）

附注：

印章：鈐有"胡適的書"朱文方印。

1830 作詞法入門/夏承燾著.——臺北：啓明書局，1958

[9]，126頁；18厘米

青年百科入門國學入門組

HSMH（HS-N10F1-050）

附注：

印章：鈐有"胡適的書"朱文方印。

其他：初版。

1831 □鴈尺一集/著者不詳.——出版地不詳：出版者不詳，出版年不詳

HSMH（HS-N21F5-140）

附注：

印章：鈐有"絨庭之藏"白文方印等印記。

夾紙：《□鴈尺一集 張王墨像 水》內頁有胡適的手寫筆記紙數張，其中一張注記："張伯謹代我在東京買的。共書札五十七通，兩冊，價日幣乙萬元，合美金廿五元。原題"□鴈尺一集"，第一字似是'燕'字，不是'魚'字？一冊題'流'字，一冊題'水'字，當是用五言兩句編號，原藏至少有十冊。受信之人是高麗的一位名士，駐在北京甚久，其字為'藕船'，姓氏待攷。"

其他：(1)爲微捲型式。微捲包裝盒上有胡適的綠筆注記："國朝名人書翰。"(2)此二冊爲1958年自胡適的美國寓所運送至臺灣，參見館藏號：HS-NK05-215-005。(3)第1冊題籤"□鴈尺一集 潘孔合璧 流"，第2冊題籤"□鴈尺一集 張王墨像 水"。胡適將《□鴈尺一集》及另兩冊（原無冊名，今暫定名爲"與高麗使臣函札"）命名爲"道咸同三朝文人與高麗使臣函札"，參見館藏號：HS-NK05-215-005。(4)館藏照片1套，共計100張。

二、綫裝圖書目錄

（一）北大圖書館館藏目錄

2949 靄樓逸志六卷 （清）歐蘇撰 清乾隆五十九年（1794）刻本
　　1函6冊；13.1厘米
　　PKUL（SB/I242.1/4）
　　附注：
　　　題記：自叙前有胡適題記："孫子書先生（楷第）送給我的。廿，七，十七。"

2950 安道公年譜二卷 （清）陳溥撰 清光緒十八年（1892）刻本
　　1函1冊；18厘米
　　PKUL（X/979.2/1613-1/C2）
　　附注：
　　　題記：書前有胡適題記："廿四年二月十六日，在廠甸買的。胡適。"

2951 安定言行錄二卷 （清）許正綬輯 清光緒六年（1880）苕溪丁氏刻本
　　1函1冊；17.8厘米
　　月河精舍叢鈔
　　PKUL（X/081.17/1035/C4:1）
　　附注：
　　　題記：書根有胡適題字。

2952 **安徽叢書六期** 安徽叢書編審會輯 民國二十一至二十五年(1932—1936)安徽叢書編印處影印本

　　12 函 138 冊;16.9 厘米

　　PKUL(X/081.476/3164/C2)

　　附注:

　　　　印章:封面及目錄鈐有"胡適"朱文方印。

2953 **安徽叢書六期** 安徽叢書編審會輯 民國二十一至二十五年(1932—1936)安徽叢書編印處影印本

　　5 函 51 冊;16.9 厘米

　　PKUL(X/081.476/3164/C3)

　　附注:

　　　　題記:書根有胡適題字。

　　　　其他:本書存 1—3 期。

2954 **安南供役紀事一卷** (明)朱之瑜撰 民國二年(1913) 鉛印本

　　1 函 1 冊;18.1 厘米

　　舜水遺書

　　PKUL(X/081.56/2531/C3)

　　附注:

　　　　題記:書衣後有贈書者題記:"《舜水遺書》一函,謹以祝適之先生大喜,家倫謹呈。"

2955 **安斯坦相對論(未定本)** 夏元瑮編 民國間(1912—1949) 鉛印本

　　1 函 1 冊;16.5 厘米

　　PKUL(X/530.71/4489-1)

　　附注:

　　　　題記:封面有作者題記:"胡適之先生,夏元瑮。"

2956 **安陽縣志二十八卷附金石錄十二卷** (清)貴泰修 (清)武穆淳纂 民國二十二年(1933)北平文嵐簃古宋印書局鉛印本

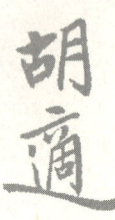

1函8册;22.4厘米

PKUL(X/981.6341/5050.5/C2)

附注:

题记:书衣有赠书者题记:"敬赠适之先生,作宾。廿四,二,二。在南京";另书根有胡适题字。

2957 安阳县志二十八卷卷首一卷 (清)贵泰修 (清)武穆淳纂 清嘉庆二十四年(1819)刻本

1函10册;17.8厘米

PKUL(X/981.6341/5050/C2)

附注:

题记:书根有胡适题字。

2958 澳大利亚洲新志一卷 (清)吴宗濂 赵元益同译 清光绪二十三年(1897)元和江氏湖南使院刻本

1函1册;16.2厘米

灵鹣阁丛书第四集

PKUL(X/081.17/3141/C2:3)

附注:

题记:书根有胡适题字。

2959 八德衍义一卷 何健撰 民国间(1912—1949)铅印本

1函1册;19.8厘米

PKUL(X/188.2/2125.1)

附注:

题记:书根有胡适题字。

2960 八美图(初集二十卷二集二十九卷) 著者不详 清同治三年(1864)芸香阁刻本

1函4册;14.4厘米

PKUL(X/814.77/8086.1C2)

附注:

題記：書根有胡適題字。

2961 八陣發明一卷 （清）陸世儀著 清光緒二十五年(1899)京師刻本
　　1函2冊；13.8厘米
　　陸桴亭先生遺書
　　PKUL(X/081.57/7442:2)
　　附注：
　　　題記：書根有胡適題字。

2962 巴黎敦煌殘卷敘錄（第一輯四卷附錄一卷） 王重民撰 民國二十五年(1936)鉛印本
　　1函1冊；16.9厘米
　　PKUL(X019.6/1027/C4)
　　附注：
　　　題記：書根有胡適題字。

2963 巴黎敦煌殘卷敘錄（第二輯四卷） 王重民撰 民國三十年(1941)鉛印本
　　1函1冊；17.3厘米
　　PKUL(X019.6/1027/C4)
　　附注：
　　　題記：書根有胡適題字。

2964 跋南雷文定一卷 （清）方東樹著 清宣統元年(1909)江浦陳氏刻本
　　1函1冊；16厘米
　　房山山房叢書
　　PKUL(X/Z121.6/2)
　　附注：
　　　題記：書根有胡適題字。

2965 白茸山人年譜一卷寅賓錄一卷 （清）魯一同編 民國四年(1915)吳興劉氏嘉業堂刻本

1 函 1 冊;18.3 厘米
嘉葉堂叢書
PKUL(X/K827.49/13)
附注:
　題記:書根有胡適題字。

2966 白虎通德論十卷 (漢)班固纂集 民國五年(1916)影印本
1 函 2 冊;22.7 厘米
隨盦叢書續編
PKUL(X/081.17/2816d/C3)
附注:
　題記:書根有胡適題字。

2967 白沙子全集十卷卷首一卷卷末一卷白沙子古詩教解二卷 (明)陳獻章撰 清乾隆三十六年(1771)碧玉樓刻本
2 函 10 冊;19 厘米
PKUL(X/810.69/7530)
附注:
　題記:書根有胡適題字。

2968 白山詞介五卷 楊鍾羲錄 清宣統二年(1910)刻本
1 函 1 冊;18.2 厘米
PKUL(X/I222.849/5)
附注:
　題記:書根有胡適題字。
　其他:朱印。

2969 白石山房逸稿二卷補錄一卷 (明)張孟兼撰 民國十三年(1924)永康胡氏夢選廔刻本
1 函 1 冊;18.2 厘米
續金華叢書

PKUL(X/081.478/4777a/C2:8)

附注:

　　題記:書根有胡適題字。

2970　白田草堂存稿二十四卷附崇祀鄉賢錄一卷行狀一卷（清）王懋竑著 清乾隆二十六年(1761)刻本

　　1函6冊;17.6厘米

　　PKUL(X/810.72/1040.1/C2)

　　附注:

　　　　批注圈劃:書内一處有胡適批注;書根有胡適題字。

2971　白屋遺詩七種 劉大白著 民國二十四年(1935)開明書店鉛印本

　　1函1冊;14.7厘米

　　PKUL(X/I222.76/15)

　　附注:

　　　　題記:書根有胡適題字。

2972　白下瑣言十卷（清）甘熙撰 清光緒十六年(1890)築野堂刻本

　　1函4冊;15.1厘米

　　PKUL(X/981.3977/4477/C2)

　　附注:

　　　　題記:書根有胡適題字。

2973　白香詞譜箋四卷（清）舒夢蘭輯（清）謝朝徵箋 清光緒十一年(1885)刻本

　　1函2冊;16.9厘米

　　PKUL(X/811.708/8744/C2)

　　附注:

　　　　題記:書根有胡適題字。

2974　白眼集一卷 王茂材撰 民國二十五年(1936)復興印刷局鉛印本

　　1函1冊;15.1厘米

PKUL(X/I216.2/2)

附注：

　　印章：封面鈐有"王茂材印"朱文方印。

　　題記：書衣有作者題記："敬請適之先生教正，王茂材敬贈"；另書根有胡適題字。

2975 白雲集四卷卷首一卷（元）許謙撰 清同治間（1862—1874）退補齋刻本
1函2冊；19.9厘米
金華叢書
PKUL(X/081.478/4777/C2)

附注：

　　題記：書根有胡適題字。

2976 白雲先生許文懿公傳集四卷（元）許謙撰 清雍正十年（1732）金華金氏刻本
1函2冊；16.7厘米
率祖堂叢書
PKUL(X/081.55/8073/C3)

2977 百川學海十集一百種（宋）左圭輯 民國十年（1921）上海博古齋影印本
4函40冊；14.9厘米
PKUL(X/081.11/4040.1/C3)

附注：

　　題記：書籤有胡適題字。

2978 百法義錄一卷 梅光義錄 民國間（1912—1949）石印本
1函1冊；18厘米
PKUL(X/B942/14)

附注：

　　題記：書根有胡適題字。

2979 百論疏十六卷（隋）釋吉藏疏 民國二年（1913）北京刻經處刻本

1函4册;17.2厘米

PKUL(X/232.31/4044)

附注:

  題記:書根有胡適題字。

2980 百一齋詩賸稿一卷 任鴻年撰 民國間(1912—1949)石印本

  1函1册;19.7厘米

  PKUL(X/811.18/2238)

  附注:

    印章:書衣有胡適簽名"適之"。

2981 百喻經二卷 (南朝齊)釋求那毗地譯 民國十年(1921)常州天寧刻經處刻本

  1函1册;17.9厘米

  PKUL(X/232.26/2641.2)

  附注:

    題記:書根有胡適題字。

2982 百丈叢林清規證義記九卷卷首一卷附地輿名目一卷 (唐)釋懷海集編 (清)釋儀潤證義 民國六年(1917)江北刻經處刻本

  1函7册;17.9厘米

  PKUL(X/235.4/9438.1)

  附注:

    題記:書根有胡適題字。

2983 百子全書一百種 民國八年(1919)上海掃葉山房石印本

  6函48册;16.5厘米

  PKUL(X/111.08/1513.1/C6)

  附注:

    題記:總目後有胡適題記:"《百子全書》本是湖北崇文書局刻的。我做小孩子時,家中有此書零種,我初讀《孔子家語》等書都是用這種本子。後來在北京,我稍稍懂得版本和校勘了,頗輕視湖北局刻本。現在我在海

1109

外，竟用二十元美金買這部掃葉山房石印本的《百子全書》！周鯁生兄說：'趕快買！總比没有書好！'我也同情他的話，就記在這裏。民國卅二年，三月廿九夜 胡適記于紐約東八十一街一〇四號。"

2984 柏梘山房文集十六卷文續集一卷駢體文二卷詩集十卷詩續集二卷（清）梅曾亮撰 清光緒二十七年（1901）鉛印本

　　1函6冊；19.6厘米

　　PKUL（X/810.78/4880.2）

　　附注：

　　　題記：書根有胡適題字。

2985 柏堂集外編十二卷（清）方宗誠撰 清光緒十年（1884）刻本

　　1函6冊；18.1厘米

　　PKUL（X/818.1/0030）

　　附注：

　　　題記：書根有胡適題字。

2986 拜經樓藏書題跋記五卷附錄一卷（清）吳壽暘纂 清道光二十七年（1847）蘇州文學山房木活字本

　　1函6冊；19.5厘米

　　PKUL（X/018.18/2646/C2）

　　附注：

　　　題記：書根有胡適題字。

2987 拜經堂文集五卷（清）臧庸撰 民國十九年（1930）上元宗氏影印本

　　1函4冊；16.8厘米

　　PKUL（X/817.739/5300/C3）

　　附注：

　　　題記：書根有胡適題字。

2988 板橋雜記三卷附吳門畫舫錄一卷（清）余懷著 清光緒三十四年（1908）長沙葉

氏刻本

　　1函1冊;17.9厘米

　　PKUL(X/817.8/8033.2)

　　附注:

　　　　題記:書根有胡適題字。

2989 半厂叢書初編十種 (清)譚獻輯 清光緒間(1875—1908)刻本

　　1函1冊;16.9厘米

　　PKUL(X081.17/0112:2)

　　附注:

　　　　題記:書根有胡適題字。

　　　　其他:本書存4種。

2990 半塘定稿二卷賸稿一卷 (清)王鵬運撰 清光緒三十二年(1906)刻本

　　1函1冊;14.7厘米

　　PKUL(X/811.77/1073.2)

　　附注:

　　　　題記:書根有胡適題字。

2991 辦理四庫全書檔案一卷 王重民輯 民國二十三年(1934)國立北平圖書館鉛印本

　　1函2冊;17.5厘米

　　PKUL(X/010.93/7541/C5)

　　附注:

　　　　題記:書根有胡適題字。

2992 保舉經學名單一卷 (清)佚名輯 民國九年(1920)江陰繆氏刻本

　　1函1冊;12.5厘米

　　煙畫東堂小品

　　PKUL(X/081.18/2741a/C2)

　　附注:

1111

題記：書衣有胡適題記："《表忠錄》，1. 徐大相等《東林同難錄》（此書詳載諸人生死年月，極有用）。2. 繆敬持《東林同難列傳》，《東林同難坿傳》"；書根有胡適題字。

2993 寶藏論一卷 （後秦）釋僧肇著 清光緒二十三年（1897）南京金陵刻經處刻本

1 函 1 冊；17.8 厘米

PKUL（X/232.75/2838/C2）

附注：

題記：書根有胡適題字。

2994 寶慶記一卷 （日）笠間龍跳編 日本明治十一年（1878）江崎接航刻本

1 函 1 冊；18.7 厘米

PKUL（X/230.7/8706）

附注：

題記：書衣有胡適題記："此是十三世紀一個日本來宋留學生的筆記，其淺陋可笑。他這裏記的堂頭和尚即如淨，住天童。適之。"

2995 寶硯齋詩集五卷（拙餘詩稿卷一寶硯齋詩稿卷二易安吟稿卷三瘦石吟稿卷四拙餘詞稿卷五） 潘文熊著 民國十九年（1930）常熟潘氏鉛印本

1 函 1 冊；15.2 厘米

PKUL（X/I222.75/23）

附注：

題記：書根有胡適題字。

2996 碑傳集補六十卷卷首二卷卷末一卷 閔爾昌輯 民國十二年（1923）北平燕京大學國學研究所鉛印本

3 函 24 冊；18.4 厘米

PKUL（X/971.7/7716/C6）

附注：

題記：內封背面有胡適題記："閔爾昌《碑傳集補》六十一卷，民國三十四年（1945）七月，在紐約東方學書店（Orientalia）買得此書，價美金十元。

胡適。"

2997 北京歷史風土叢書(第一輯五種) 瞿宣穎編 民國十四年(1925)北京廣業書社鉛印本

　　1函2冊;17.4厘米

　　PKUL(X/981.519/6632.1)

　　附注：

　　　題記：書根有胡適題字。

2998 北京圖書館藏敦煌寫本唐代俗文學 民國間(1912—1949)鈔本

　　1函1冊;19.9厘米

　　PKUL(SB/814.85/0220)

　　附注：

　　　題記：書衣有胡適題記："北京圖書館藏敦煌寫本唐代俗文學,適之。"

　　　批注圈劃：書內多處有胡適批注。

2999 北夢瑣言二十卷 (宋)孫光憲撰 清乾隆二十一年(1756)雅雨堂刻本

　　1函2冊;18厘米

　　雅雨堂叢書

　　PKUL(SB/081.17/2168/C4:4)

3000 北平歲時志十二卷 張江裁纂 民國二十五年(1936)北平國立北平研究院史學研究會鉛印本

　　1函2冊;16.7厘米

　　PKUL(X/319.0911/1134/C2)

　　附注：

　　　題記：書根有胡適題字。

3001 北平圖書館善本書目四卷 趙萬里輯 民國間(1912—1949)鉛印本

　　1函4冊;17.3厘米

　　PKUL(X/019/4946.1)

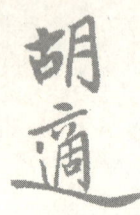

附注:

題記:書根有胡適題字。

其他:朱印。

3002 北山錄十卷 (唐)釋神清撰 (唐)釋慧寶注 民國間(1912—1949)影刻本

1函4冊;21.5厘米

PKUL(X/231.1/3535/C3)

附注:

題記:書根有胡適題字。

3003 北山文集三十卷卷首一卷卷末一卷 (宋)鄭剛中撰 清同治十二年(1873)退補齋刻本

2函8冊;19.7厘米

金華叢書

PKUL(X/081.478/4777/C2)

附注:

題記:書根有胡適題字。

3004 北史演義六十四卷 (清)杜綱編 (清)許寶善批評 清嘉慶二年(1797)刻本

1函8冊;19.2厘米

PKUL(X/813.3137/4427a)

附注:

題記:書根有胡適題字。

3005 北宋汴學二體石經記一卷 (清)丁晏撰 清光緒十六年(1890)四川尊經書局刻本

1函1冊;19.9厘米

石經彙函

PKUL(X/098.5/3191.1)

附注:

題記:書根有胡適題字。

3006 北征集一卷 靳志撰 民國二十四年(1935)鉛印本

　　1函1冊;19.9厘米

　　居易齋詩存

　　PKUL(X/811.18/4240a/C2)

　　附注:

　　　　題記:書根有胡適題字。

3007 本堂先生文集九十四卷佚文一卷佚詩一卷附録二卷校録二卷 (宋)陳著撰 清光緒十九年(1893)四明陳氏刻本

　　2函12冊;17.6厘米

　　PKUL(X/810.5/7544/C2)

　　附注:

　　　　題記:書根有胡適題字。

3008 筆記小説大觀八輯 進步書局輯 民國間(1912—1949)上海進步書局石印本

　　20函297冊;13厘米

　　PKUL(X/818.81/0657)

　　附注:

　　　　題記:書根有胡適題字。

3009 苾芻館詞集六卷 (清)胡延撰 清光緒二十九年(1903)金陵糧儲道廨刻本

　　1函4冊;15.1厘米

　　PKUL(X/I222.849/8)

　　附注:

　　　　題記:書根有胡適題字。

3010 碧城僊館詩鈔八卷 (清)陳文述撰 清光緒二十二年(1896)元和江氏湖南使院刻本

　　1函4冊;16.2厘米

　　靈鶼閣叢書第三集

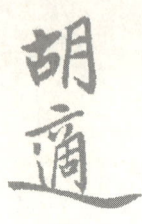

PKUL(X/081.17/3141/C2:2)

附注：

　　題記：書根有胡適題字。

3011 碧聲吟館叢書九種 （清）許善長撰 清光緒三至十年（1877—1884）碧聲吟館刻本

1函7冊；16.6厘米

PKUL(X/812.087/0887/C2)

附注：

　　題記：書根有胡適題字。

　　其他：本書存6種。

3012 碧聲唫館談麈四卷附一卷 （清）許善長纂 清光緒四年（1878）碧聲吟館刻本

1函4冊；16.5厘米

PKUL(X/Z429.5/11)

附注：

　　題記：書根有胡適題字。

3013 碧瀣詞二卷 （清）端木埰撰 清光緒十六年（1890）刻本

1函1冊；14.5厘米

徽省同聲集

PKUL(X/I222.85/20)

附注：

　　題記：書根有胡適題字。

3014 避地三策一卷附改折始末論 （清）陸世儀著 清光緒二十五年（1899）京師刻本

1函1冊；13.8厘米

陸桴亭先生遺書

PKUL(X/081.57/7442:2)

附注：

　　題記：書根有胡適題字。

3015 辯偽錄六卷 （元）釋祥邁撰 清光緒三十三年（1907）揚州藏經院刻本

1函2冊；17.9厘米

PKUL(X/B94/14)

附注：

題記：書根有胡適題字。

批注圈劃：書內多處有胡適朱筆批注圈劃。

題記：書衣有胡適題記："宗教史料（元代），九，一〇，二九。"

3016 辯學遺牘一卷 （意）艾儒略撰 民國八年（1919）鉛印本

1函1冊；19.1厘米

PKUL(X/K811/1、X/K811/1/C2)

附注：

題記：書根有胡適題字。

其他：本書有2冊。

3017 變雅堂文集四卷 （清）杜濬著 清咸豐十年（1860）江夏彭崧毓刻本

1函4冊；18.7厘米

PKUL(X/810.79/4431.2)

附注：

題記：書根有胡適題字。

3018 表異錄二十卷 （明）王志堅輯 清光緒二年（1876）陳其元刻本

1函2冊；16.1厘米

PKUL(X/031.86/1047)

附注：

題記：書根有胡適題字。

3019 別本刑統賦解一卷 （元）佚名輯 清宣統三年（1911）沈氏刻本

1函1冊；13.4厘米

枕碧樓叢書

1117

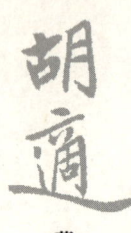

PKUL(X/081.18/3435/C2)

3020 別竹辭花記一卷 （清）梁濟著 民國十四年（1925）京華印書局鉛印本
1 函 1 冊；17.8 厘米
桂林梁先生遺書
PKUL(X/081.57/3330/C2)
附注：
　題記：書根有胡適題字。

3021 丙辰劄記一卷 （清）章學誠撰 民國間（1912—1949）浙江圖書館鉛印本
1 函 1 冊；17.7 厘米
章氏遺書
PKUL(X/081.57/0070.3/C3)
附注：
　題記：書根有胡適題字。

3022 丙辰劄記一卷 （清）章學誠撰 民國十一年（1922）吳興劉氏嘉業堂刻本
1 函 1 冊；18.2 厘米
章氏遺書
PKUL(X/081.57/0070.1/C6)
附注：
　印章：卷首有胡適印章。
　題記：書根有胡適題字。

3023 炳燭室雜文一卷 （清）江藩撰 清光緒間（1875—1908）南陵徐氏刻本
1 函 1 冊；16.6 厘米
積學齋叢書
PKUL(X/081.17/2816a/C2:2)
附注：
　題記：書根有胡適題字。

3024 般若波羅密多心經略疏一卷 （唐）釋法藏撰 清同治八年（1869）南京金陵刻經處刻本

　　1函1冊;17厘米

　　PKUL(X/232.31/8626)

　　附注：

　　　題記：書衣有胡適題記:"華嚴宗的";書根有胡適題字。

3025 般若波羅密多心經幽贊二卷 （唐）釋窺基撰 民國五年（1916）南京金陵刻經處刻本

　　1函1冊;18.2厘米

　　PKUL(X/232.31/3044a)

　　附注：

　　　題記：書衣有胡適題記:"黃建先生贈的。"

3026 泊宅編十卷 （宋）方勺撰 清光緒八年（1882）退補齋刻本

　　1函1冊;18.9厘米

　　金華叢書

　　PKUL(X/081.478/4777/C2)

　　附注：

　　　題記：書根有胡適題字。

3027 博物志十卷 （晉）張華撰 （宋）周日用等注 民國六年（1917）潮陽鄭氏龍谿精舍刻本

　　1函1冊;17.4厘米

　　龍谿精舍叢書

　　PKUL(X/081.18/8762/C2;10)

　　附注：

　　　題記：書根有胡適題字。

3028 博野蔣氏寄存書目四卷 朱福榮輯 民國二十三年（1934）國立北平圖書館鉛印本

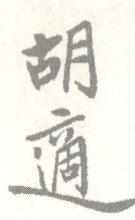

  1函1册;17.6厘米

  PKUL(X/012.7/2539/C2)

  附註：

   題記：書根有胡適題字。

3029 駁五經異義一卷補遺一卷 （漢）鄭玄撰 （清）王復輯 民國十四年(1925)錢塘汪氏刻本

  1函1册;15.8厘米

  食舊堂叢書

  PKUL(X/081.17/3148/C2:1)

  附註：

   題記：書根有胡適題字。

3030 補鈔文瀾閣四庫闕簡書目錄 張宗祥等輯 民國十五年(1926)刻本

  1函1册;17.5厘米

  PKUL(X/Z812.49/1)

  附註：

   題記：書根有胡適題字。

3031 補過齋讀老子日記六卷 楊增新撰 民國十五年(1926)刻本

  1函6册;17.6厘米

  PKUL(X/111.1217/4640/C2)

  附註：

   題記：書根有胡適題字。

3032 補過齋讀陰符經日記二卷 楊增新撰 民國十五年(1926)刻本

  1函1册;17.8厘米

  PKUL(X/111.129/4640)

  附註：

   題記：書根有胡適題字。

3033 補過齋日記十九卷 楊增新撰 民國十年(1921)上浣刻本

　　2函19冊;18厘米

　　PKUL(X/818.82/4640/C2)

　　附注:

　　　題記:書根有胡適題字。

3034 補過齋文牘三編六卷 楊增新撰 民國二十三年(1934)蒙自楊氏刻本

　　1函6冊;17厘米

　　PKUL(X/918.2127/4640b)

　　附注:

　　　題記:書根有胡適題字。

3035 補過齋文牘十集三十二卷 楊增新撰 民國十年(1921)新疆駐京公寓刻本(初版)

　　4函32冊;18厘米

　　PKUL(X/918.2127/4640/C2)

　　附注:

　　　題記:書根有胡適題字。

3036 補過齋文牘續編十四卷 楊增新撰 民國十五年(1926)上浣刻本

　　2函14冊;17.6厘米

　　PKUL(X/918.2127/4640/C2)

　　附注:

　　　題記:書根有胡適題字。

3037 補漢兵志一卷附札記一卷 (宋)錢文子撰 民國五年(1916)影刻本

　　1函1冊;20.6厘米

　　隨盦叢書續編

　　PKUL(X/081.17/2816d/C3)

　　附注:

　　　題記:書根有胡適題字。

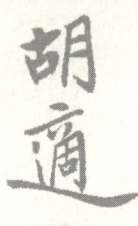

3038 補後漢書藝文志一卷補後漢書藝文志攷十卷（清）曾樸纂 清光緒二十一年（1895）常熟曾氏活字本

    1函6冊；18.3厘米

    常熟曾氏叢書

    PKUL（X/013.23/8042/C6）

    附注：

        印章：封面鈐有"曾樸印信"朱文方印。

        題記：書衣題"舊著謹贈，適之先生是正，籀齋"；書根有胡適題字。

3039 補輯雜文一卷附錄一卷（明）孫應鰲撰 清光緒六年（1880）獨山莫氏刻本

    1函1冊；17.4厘米

    孫文恭公遺書

    PKUL（X/081.57/1205/C2）

    附注：

        題記：書根有胡適題字。

3040 補上古考信錄二卷（清）崔述著 清道光二年（1822）刻本

    1函1冊；19.1厘米

    崔東壁先生遺書

    PKUL（X/081.579/2233.3/C2：1）

    附注：

        題記：書根有胡適題字。

3041 補宋潛溪唐仲友補傳一卷（清）張作楠集 清宣統三年（1911）金陵教育會石印本

    1函1冊；21.2厘米

    金華唐氏遺書

    PKUL（X/081.55/0090）

    附注：

        題記：書根有胡適題字。

3042 補續漢書藝文志二卷 （清）錢大昭撰 清光緒十六年(1890)南陵徐氏刻本

1函1冊;16.6厘米

積學齋叢書

PKUL(X/081.17/2816a/C2:2)

附注：

題記：書根有胡適題字。

3043 補注黃帝內經素問二十四卷 （唐）王冰注 清光緒三年(1877)浙江書局刻本

1函8冊;18.2厘米

PKUL(X/599.11/1032.4/C2)

附注：

題記：書根有胡適題字。

3044 不得已二卷 （清）楊光先撰 民國十八年(1929)鎮江中社影印本

1函2冊;26.3厘米

PKUL(X/250.2/4692/C2)

附注：

題記：書前有胡適題記："陳彬龢先生贈,胡適。"

3045 步雪初聲一卷 （明）張野青撰 民國間(1912—1949)飲虹簃刻本

1函1冊;13.6厘米

PKUL(X/811.76/1165.2)

附注：

題記：書根有胡適題字。

3046 才調集補註十卷 （後蜀）韋縠編 （清）殷元勳箋註 （清）宋邦綏補註 清光緒二十年(1894)江蘇書局刻本

1函6冊;18.5厘米

PKUL(X811.1084/4048/C2)

附注：

1123

題記:書根有胡適題字。

3047 才情集七種十卷 (清)吳所敬編輯 清光緒十八年(1892)湖海樓石印本
    1函4冊;12.3厘米
    PKUL(X/813.08/2674)
    附注:
        題記:書根有胡適題字。

3048 采風記五卷附紀程感事詩一卷 (清)宋育仁編 清光緒二十一年(1895)上海書局石印本
    1函2冊;13厘米
    PKUL(X/373.35/3002)
    附注:
        批注圈劃:書內有胡適朱筆批注圈劃。

3049 采唐集三卷 (清)呂珮芬編 民國二十五年(1936)上海商務印書局石印本
    1函3冊;11.5厘米
    PKUL(X/I269/1)
    附注:
        題記:書根有胡適題字。

3050 蔡氏九儒書九卷卷首一卷 (明)蔡有鵾輯 清同治七年(1868)盱南蔡氏刻本
    1函6冊;19.8厘米
    PKUL(X/810.085/4446/C3)
    附注:
        題記:書根有胡適題字。

3051 蔡氏月令二卷 (漢)蔡邕撰 (清)蔡雲輯 民國六年(1917)潮陽鄭氏龍谿精舍刻本
    1函2冊;17.4厘米
    龍谿精舍叢書

PKUL(X/081.18/8762/C2:1)

附注：

題記：書根有胡適題字。

3052 蔡文莊公集八卷 （明）蔡清撰（清）徐居敬重編 清乾隆七年（1742）刻本

1函8冊；21.3厘米

PKUL(X/810.6/4435/C2)

附注：

題記：書根有胡適題字。

3053 殘唐五代史演義傳十二卷六十回 （明）羅本編輯（明）李贄批評 清（1644—1911）刻本

1函6冊；17.1厘米

PKUL(X/813.3143/6050.4)

附注：

題記：書根有胡適題字。

3054 倉頡論三卷 劉立夫著 民國八年（1919）北京文益印刷局鉛印本

1函3冊；16.5厘米

PKUL(X/H121/2)

附注：

題記：書根有胡適題字。

3055 倉頡篇殘簡考釋一卷 羅振玉撰 民國五年（1916）上海倉聖明智大學影印本

1函1冊；14.8厘米

廣倉學宭叢書甲類第一集

PKUL(X/081.18/4127/C2:1)

附注：

題記：書根有胡適題字。

3056 蒼石山房文字談一卷 石廣權撰 民國十八年（1929）上海商務印書館石印本

1函2冊;17.5厘米

PKUL(X/411.1/1004)

附注:

　　印章:書衣後鈐有"蒼石山房"朱文方印。

　　題記:書根有胡適題字;書衣後有贈書者題記:"敬貽適之先生鑒存,蒼石山人手奉。庚午春仲。"

3057 蒼崖先生金石例十卷附札記一卷 (元)潘昂霄撰 清光緒至民國間(1875—1949)影刻本

1函2冊;20.9厘米

隨庵徐氏叢書

PKUL(X/081.17/2816b/C2)

3058 滄社古今詩選一卷 曹穎甫纂 民國十四年(1925)上海滄社鉛印本

1函1冊;16.3厘米

PKUL(X/I222.6/4)

附注:

　　題記:書根有胡適題字。

3059 藏書紀事詩六卷 (清)葉昌熾撰 清光緒二十三年(1897)元和江氏湖南使院刻本

1函7冊;16.2厘米

靈鶼閣叢書第五集

PKUL(X/081.17/3141/C2:3)

附注:

　　題記:書根有胡適題字。

3060 藏書紀事詩七卷 (清)葉昌熾撰 清宣統二年(1910)刻本

1函6冊;18厘米

PKUL(X/010.91/4469.3/C5)

附注:

　　批注圈劃:書內多處有胡適批注。

夾紙:書內有夾紙。

摺頁:書內數頁有摺頁。

3061 藏園居士六十自述一卷 傅增湘撰 民國二十年(1931)藏園石印本
1函1冊;19.6厘米
PKUL(X/979.1/1872/C2)
附注:
題記:書根有胡適題字。

3062 藏園羣書題記初集八卷 傅增湘撰 民國三十二年(1943)企驎軒鉛印本
1函4冊;17厘米
PKUL(X/018.18/2343/C3)
附注:
題記:書根有胡適題字。

3063 藏園羣書題記續集五卷補遺一卷 傅增湘撰 民國二十七年(1938)藏園鉛印本
1函3冊;17.1厘米
PKUL(X/018.18/2343/C3)
附注:
題記:書根有胡適題字。

3064 操風瑣録四卷 (清)劉家謀纂 民國五年(1916)上海倉聖明智大學鉛印本
1函1冊;14.8厘米
廣倉學宭叢書甲類第二集
PKUL(X/081.18/4127/C2:2)
附注:
題記:書根有胡適題字。

3065 曹谿大師別傳一卷 日本寶曆十二年(1762)日本釋祖方刻本
1函1冊;20.5厘米
PKUL(X/230.97/0638)

附注：

　　題記：書根有胡適題字。

3066 曹月川先生遺書十一卷（明）曹端撰 清道光十二年（1832）刻本

　　1函8冊；19.4厘米

　　PKUL（X/Z124.4/1）

　　附注：

　　　題記：書根有胡適題字。

3067 草字彙十二卷（清）石梁輯 清（1644—1911）存古齋石印本

　　1函6冊；17.4厘米

　　PKUL（X/739.176/1033/C2）

　　附注：

　　　題記：書根有胡適題字。

3068 測海集六卷（清）彭紹升撰 清同治四年（1865）刻本

　　1函2冊；19厘米

　　PKUL（X/811.175/4222.1/C2）

　　附注：

　　　題記：書衣有贈書者題記："彭允初先生《測海集》六卷，《觀河集》四卷，奉贈適之先生，學生顧頡剛，十五，五，二十"；書根有胡適題字。

3069 茶山集八卷（宋）曾幾撰 清（1644—1911）刻本

　　1函2冊；19.2厘米

　　PKUL（X/I222.744/6）

　　附注：

　　　題記：書根有胡適題字。

3070 茶餘客話十二卷（清）阮葵生著（清）戴璐選 清（1644—1911）七錄齋刻本

　　1函6冊；14.5厘米

　　PKUL（X/088.7/7142.2）

附注：

    題記：書根有胡適題字。

3071 禪關策進二卷 （明）釋袾宏輯 清光緒二十四年(1898)南京金陵刻經處刻本

    1函1册;17.9厘米

    PKUL(X/233/3530.1)

    附注：

        題記：書根有胡適題字。

3072 禪林僧寶傳三十卷補一卷 （宋）釋惠洪撰 （宋）釋慶老補 清光緒六年(1880)常熟刻經處刻本

    1函3册;16.8厘米

    PKUL(X/230.97/5034.1/C2)

    附注：

        題記：書根有胡適題字。

        批注圈劃：書内多處有胡適朱、墨筆批注圈劃。

3073 禪月集十二卷卷首一卷 （唐）釋貫休撰 清同治八年(1869)退補齋刻本

    1函2册;20.1厘米

    金華叢書

    PKUL(X/081.478/4777/C2)

    附注：

        題記：書根有胡適題字。

3074 昌平山水記二卷 （清）顧炎武撰 清(1644—1911)蓬瀛閣刻本

    1函1册;18.4厘米

    亭林遺書

    PKUL(X/081.57/3191.2/C2)

    附注：

        題記：書根有胡適題字。

3075 長安獲古編二卷補一卷 （清）劉喜海輯 清光緒三十一年（1905）刻本

　　1函2冊；21.2厘米

　　PKUL（X/991.2076/2243/C5）

　　附注：

　　　　題記：書根有胡適題字。

　　　　批注圈劃：後序末一處有胡適批注："'松筠閣'三字係挖改的。適之。"

3076 長安志二十卷圖三卷 （宋）宋敏求撰 清光緒十七年（1891）思賢講舍刻本

　　1函5冊；18厘米

　　PKUL（X/981.652/3084/C2）

　　附注：

　　　　題記：書根有胡適題字。

3077 長春道教源流八卷 （清）陳銘珪著 民國五至十九年（1916—1930）東莞陳氏刻本

　　1函4冊；16厘米

　　聚德堂叢書

　　PKUL（X/081.17/7527/C2:2-:3）

　　附注：

　　　　題記：書根有胡適題字。

　　　　批注圈劃：書內多處有胡適朱、墨筆批注圈劃。

3078 長春真人西遊記注二卷附錄一卷 王國維撰 民國十五年（1926）清華學校研究院鉛印本

　　1函1冊；14.9厘米

　　PKUL（X/K928.945/1.3）

　　附注：

　　　　題記：書根有胡適題字。

3079 長行詩集三卷 姬清波撰 民國三十五年（1946）四川省印刷局鉛印本

　　1函1冊；14.4厘米

PKUL(X/I226/4)

附注:

題記:目錄後有作者題記:"適之師哂正,學生姬清波呈於成都。八月五日。"

3080 長河志籍考十卷 (清)田雯編 清光緒三十四年(1908)京師鉛印本

1函1冊;17.6厘米

問影樓輿地叢書

PKUL(X/981.08/4764/C2)

附注:

題記:書根有胡適題字。

3081 長生殿本事發微一卷 梁品如著 民國二十年(1931)河北第一師範鉛印本

1函1冊;12.6厘米

覺盦叢書

PKUL(X/I207.23/2)

附注:

題記:書衣有作者題記:"適之先生教之,梁品如謹呈";書根有胡適題字。

3082 長汀江先生著書五種 江瀚撰 民國十三年(1924)太原長汀江氏鉛印本

1函7冊;17.2厘米

PKUL(X/081.58/3138/C3)

附注:

題記:書根有胡適題字。

3083 常平權法一卷 (清)陸世儀著 清光緒二十五年(1899)京師刻本

1函1冊;13.8厘米

陸桴亭先生遺書

PKUL(X/081.57/7442:2)

附注:

題記:書根有胡適題字。

3084 超性學要二十六卷總目四卷 （意）聖多瑪斯撰（意）利類思編 民國十九年（1920）上海土山灣印書館鉛印本

  2 函 18 冊；20 厘米

  PKUL（X/259.11/3005/C2）

  附註：

    題記：書根有胡適題字。

3085 巢經巢（文集六卷詩集九卷詩後集四卷遺詩一卷附錄一卷）（清）鄭珍撰 民國十四年（1925）香山黃氏古愚室影印本

  1 函 10 冊；13.6 厘米

  清代學術叢書第二集

  PKUL（X/081.37/4480/C4:2）

  附註：

    題記：書根有胡適題字。

3086 巢經巢詩鈔九卷 （清）鄭珍撰 清咸豐四年（1854）刻本

  1 函 2 冊；18.4 厘米

  PKUL（X/811.176/8718/C4）

  附註：

    印章：書前鈐有"顧"朱文圓章、"誦坤"橢圓章。

    題記：書前有胡適題記："此書甚佳，惜少《後集》四卷。卷首坿的《行述》甚詳，足補黎傳。胡適，九，十一，五"；其中一冊書衣有胡適題記："鄭珍子尹的《巢經巢詩鈔》九卷，又《後集》四卷，此本是翻本，多闕文譌字，但多後集，故我留下了他。適。九，十一，五"；另書衣有贈書者題記："《巢經巢詩鈔》九卷，奉贈適之先生。九，十一，五，頡剛記。"

3087 巢經巢詩鈔九卷後集四卷 （清）鄭珍撰 清（1644—1911）刻本

  1 函 4 冊；17.9 厘米

  PKUL（X/811.176/8718.1）

  附註：

题记:书衣有胡适题记。

批注圈劃:书内六处有胡适朱、墨笔批注。

3088 巢经巢遗诗四卷 （清）郑珍撰 民国十八年(1929)铅印本

1函2册;18.4厘米

PKUL(X/811.176/8719/C2)

附注:

印章:书衣钤有"俊生"朱文方印。

题记:书衣有赠书者题记:"适之先生存阅,庹俊生寄赠。廿四,七,十";另书根有胡适题字。

3089 朝野新声太平乐府九卷 （元）杨朝英辑 民国十二年(1923)武进陶氏刻本

1函4册;16厘米

PKUL(X/812.082/4644.3/C3)

附注:

题记:书根有胡适题字。

3090 忱行录一卷 （清）郝懿辰撰 清同治五年(1866)当归草堂刻本

1函1册;17.6厘米

PKUL(X/B222.175/1)

附注:

题记:书衣有胡适题记:"郝懿行先生《忱行录》";书根有胡适题字。

3091 宸垣識畧十六卷 （清）吴长元辑 清乾隆五十三年(1788)池北草堂刻本

1函8册;13厘米

PKUL(SB/981.38/2671.3)

附注:

题记:书根有胡适题字。

3092 陈定宇先生文集十六卷别集一卷 （宋）陈櫟撰 清康熙间(1662—1722)刻本

2函12册;20.8厘米

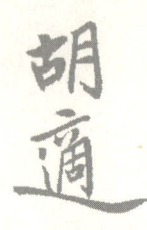

PKUL(SB/810.59/7542)

附注：

　　題記:書根有胡適題字。

3093 陳孔璋集一卷 (漢)陳琳撰 (清)丁晏輯 民國十年(1921)如皋冒氏刻本
　　1函1冊;16.5厘米
　　楚州叢書
　　PKUL(X/Z122.53/1)
　　附注：
　　　　批注圈劃:目錄內三處有胡適批注圈劃。

3094 陳眉公批評琵琶記四卷 (元)高明撰 (明)陳繼儒評 清光緒間(1875—1908)
　　夢鳳樓暖紅室刻本
　　1函2冊;20.7厘米
　　彙刻傳奇第二種
　　PKUL(X/812.2/0067.7/C2)
　　附注：
　　　　題記:書根有胡適題字。

3095 陳獻孟遺詩一卷附錄一卷 (清)陳阿平撰 民國八年(1919)東莞陳氏刻本
　　1函1冊;16厘米
　　聚德堂叢書
　　PKUL(X/081.17/7527/C2:2)
　　附注：
　　　　題記:書根有胡適題字。

3096 陳止齋尺牘一卷 (宋)陳傅良撰 民國六年(1917)上海商務印書館鉛印本
　　1函1冊;15.8厘米
　　PKUL(X/I264.4/12)
　　附注：
　　　　題記:書根有胡適題字。

3097 晨風閣叢書二十三種 沈宗畸輯 清宣統元年(1909)番禺沈氏晨風閣刻本

2函16冊;13厘米

PKUL(X/081.18/3436/C4)

附注:

題記:書衣有胡適題記:"十二,二,十,已近舊曆年底了,買得這部書,價拾元,較平時為廉。胡適。"

3098 成吉思汗陵寢辨證書一卷 張相文著 民國二十四年(1935)北平中國地學會鉛印本

1函1冊;19厘米

南園叢稿

PKUL(X/810.8/1140/C3)

附注:

題記:書根有胡適題字。

3099 成唯識論十卷 (唐)釋玄奘譯 清光緒二十二年(1896)南京金陵刻經處刻本

1函2冊;17.7厘米

PKUL(X/232.7407/0434/C3)

附注:

題記:書衣有胡適朱筆題記:"買來時已有紅圈,並有墨批,不知是何人所加。八年。適。"

3100 程氏家塾讀書分年日程三卷 (元)程端禮撰 清同治七年(1868)湖北崇文書局刻本

1函2冊;18.3厘米

PKUL(X/338.08/2603)

附注:

題記:書衣有胡適題記:"縈蓮裳舊藏,胡適購得,民國卅四,二月補記。"

3101 誠齋詩集十六卷 (宋)楊萬里撰 清嘉慶七年(1802)刻本

　　1 函 8 冊;18.5 厘米

　　PKUL(X/811.157/4646)

　　附注:

　　　　題記:書根有胡適題字。

3102 池上題襟小集一卷 (清)譚獻輯 清光緒間(1875—1908)刻本

　　1 函 1 冊;16.9 厘米

　　半厂叢書初編

　　PKUL(X081.17/0112:2)

　　附注:

　　　　題記:書根有胡適題字。

3103 持靜齋藏書記要二卷 (清)莫友芝撰 清同治九年(1870)蘇州文學山房木活字本

　　1 函 2 冊;21.5 厘米

　　PKUL(X/012.7/4444a)

　　附注:

　　　　題記:書根有胡適題字。

3104 持志編五卷 (清)楊念先輯 清光緒十七年(1891)袁還讀書屋刻本

　　1 函 2 冊;16.7 厘米

　　PKUL(X/I211/7)

　　附注:

　　　　題記:書根有胡適題字。

3105 赤泉元筌一卷 (清)任瑗撰 民國十年(1921)如皋冒氏刻本

　　1 函 1 冊;16.5 厘米

　　楚州叢書

　　PKUL(X/Z122.53/1)

　　附注:

　　　　題記:書根有胡適題字。

3106 沖虛至德真經八卷（周）列禦寇撰（晉）張湛注 清光緒十年（1884）長洲蔣氏影刻本

    1函1冊;21.7厘米

    鐵華館叢書

    PKUL(X/081.17/4474a/C2)

    附注：

        題記：書根有胡適題字。

3107 重訂擬瑟譜一卷（清）邵嗣堯著（清）段仔文 張懋賞同編 清光緒間（1875—1908）湖北崇文書局刻本

    1函1冊;11.9厘米

    正覺樓叢刻

    PKUL(X/081.17/3120/C2:1)

    附注：

        題記：書根有胡適題字。

3108 重訂祝子遺書六卷卷首一卷卷末一卷（明）祝淵撰 祝廷錫編 民國六年（1917）杭州翰墨齋刻本

    1函4冊;17.3厘米

    PKUL(X/I214.82/14)

    附注：

        題記：書根有胡適題字。

3109 重訂綴白裘全編十二集（清）錢德蒼輯 清乾隆四十六至五十二年（1781—1787）四教堂 增利堂刻本

    4函48冊;16.1厘米

    PKUL(SB/812.08/8324.7)

    附注：

        題記：書根有胡適題字。

3110 重廣會史一百卷 日本昭和三年(1928)日本東京尊經閣影印本

2函20冊；15.6厘米

PKUL(X/910.086/2008)

附註：

題記：書根有胡適題字。

3111 重刻清文虛字指南編二卷 (清)萬福撰 清光緒二十年(1894)京都聚珍堂刻本

1函2冊；19.8厘米

PKUL(X/419.168/4431/C2)

附註：

題記：書根有胡適題字。

其他：本書爲滿、漢文對照。

3112 重刻玉函山房輯佚書五百九十種 (清)馬國翰輯 清光緒十年(1884)楚南書局刻本

12函120冊；12.3厘米

PKUL(X/081.17/7164.2/C2)

附註：

題記：序後有胡適題記："此書本山陰章宗源輯成的。馬氏得此書稿本，改序付刻，遂據爲已有。李慈銘《孟學齋日記》甲集上有註云：'章逢之，名宗源，山陰人，以兄宗瀛官翰林，乃寄籍大興，中乾隆五十一年順天舉人。生平輯錄唐宋以來亡佚古書，蓋無不備，皆爲之敍錄。'《日記》又言逢之曾作《隋書經籍志》作疏證。十，四，廿七，胡適。"

3113 重刻莊子南華真經十卷 (晉)郭象注 (日)千葉玄之校讀 日本天明三年(1783)皇都書舖刻本

1函10冊；21厘米

PKUL(X/B222.362/3)

附註：

題記：書根有胡適題字。

3114 重論文齋筆錄十二卷（清）王端履撰 民國間（1912—1949）上海進步書局石印本

  1函3冊;13厘米

  PKUL(X/817.799/1007)

  附注：

    批注圈劃：序前一處有胡適批注。

3115 重論文齋筆錄十二卷（清）王端履撰 清光緒十五年(1889)會稽徐氏鑄學齋刻本

  1函6冊;19.4厘米

  紹興先正遺書

  PKUL(X/081.478/2844/C2:2)

  附注：

    題記：書根有胡適題字。

3116 重校埋劍記二卷（明）沈璟著 民國十九年(1930)國立北平圖書館影印本

  1函2冊;17.5厘米

  PKUL(X/812.6/3418)

  附注：

    題記：書根有胡適題字。

3117 重修革象新書五卷（元）趙友欽撰 民國十三年(1924)永康胡氏夢選廔刻本

  1函1冊;18.2厘米

  續金華叢書

  PKUL(X/081.478/4777a/C2:3)

  附注：

    題記：書根有胡適題字。

3118 重修南溪書院志四卷卷首一卷（清）楊毓健纂修（清）劉鴻略編輯 清同治九年(1870)刻本

  1函2冊;20.8厘米

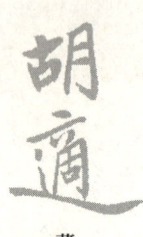

　　　　PKUL(X/330.2/7236)

　　附注:

　　　　題記:書根有胡適題字。

3119 重修南溪書院志四卷卷首一卷 (清)楊毓健纂修 (清)劉鴻略編輯 清同治九年(1870)刻本

　　1函4冊;20.8厘米

　　PKUL(X/330.2/7236/C2)

　　附注:

　　　　題記:書根有胡適題字。

3120 重整内閣大庫殘本書影 故宮博物院文獻館輯 民國二十二年(1933)北平故宮博物院文獻館影印本

　　1函1冊;33.1厘米

　　PKUL(X/018.71/4836/C3)

　　附注:

　　　　題記:書根有胡適題字。

3121 崇安縣新志(民國)三十一卷首一卷 劉超然修 民國三十年(1941)鉛印本

　　1函1冊;20.7厘米

　　PKUL(X/981.8160/7242.1)

　　附注:

　　　　印章:書衣鈐有"鄭筆山印"朱文方印。

　　　　題記:書衣有贈書者題記:"適之先生教正,鄭豐稔敬呈。"

3122 崇禎存實疏鈔八卷 國立北京大學研究院文史部編輯 民國二十三年(1934)上海商務印書館石印本

　　2函16冊;14.8厘米

　　PKUL(X/916.9123/6000/C2)

　　附注:

　　　　題記:書根有胡適題字。

3123 崇正辯六卷 （宋）胡寅撰 清乾隆二十八年(1763)南豐胡氏刻本

1 函 6 冊；18.2 厘米

PKUL(S/B244.25/1)

附注：

題記：《崇正辯序》後有胡適朱筆題記："我求此書凡二年,十二年十一月始得之。此書寫儒家攻佛家之心理,因可供史料；其保存佛家末法流弊,如焚身各條,尤可貴也。適。"

3124 瘳忘編一卷 （清）李塨著 民國十二年(1923)四存學會鉛印本

1 函 1 冊；18.1 厘米

顏李叢書

PKUL(X/081.57/0110.1/C2;4)

附注：

題記：書根有胡適題字。

3125 疇人傳四十六卷 （清）阮元撰 清光緒八年(1882)海鹽張氏堂悃齋刻本

1 函 10 冊；10.4 厘米

PKUL(X/500.97/7110.1/C3)

附注：

題記：書根有胡適題字。

3126 疇人傳續補六卷 （清）羅士琳續補 清光緒八年(1882)海鹽張氏堂悃齋刻本

1 函 2 冊；10.1 厘米

PKUL(X/500.97/7110.1/C3)

附注：

題記：書根有胡適題字。

3127 籌海圖編十三卷 （明）胡宗憲輯 明天啓四年(1624)刻本

1 函 8 冊；20.1 厘米

PKUL(SB/379.098/4733/C3)

1141

附注：

  題記：書根有胡適題字。

3128 籌濟編三十二卷卷首一卷 （清）楊景仁輯 清光緒四年（1878）刻本

  1函8冊；20.6厘米

  PKUL（X/316.4/4662/C2）

  附注：

    題記：書根有胡適題字。

3129 籌洋芻議一卷 （清）薛福成撰 清光緒十年（1884）無錫薛氏刻本

  1函1冊；17厘米

  庸盦全集

  PKUL（X/081.57/4435/C3:2）

  附注：

    題記：書衣及書根有胡適題字。

3130 出使公牘十卷 （清）薛福成撰 清光緒二十四年（1898）無錫薛氏刻本

  1函9冊；16.6厘米

  庸盦全集

  PKUL（X/081.57/4435/C3:3）

  附注：

    題記：書衣及書根有胡適題字。

3131 出使日記續刻十卷 （清）薛福成撰 清光緒二十四年（1898）無錫薛氏刻本

  1函10冊；16.6厘米

  庸盦全集

  PKUL（X/081.57/4435/C3:4）

  附注：

    題記：書衣及書根有胡適題字。

3132 出使英法義比四國日記六卷 （清）薛福成撰 清光緒十八年（1892）醉六堂石

印本

1函3册;15.6厘米

PKUL(X/818.9/4435a/C3)

附注:

题记:书籤有胡適题字。

3133 出使英法義比四國日記六卷 (清)薛福成撰 清光緒十八年(1892)無錫薛氏刻本

1函6册;17厘米

庸盦全集

PKUL(X/081.57/4435/C3:3)

附注:

题记:书衣及书根有胡適题字。

3134 出使奏疏二卷 (清)薛福成撰 清光緒二十年(1894)無錫薛氏刻本

1函2册;16.8厘米

庸盦全集

PKUL(X/081.57/4435/C3:2)

附注:

题记:书衣及书根有胡適题字。

批注圈劃:目錄内三處有胡適批注。

3135 出圍城記一卷 (清)甦庵道人撰 清宣統元年(1909)番禺沈氏晨風閣刻本

1函1册;13厘米

晨風閣叢書

PKUL(X/081.18/3436/C4:1)

3136 初學題額集 (日)釋良山撰 日本刻本

1函3册;21.3厘米

PKUL(X/B94/10)

1143

3137 除紅譜一卷（宋）朱河撰 清光緒三十二年（1906）長沙葉氏刻本

　　1函1冊；17.3厘米

　　麗慶叢書

　　PKUL（X/081.18/4429d/C2）

　　附注：

　　　　題記：書根有胡適題字。

3138 翕蕘小言一卷（明）方孔炤著 清光緒十四年（1888）刻本

　　1函1冊；18.6厘米

　　桐城方氏七代遺書

　　PKUL（X/081.6/0073/C2）

　　附注：

　　　　題記：書根有胡適題字。

3139 楚辭七卷（漢）劉向編（漢）王逸章句 清光緒十七年（1891）三餘草堂刻本

　　1函3冊；16.2厘米

　　湖北叢書

　　PKUL（X/081.473/4995/C2:10）

　　附注：

　　　　題記：書根有胡適題字。

　　　　批注圈劃：書內兩處有胡適朱筆批注圈劃。

3140 楚辭十七卷（周）屈原撰（漢）劉向編（漢）王逸章句 日本寬延三年（1750）日本東京嵩山堂刻本

　　1函4冊；20.2厘米

　　PKUL（X/811.311/7710.18）

　　附注：

　　　　題記：書根有胡適題字。

3141 楚辭集註八卷後語六卷辯證二卷（周）屈原撰（宋）朱熹集註 清宣統三年（1911）上海掃葉山房石印本

1 函 4 冊;16.5 厘米

PKUL(X/811.311/7775.11/C2)

附注：

    印章：書衣有胡適題"適之"二字。

3142 楚辭天問箋一卷 （清）丁晏撰 清咸豐四年（1854）廣雅書局刻本

    1 函 1 冊;20.7 厘米

    PKUL(X/811.311/1060/C2、X/811.311/1060/C3)

    附注：

        題記：書根有胡適題字。

        其他：本書有 2 冊。

3143 楚漢春秋一卷 （漢）陸賈撰 民國六年（1917）潮陽鄭氏龍谿精舍刻本

    1 函 1 冊;17.4 厘米

    龍谿精舍叢書

    PKUL(X/081.18/8762/C2:4)

    附注：

        題記：書根有胡適題字。

3144 楚器圖釋一卷 劉節撰 民國二十四年（1935）國立北平圖書館影印本

    1 函 1 冊;21.9 厘米

    PKUL(X/991.2/7288/C4)

    附注：

        題記：書根有胡適題字。

3145 楚州叢書第一集十九種 冒廣生編 民國十年（1921）如皋冒氏刻本

    1 函 8 冊;16.5 厘米

    PKUL(X/Z122.53/1)

    附注：

        題記：第 1 卷書衣有胡適題記："《楚州叢書》，羅叔言先生贈，胡適。十三，十二，廿五"。

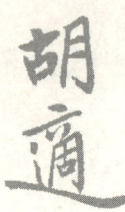

批注圈劃:目錄內三處有胡適批注圈劃。

3146 褚堂文集一卷 (清)方張登著 清光緒十四年(1888)刻本

1函1冊;18.6厘米

桐城方氏七代遺書

PKUL(X/081.6/0073/C2)

附注:

題記:書根有胡適題字。

3147 儲光羲詩集五卷校記一卷 (唐)儲光羲撰 儲皖峰輯 民國十九年(1930)上海述學社鉛印本

1函1冊;15.5厘米

儲氏叢書

PKUL(X/I222.742/10)

附注:

題記:書根有胡適題字。

3148 儲嗣宗詩集一卷 (唐)儲嗣宗撰 儲皖峰輯 民國十九年(1930)上海述學社鉛印本

1函1冊;15.5厘米

儲氏叢書

PKUL(X/I222.742/10)

附注:

題記:書根有胡適題字。

3149 船山學譜六卷年譜一卷傳記錄一卷 王永祥輯 民國二十三年(1934)鉛印本

1函4冊;16.5厘米

孝魚叢著

PKUL(X/111.713/1619/C4)

附注:

題記:書根有胡適題字。

3150 傳經表一卷附通經表一卷 （清）畢沅撰 清光緒四年（1878）會稽章氏刻本

1函2冊；17.2厘米

PKUL(X/090.6/6031)

附註：

題記：書根有胡適題字。

3151 傳註問（論語傳註問二卷大學傳註問一卷中庸傳註問一卷） （清）李塨著 民國十二年（1923）四存學會鉛印本

1函1冊；18.1厘米

顔李叢書

PKUL(X/081.57/0110.1/C2；3)

附註：

題記：書根有胡適題字。

3152 春暉園賦苑卮言二卷 （清）孫奎著 清嘉慶十五年（1810）刻本

1函1冊；17.4厘米

PKUL(X/I207.29/2)

附註：

題記：書根有胡適題字。

3153 春酒堂詩集 （明）周容著 （清）戴震鈔 清乾隆十六年（1751）鈔本

1函2冊；26.8厘米

PKUL(館藏號缺)

附註：

印章：書末鈐有"胡適之印"。

題記：書末有胡適題記："呂伯威丈贈此舊藏戴東原鈔本周容《春酒堂詩集》兩冊。原題辛未暮春，是乾隆十六年，東原方廿九歲，是年才補休寧縣學生。程瑤田《五友記》說他始識東原在乾隆十四年己巳'當是時，東原方躓于小試，而學已粗成'。我們看此鈔本，可知他在那時，不但治經學，還有此心力用工筆鈔一個遺民的詩集，故此兩冊甚可寶貴。據全謝山的《周徵君墓幢銘》,周容生于萬歷己未,死于康熙十八年己未(1619—1679),有《春酒堂詩集》十卷,《文集》四卷,《詩話》一卷。謝山又有《春酒堂詩集序》,説'董户部次公謂其詩一,畫二,書三,文四'。謝山又説,'吾聞先生之詩,其有關名節者,多以被焚不存,則今所存亦非其至者'。《墓幢銘》説:'先生少即工詩,錢牧齋稱之,謂如獨鳥呼春,九鐘鳴霜,所見詩人無及之者,録其詩於《吾炙集》。'周容的詩確是很工。如《玉皇閣上作》,天在閣中看世亂,民皆地上作人難;如《于忠肅墓》,暗泉鳴壞道,乾葉走空亭,都是好句。民國卅五年十一月五日,東原鈔書後一百九十五年,績溪胡適記于北平東廠胡同一號。"

夾紙:書內夾有胡適讀書便箋2張;另有胡適贈書條1張,上書"贈與北京大學,胡適"。

3154 春秋筆削大義微言考十一卷 (清)康有爲撰 民國六年(1917)刻本

1函10冊;15.8厘米

萬木草堂叢書

PKUL(X/095.74/0043/C2)

附注:

題記:書根有胡適題字。

3155 春秋楚地答問一卷 (清)易本烺撰 清光緒十七年(1891)三餘草堂刻本

1函1冊;16.5厘米

湖北叢書

PKUL(X/081.473/4995/C2:4)

附注:

題記:書根有胡適題字。

3156 春秋傳註四卷 (清)李塨著 民國十二年(1923)四存學會鉛印本

1函4冊;18.1厘米

顔李叢書

PKUL(X/081.57/0110.1/C2:3)

附注:

題記：書根有胡適題字。

3157 春秋董氏學八卷附傳一卷 （清）康有爲撰 清光緒十九年(1893)刻本

　　1函4冊;16.2厘米

　　萬木草堂叢書

　　PKUL(X/095.27/0043.1)

　　附注：

　　　　題記：書根有胡適題字。

3158 春秋繁露十七卷 （漢）董仲舒撰 （清）凌曙注 清嘉慶二十年(1815)江都凌氏蜚雲閣刻本

　　1函4冊;18.1厘米

　　蜚雲閣凌氏叢書

　　PKUL(X/090.087/3466/C2;2)

　　附注：

　　　　題記：書根有胡適題字。

3159 春秋繁露十七卷 （漢）董仲舒撰 （清）凌曙注 民國六年(1917)潮陽鄭氏龍谿精舍刻本

　　1函4冊;17.4厘米

　　龍谿精舍叢書

　　PKUL(X/081.18/8762/C2;1)

　　附注：

　　　　題記：書根有胡適題字。

3160 春秋繁露義證十七卷攷證一卷卷首一卷 （漢）董仲舒撰 （清）蘇輿義證 清宣統二年(1910)刻本

　　1函4冊;20.1厘米

　　PKUL(X/111.2153/4477/C3)

　　附注：

　　　　題記：書衣有胡適題記："蘇輿的《春秋繁露義證》，楊遇夫先生送我的。

1149

十一,十,廿六。"

批注圈劃:書内多處有胡適朱筆批注圈劃。

3161 春秋非左二卷（明）郝敬撰 清光緒十七年(1891)三餘草堂刻本

1函1冊;16.5厘米

湖北叢書

PKUL(X/081.473/4995/C2:4)

附注:

題記:書根有胡適題字。

3162 春秋公羊禮疏十一卷（清）凌曙著 清嘉慶二十四年(1819)江都凌氏蜚雲閣刻本

1函4冊;17.8厘米

蜚雲閣凌氏叢書

PKUL(X/090.087/3466/C2:1)

附注:

題記:書根有胡適題字。

3163 春秋經傳辨疑一卷（明）童品撰 民國十三年(1924)永康胡氏夢選廎刻本

1函1冊;18.2厘米

續金華叢書

PKUL(X/081.478/4777a/C2:1)

附注:

題記:書根有胡適題字。

3164 春秋四傳私考二卷（明）徐浦撰 清嘉慶十六年(1811)浦城祝氏留香室刻本

1函2冊;18.6厘米

浦城遺書

PKUL(X/081.481/3665/C2)

附注:

題記:書根有胡適題字。

3165 春秋左傳讀叙錄一卷 章炳麟著 民國間(1912—1949)上海右文社鉛印本

1函1冊;15厘米

章氏叢書

PKUL(X/081.58/0090.1:1)

附注:

題記:書根有胡適題字。

3166 春秋左傳杜注校勘記一卷 (清)黎庶昌撰 民國十一年(1922)大關唐氏刻本

1函1冊;20.8厘米

怡蘭堂叢書

PKUL(X/Z121.6/4)

附注:

題記:書衣有胡適題記:"《怡蘭堂叢書》十種,成都唐鴻學刻的,唐君之子懋達送我的。十二,三,十二。胡適。"

3167 春秋左氏傳會箋三十卷 (日)竹添光鴻撰 日本明治四十年(1907)井井書屋鉛印本

2函16冊;20.9厘米

PKUL(X/095.12/8832.1/C2)

附注:

題記:書根有胡適題字。

3168 春秋左氏古經十二卷五十凡一卷 (清)段玉裁撰 清道光元年(1821)刻本

1函2冊;18.1厘米

經韻樓叢書

PKUL(X/081.57/7714/C2:1)

附注:

題記:書根有胡適題字。

3169 春秋左氏疑義答問五卷 章炳麟撰 民國二十二年(1933)北平刻本

1 函 1 冊;17.9 厘米

章氏叢書續編

PKUL(X/081.58/0090a)

附注:

　　題記:書根有胡適題字。

　　其他:藍印。

3170　春在堂尺牘四種 (清)俞樾撰 民國六年(1917)上海廣益書局石印本

1 函 4 冊;17.4 厘米

PKUL(X/I265/2)

附注:

　　題記:書根有胡適題字。

3171　春渚紀聞十卷 (宋)何薳撰 清嘉慶十六年(1811)浦城祝氏留香室刻本

1 函 2 冊;18.9 厘米

浦城遺書

PKUL(X/081.481/3665/C2)

附注:

　　題記:書根有胡適題字。

3172　春渚紀聞十卷 (宋)何薳撰 民國十五年(1926)上海商務印書館鉛印本

1 函 2 冊;14.5 厘米

PKUL(X/088.5/2134/C2)

附注:

　　題記:書根有胡適題字。

3173　春渚紀聞十卷 (宋)何薳撰 民國九年(1920)上海商務印書館鉛印本

1 函 2 冊;14.5 厘米

PKUL(X/088.5/2134/C3)

附注:

　　題記:書根有胡適題字。

3174 純白齋類稿二十卷卷首一卷附錄二卷 （元）胡助撰 清同治十二年（1873）退補齋刻本

  1 函 4 冊；19.6 厘米

  PKUL(X/081.478/4777/C2)

  金華叢書

  附注：

    題記：書根有胡適題字。

3175 輟耕錄三十卷 （元）陶宗儀撰 明（1368—1644）刻本

  1 函 8 冊；19.9 厘米

  PKUL(X/088.59/77321/C2)

  附注：

    題記：書根有胡適題字。

3176 詞林紀事二十二卷附錄一卷 （清）張宗橚輯 民國十四年（1925）影印本

  1 函 10 冊；17 厘米

  涉園叢刻

  PKUL(X/811.708/1134.3)

  附注：

    題記：書根有胡適題字。

3177 詞林韻釋一卷 （宋）佚名撰 清光緒二十九年（1903）影刻本

  1 函 1 冊；19.6 厘米

  隨庵徐氏叢書

  PKUL(X/081.17/2816b/C2)

  附注：

    題記：書衣有胡適題記："南陵徐氏《隨菴叢書》十種，又《續集》十種，是十一年一月李拔可先生送我的。胡適。"

3178 詞源疏證二卷 （宋）張炎撰 蔡楨纂 民國二十一年（1932）南京金陵大學中國

文化研究所鉛印本

1函1冊;17.2厘米

金陵大學中國文化研究所叢刊

PKUL(X/811.701/1190.4/C3)

附注:

題記:書根有胡適題字。

3179 詞綜三十八卷 (清)朱彝尊纂 清嘉慶間(1796—1820)刻本

1函10冊;18.5厘米

PKUL(X/811.708/2529/C2)

附注:

題記:書根有胡適題字。

3180 慈湖先生遺書二十卷卷首一卷補編一卷年譜二卷 (宋)楊簡著 民國十九年(1930)慈溪馮氏毋自欺齋刻本

1函8冊;17.7厘米

PKUL(X/810.57/4688)

附注:

題記:書衣有胡適題記:"慈溪馮氏刻《慈湖遺書》,胡適。"

3181 慈湖先生遺書抄六卷 (宋)楊簡著 明(1368—1644)刻本

1函4冊;21.9厘米

PKUL(X/810.57/4688.1)

附注:

題記:書根有胡適題字。

3182 從考古學上觀察中日古文化之關係一卷 (日)原田淑人撰 錢稻孫譯 民國二十二年(1933)鉛印本

1函1冊;17.3厘米

泉壽譯叢

PKUL(X/990.019/7638/C2、X/990.019/7638/C4)

附注：

　　題記：書根有胡適題字。

　　其他：本書有2冊。

3183 從野堂存稿八卷卷末一卷外集五卷 （明）繆昌期著 （明）繆虛白 繆純白同編 清同治十三年（1874）泰州海陵別業刻本

　　1函4冊；21.6厘米

　　PKUL（X/810.69/2764/C2）

　　附注：

　　　題記：書根有胡適題字。

3184 粗解刑統賦一卷 （宋）傅霖撰 清宣統三年（1911）沈氏刻本

　　1函1冊；13.4厘米

　　枕碧樓叢書

　　PKUL（X/081.18/3435/C2）

3185 崔東壁先生遺書 （清）崔述著 清嘉慶二十二年至道光四年（1817—1824）陳履和刻本

　　3函25冊；19.5厘米

　　PKUL（X/081.579/2233.3/C2）

　　附注：

　　　批注圈劃：書內有胡適朱、墨筆批注圈劃。

　　　題記：書根有胡適題字。

3186 崔東壁知非集一卷 （清）崔述撰 民國二十年（1931）北平燕京大學圖書館影印本

　　1函1冊；25.8厘米

　　PKUL（X/811.175/2233/C4）

　　附注：

　　　題記：書根有胡適題字。

3187 崔府君詞録一卷 （清）鄭烺輯 清宣統元年（1909）南陵徐氏刻本

1函1冊；14.4厘米

懷豳雜俎

PKUL（X/081.18/2816b/C4）

附注：

題記：書根有胡適題字。

3188 存素堂絲繡録二卷 朱啟鈐撰 民國十七年（1928）存素堂鉛印本

1函1冊；15.4厘米

PKUL（X/735.7/2538/C2）

附注：

題記：書根有胡適題字。

3189 存雅堂遺稾五卷 （宋）方鳳撰 民國十三年（1924）永康胡氏夢選廔刻本

1函1冊；18.2厘米

續金華叢書

PKUL（X/081.478/4777a/C2：6）

附注：

題記：書根有胡適題字。

3190 達摩多羅禪經四卷 （東晉）釋佛陀跋陀羅譯 民國十年（1921）南京金陵刻經處刻本

1函1冊；18厘米

PKUL（X/B942/7、X/B942/7C2）

附注：

題記：一冊書衣有胡適題記："此是偽經。適。十三，三，十八。""此不是偽經，前記太武斷了。此即《修行方便論》，今改稱《達磨禪經》，是容易誤會的。適。十四，三，三。"

批注圈劃：書内多處有胡適批注圈劃。

其他：本書有2冊。

3191 韃靼考一卷 王國維撰 民國十五年(1926)清華學校研究院鉛印本

　　1函1冊;15厘米

　　PKUL(X/910.108/1062/C2)

　　附註:

　　　題記:書根有胡適題字。

3192 打馬圖經一卷 (宋)李清照撰 清光緒三十二年(1906)長沙葉氏刻本

　　1函1冊;17厘米

　　麗廔叢書

　　PKUL(X/081.18/4429d/C2)

　　附註:

　　　題記:書根有胡適題字。

3193 大般涅槃經玄義二卷 (隋)釋灌頂撰 清光緒八年(1882)南京金陵刻經處刻本

　　1函1冊;16.7厘米

　　PKUL(X/232.35/3411)

　　附註:

　　　題記:書根有胡適題字。

3194 大乘阿毘達磨雜集論十六卷 (唐)釋玄奘譯 清宣統三年(1911)常州天寧寺刻本

　　1函3冊;17.2厘米

　　PKUL(X/232.74/0024/C2)

　　附註:

　　　題記:書根有胡適題字。

3195 大乘起信論科注一卷 (南朝梁)釋真諦譯 清光緒三十年(1904)廬陵黃氏武昌刻本

　　1函1冊;19.5厘米

　　高等佛學教科書

　　PKUL(X/232.3/3144)

1157

附注：

　　題記：書根有胡適題字。

3196 大乘起信論纂註二卷（南朝梁）釋真諦譯（明）釋真界纂註 清光緒十一年（1885）南京金陵刻經處刻本

　　1函1冊；17.7厘米

　　PKUL（X232.3/4000/C2、X232.3/4000/C3）

　　附注：

　　　　印章：一冊書衣題"適"字。

　　　　批注圈劃：一冊書內有胡適批注；一冊書內有他人批注。

　　　　其他：本書有2冊。

3197 大慈恩寺三藏法師傳十卷（唐）釋慧立譯（唐）釋彥悰箋 民國十二年（1923）日本支那內學院刻本

　　1函3冊；17.9厘米

　　PKUL（X/230.97/5500.3/C4）

　　附注：

　　　　題記：書衣有胡適題記："王揖唐先生贈。"

　　　　其他：朱印。

3198 大戴禮記十三卷（北周）盧辯注 清乾隆二十一年（1756）雅雨堂刻本

　　1函2冊；18厘米

　　雅雨堂叢書

　　PKUL（SB/081.17/2168/C4:2）

3199 大戴禮記斠補三卷（清）孫詒讓撰 民國三年（1914）瑞安廣明印刷所石印本

　　1函3冊；18.4厘米

　　PKUL（X/094.697/1200/C2）

　　附注：

　　　　題記：書根有胡適題字。

3200 大方廣佛華嚴經六十卷（東晉）釋佛陀跋陀羅等譯 清光緒七年（1881）常熟刻經處刻本

    2函16冊；16.5厘米

    PKUL（X/232.33/2767.6/C2、X/232.33/2767.6/C3）

    附注：

      題記：書根有胡適題字。

      其他：本書有2套。

3201 大方廣圓覺經大疏十六卷（唐）釋宗密述 清宣統元年（1909）南京金陵刻經處刻本

    1函4冊；17.9厘米

    PKUL（X/232.3707/3030a1）

    附注：

      題記：書根有胡適題字。

3202 大方廣圓覺修多羅了義經二卷（唐）釋佛陀多羅譯 清同治八年（1869）南京金陵刻經處刻本

    1函1冊；17.1厘米

    PKUL（X/232.37/2726）

    附注：

      題記：書衣有胡適題記："朱芾皇贈。"

3203 大佛頂如來密因修證了義諸菩薩萬行首楞嚴經十卷（唐）釋般刺密帝譯 清同治八年（1869）南京金陵刻經處刻本

    1函1冊；17厘米

    PKUL（X/232.3807/2743/C2）

    附注：

      題記：書根有胡適題字。

3204 大谷山堂集六卷（清）夢麟著 民國九年（1920）吳興劉氏嘉業堂刻本

    1函2冊；18.7厘米

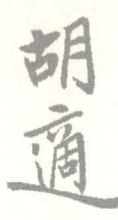

PKUL(X/811.175/4409/C2)

附注：

　　题记：书根有胡适题字。

3205 大華嚴經略策一卷答順宗心要法門一卷三聖圓融觀門一卷原人論一卷華嚴念佛三昧論一卷 （唐）釋澄觀等撰 清同治至光緒間(1862—1908)南京金陵刻經處刻本

1 函 1 册；17.1 厘米

PKUL(X/B942/9)

附注：

　　题记：书衣有胡适题记："一、《華嚴經略策》（澄觀）二、《心要法門》（澄觀）三、《三聖圓融觀門》（澄觀）四、《原人論》（宗密）五、《華嚴念佛三昧論》（彭際清）"；书根有胡适题字。

3206 大慧普覺禪師宗門武庫一卷附雪堂行和尚拾遺錄一卷 （宋）釋道謙編 清光緒七年(1881)常熟刻經處刻本

1 函 1 册；16.5 厘米

PKUL(X/232.081/3808/C2)

附注：

　　印章：书衣有胡适朱笔题"适之"二字。

3207 大金國志四十卷 （宋）宇文懋昭撰 清嘉慶二年(1797)掃葉山房刻本

1 函 4 册；20.2 厘米

PKUL(X/915.7097/3000.2)

附注：

　　题记：书根有胡适题字。

3208 大金集禮四十卷 （金）張瑋等撰 清光緒二十一年(1895)廣雅書局刻本

1 函 4 册；20.6 厘米

PKUL(X319.1/1117/C2)

附注：

題記:書根有胡適題字。

3209 大清畿輔書徵四十一卷 徐世昌纂 民國間(1912—1949)天津徐氏鉛印本

2 函 17 冊;19.2 厘米

PKUL(X/014.11/2846/C4)

附注:

題記:書根有胡適題字。

3210 大清畿輔先哲傳四十卷附列女傳六卷 徐世昌撰 民國六年(1917)天津徐氏刻本

2 函 22 冊;19.2 厘米

PKUL(X/971.7/2846/C4)

附注:

題記:書根有胡適題字。

3211 大事記十二卷通釋三卷解題十二卷 (宋)呂祖謙撰 清同治十二年(1873)退補齋刻本

2 函 13 冊;19.8 厘米

金華叢書

PKUL(X/081.478/4777/C2)

附注:

題記:書根有胡適題字。

3212 大唐大慈恩寺三藏法師傳十卷附大唐大慈恩寺三藏法師傳考異索引 (唐)釋慧立譯 (唐)釋彥悰箋 日本昭和七年(1932)京都東方文化學院京都研究所影印本

1 函 4 冊;13.1 厘米

PKUL(X/230.97/5500/C5)

附注:

題記:書根有胡適題字。

3213 大唐開元占經一百二十卷（唐）釋瞿曇悉達等撰 清(1644—1911)桓德堂刻本

　　4函24冊；13.2厘米

　　PKUL(X/157.2/6662/C2)

　　附注：

　　　題記：書根有胡適題字。

3214 大唐西域記十二卷（唐）釋玄奘譯（唐）釋辯機撰 日本承應二年(1653)秋田屋平左衛門刻本

　　1函6冊；22.6厘米

　　PKUL(X/230.98/0024.4)

　　附注：

　　　題記：內封有胡適題記："此本錯誤甚多，但據卷二與卷八首葉的題記，此本源出於宋崇寧二年(1103)的福州等覺禪院普明雕版，故應該有可以參校的用處。胡適，一九四六，五，九日。"

3215 大唐西域記十二卷（唐）釋玄奘譯（唐）釋辯機撰 清宣統元年(1909)常州天寧寺刻本

　　1函4冊；17厘米

　　PKUL(X/230.98/0024.5)

　　附注：

　　　題記：書根有胡適題字。

3216 大西利先生行蹟一卷（意）艾儒略撰 民國八年(1919)鉛印本

　　1函1冊；19.1厘米

　　PKUL(X/K811/1、X/K811/1/C2)

　　附注：

　　　題記：一冊書根有胡適題字。

　　　批注圈劃：另一冊書內多處有胡適朱、墨筆批注圈劃。

　　　其他：本書有2冊。

3217 大小雅堂詩集四卷冰蠶詞一卷（清）承齡撰 清光緒十八年(1892)刻本

1函2册;18.9厘米

PKUL(X/811.179/1728/C2)

附注:

　　题记:书根有胡适题字。

3218 大学辨业四卷（清)李塨纂 民国十二年(1923)四存学会铅印本

1函1册;18.1厘米

颜李丛书

PKUL(X/081.57/0110.1/C2:3)

附注:

　　题记:书根有胡适题字。

3219 大学传注一卷（清）李塨著 民国十二年(1923)四存学会铅印本

1函1册;18.1厘米

颜李丛书

PKUL(X/081.57/0110.1/C2:3)

附注:

　　题记:书根有胡适题字。

3220 大学集编二卷（宋）真德秀撰 清嘉庆间(1796—1820)浦城祝氏留香室刻本

1函1册;18.9厘米

浦城遗书

PKUL(X/081.481/3665/C2)

附注:

　　题记:书根有胡适题字。

3221 大学疏义一卷（宋）金履祥撰 清同治十二年(1873)退补斋刻本

1函1册;19.6厘米

金华丛书

PKUL(X/081.478/4777/C2)

附注:

題記：書根有胡適題字。

3222 **大英國志八卷** （英）慕維廉譯 清光緒七年（1881）刻本
1函2冊；18.2厘米
PKUL(X/935/4420.1)
附注：
題記：書根有胡適題字。

3223 **大元倉庫記一卷** （元）佚名撰 民國五年（1916）上海倉聖明智大學鉛印本
1函1冊；14.8厘米
廣倉學宭叢書甲類第二集
PKUL(X/081.18/4127/C2:2)
附注：
題記：書根有胡適題字。

3224 **大元官制雜記一卷** （元）佚名撰 民國五年（1916）上海倉聖明智大學鉛印本
1函1冊；14.8厘米
廣倉學宭叢書甲類第二集
PKUL(X/081.18/4127/C2:2)
附注：
題記：書根有胡適題字。

3225 **大元馬政記一卷** （元）佚名撰 民國五年（1916）上海倉聖明智大學鉛印本
1函1冊；14.8厘米
廣倉學宭叢書甲類第一集
PKUL(X/081.18/4127/C2:1)
附注：
題記：書根有胡適題字。

3226 **大元氈罽工物記一卷** （元）佚名撰 民國五年（1916）上海倉聖明智大學鉛印本
1函1冊；14.8厘米

廣倉學宭叢書甲類第二集

PKUL(X/081.18/4127/C2:2)

附注：

　　題記：書根有胡適題字。

3227 **大藏經綱目指要錄八卷** 惟白集著 日本萬治二年(1659)日本中野氏市右衛門刻本

1函8冊;21.2厘米

PKUL(X/B941/1)

3228 **大藏一覽集十卷** (明)陳實編 日本寬永十九年(1642)日本吉良野田莊右衛門刻本

1函10冊;21.9厘米

PKUL(X/B941/2)

3229 **大正博覽會參觀記一卷** 王維亮著 民國八年(1919)江浦陳氏刻本

1函1冊;15.8厘米

房山山房叢書

PKUL(X/Z121.6/2)

附注：

　　題記：書根有胡適題字。

3230 **岱游集一卷** (清)陳文述著 清宣統元年(1909)江浦陳氏刻本

1函1冊;16厘米

房山山房叢書

PKUL(X/Z121.6/2)

附注：

　　題記：書根有胡適題字。

3231 **待堂文一卷** (清)吳懷珍撰 清光緒間(1875—1908)刻本

1函1冊;18.1厘米

1165

半厂叢書初編

PKUL(X081.17/0112:2)

附註：

題記：書根有胡適題字。

3232 帶耕堂遺詩五卷卷首一卷 （清）蒯德模撰 民國十八年（1929）江寧刻本

1函2冊；17.6厘米

PKUL(X/811.179/4224.1)

附註：

題記：書根有胡適題字。

3233 戴東原集十二卷 （清）戴震撰 清乾隆五十七年（1792）刻本

1函5冊；18.2厘米

經韻樓叢書

PKUL(X/081.57/7714/C2:3)

附註：

批注圈劃：書内七處有胡適批注。

3234 戴東原集十二卷年譜一卷 （清）戴震撰 民國二十五年（1936）上海商務印書館影印本

1函1冊；9厘米

四部叢刊初編

PKUL(SB/817.734/4310.3)

附註：

批注圈劃：書内多處有胡適朱、綠、墨三色批注圈劃。

3235 戴東原先生年譜一卷 （清）段玉裁編 清乾隆至道光間（1736—1850）刻本

1函1冊；17.4厘米

經韻樓叢書

PKUL(X/081.57/7714/C2:3)

附註：

題記：書根有胡適題字。

3236 戴氏遺書 （清）戴震撰 清乾隆四十三年(1778)曲阜孔氏微波榭刻本

1函2冊；18.5厘米

微波榭叢書

PKUL(SB/817.734/4310.2)

附注：

題記：目錄後有胡適題記："十一，四，十七，教育界正窘迫到極處了，我家也在借貸裡過活，但這部書來了，我又不能不買。價三十四圓，是賒的。胡適。"

夾紙：序後有胡適附《孔刻戴氏文集》目錄8頁。

其他：本書存《東原文集》十卷。

3237 丹溪先生金匱鉤玄三卷 （元）朱震亨撰 民國十三年(1924)永康胡氏夢選廔刻本

1函1冊；18.2厘米

續金華叢書

PKUL(X/081.478/4777a/C2:3)

附注：

題記：書根有胡適題字。

3238 憺園全集三十六卷 （清）徐乾學撰 清光緒九年(1883)鉏月唫館刻本

1函11冊；13厘米

PKUL(X/I214.92/10)

附注：

印章：目錄首頁鈐有"胡適"朱文方印。

題記：書根有胡適題字。

其他：本書缺卷16—18。

3239 當下繹一卷 （明）顧憲成著 清光緒三年(1877)涇里宗祠刻本

1函1冊；19厘米

1167

顧端文公遺書

PKUL(X/111.69/3135a)

3240 導江三議一卷（清）王柏心撰 清光緒十七年（1891）三餘草堂刻本

1 函 1 冊；16.5 厘米

湖北叢書

PKUL(X/081.473/4995/C2:8)

附注：

題記：書根有胡適題字。

3241 蓟漢昌言六卷 章炳麟撰 民國二十二年（1933）北平刻本

1 函 1 冊；17.9 厘米

章氏叢書續編

PKUL(X/081.58/0090a)

附注：

題記：書根有胡適題字。

3242 道藏輯要二十八集（清）賀龍驤編 清光緒三十二年（1906）成都二仙庵刻本

37 函 237 冊；19.6 厘米

PKUL(X/B951/2/C2)

附注：

題記：書根有胡適朱筆題字。

其他：朱墨套印。

3243 道藏目錄詳註四卷（明）白雲霽撰 民國間（1912—1949）退耕堂影印本

1 函 4 冊；13.7 厘米

PKUL(X/222.031/2611)

附注：

題記：書根有胡適題字。

3244 道德經六卷（唐）成玄英疏 民國三十五年（1946）成都四川省立圖書館石

印本

    1 函 6 冊;20.8 厘米

    PKUL(X/111.1214/5304/C3)

    附注:

        印章:封面及卷端鈐有"胡適之印章"朱文方印。

3245 道古堂全集(文集四十八卷詩集二十六卷集外文一卷集外詩一卷軼事一卷)
（清）杭世駿撰 清光緒十四年(1888)錢塘汪氏振綺堂刻本

    2 函 16 冊;18.6 厘米

    PKUL(X/810.72/4047.1/C2)

    附注:

        題記:書根有胡適題字。

3246 道古堂外集十二種 （清）杭世駿撰 民國十四年(1925)錢塘汪氏刻本

    1 函 8 冊;15.8 厘米

    食舊堂叢書

    PKUL(X/081.17/3148/C2:3)

    附注:

        題記:書根有胡適題字。

3247 道咸以來梨園繫年小錄一卷 周明泰撰 民國二十一年(1932)北平商務印書館鉛印本

    1 函 1 冊;17.5 厘米

    几禮居戲曲叢書

    PKUL(X/J820.9/2)

    附注:

        題記:書根有胡適題字。

3248 道學論衡二卷 釋太虛著 民國七年(1918)上海覺社鉛印本

    1 函 2 冊;18.2 厘米

    覺社叢書

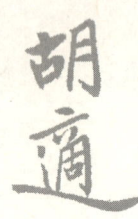

PKUL(X/B920/1)

附注：

　　題記：書根有胡適題字。

3249 道學淵源錄一百卷卷首一卷 （清）黃嗣東輯 清光緒三十四年(1908)鳳山學舍鉛印本

　　2函14冊；20.3厘米

　　PKUL(X/111.097/4465/C2)

　　附注：

　　　　題記：書根有胡適題字。

3250 德國議院章程一卷 （清）徐建寅譯 清光緒二十一年(1895)元和江氏湖南使院刻本

　　1函1冊；16.2厘米

　　靈鶼閣叢書第二集

　　PKUL(X/081.17/3141/C2:1)

　　附注：

　　　　題記：書根有胡適題字。

3251 燈下閒談二卷 （宋）江洵撰 民國十五年(1926)上海商務印書館鉛印本

　　1函1冊；14.5厘米

　　PKUL(X/I242.1/5)

　　附注：

　　　　題記：書根有胡適題字。

3252 鄧析子五種合帙 （周）鄧析撰 中國學會輯 民國間(1912—1949)中國學會影印本

　　1函2冊；15.6厘米

　　PKUL(X/111.151/7742/C2)

　　附注：

　　　　題記：書根有胡適題字。

3253 狄室汪觀定夫人墓誌銘 葉爾愷撰 民國十四年(1925)影印本

  1函1冊;26.6厘米

  PKUL(X/979.1/4419)

  附注:

   題記:書衣有胡適題記:"此誌也可以表今日所謂士大夫的頭腦,故存之。適之,廿,一,廿九。"

3254 地理葬書集註一卷附葬書問對一卷 (元)鄭謐撰 民國十三年(1924)永康胡氏夢選廎刻本

  1函1冊;18.2厘米

  續金華叢書

  PKUL(X/081.478/4777a/C2:3)

  附注:

   題記:書根有胡適題字。

3255 地學叢書乙編一卷 中國地學會編 民國十年(1921)中華印刷局鉛印本

  1函1冊;16.3厘米

  PKUL(X/981.08/5647/C3)

  附注:

   題記:書根有胡適題字。

3256 帝王經世圖譜十六卷附錄一卷 (宋)唐仲友撰 清同治十二年(1873)退補齋刻本

  1函6冊;19.8厘米

  金華叢書

  PKUL(X/081.478/4777/C2)

  附注:

   題記:書根有胡適題字。

3257 帝王廟謚年諱譜一卷 (清)陸費墀編 清(1644—1911)揚州阮福刻本

1函1冊;17.2厘米

PKUL(X/K208/7)

附注：

　　題記:書衣有胡適題記。

3258 帝賊譜二卷 張相文著 民國二十四年(1935)北平中國地學會鉛印本

　　1函1冊;19厘米

　　南園叢稿

　　PKUL(X/810.8/1140/C3)

　　附注：

　　　　題記:書根有胡適題字。

3259 第五才子書十二卷一百二十四回 (明)李贄(清)金人瑞鑒定 清光緒五年(1879)大道堂刻本

　　1函4冊;21.2厘米

　　PKUL(X/813.395/0810.23)

　　附注：

　　　　題記:書根有胡適題字。

　　　　其他:朱印。

3260 滇詞叢錄三卷 趙藩編 民國十年(1921)雲南圖書館刻本

　　1函1冊;18.1厘米

　　雲南叢書

　　PKUL(X/I222/6)

　　附注：

　　　　題記:書根有胡適題字。

3261 滇海虞衡志十三卷附校勘記 (清)檀萃輯 清光緒三十四年(1908)京師鉛印本

　　1函2冊;17.6厘米

　　問影樓輿地叢書

　　PKUL(X/981.08/4764/C2)

附注:

　　題記:書根有胡適題字。

3262 典論一卷 (三國魏)曹丕纂 民國六年(1917)潮陽鄭氏龍谿精舍刻本
　　1函1冊;17.4厘米
　　龍谿精舍叢書
　　PKUL(X/081.18/8762/C2:7)
　　附注:
　　　　題記:書根有胡適題字。

3263 雕菰集二十四卷附密梅花館集二卷 (清)焦循著 清道光四年(1824)阮福刻本
　　2函16冊;17.9厘米
　　PKUL(X/810.75/2022/C2)
　　附注:
　　　　題記:內封前有胡適題記:"這部書近來很貴。玄同花了三十元買了一部糙紙的;幼漁介紹了一部來,索價五十元。這一部墨色稍不如幼漁紹介的一部,價三十五元。十四,四,一。胡適。"

3264 釣磯立談一卷 (南唐)史虛白撰 民國十年(1921)上海古書流通處影印本
　　1函1冊;15.9厘米
　　楝亭十二種
　　PKUL(X/081.18/5530/C2:1)
　　附注:
　　　　題記:書根有胡適題字。

3265 丁酉北闈大獄記略一卷 (清)信天翁撰 民國元年(1912)上海商務印書館鉛印本
　　1函1冊;16厘米
　　痛史
　　PKUL(X916.905/1117)
　　附注:

題記:書根有胡適題字。

3266 定盦文集三卷續集四卷文集補二卷雜詩一卷詞選一卷 (清)龔自珍撰 清同治七年(1868)刻本

1函4冊;18.7厘米

PKUL(X/810.78/0121a2)

附注:

批注圈劃:書內多處有胡適朱筆批注圈劃。

3267 定本墨子閒詁校補二編附編 李笠撰 民國二十五年(1936)上海商務印書館鉛印本

1函2冊;15.1厘米

PKUL(X/111.1315/4088)

附注:

題記:書根有胡適題字。

3268 定廬集四卷 (清)錢儀吉撰 民國四年(1915)刻本

1函2冊;16.9厘米

PKUL(X/I222.749/23)

附注:

題記:書根有胡適題字。

3269 定香亭筆談四卷 (清)阮元記(清)吳文溥錄 清嘉慶五年(1800)揚州阮氏琅嬛仙館刻本

1函4冊;17.4厘米

PKUL(X/818.59/7110.1)

附注:

題記:書根有胡適題字。

3270 冬眠曲及其他一卷 林庚撰 民國二十五年(1936)北平風雨詩社刻本

1函1冊;14.8厘米

PKUL(X/811.2/4400d/C2)

附注：

　　題記：書根有胡適題字。

　　其他：朱印。

3271 冬暄艸堂遺詩二卷 （清）陳豪撰 清宣統三年（1911）刻本

　　1函1冊；15.1厘米

　　PKUL(X/811.179/7500/C2)

附注：

　　題記：書根有胡適題字。

　　其他：本書存卷1。

3272 東昌府志五十卷卷首三卷 （清）嵩山修 （清）謝香開等纂 清嘉慶十三年（1808）刻本

　　4函24冊；18.2厘米

　　PKUL(X/981.6255/2222/C2)

附注：

　　批注圈劃：目錄内一處有胡適批注。

3273 東都事略一百三十卷 （清）席世臣輯 清嘉慶三年（1798）掃葉山房刻本

　　2函12冊；21.7厘米

　　PKUL(X/915.048/0047/C2)

附注：

　　題記：書根有胡適題字。

3274 東國高僧傳十卷 （日）釋高泉撰 日本貞享五年（1688）刻本

　　1函3冊；21厘米

　　PKUL(X/B949.9/4)

3275 東漢會要四十卷 （宋）徐天麟撰 清光緒五年（1879）嶺南學海堂刻本

　　1函10冊；13.8厘米

1175

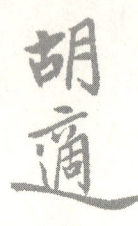

  PKUL(X/373.09123/2810.4)

 附注:

  题记:书根有胡适题字。

3276 东华录(天命至雍正朝)东华续录(乾隆至同治朝) (清)王先谦编 清光绪十三
  年(1887)广百宋斋铅印本

  18函116册;15.3厘米

  PKUL(X/917.0125/1020.2)

 附注:

  题记:书根有胡适题字。

3277 东莱吕氏古易一卷 (宋)吕祖谦撰 清同治八年(1869)退补斋刻本

  1函1册;20.1厘米

  金华丛书

  PKUL(X/081.478/4777/C2)

 附注:

  题记:书根有胡适题字。

3278 东莱吕太史文集十五卷别集十六卷外集五卷附录三卷 (宋)吕祖谦撰 民国十
  三年(1924)永康胡氏梦选庼刻本

  2函10册;18.2厘米

  续金华丛书

  PKUL(X/081.478/4777a/C2:3-:4)

 附注:

  题记:书根有胡适题字。

3279 东莱先生左氏博议二十五卷 (宋)吕祖谦撰 清同治七年(1868)退补斋刻本

  1函6册;20厘米

  金华丛书

  PKUL(X/081.478/4777/C2)

 附注:

題記:書根有胡適題字。

3280 東里文集二十五卷別集一卷 （明）楊士奇著 清光緒二年(1876)楊覲光刻本
　　1函8冊;20.3厘米
　　PKUL(X/817.615/4644/C2)
　　附注:
　　　題記:書根有胡適題字。

3281 東林會約一卷 （明）顧憲成著 清光緒三年(1877)涇里宗祠刻本
　　1函1冊;19厘米
　　顧端文公遺書
　　PKUL(X/111.69/3135a)

3282 東林商語二卷 （明）顧憲成著 清光緒三年(1877)涇里宗祠刻本
　　1函1冊;19厘米
　　顧端文公遺書
　　PKUL(X/111.69/3135a)

3283 東林書院志二十二卷 （清）高崒等輯 清光緒七年(1881)刻本
　　1函8冊;21厘米
　　PKUL(X/330.2/0022/C2)
　　附注:
　　　印章:序前鈐有"胡適的書"朱文方印。
　　　題記:書根有胡適題字。

3284 東林同難錄一卷同難列傳一卷同難附傳一卷 （清）繆敬持輯 民國九年(1920)江陰繆氏刻本
　　1函1冊;12.5厘米
　　煙畫東堂小品
　　PKUL(X/081.18/2741a/C2)
　　附注:

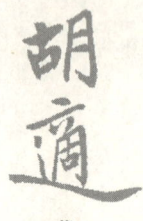

題記:書衣有胡適題記:"表忠錄:1.徐大相等《東林同難錄》(此書詳載諸人生死年月,極有用)。2. 繆敬持《東林同難列傳》,《東林同難埘傳》";書根有胡適題字。

3285 東坡和陶合箋四卷 (宋)蘇軾撰 (清)溫汝能纂 清宣統二年(1910)掃葉山房石印本

　　1 函 2 冊;16.9 厘米

　　PKUL(X/I222.744/5)

　　附注:

　　　題記:書根有胡適題字。

3286 東坡事類二十二卷 (清)梁廷枏纂 清光緒五年(1879)刻本

　　2 函 8 冊;15.6 厘米

　　PKUL(X/K825.6/3)

　　附注:

　　　題記:書根有胡適題字。

3287 東坡志林五卷 (宋)蘇軾撰 民國十四年(1925)上海商務印書館鉛印本

　　1 函 1 冊;14.5 厘米

　　PKUL(X/Z429.2/6)

　　附注:

　　　題記:書根有胡適題字。

3288 東坡志林五卷 (宋)蘇軾撰 民國十二年(1923)上海商務印書館鉛印本

　　1 函 1 冊;14.5 厘米

　　PKUL(X/Z429.2/6/C2)

　　附注:

　　　題記:書根有胡適題字。

3289 東三省韓俄交界道里表一卷 (清)聶士成撰 清光緒三十四年(1908)京師鉛印本

1函1册;17.6厘米

問影樓輿地叢書

PKUL(X/981.08/4764/C2)

附注:

題記:書根有胡適題字。

3290 東三省輿圖說一卷 (清)曹廷杰撰 清光緒三十四年(1908)京師鉛印本

1函1册;17.6厘米

問影樓輿地叢書

PKUL(X/981.08/4764/C2)

附注:

題記:書根有胡適題字。

3291 東塾集六卷附申范一卷 (清)陳澧撰 清光緒十八年(1892)番禺陳氏菊坡精舍刻本

1函3册;19厘米

PKUL(X/817.789/7535/C2)

附注:

題記:書根有胡適題字。

3292 東遊紀三卷 (明)方學漸著 清光緒十四年(1888)刻本

1函3册;18.6厘米

桐城方氏七代遺書

PKUL(X/081.6/0073/C2)

附注:

題記:書根有胡適題字。

3293 東原錄一卷 (宋)龔鼎臣撰 民國九年(1920)上海商務印書館鉛印本

1函1册;14.5厘米

PKUL(X/I264.4/9、X/I264.4/C2)

附注:

1179

題記：書根有胡適題字。

其他：本書有2冊。

3294 東越証學錄十六卷卷首一卷 （明）周汝登著 清（1644—1911）木活字本

　　1函6冊；22.8厘米

　　PKUL(X/I214.82/8)

　　附注：

　　　題記：書根有胡適題字。

3295 董華亭書畫錄一卷 （明）董其昌撰 （清）青浮山人編輯 清光緒二十二年（1896）元和江氏湖南使院刻本

　　1函1冊；16.2厘米

　　靈鶼閣叢書第二集

　　PKUL(X/081.17/3141/C2:2)

　　附注：

　　　題記：書根有胡適題字。

3296 董解元西廂四卷 （金）董解元撰 清光緒間（1875—1908）貴池劉氏暖紅室夢鳳樓刻本

　　1函3冊；20.3厘米

　　PKUL(X/812.2/3324/C3)

　　附注：

　　　題記：書衣有胡適題記："董解元的《絃索西廂》，十，十二，卅一。胡適。"

3297 董若雨詩文集二十七卷 （明）董說著 民國間（1912—1949）吳興劉氏嘉業堂刻本

　　1函8冊；18厘米

　　PKUL(X/I214.92/7)

　　附注：

　　　題記：書根有胡適題字。

3298 董子春秋繁露十七卷附錄一卷（漢）董仲舒撰 清光緒二年(1876)浙江書局刻本

 1函2冊;18.1厘米

 PKUL(X/111.2153/4428.3)

 附註：

  題記:書根有胡適題字。

3299 峒溪纖志三卷（清）陸次雲撰 清光緒三十四年(1908)京師鉛印本

 1函1冊;17.6厘米

 問影樓輿地叢書

 PKUL(X/981.08/4764/C2)

 附註：

  題記:書根有胡適題字。

3300 都城紀勝一卷（宋）灌園耐得翁撰 民國十年(1921)上海古書流通處影印本

 1函1冊;15.9厘米

 棟亭十二種

 PKUL(X/081.18/5530/C2;1)

 附註：

  題記:書根有胡適題字。

3301 獨斷二卷（漢）蔡邕撰 民國六年(1917)潮陽鄭氏龍谿精舍刻本

 1函1冊;17.4厘米

 龍谿精舍叢書

 PKUL(X/081.18/8762/C2;7)

 附註：

  題記:書根有胡適題字。

3302 獨絃詞一卷（清）許玉瑑撰 清光緒十六年(1890)刻本

 1函1冊;14.5厘米

 徽省同聲集

1181

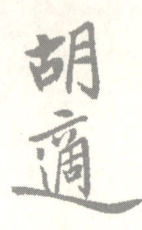

PKUL(X/I222.85/20)

附注：

　　題記：書根有胡適題字。

3303 牘外餘言一卷 （清）袁枚撰 清光緒十八年（1892）勤裕堂 交著易堂鉛印本

　　1函1冊；15厘米

　　隨園三十八種

　　PKUL(X/081.57/4048a)

　　附注：

　　　　題記：書根有胡適題字。

3304 讀風偶識四卷 （清）崔述著 清道光四年（1824）刻本

　　1函2冊；19.8厘米

　　崔東壁先生遺書

　　PKUL(X/081.579/2233.3/C2:3)

　　附注：

　　　　題記：書根有胡適題字。

3305 讀漢書札記四卷 楊樹達撰 民國間（1912—1949）鉛印本

　　1函1冊；25.3厘米

　　PKUL(X/912.04/4643)

　　附注：

　　　　題記：書根有胡適題字；書衣有作者題記："適之先生教之，樹達。十八年二月二日。"

3306 讀畫山房文鈔二卷 （清）武億著 清道光二十三年（1843）偃師武氏刻本

　　1函1冊；17.3厘米

　　授堂遺書

　　PKUL(X/081.57/1320/C3:2)

　　附注：

　　　　題記：書根有胡適題字。

3307 讀金石萃編條記一卷（清）沈欽韓撰 民國九年（1920）江陰繆氏刻本

1函1冊;12.5厘米

煙畫東堂小品

PKUL(X/081.18/2741a/C2)

附注:

題記:書根有胡適題字。

3308 讀經如面一卷（清）沈豫著 民國二十年（1931）上海蟬隱廬影印本

1函1冊;15.1厘米

蛾術堂集

PKUL(X/081.57/3412.1/C2)

附注:

題記:書根有胡適題字。

3309 讀例存疑五十四卷（清）薛允升著 清光緒三十一年（1905）京師刻本

4函40冊;18.9厘米

PKUL(X/390.127/4422/C2)

附注:

題記:書根有胡適題字。

3310 讀孟子劄記二卷（清）羅澤南著 清咸豐九年（1859）長沙刻本

1函1冊;18.3厘米

羅山遺集

PKUL(X/081.57/6034.1/C2)

附注:

題記:書根有胡適題字。

3311 讀歐記疑五卷（清）王元啓撰 民國十四年（1925）錢塘汪氏刻本

1函2冊;15.8厘米

食舊堂叢書

1183

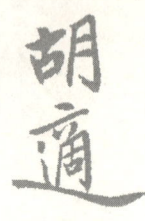

PKUL(X/081.17/3148/C2:2)

附注：

　　題記：書根有胡適題字。

3312 讀史方輿紀要一百三十卷輿圖要覽四卷（清）顧祖禹輯撰 清（1644—1911）敷文閣刻本

　　6函64冊；19.6厘米

　　PKUL(X/981.09/3132.4)

　　附注：

　　　　題記：書根有胡適題字。

3313 讀史賸言四卷（清）秦篤輝著 清光緒十七年（1891）三餘草堂刻本

　　1函1冊；16.5厘米

　　湖北叢書

　　PKUL(X/081.473/4995/C2:6)

　　附注：

　　　　題記：書根有胡適題字。

3314 讀史雜記一卷（清）沈豫著 民國二十年（1931）上海蟬隱廬影印本

　　1函1冊；15.1厘米

　　蛾術堂集

　　PKUL(X/081.57/3412.1/C2)

　　附注：

　　　　題記：書根有胡適題字。

3315 讀書草堂明詩四卷 簡朝亮撰 民國十八年（1929）讀書草堂鉛印本

　　1函1冊；18.5厘米

　　PKUL(X/I207.22/6)

　　附注：

　　　　題記：書根有胡適題字。

3316 讀書叢説六卷 （元）許謙撰 清同治十一年(1872)退補齋刻本

　　1函2冊;19.5厘米

　　金華叢書

　　PKUL(X/081.478/4777/C2)

　　附注：

　　　題記：書根有胡適題字。

3317 讀書録十一卷續録十二卷行實録五卷 （明）薛瑄撰 清乾隆十一年(1746)刻本

　　2函12冊;18.2厘米

　　PKUL(SB/111.69/4413.1/C2)

　　附注：

　　　題記：書根有胡適題字。

3318 讀書日記六卷補編二卷 （清）劉源淥著 清雍正間(1723—1735)安邱劉氏刻本

　　1函4冊;17.4厘米

　　PKUL(X/Z429.5/7)

　　附注：

　　　題記：書根有胡適題字。

3319 讀書説四卷附録一卷 （清）胡承諾著 清光緒十七年(1891)三餘草堂刻本

　　1函3冊;16.5厘米

　　湖北叢書

　　PKUL(X/081.473/4995/C2:9)

　　附注：

　　　題記：書根有胡適題字。

3320 讀書堂綵衣全集四十六卷 （清）趙士麟著 清光緒十九年(1893)浙江書局刻本

　　1函6冊;17.8厘米

　　PKUL(X/810.72/4940.1)

　　附注：

　　　題記：書根有胡適題字。

其他：本書存卷 1—17。

3321 讀書堂集十三卷附注三卷 （簡朝亮撰 民國十九年（1930）讀書堂刻本
  1 函 8 冊；20.4 厘米
  PKUL（X/810.8/8840/C2）
  附注：
    題記：書衣有贈書者題記："適之先生惠存，學生容肇祖敬貽。二十三年七月"；書根有胡適題字。

3322 讀書堂西征隨筆一卷 （清）汪景祺撰 民國十七年（1928）故宮博物院鉛印本
  1 函 1 冊；15 厘米
  PKUL（X/I264.9/2）
  附注：
    題記：書根有胡適題字。

3323 讀書雜識十二卷 （清）勞格著 清光緒四年（1878）吳興丁氏刻本
  1 函 4 冊；17.6 厘米
  月河精舍叢鈔
  PKUL（X/Z429.5/6）
  附注：
    題記：書衣有胡適題寫書名"讀書雜識"；書根有胡適題字。

3324 讀書雜釋十四卷 （清）徐鼒撰 清光緒十二年（1886）扶桑使廨鉛印本
  1 函 4 冊；18.2 厘米
  PKUL（X/088.7/2840.1）
  附注：
    題記：書根有胡適題字。

3325 讀四書叢說八卷 （元）許謙撰 清同治十一年（1872）退補齋刻本
  1 函 6 冊；19.5 厘米
  金華叢書

PKUL(X/081.478/4777/C2)

附注：

题记：书根有胡适题字。

3326 读易寡过一卷 （清）沈豫著 民国二十年（1931）上海蟫隐庐影印本

1函1册；15.1厘米

蛾术堂集

PKUL(X/081.57/3412.1/C2)

附注：

题记：书根有胡适题字。

3327 读易楼合刻十种 （清）倪元坦撰 清嘉庆至道光间（1796—1850）刻本

1函12册；19.5厘米

PKUL(X/111.79/2714)

附注：

题记：书根有胡适题字。

3328 读易杂说一卷 （清）陈世镕著 民国七年（1918）江浦陈氏刻本

1函1册；16.2厘米

房山山房丛书

PKUL(X/Z121.6/2)

附注：

题记：书根有胡适题字。

3329 读诸子札记二卷 陶鸿庆著 民国间（1912—1949）北平文字同盟社铅印本

1函1册；16.7厘米

PKUL(X/111.105/7730b)

附注：

题记：书根有胡适题字。

3330 读子卮言二卷 江瑔编纂 民国六年（1917）上海商务印书馆铅印本

1187

1函2册;18.8厘米

PKUL(X/110.04/3112/C2)

附注:

　　印章:書衣題"胡適"二字。

3331 堵文忠公集十卷年譜一卷附錄一卷 （明）堵允錫著 清光緒十三年（1887）刻本

1函6册;18.4厘米

PKUL(X/I214.82/13)

附注:

　　題記:書根有胡適題字。

3332 杜工部集二十卷卷首一卷 （唐）杜甫撰 （清）錢謙益箋注 清乾隆五十年（1785）玉勾草堂刻本

1函8册;12.6厘米

PKUL(SB/811.144/8308.4)

附注:

　　印章:附錄及卷端鈐有"胡適之印章"朱文方印。

3333 段王學五種 劉盼遂輯 民國二十五年（1936）北平來薰閣書店鉛印本

1函4册;16.3厘米

PKUL(X/081.7/7263/C3)

附注:

　　印章:書衣後鈐有"北平來薰閣陳氏經籍鋪"朱文方印。

　　題記:書衣後有贈書者題記:"胡適之先生惠存,來薰閣謹贈。"

　　與胡適的關係:書衣有胡適題籤。

3334 段玉裁先生年譜一卷 劉盼遂撰 民國二十五年（1936）北平來薰閣書店鉛印本

1函1册;16.3厘米

段王學五種

PKUL(X/081.7/7263/C3)

附注:

批注圈劃:書内一處有胡適批注。

3335 對山書屋墨餘錄十六卷 (清)毛祥麟撰 清同治九年(1870)湖州吳氏醉六堂刻本

1函6冊;11.1厘米

PKUL(X/818.9/2030.1)

附注:

題記:書根有胡適題字。

3336 敦煌出土神會錄一卷 (日)石井光雄編 日本昭和七年(1932)東京影印本

1函1冊;27.8厘米

PKUL(X/232.07/1055/C2)

附注:

題記:書根有胡適題字。

3337 敦煌古寫本周易王注校勘記二卷 羅振玉撰 民國五年(1916)上海倉聖明智大學鉛印本

1函1冊;14.8厘米

廣倉學宭叢書甲類第一集

PKUL(X/081.18/4127/C2:1)

附注:

題記:書根有胡適朱筆題字。

3338 敦煌劫餘錄十四帙 陳垣編 民國二十年(1931)國立中央研究院歷史語言研究所鉛印本

1函6冊;14.9厘米

國立中央研究院歷史語言研究所專刊

PKUL(X/232.02/7541、X/232.02/7541/C3)

附注:

題記:書根有胡適題字。

其他:本書有2套。

3339 敦煌零拾 羅振玉輯 民國間(1912—1949)鉛印本
   1 函 1 冊；14.2 厘米
   PKUL(X/I222.9/3、X/I222.9/3C3)
   附注：
   題記：一冊書衣有胡適題記："陳乃乾送的。十六，十，九，胡適"；一冊書衣有錢玄同題記："送給適之，錢玄同。十三，九，三"；書根有胡適題字。
   其他：本書有 2 冊。

3340 敦煌石室真蹟錄五卷 (清)王仁俊錄 清宣統元年(1909)吴趨王氏國粹堂石印本
   1 函 3 冊；19.7 厘米
   PKUL(X/739.101/1022)
   附注：
   題記：書根有胡適題字。

3341 敦煌石室真蹟錄五卷 (清)王仁俊錄 清宣統元年(1909)吴趨王氏國粹堂石印本
   1 函 2 冊；19.7 厘米
   PKUL(X/739.101/1022/C3)
   附注：
   題記：書根有胡適題字。
   其他：本書缺甲上。

3342 燉煌出土荷澤神會禪師語錄一卷 (日)鈴木貞太郎 公田連太郎校訂 日本昭和九年(1934)日本東京森江書店鉛印本
   1 函 1 冊；17.7 厘米
   PKUL(X/239.56/8424)
   附注：
   印章：封面鈐有"胡適之印"朱文方印。
   題記：書衣有胡適題記："鈴木大拙先生贈，胡適，廿三，六，九。"

3343 燉煌出土六祖壇經一卷 (日)鈴木貞太郎 公田連太郎校訂 日本昭和九年

（1934）日本東京森江書店鉛印本

1函1冊；17.7厘米

PKUL（X/239.56/8424）

附注：

印章：封面鈐有"胡適之印"朱文方印。

題記：函套書名籤上有胡適題記："鈴木大拙贈，胡適。"

3344 沌谷筆談四卷 張相文著 民國二十四年（1935）北平中國地學會鉛印本

1函3冊；19厘米

南園叢稿

PKUL（X/810.8/1140/C3）

附注：

題記：書根有胡適題字。

3345 鈍安哀輓錄一卷 （民國）佚名輯 民國二十年（1931）鉛印本

1函1冊；16.4厘米

PKUL（X/979.5/1930/C2）

附注：

題記：書根有胡適題字。

3346 鈍安遺集（詩十二卷補遺二卷詞一卷文三卷鈍安賸錄三卷鈍安雜著一卷） 傅熊湘撰 民國二十年（1931）鉛印本

1函6冊；16.4厘米

PKUL（X/810.8/2323/C2）

附注：

題記：書衣有胡適題記："長沙鴻飛印刷局劉約真先生寄贈的。胡適，廿一，五，廿四。"

3347 多爾袞攝政日記一卷司道職名冊一卷 故宮博物院編 民國二十二年（1933）北平故宮博物院鉛印本

1函1冊；13.6厘米

PKUL(X/K827.49/12)

附注：

題記：書根有胡適題字。

3348 蛾術堂集十四種 （清）沈豫著 民國二十年（1931）上海蟬隱廬影印本

1函6冊；15.1厘米

PKUL(X/081.57/3412.1/C2)

附注：

題記：書根有胡適題字。

3349 兒女英雄傳評話四十回 （清）文康撰 清光緒十四年（1888）上海蜚英館石印本

2函11冊；15.9厘米

PKUL(X/813.337/0000.9)

附注：

題記：書根有胡適題字。

3350 兒女英雄傳評話四十回 （清）文康撰 清光緒四年（1878）聚珍堂活字本

4函20冊；14.6厘米

PKUL(X/813.337/0000.6/C2)

附注：

題記：牌記有胡適題記："孫子書先生（楷第）送給我的。廿，四，十四，胡適。"

3351 兒童心理學一卷 蕭恩承編 民國間（1912—1949）北京大學出版部鉛印本

1函1冊；20厘米

PKUL(X/153.7/4461.2)

附注：

題記：書衣題"適之先生教正，兒童心理學初稿，蕭恩承編"。

3352 爾雅草木蟲魚獸釋例一卷 王國維撰 民國五年（1916）上海倉聖明智大學影印本

1函1冊;14.8厘米

廣倉學宭叢書甲類第一集

PKUL(X/081.18/4127/C2:1)

附注：

 題記：書根有胡適題字。

3353 爾雅校義二卷 （清）劉玉麐撰 民國十四年(1925)錢塘汪氏刻本

 1函1冊;15.8厘米

 食舊堂叢書

 PKUL(X/081.17/3148/C2:1)

 附注：

  題記：書根有胡適題字。

3354 爾雅註疏本正誤五卷 （清）張宗泰撰 清光緒間(1875—1908)南陵徐氏刻本

 1函2冊;16.6厘米

 積學齋叢書

 PKUL(X/081.17/2816a/C2:1)

 附注：

  題記：書根有胡適題字。

3355 二程全書 （宋）程顥 程頤撰 清同治十年(1871)六安求我齋刻本

 2函20冊;18.8厘米

 PKUL(X111.54/2661.1)

 附注：

  印章：書衣鈐有"胡適之印"朱文方印。

  題記：書衣有胡適題記："《二程全書》一部，共二十本，是高一涵送我的。民國八年一月，胡適。"

  批注圈劃：書內一處有胡適批注。

3356 二程全書 （宋）程顥 程頤撰 清(1644—1911)呂氏寶誥堂刻本

 2函16冊;17.7厘米

1193

PKUL(X/111.54/2661.2)

附注：

　　印章：總目有胡適印章。

　　題記：總目有胡適題記："民國廿三年（一九三四）二月十八日在北平廠甸買得這部呂刻本，價八元。胡適。"

3357　二洪遺稿　（清）洪朴撰　民國二十年（1931）北平通學齋影印本

　　1函5冊；16.8厘米

　　PKUL(X/081.7/3441/C4)

　　附注：

　　題記：書名頁有胡適題記："通學齋主人贈。胡適。卅七，三，六。"

3358　二林居集二卷　（清）彭紹升撰　清光緒間（1875—1908）湖北崇文書局刻本

　　1函2冊；10.7厘米

　　正覺樓叢刻

　　PKUL(X/081.17/3120/C2:2)

　　附注：

　　題記：書根有胡適題字。

3359　二林居集二十四卷　（清）彭紹升撰　清光緒七年（1881）刻本

　　1函6冊；21.1厘米

　　PKUL(X/I264.9/8)

　　附注：

　　題記：書衣有胡適題記："彭雲伯先生贈。"

3360　二妙集八卷補一卷　（金）段克己　段成己同著　（清）繆荃孫補輯　清光緒三十二年（1906）刻本

　　1函2冊；18.5厘米

　　PKUL(X/I214.6/1)

　　附注：

　　題記：書根有胡適題字。

3361 二曲集錄要四卷卷首一卷 （清）倪元坦撰 清嘉慶間（1796—1820）刻本

1 函 2 冊；19.5 厘米

讀易樓合刻

PKUL（X/111.79/2714）

附注：

題記：書根有胡適題字。

3362 二曲全集二十六卷四書反身錄八卷 （清）李顒著 清光緒二十六年（1900）小嫏嬛山館刻本

1 函 10 冊；18.7 厘米

PKUL（X/081.57/4061/C2）

附注：

題記：書根有胡適題字。

3363 二十七松堂集十卷 （清）廖燕著 民國十七年（1928）韶城利民印書局鉛印本

1 函 10 冊；17.8 厘米

PKUL（X/810.71/0044.1）

附注：

題記：書衣有贈書者題記："適之先生惠存，學生容肇祖敬貽。二十二年十一月。"

3364 二希堂文集十一卷卷首一卷 （清）蔡世遠撰 （清）汪由敦等編 清乾隆四十八年（1783）刻本

1 函 4 冊；19.6 厘米

PKUL（X/817.72/4443.1）

附注：

題記：書根有胡適題字。

3365 二酉園文集十四卷 （明）陳文燭著 民國間（1912—1949）沔陽盧氏慎始基齋影印本

1 函 4 冊;14.2 厘米

湖北先正遺書

PKUL(X/810.64/7509/C2)

附注：

　　題記:書根有胡適題字。

3366 二雲詞一卷 （清）況周頤著 民國三年(1914)刻本

1 函 1 冊;14.2 厘米

第一生脩模花館詞

PKUL(X/I222.85/6b)

附注：

　　題記:書根有胡適題字。

3367 發覺淨心經二卷 （隋）釋闍那崛多譯 民國八年(1919)刻本

1 函 1 冊; 17 厘米

PKUL(X/B942/18)

附注：

　　題記:書根有胡適題字。

3368 發墨守一卷 （漢）鄭玄撰 （清）王復輯 民國十四年(1925)錢塘汪氏刻本

1 函 1 冊;15.8 厘米

食舊堂叢書

PKUL(X/081.17/3148/C2:1)

附注：

　　題記:書根有胡適題字。

3369 法界次第鈔三卷 日本慶安三年(1650)刻本

1 函 3 冊;21 厘米

PKUL(X/B94/11)

3370 法界次第初門三卷 （隋）釋智顗撰 日本天和二年(1682)刻本

1函3冊;21.4厘米

PKUL(SB/B946/3)

3371 法界宗五祖略記一卷 (清)釋續法輯 清光緒二十二年(1896)南京金陵刻經處刻本

1函1冊;17.2厘米

PKUL(X/B949.9/5)

附注:

題記:書衣有胡適題記:"華嚴宗的《五祖略記》,《五教義》";書根有胡適題字。

批注圈劃:書內多處有胡適批注圈劃。

3372 法句經二卷 (三國吳)釋維祇難等譯 民國十年(1921)常州天寧刻經處刻本

1函1冊;17.9厘米

PKUL(X/232.26/2641.2)

附注:

批注圈劃:上卷內一處有胡適批注。

3373 法理學講義一卷 趙之遠編 民國二十一年(1932)北京大學出版組鉛印本

1函1冊;20厘米

PKUL(X/390.01/4933)

附注:

印章:目次前頁鈐有"趙之遠章"朱文方印。

題記:目次前有作者題記:"敬贈適之先生並乞教正,後學趙之遠。一九三二,七月一日,北平。"

3374 法書玫八卷 (元)盛熙明撰 民國十年(1921)上海古書流通處影印本

1函2冊;15.9厘米

楝亭十二種

PKUL(X/081.18/5530/C2:1)

附注:

題記：書根有胡適題字。

3375 翻譯名義集七卷（宋）釋法雲撰 日本寬永五年（1628）刻本
　　1函7冊；22.5厘米
　　PKUL（SB/230.3/3410.1）

3376 翻譯名義集選一卷 清同治十二年（1873）江北刻經處刻本
　　1函1冊；17.1厘米
　　PKUL（X/230.3/3410-1）
　　附注：
　　　　題記：書衣有胡適題記："《翻譯名義集選》，適。"
　　　　內附文件：正文前有胡適補抄總目。

3377 樊南文集補編十二卷（唐）李商隱撰（清）錢振倫箋（清）錢振常注 清同治五年（1866）望三益齋刻本
　　1函4冊；19.3厘米
　　PKUL（X/817.48/4007a）
　　附注：
　　　　題記：書根有胡適題字。

3378 范聲山雜著八種（清）范鍇輯 民國二十年（1931）北平富晉書社影印本
　　1函4冊；10.3厘米
　　PKUL（X/081.57/4481/C2）
　　附注：
　　　　題記：書根有胡適題字。

3379 梵語千字文一卷附梵唐消息（唐）釋義淨撰 日本安永二年（1773）日本京師書舖刻本
　　1函1冊；18.3厘米
　　PKUL（SB/418.1/8032）
　　附注：

題記：書根有胡適題字。

夾紙：書內夾有贈書者地址條："京都上京小山大野町三九，鈴木大拙。"

3380 梵語雜名一卷（唐）釋禮言集（日）釋真源校 日本享保十七年（1732）日本書林長谷川正右衛門刻本

1函1冊;20.2厘米

PKUL(SB/493.1/3500)

附注：

題記：書衣有某人題寫"餘"字；書根有胡適題字。

3381 方叔淵遺藁一卷（元）方瀾撰 清宣統元年（1909）番禺沈氏晨風閣刻本

1函1冊;12.8厘米

晨風閣叢書

PKUL(X/081.18/3436/C4:2)

3382 方齋補莊七篇一卷（清）方正瑗著 清光緒十四年（1888）刻本

1函1冊;18.6厘米

桐城方氏七代遺書

PKUL(X/081.6/0073/C2)

附注：

題記：書根有胡適題字。

3383 方齋小言一卷（清）方正瑗著 清光緒十四年（1888）刻本

1函1冊;18.6厘米

桐城方氏七代遺書

PKUL(X/081.6/0073/C2)

附注：

題記：書根有胡適題字。

3384 方志略例二卷（清）章學誠撰 民國十一年（1922）吳興劉氏嘉業堂刻本

1函1冊;18.2厘米

章氏遺書

PKUL(X/081.57/0070.1/C6)

附注：

　　印章：各卷首頁有胡適印章。

　　題記：書根有胡適題字。

3385 方志略例一卷 （清）章學誠撰 民國間(1912—1949)浙江圖書館鉛印本

　　1函1冊；17.7厘米

　　章氏遺書

　　PKUL(X/081.57/0070.3/C3)

　　附注：

　　　　題記：書根有胡適題字。

3386 房山山房叢書十種 陳洙輯 清宣統元年至民國九年(1909—1920)江浦陳氏刻本

　　1函2冊；16.2厘米

　　PKUL(X/Z121.6/2)

　　附注：

　　　　題記：書根有胡適題字。

3387 仿今言一卷 （清）沈豫著 民國二十年(1931)上海蟫隱廬影印本

　　1函1冊；15.1厘米

　　蛾術堂集

　　PKUL(X/081.57/3412.1/C2)

　　附注：

　　　　題記：書根有胡適題字。

3388 非見齋審定六朝正書碑目一卷 （清）譚獻評 清光緒間(1875—1908)刻本

　　1函1冊；16.8厘米

　　半厂叢書初編

　　PKUL(X081.17/0112;2)

附注：

　　題記：書根有胡適題字。

3389 飛龍傳六十回 （清）吳濬撰 清乾隆三十三年（1768）崇德書院刻本

　　2函16冊；18.5厘米

　　PKUL(SB/813.315/2611)

　　附注：

　　　　題記：書根有胡適題字。

3390 蜚雲閣淩氏叢書六種 （清）淩曙著 清嘉慶十三年至道光六年（1808—1826）江都淩氏蜚雲閣刻本

　　2函16冊；18.5厘米

　　PKUL(X/090.087/3466/C2)

　　附注：

　　　　題記：書根有胡適題字。

3391 匪石山人詩一卷 （清）鈕樹玉撰 清光緒二十一年（1895）元和江氏湖南使院刻本

　　1函1冊；16.2厘米

　　靈鶼閣叢書第三集

　　PKUL(X/081.17/3141/C2:2)

　　附注：

　　　　題記：書根有胡適題字。

3392 分別緣起初勝法門經一卷 （唐）釋玄奘譯 民國八年（1919）南京金陵刻經處刻本

　　1函1冊；17.5厘米

　　PKUL(X/B94/15)

　　附注：

　　　　題記：書根有胡適題字。

3393 分門纂類唐宋時賢千家詩選二十二卷 （宋）劉克莊編 民國十年（1921）上海古書流通處影印本

  1 函 5 冊；15.9 厘米

  棟亭十二種

  PKUL（X/081.18/5530/C2；2）

  附注：

   題記：書根有胡適題字。

3394 分野説一卷 （清）陸世儀著 清光緒二十五年（1899）京師刻本

  1 函 1 冊；13.8 厘米

  陸桴亭先生遺書

  PKUL（X/081.57/7442；2）

  附注：

   題記：書根有胡適題字。

3395 封泥存真一卷 國立北京大學研究院文史部編輯 民國二十三年（1934）上海商務印書館影印本

  1 函 1 冊；15.8 厘米

  國立北京大學研究院文史叢刊

  PKUL（X/991.615/1140/C2）

  附注：

   題記：書根有胡適題字。

3396 封氏聞見記十卷 （唐）封演撰 清乾隆二十一年（1756）雅雨堂刻本

  1 函 1 冊；18 厘米

  雅雨堂叢書

  PKUL（SB/081.17/2168/C4；4）

3397 封氏聞見記校證十卷序錄一卷附錄一卷附引得 趙貞信編 民國二十二年（1933）北平哈佛燕京學社引得編纂處鉛印本

  1 函 2 冊；19.2 厘米

PKUL(X/088.40436/4047、X/088.40436/4047/C2)

附注：

印章：一册書前鈐有"趙"、"趙貞信"朱文方印。

題記：書前有贈書者題記："適之先生誨正,小門生趙貞信敬贈"；書根有胡適題字。

與胡適的關係：一册書衣有胡適題籤。

其他：本書有2套。

3398 風角書八卷 （清）張爾岐著 清光緒間（1875—1908）湖北崇文書局刻本

1函2册;10.9厘米

正覺樓叢刻

PKUL(X/081.17/3120/C2:1)

附注：

題記：書根有胡適題字。

3399 風沙集一卷 王越著 民國二十一年（1932）鉛印本

1函1册;14.7厘米

PKUL(X/I226/19)

附注：

題記：書前有贈作者題記："適之先生指正,王越敬贈。"

3400 風水祛惑一卷 （清）丁芮樸撰 清光緒六年（1880）苕溪丁氏刻本

1函1册;17.8厘米

月河精舍叢鈔

PKUL(X/081.17/1035/C4:3)

附注：

題記：書根有胡適題字。

3401 風俗通姓氏篇二卷 （漢）應劭纂 （清）張澍編輯 民國六年（1917）潮陽鄭氏龍谿精舍刻本

2函2册;17.4厘米

1203

龍谿精舍叢書

PKUL（X/081.18/8762/C2:8-9）

附注：

　　題記：書根有胡適題字。

3402 風俗通逸文一卷 （清）錢大昕纂 清光緒十年（1884）長沙龍氏刻本

1函1冊；18.7厘米

嘉定錢氏潛研堂全書

PKUL（X/081.57/8346:8）

附注：

　　題記：書根有胡適題字。

3403 風俗通義十卷 （漢）應劭撰 民國五年（1916）影印本

1函2冊；22.7厘米

隨盦叢書續編

PKUL（X/081.17/2816d/C3）

附注：

　　題記：書根有胡適題字。

3404 風俗通義十卷 （漢）應劭撰 民國六年（1917）潮陽鄭氏龍谿精舍刻本

1函2冊；17.4厘米

龍谿精舍叢書

PKUL（X/081.18/8762/C2:8）

附注：

　　題記：書根有胡適題字。

3405 風月夢三十二回 （清）邗上蒙人撰 清光緒十二年（1886）刻本

1函2冊；13.3厘米

PKUL（X/813.351/1248.1）

附注：

　　題記：書根有胡適題字。

3406 楓山章先生集九卷實紀八卷楓山章文懿公年譜二卷（明）章懋撰 清同治間（1862—1874）退補齋刻本

  1函12冊;19.7厘米

  金華叢書

  PKUL(X/081.478/4777/C2)

  附注：

    題記：書根有胡適題字。

3407 楓山章先生語錄一卷附考異一卷（明）章懋撰（清）胡鳳丹纂輯 清同治十三年(1874)退補齋刻本

  1函1冊;19.9厘米

  金華叢書

  PKUL(X/081.478/4777/C2)

  附注：

    題記：書根有胡適題字。

    批注圈劃：書後有胡適批注。

3408 豐鎬考信錄八卷（清）崔述著 清嘉慶二十二年(1817)刻本

  1函4冊;20.2厘米

  崔東壁先生遺書

  PKUL(X/081.579/2233.3/C2:1-:2)

  附注：

    題記：書根有胡適題字。

3409 馮少墟關學編五卷卷首一卷（清）李元春 清道光十年(1830)蒙天麻蔭堂刻本

  1函2冊;16.3厘米

  PKUL(X/111.097/4015)

  附注：

    題記：書根有胡適題字。

3410 馮少墟集二十二卷續集五卷附錄一卷 （明）馮從吾著 清康熙十二年（1673）刻本

  2函16冊；19.9厘米

  PKUL（X/817.69/3121/C2）

  附注：

  　題記：書根有胡適題字。

3411 鳳求鳳傳奇二卷 （明）澹慧居士撰 鈔本

  1函1冊；19.1厘米

  PKUL（X/812.6/3755）

  附注：

  　題記：書根有胡適題字。

3412 佛本行經七卷 （宋）釋寶雲譯 清宣統三年（1911）江北磚橋刻經處刻本

  1函2冊；18.1厘米

  PKUL（X/B942/13）

  附注：

  　題記：書根有胡適題字。

3413 佛爾雅八卷 （清）周春撰 清嘉慶二十一年（1816）刻本

  1函1冊；17.3厘米

  PKUL（X/232.03/2750.2）

  附注：

  　印章：書衣題"適之"二字。

3414 佛光圓滿常照國師年表塔銘 （元）揭傒斯撰 （日）釋法穎編 日本昭和九年（1934）日本株式會社刻本

  1函1冊；15.4厘米

  PKUL（X/231.291/4055.1/C2）

  附注：

  　印章：卷端鈐有"胡適之印"朱文方印。

題記:書衣有胡適題記:"鈴木大拙贈,胡適。廿三,六,九。"

3415 佛國記一卷 (晉)釋法顯撰 民國六年(1917)潮陽鄭氏龍谿精舍刻本
　　1函1冊;17.4厘米
　　龍谿精舍叢書
　　PKUL(X/081.18/8762/C2:10)
　　附注:
　　　　題記:書根有胡適題字。

3416 佛家哲學通論一卷 (德)邁格文著 江紹原譯 民國十六年(1927)上海商務印書館鉛印本
　　1函1冊;17厘米
　　佛學叢書
　　PKUL(X/231.1/8420/C2)
　　附注:
　　　　題記:書衣有譯者題記:"適之先生教正,紹原十六年八月廿六日於杭州。"

3417 佛教各宗派源流一卷 釋太虛撰 民國間(1912—1949)鉛印本
　　1函1冊;19厘米
　　PKUL(X/239/4021)
　　附注:
　　　　題記:書根有胡適題字。

3418 佛教中學課本四集 民國間(1912—1949)南京金陵刻經處刻本
　　1函4冊;17.6厘米
　　PKUL(X/B94/9)
　　附注:
　　　　題記:書根有胡適題字。

3419 佛説金剛般若波羅密經略疏二卷 (唐)釋智儼撰 清光緒二十六年(1900)南京

金陵刻經處刻本

1 函 1 冊 ; 17.7 厘米

PKUL(X/232.31/8626)

附注：

題記：書衣有胡適題記："華嚴宗的"；書根有胡適題字。

3420 佛説須賴經二卷 （三國魏）釋白延譯 民國八年(1919)刻本

1 函 1 冊 ; 17.3 厘米

PKUL(X/B942/17)

附注：

題記：書根有胡適題字。

3421 佛學大辭典 丁福保編 民國十年(1921)上海醫學書局鉛印本

3 函 16 冊 ; 21.3 厘米

佛學叢書

PKUL(X/230.3/1032/C3)

附注：

題記：書根有胡適題字。

3422 佛學地理志三卷 張相文著 民國二十四年(1935)北平中國地學會鉛印本

1 函 1 冊 ; 19 厘米

南園叢稿

PKUL(X/810.8/1140/C3)

附注：

題記：書根有胡適題字。

3423 佛學研究法一卷 呂澂撰 民國二十四年(1935)上海商務印書館鉛印本

1 函 1 冊 ; 16.5 厘米

佛學叢書

PKUL(X/230.7/6038.1)

附注：

題記:書根有胡適題字。

3424　伏侯古今注三卷補遺一卷又補遺一卷（漢）伏無忌撰（清）茆泮林輯 民國六年(1917)潮陽鄭氏龍谿精舍刻本
　　　1函1冊;17.4厘米
　　　龍谿精舍叢書
　　　PKUL(X/081.18/8762/C2:7)
　　　附注:
　　　　題記:書根有胡適題字。

3425　伏卵錄一卷（清）梁濟著 民國十四年(1925)京華印書局鉛印本
　　　1函1冊;17.8厘米
　　　桂林梁先生遺書
　　　PKUL(X/081.57/3330/C2)
　　　附注:
　　　　題記:書根有胡適題字。

3426　芙村文鈔二卷（清）沈豫著 民國二十年(1931)上海蟫隱廬影印本
　　　1函1冊;15.1厘米
　　　蛾術堂集
　　　PKUL(X/081.57/3412.1/C2)
　　　附注:
　　　　題記:書根有胡適題字。

3427　芙村學吟七卷（清）沈豫著 民國二十年(1931)上海蟫隱廬影印本
　　　1函1冊;15.1厘米
　　　蛾術堂集
　　　PKUL(X/081.57/3412.1/C2)
　　　附注:
　　　　題記:書根有胡適題字。

3428 浮邱子十二卷 （清）湯鵬著 清同治四年(1865)湘陰李黼堂刻本
　　1函4冊;19.5厘米
　　PKUL(X/089.78/3677/C3)
　　附注：
　　　題記：書根有胡適題字。

3429 浮山志五卷 （清）酥醪洞主(陳銘珪)著 民國五至十九年(1916—1930)東莞陳氏刻本
　　1函3冊;16厘米
　　聚德堂叢書
　　PKUL(X/081.17/7527/C2;3)
　　附注：
　　　題記：書根有胡適題字。

3430 桴亭先生集外文一卷 （清）陸世儀著 民國十六年(1927)刻本
　　1函1冊;13.6厘米
　　PKUL(X/I264.9/7)
　　附注：
　　　印章：卷端鈐有"胡適之印"朱文方印。
　　　題記：目錄後有胡適題記："附全祖望《陸桴亭先生傳》，姚椿，又，《從祀錄。》"

3431 桴亭先生詩鈔八卷 （清）陸世儀撰 （清）葉裕仁編 清光緒二年(1876)刻本
　　1函2冊;18厘米
　　PKUL(X/810.087/4432-1/C2;2)
　　附注：
　　　題記：書衣有胡適題記："俞鳳賓先生送給我的。一九二八，三，八，胡適。"

3432 桴亭先生詩集十卷 （清）陸世儀著 清光緒二十五年(1899)京師刻本
　　1函5冊;13.8厘米

陸桴亭先生遺書

PKUL(X/081.57/7442:1)

附注：

題記：書根有胡適題字。

3433 桴亭先生文鈔六卷續鈔一卷 （清）陸世儀撰 （清）葉裕仁編 清同治九年（1870）刻本

1函2冊；18厘米

PKUL(X/810.087/4432-1)

附注：

題記：書根有胡適題字。

3434 桴亭先生文集六卷補遺一卷 （清）陸世儀著 清光緒二十五年（1899）京師刻本

1函4冊；13.8厘米

陸桴亭先生遺書

PKUL(X/081.57/7442:1)

附注：

題記：書根有胡適題字。

3435 福音小引 清光緒七年（1881）山東登州府北英聖書會鉛印本

1函1冊；19.1厘米

PKUL(X/252.6/3091)

3436 撫楚公牘一卷 （明）方孔炤著 清光緒十四年（1888）刻本

1函1冊；18.6厘米

桐城方氏七代遺書

PKUL(X/081.6/0073/C2)

附注：

題記：書根有胡適題字。

3437 撫楚疏稿一卷 （明）方孔炤著 清光緒十四年（1888）刻本

1211

1函1冊;18.6厘米

桐城方氏七代遺書

PKUL(X/081.6/0073/C2)

附注:

　　題記:書根有胡適題字。

3438 簠室殷契類纂(正編十四卷附編一卷存疑十四卷待攷一卷勘誤一卷) 王襄纂
民國九年(1920)石印本

1函4冊;18.5厘米

PKUL(X/990.811/1000.1)

附注:

　　題記:書衣有胡適題記:"天津王襄(綸閣)的《簠室殷契類纂》四冊。十,一,十八,胡適。"

3439 簠齋藏器目一卷 (清)陳介祺撰 清光緒二十二年(1896)元和江氏湖南使院刻本

1函1冊;16.2厘米

靈鶼閣叢書第二集

PKUL(X/081.17/3141/C2:1)

附注:

　　題記:書根有胡適題字。

3440 簠齋藏器目第二本一卷 (清)陳介祺撰 清光緒間(1875—1908)元和江氏湖南使院刻本

1函1冊;16.2厘米

靈鶼閣叢書第五集

PKUL(X/081.17/3141/C2:3)

附注:

　　題記:書根有胡適題字。

3441 附鮚軒詩八卷 (清)洪亮吉著 清乾隆六十年(1795)貴陽節署刻本

1函4冊;18.3厘米

PKUL(SB/811.175/3404)

附注:

題記:書根有胡適題字。

3442 附錄二卷 (清)武穆淳輯 清道光二十三年(1843)偃師武氏刻本

1函1冊;17.3厘米

授堂遺書

PKUL(X/081.57/1320/C3:2)

附注:

題記:書根有胡適題字。

3443 復初齋王漁洋詩評一卷 (清)翁方綱撰 民國九年(1920)江陰繆氏刻本

1函1冊;12.5厘米

煙畫東堂小品

PKUL(X/081.18/2741a/C2)

附注:

題記:書根有胡適題字。

3444 復初齋文集三十五卷 (清)翁方綱撰 清道光十六年(1836)刻 光緒三年(1877)印

1函8冊;16.4厘米

PKUL(X/817.77/8002/C4)

附注:

題記:書衣有胡適題記:"卷一訖三,這是鄭叔問(文焯)校讀本。翁方綱,生雍正十一年(1733),死嘉慶廿三年(1818)。"

3445 復堂類集(詩十一卷詞三卷) (清)譚獻撰 清同治四年(1865)刻本

1函2冊;16.4厘米

PKUL(X/810.78/0123.1)

附注:

題記:書根有胡適題字。

3446 陔餘叢考四十三卷 (清)趙翼撰 清乾隆五十五年(1790)湛貽堂刻本
   2函16冊;18.1厘米
   PKUL(X/088.7/4917/C4)
   附注:
      題記:書根有胡適題字。

3447 改定釋奠儀注一卷 (明)朱之瑜撰 民國二年(1913)鉛印本
   1函1冊;18.1厘米
   舜水遺書
   PKUL(X/081.56/2531/C3)
   附注:
      印章:書衣後鈐有"羅家倫印"朱文方印。
      題記:書衣後題"《舜水遺書》一函,謹以祝適之先生大喜,家倫謹呈。民國七年二月一日"。

3448 感劬山房日記節鈔一卷 (清)梁濟著 民國十四年(1925)京華印書局鉛印本
   1函1冊;17.8厘米
   桂林梁先生遺書
   PKUL(X/081.57/3330/C2)
   附注:
      題記:書根有胡適題字。

3449 高不危文集一卷 (明)高巍著 民國十三年(1924)晉新書社鉛印本
   1函1冊;18.4厘米
   PKUL(X/I214.82/17)
   附注:
      題記:書根有胡適題字。

3450 高昌專集 黃文弼編 民國二十年(1931)西北科學考查團理事會鉛印本

1函3册;26厘米

西北科學考察團叢刊

PKUL(X/991.41/4401/C5)

附注:

題記:書根有胡適題字。

3451 高峰大師語録一卷（元）釋祖雍編 清光緒十五年(1889)南京金陵刻經處刻本

1函1册;17.3厘米

PKUL(X/B94/16)

附注:

題記:書根有胡適題字。

3452 高季迪先生大全集十八卷（明）高啟撰 清康熙間(1662—1722)許氏竹素園刻本

1函6册;19.7厘米

PKUL(SB/811.162/0038/C4)

附注:

題記:書根有胡適題字。

3453 高季迪先生大全集十八卷（明）高啟撰 清康熙間(1662—1722)許氏竹素園刻本

1函8册;19.7厘米

PKUL(SB/811.162/0038/C5)

附注:

題記:書根有胡適題字。

3454 高僧傳初集十五卷卷首一卷（南朝梁）釋慧皎撰 清光緒十年(1884)南京金陵刻經處刻本

1函4册;17.2厘米

PKUL(X/230.96/0022/C2)

附注:

題記:書根有胡適題字。

批注圈劃:書内多處有胡適朱、墨兩色批注圈劃。

3455 高僧傳二集四十卷 （唐）釋道宣撰 清光緒十六年（1890）江北刻經處刻本
1 函 10 冊;17.9 厘米
PKUL(X/230.96/0022a/C2)

附注:

批注圈劃:書内多處有胡適朱、墨兩色批注圈劃。

題記:各卷書衣有胡適題寫書名;書根有胡適題字。

3456 高僧傳三集三十卷 （宋）釋贊寧等撰 清光緒十三年（1887）江北刻經處刻本
1 函 8 冊;16.9 厘米
PKUL(X/230.96/0022b/C3:1)

附注:

題記:書根有胡適題字。

3457 高僧傳四集六卷 （明）釋如惺撰 清光緒十八年（1892）江北刻經處刻本
1 函 2 冊;18 厘米
PKUL(X/230.96/0022b/C3:2)

附注:

題記:書根有胡適題字。

3458 高士傳三卷 （晉）皇甫謐著 民國六年（1917）潮陽鄭氏龍谿精舍刻本
1 函 1 冊;17.4 厘米
龍谿精舍叢書
PKUL(X/081.18/8762/C2:6)

附注:

題記:書根有胡適題字。

3459 高氏三宴詩集三卷 （唐）高正臣輯 清宣統元年（1909）番禺沈氏晨風閣刻本
1 函 1 冊;13 厘米

晨風閣叢書

PKUL(X/081.18/3436/C4:2)

3460 **高郵王氏父子年譜一卷** 劉盼遂撰 民國二十五年(1936)北平來薰閣書店鉛印本

1函1冊;16.3厘米

段王學五種

PKUL(X/081.7/7263/C3)

附注:

題記:書根有胡適題字。

3461 **高郵王氏六葉傳狀碑誌集六卷** 羅振玉輯 民國十四年(1925)上虞羅氏鉛印本

1函2冊;17.9厘米

高郵王氏遺書

PKUL(X/081.6/6051/C2)

附注:

題記:書根有胡適題字。

3462 **高郵王氏遺書** 羅振玉輯 民國十四年(1925)上虞羅氏鉛印本

1函5冊;17.9厘米

PKUL(X/081.6/6051/C2)

附注:

題記:書根有胡適題字。

其他:本書存3種。

3463 **高忠憲公詩手稿真蹟一卷** (明)高攀龍撰 民國十三年(1924)上海中華書局影印本

1函1冊;26.5厘米

PKUL(X/I222.748/2)

附注:

題記:書衣有贈書者題記:"適之先生惠存,福保敬貽";書根有胡適題字。

1217

3464 高子遺書十二卷附錄一卷年譜一卷（明）高攀龍撰 清光緒二年（1876）刻本

1函8冊；19.5厘米

PKUL（X/111.6/0040.1）

附注：

題記：書根有胡適題字。

3465 哥林多後書注釋（美）陶錫祈譯 清光緒二年（1876）上海美華書館鉛印本

1函1冊；19.5厘米

新約全書註釋

PKUL（X/252.79/7783/C2）

3466 革命邇言 李鍾漢著 民國三十六年（1947）鈔本

1函1冊；22.4厘米

PKUL（X/D680.8/2）

附注：

印章：書前貼紙鈐有"李鍾漢印"朱文方印。

題記：書前貼紙題"謹獻給胡適之博士，傅斯年博士，請賜指正。私淑弟子李鍾漢敬贈"。

3467 格物探原五卷（英）韋廉臣撰（日）熊野與訓點 日本明治十一年（1878）日本刻本

1函5冊；25.7厘米

PKUL（X/500.8/4007）

附注：

題記：書衣有"R. Lilley"簽名。

3468 格致古微五卷表一卷（清）王仁俊撰 清光緒二十二年（1896）吳縣王氏刻本

1函4冊；18.7厘米

PKUL（X/500.8/1022）

附注：

题记:书衣有胡适题记:"王人俊《格致古微》六卷,四册。一八九六年刻。此是過渡時代的一部有用的書。一九二○,十一,三○,我在琉璃廠買的。"

3469 格致鏡原一百卷 (清)陳元龍編 清(1644—1911)上海大同書局石印本

2 函 8 冊;13 厘米

PKUL(X/031.87/7510.1)

附注:

题记:書根有胡適題字。

其他:本書缺卷 1—10,19—26,32—42,55—78。

3470 格致餘論一卷 (元)朱震亨撰 民國十三年(1924)永康胡氏夢選廡刻本

1 函 1 冊;18.2 厘米

續金華叢書

PKUL(X/081.478/4777a/C2:3)

附注:

题记:書根有胡適題字。

3471 庚溪詩話二卷 (宋)陳巖肖撰 民國十三年(1924)永康胡氏夢選廡刻本

1 函 1 冊;18.2 厘米

續金華叢書

PKUL(X/081.478/4777a/C2:10)

附注:

题记:書根有胡適題字。

3472 庚子西狩叢談四卷 吴永口述 劉焜筆述 民國十七年(1928)北京廣華印刷局鉛印本

1 函 2 冊;13.6 厘米

PKUL(X/917.847/2630/C2)

附注:

题记:書根有胡適題字。

3473 耿天臺先生全書十六卷 (明)耿定向撰 民國十四年(1925)武昌正信印書館鉛印本

    1函8冊;18.9厘米

    PKUL(X/I214.82/18)

    附注:

        題記:書衣有贈書者題記:"適之先生惠存,學生肇祖敬貽。"

3474 更豈有此理四卷 (清)半軒主人撰 清嘉慶五年(1800)刻本

    1函4冊;14.1厘米

    PKUL(X/818.2/9508.3)

    附注:

        題記:書根有胡適題字。

3475 弓園吟草一卷 (清)胡錫侯著 民國二十三年(1934)上海商務印書館鉛印本

    1函1冊;17.4厘米

    PKUL(X/811.179/4768/C2)

    附注:

        題記:書衣後有贈書者題記:"適之先生惠存,胡毓寰";書根有胡適題字。

3476 公車徵士小錄一卷 (清)全祖望撰 民國九年(1920)江陰繆氏刻本

    1函1冊;12.5厘米

    煙畫東堂小品

    PKUL(X/081.18/2741a/C2)

    附注:

        題記:書根有胡適題字。

3477 公羊禮說一卷 (清)凌曙著 清嘉慶二十四年(1819)江都凌氏蜚雲閣刻本

    1函1冊;17.8厘米

    蜚雲閣凌氏叢書

    PKUL(X/090.087/3466/C2:2)

附注：

　　題記：書根有胡適題字。

3478　公羊問答二卷 （清）淩曙著　清道光元年（1821）江都淩氏蜚雲閣刻本

　　1函1冊；17.8厘米

　　蜚雲閣淩氏叢書

　　PKUL(X/090.087/3466/C2:2)

　　附注：

　　　題記：書根有胡適題字。

3479　龔安節先生年譜一卷 （明）龔紱撰　民國九年（1920）崑山趙氏又滿樓刻本

　　1函1冊；17.7厘米

　　又滿樓叢書

　　PKUL(X/081.18/4901/C3)

3480　龔安節先生遺文一卷 （明）龔詡撰　民國十一年（1922）崑山趙氏又滿樓刻本

　　1函1冊；17.4厘米

　　又滿樓叢書

　　PKUL(X/081.18/4901/C3)

3481　菰里瞿氏四世畫卷題詞四卷 孫雄編　民國十二年（1923）鉛印本

　　1函1冊；19.2厘米

　　鐵琴銅劍樓叢刻

　　PKUL(X/K825.4/1)

　　附注：

　　　題記：書根有胡適題字。

3482　古本道德經校刊 何士驥校　民國二十五年（1936）國立北平研究院鉛印本

　　1函3冊；16.7厘米

　　PKUL(X/111.1214/2147/C3)

　　附注：

1221

題記：書根有胡適題字。

3483 古本竹書紀年輯校一卷 （清）朱右曾輯録 王國維校補 民國五年(1916)上海倉聖明智大學鉛印本

1函1冊；14.8厘米

廣倉學宭叢書甲類第二集

PKUL(X/081.18/4127/C2:2)

附注：

題記：書根有胡適題字。

3484 古籌算考釋六卷 （清）勞乃宣撰 清光緒十二年(1886)完縣官舍刻本

1函6冊；18.1厘米

矩齋籌算叢刻

PKUL(X/510.14/9913/C3)

附注：

題記：書根有胡適題字。

其他：朱墨套印。

3485 古籌算考釋續編八卷 （清）勞乃宣撰 清光緒二十六年(1900)吳橋官廨刻本

1函8冊；17.4厘米

矩齋籌算叢刻

PKUL(X/510.14/9913.2)

附注：

題記：書衣有胡適題記："勞乃宣《古籌算考釋續編》八卷。勞闇文先生送我的。十二，二，三，胡適。"

其他：朱墨套印。

3486 古今名劇選三卷 吳梅校勘 民國八年(1919)北京大學出版部鉛印本

1函3冊；16.7厘米

PKUL(X/812.08/2648.1)

附注：

題記:書根有胡適題字。

3487 古今說海一百三十五種一百四十二卷（明）陸楫編 清道光元年(1821)苕溪邵氏酉山堂刻本

2函20冊;16.4厘米

PKUL(X/813.108/7446.1)

附注:

題記:書籤有胡適題記:"《古今說海》,上,胡適";書根有胡適題字。

3488 古今偽書考補證一卷附補證異同對照表一卷 黃雲眉撰 民國二十一年(1932)南京金陵大學中國文化研究所鉛印本

1函1冊;13.2厘米

金陵大學中國文化研究所叢刊

PKUL(X/018.4/4180/C4)

附注:

題記:書根有胡適題字。

3489 古今雜劇三十種 王國維校訂 民國十三年(1924)影印本

1函6冊;15厘米

PKUL(X/812.08/4802.1/C3)

附注:

題記:書根有胡適題字。

3490 古今中外音韻通例（清）胡垣撰 清光緒十四年(1888)刻本

1函4冊;17.6厘米

PKUL(X/414.2/4741/C3)

附注:

題記:書根有胡適題字。

3491 古今註三卷（晉）崔豹撰 民國十一年(1922)大關唐氏刻本

1函1冊;20.8厘米

1223

怡蘭堂叢書

PKUL（X/Z121.6/4）

附注：

　　題記：書衣有胡適題記："《怡蘭堂叢書》十種，成都唐鴻學刻的，唐君之子懋達送我的。十二，三，十二。胡適。"

3492 古局象棋圖一卷 （宋）司馬光撰 清光緒三十二年（1906）長沙葉氏刻本

1函1冊；17.3厘米

麗廔叢書

PKUL（X/081.18/4429d/C2）

附注：

　　題記：書根有胡適題字。

3493 古石刻零拾 容庚撰 民國二十三年（1934）石印本

1函1冊；26.8厘米

PKUL（X/990.813/3000.4/C3）

附注：

　　題記：書根有胡適題字。

3494 古書疑義舉例續補二卷 楊樹達著 民國十三年（1924）楊氏家塾刻本

1函1冊；17.9厘米

PKUL（X/027.5/8043-1）

附注：

　　題記：書根有胡適題字。

3495 古匋文𤣥錄十四卷附編一卷 顧廷龍錄 民國二十五年（1936）北平國立北平研究院總辦事處出版課石印本

1函1冊；17.9厘米

文字史料叢編

PKUL（X/990.814/3110/C3）

附注：

題記:書根有胡適題字。

3496 古銅印譜舉隅十卷 (日)太田孝太郎纂 日本昭和九年(1934)日本富士屋印刷所鉛印本
　　1函4冊;15.1厘米
　　PKUL(X/991.6031/4064/C3)
　　附注:
　　　題記:書根有胡適題字。

3497 古文關鍵二卷 (宋)吕祖謙編 清同治十年(1871)退補齋刻本
　　1函2冊;19.7厘米
　　金華叢書
　　PKUL(X/081.478/4777/C2)
　　附注:
　　　題記:書根有胡適題字。

3498 古文尚書辨僞二卷 (清)崔述著 清道光四年(1824)刻本
　　1函1冊;19.8厘米
　　崔東壁先生遺書
　　PKUL(X/081.579/2233.3/C2:3)
　　附注:
　　　題記:書根有胡適題字。

3499 古文尚書拾遺二卷 章炳麟撰 民國二十二年(1933)北平刻本
　　1函1冊;17.9厘米
　　章氏叢書續編
　　PKUL(X/081.58/0090a)
　　附注:
　　　題記:書根有胡適題字。
　　　其他:藍印。

1225

3500 古文尚書撰異三十二卷（清）段玉裁撰 清乾隆五十六年（1791）刻本

　　1函10冊；17.4厘米

　　經韻樓叢書

　　PKUL(X/081.57/7714/C2:2)

　　附注：

　　　題記：書根有胡適題字。

3501 古文審八卷卷首一卷（清）劉心源撰 清光緒十七年（1891）嘉魚劉氏龍江樓刻本

　　1函4冊；19.6厘米

　　PKUL(X/990.81/7233/C2)

　　附注：

　　　題記：書根有胡適題字。

3502 古文苑二十一卷（宋）章樵註 清光緒十二年（1886）江蘇書局刻本

　　1函4冊；18厘米

　　PKUL(X/810.08/0042/C2)

　　附注：

　　　題記：書根有胡適題字。

3503 古文苑二十一卷（宋）章樵注 民國六年（1917）潮陽鄭氏龍谿精舍刻本

　　1函1冊；17.4厘米

　　龍谿精舍叢書

　　PKUL(X/081.18/8762/C2:11)

　　附注：

　　　題記：書根有胡適題字。

3504 古孝子傳一卷（清）茆泮林輯 民國六年（1917）潮陽鄭氏龍谿精舍刻本

　　1函1冊；17.4厘米

　　龍谿精舍叢書

　　PKUL(X/081.18/8762/C2:6)

附注：

　　題記：書根有胡適題字。

3505　古洋遺響集一卷（宋）文同撰　清宣統元年（1909）番禺沈氏晨風閣刻本

　　1函1冊；12.8厘米

　　晨風閣叢書

　　PKUL（X/081.18/3436/C4：2）

3506　古逸叢書二十六種二百零二卷（清）黎庶昌編　清光緒十年（1884）遵義黎氏日本東京使署影刻本

　　9函49冊；22.6厘米

　　PKUL（X/081.17/2706/C4）

　　附注：

　　　題記：書根有胡適題字。

3507　古韻論三卷（清）胡秉虔撰　清光緒二年（1876）世澤樓刻本

　　1函1冊；17.8厘米

　　績溪胡氏叢書

　　PKUL（X/H112/1）

　　附注：

　　　印章：封面鈐有"胡適之印"朱文方印。

　　　題記：書衣有胡適題記："《績溪叢書》之一，胡秉虔的《古均論》。胡適。"

3508　古韻通說二十卷（清）龍啟瑞撰　清光緒九年（1883）四川尊經書局刻本

　　1函1冊；18.4厘米

　　PKUL（X/414.2/0131/C2）

　　附注：

　　　題記：書根有胡適題字。

　　　其他：本書存4卷。

3509　古韻總論一卷（清）江有誥撰　民國五年（1916）上海倉聖明智大學鉛印本

1函1册;14.8厘米

广仓学宭丛书甲类第二集

PKUL(X/081.18/4127/C2:2)

附注:

　　题记:书根有胡适题字。

3510 古照堂诗集二卷 (清)狄云鼎著 民国十九年(1930)铅印本

1函2册;16.2厘米

PKUL(X/I222.749/28)

附注:

　　印章:封面钤有胡适朱文方印"胡适的书"。

　　题记:书根有胡适题字。

3511 古籀余论三卷 (清)孙诒让撰 清光绪二十九年(1903)籀经楼刻本

1函2册;17.1厘米

PKUL(X/990.812/1201.1)

附注:

　　题记:书根有胡适题字。

3512 古籀余论三卷 (清)孙诒让撰 民国十八年(1929)北平燕京大学刻本

1函2册;15.5厘米

PKUL(X/990.812/1201.2)

附注:

　　题记:书衣有胡适题记:"《古籀余论》(孙诒让),一九四四年七月十九日在纽约买得此书。适之。"

3513 骨董琐记八卷 邓之诚辑 民国十五年(1926)和济印刷局铅印本

1函4册;15.1厘米

PKUL(X/818.9/1730.1)

附注:

　　题记:书根有胡适题字。

3514 故知録二卷 （清）徐本僱撰 民國四年（1915）長沙靳水湯氏刻本

   1函1冊;17.9厘米

   PKUL(X/K828.49/4)

   附注：

   　　印章：卷端鈐有"胡適之印"朱文方印。

3515 顧端文公年譜四卷 （明）顧與沐著 （清）顧樞編 （清）顧貞觀補 清光緒三年（1877）涇里宗祠刻本

   1函1冊;19厘米

   顧端文公遺書

   PKUL(X/111.69/3135a)

3516 顧端文公遺書十三種附年譜一種 （明）顧憲成著 清光緒三年（1877）涇里宗祠刻本

   2函16冊;19厘米

   PKUL(X/111.69/3135a)

   附注：

   　　題記：書衣有胡適題記："《顧端文遺書》，陳通伯兄在無錫給我訪得，送給我的。適之。"

3517 顧氏譜系考一卷 （清）顧炎武撰 清(1644—1911)蓬瀛閣刻本

   1函1冊;18.4厘米

   亭林遺書

   PKUL(X/081.57/3191.2/C2)

   附注：

   　　題記：書根有胡適題字。

3518 顧氏音學五書 （清）顧炎武撰 清光緒十六年（1890）思賢講舍刻本

   1函12冊;20.1厘米

   PKUL(X/414.08/3191.1/C2)

1229

附注：

    題記：書根有胡適題字。

3519 顧亭林先生年譜一卷 （清）張穆編 清道光二十四年（1844）道州何紹基署刻本

    1函3冊；19.3厘米

    PKUL(X/979.2/1613/C2)

    附注：

        題記：書根有胡適題字。

3520 顧亭林先生年譜一卷 （清）張穆編 清道光二十四年（1844）道州何紹基署刻本

    1函1冊；19.3厘米

    PKUL(X/979.2/1613/C3)

    附注：

        題記：書根有胡適題字。

3521 顧亭林先生年譜一卷 （清）吳映奎輯 清光緒四年（1878）吳氏刻本

    1函1冊；12.9厘米

    PKUL(X/979.2/1613-2)

    附注：

        題記：書根有胡適題字。

3522 瓜圃叢刊敘錄續編一卷 金梁撰 民國二十四年（1935）鉛印本

    1函1冊；17.2厘米

    PKUL(X/018.18/8033/C3、X/018.18/8033.1)

    附注：

        題記：書根有胡適題字。

        其他：本書有2冊。

3523 瓜圃述異二卷附靈感誌異一卷 金梁撰 民國二十五年（1936）鉛印本

    1函1冊；21.8厘米

    PKUL(X/Z429.6/2)

附注：

  題記：書根有胡適題字。

3524 掛枝兒二卷 緑牕居主人輯 楊東澤鈔本

  1函2冊；27.5厘米

  PKUL(SB/814.2/2270)

  附注：

    題記：封面有胡適題記："張懷先生藏的來鳳館古今傳奇本,《掛枝兒》上，楊東澤代鈔,胡適校。"鈔本末有胡適題記："廿六年四月廿二日校勘畢。胡適。"

    批注圈劃：書內多處有胡適朱筆批注。

3525 關稅特別會議議事録一卷 關稅特別會議編 民國十七年(1928)鉛印本

  1函4冊；18.1厘米

  PKUL(X/F812.84/2)

  附注：

    題記：書根有胡適題字。

3526 關西講堂客問一卷 (清)方正瑗著 清光緒十四年(1888)刻本

  1函1冊；18.6厘米

  桐城方氏七代遺書

  PKUL(X/081.6/0073/C2)

  附注：

    題記：書根有胡適題字。

3527 關中水道記四卷 (清)孫彤撰 清光緒三十四年(1908)京師鉛印本

  1函1冊；17.6厘米

  問影樓輿地叢書

  PKUL(X /981.08/4764/C2)

  附注：

    題記：書根有胡適題字。

3528 觀河集四卷 (清)彭紹升著 清光緒四年(1878)刻本
　　1函1冊;18.8厘米
　　PKUL(X/I222.749/25)
　　附注：
　　　題記：書根有胡適題字。

3529 觀禮堂三教真傳六卷 觀禮堂編 清宣統三年(1911)天津聚文堂刻本
　　1函6冊;18厘米
　　PKUL(X/200.8/4639.1)
　　附注：
　　　題記：書根有胡適題字。

3530 觀堂集林二十卷 王國維撰 民國十二年(1923)烏程蔣氏鉛印本
　　1函6冊;16.1厘米
　　PKUL(X/088.8/1062/C7)
　　附注：
　　　題記：書根有胡適題字。

3531 觀象居詩鈔二卷 (清)陳蘭瑞撰 清光緒二十一年(1895)長沙刻本
　　1函1冊;16.6厘米
　　PKUL(X/I222.749/12)
　　附注：
　　　題記：書根有胡適題字。

3532 觀音經咒靈感彙編 聶其杰編輯 民國十八年(1929)上海聶氏家詢刊社鉛印本
　　1函1冊;19.6厘米
　　PKUL(X/239.58/1044)
　　附注：
　　　題記：書根有胡適題字。

3533 管子二十四卷 （周）管仲撰 （唐）房玄齡注 清光緒二年（1876）浙江書局刻本

　　1函6冊；18厘米

　　PKUL（X/111.171/0002/C2）

　　附注：

　　　　題記：書根有胡適題字。

3534 管子地員篇注四卷 （清）王紹蘭著 清光緒十七年（1891）蕭山胡氏寄虹山館刻本

　　1函4冊；17.1厘米

　　PKUL（X/111.1715/1024/C2）

　　附注：

　　　　題記：書根有胡適題字。

3535 管子探源一卷附錄一卷 羅根澤著 民國十八年（1929）福民工業社石印本

　　1函2冊；18.4厘米

　　PKUL（X/111.17107/6043.2）

　　附注：

　　　　題記：書根有胡適題字。

3536 管子校正二十四卷 （清）戴望撰 民國十四年（1925）香山黃氏古愚室影印本

　　1函6冊；13.6厘米

　　清代學術叢書第一集

　　PKUL（X/081.37/4480/C4:1）

　　附注：

　　　　題記：書根有胡適題字。

3537 管子義證一卷 （清）洪頤煊撰 清光緒十五年（1889）南陵徐氏刻本

　　1函1冊；16.6厘米

　　積學齋叢書

　　PKUL（X/081.17/2816a/C2:2）

　　附注：

題記：書根有胡適題字。

3538 管子餘義一卷 章炳麟著 民國間(1912—1949)上海右文社鉛印本

1 函 1 冊；15 厘米

章氏叢書

PKUL(X/081.58/0090.1：1)

附註：

題記：書根有胡適題字。

3539 管子纂詁二十四卷 （日）安井衡著 日本慶應元年(1865)日本玉山堂刻本

1 函 12 冊；20.1 厘米

PKUL(X/111.1712/3052/C3)

附註：

題記：書根有胡適題字。

3540 館律萃珍 （清）謝祖源編 清光緒九年(1883)刻本

1 函 8 冊；11.1 厘米

PKUL(X/811.108/0433)

附註：

題記：書根有胡適題字。

其他：本書存卷 1—12，目錄 1 卷。

3541 光論一卷 （清）張福僖譯 清光緒間(1875—1908)元和江氏湖南使院刻本

1 函 1 冊；16.2 厘米

靈鶼閣叢書第二集

PKUL(X/081.17/3141/C2：1)

附註：

題記：書根有胡適題字。

3542 光緒二十四年中外大事彙記二十九卷 （清）廣智報局編 清光緒二十四年(1898)廣州廣智報局鉛印本

2函14册;20.2厘米

PKUL(X/917.8015/0086/C2)

附注:

　　题记:书根有胡适题字。

3543 廣倉學宭叢書甲類第一集二十五種四十六卷 姬佛陀輯 民國五年(1916)上海倉聖明智大學鉛印本

　　1函16册;14.8厘米

　　PKUL(X/081.18/4127/C2:1)

　　附注:

　　　　题记:书根有胡适朱笔题字。

　　　　批注圈劃:目錄有胡适朱筆圈劃。

3544 廣倉學宭叢書甲類第二集二十七種三十七卷 姬佛陀輯 民國五年(1916)上海倉聖明智大學鉛印本

　　1函16册;14.8厘米

　　PKUL(X/081.18/4127/C2:2)

　　附注:

　　　　题记:书根有胡适题字。

3545 廣成先生玉函經一卷 (前蜀)杜光庭撰 民國五年(1916)影刻本

　　1函1册;18厘米

　　隨盦叢書續編

　　PKUL(X/081.17/2816d/C3)

　　附注:

　　　　题记:书根有胡适题字。

3546 廣理學備考八十卷 (清)范鄗鼎編 清康熙間(1662—1722)五經堂刻 清道光五年(1825)補刻

　　6函48册;18.6厘米

　　PKUL(X/111.11/4402)

附注：

　　題記：書根有胡適題字。

3547　廣陵思古編二十九卷 （清）汪廷儒編 清道光二十九年（1849）揚州汪氏刻本

　　1函10冊；17.2厘米

　　PKUL(X/I214.91/3)

　　附注：

　　　題記：書根有胡適題字。

3548　廣論語駢枝一卷 章炳麟撰 民國二十二年（1933）北平刻本

　　1函1冊；17.9厘米

　　章氏叢書續編

　　PKUL(X/081.58/0090a)

　　附注：

　　　題記：書根有胡適題字。

　　　其他：藍印。

3549　廣雅疏證十卷 （清）王念孫撰 清光緒十三年（1887）上海書局石印本

　　1函1冊；15.8厘米

　　皇清經解

　　PKUL(X/415.2/1081.4)

　　附注：

　　　題記：書衣有胡適題記："六年十月廿九日買的。價十個銅子。適。"

3550　廣雅疏證補正一卷 （清）王念孫撰 民國五年（1916）上海倉聖明智大學鉛印本

　　1函1冊；14.8厘米

　　廣倉學宭叢書甲類第二集

　　PKUL(X/081.18/4127/C2:2)

　　附注：

　　　題記：書根有胡適題字。

3551 廣陽雜記五卷 (清)劉獻廷撰 清(1644—1911)刻本
  1函4冊;17.1厘米
  PKUL(X/088.7/7221-1.1)
  附注:
    題記:書根有胡適題字。

3552 廣虞初新志四十卷 (清)黃承增輯 清嘉慶八年(1803)寄鷗閒舫刻本
  4函24冊;11厘米
  PKUL(X/813.4/4414)
  附注:
    題記:書根有胡適題字。

3553 廣元遺山年譜二卷 (清)李光廷編 民國二十三年(1934)番禺李氏刻本
  1函2冊;17.3厘米
  PKUL(X/979.2/1189/C2、X/979.2/1189/C3)
  附注:
    題記:書根有胡適題字。
    其他:本書有2冊。

3554 廣韻五卷 (宋)陳彭年撰 民國間(1912—1949)上海涵芬樓影印本
  1函4冊;15.9厘米
  古逸叢書
  PKUL(X/414.5/7542.3/C3)
  附注:
    題記:書根有胡適題字。
    其他:本書缺卷5。

3555 廣州雜詠一卷 張瑞機撰 民國二十三年(1934)鉛印本
  1函1冊;12.5厘米
  PKUL(X/811.18/7256a)
  附注:

題記：書根有胡適題字。

3556 閨範四卷 （明）呂坤註 民國十六年（1927）影印本
　　1函4冊；19.9厘米
　　PKUL(X/188.5/6045)
　　附注：
　　　題記：書根有胡適題字。

3557 閨秀詞鈔十六卷補遺一卷續補遺四卷 徐乃昌撰 清宣統元年（1909）小檀欒室刻本
　　1函10冊；15.9厘米
　　PKUL(X/I222.8/4)
　　附注：
　　　題記：書根有胡適題字。

3558 龜城叟集輯一卷附錄一卷 （宋）龔開撰 民國十年（1921）如皋冒氏刻本
　　1函1冊；16.5厘米
　　楚州叢書
　　PKUL(X/Z122.53/1)
　　附注：
　　　題記：書根有胡適題字。

3559 歸顧朱三先生年譜合刻 （清）金吳瀾輯 清光緒六年（1880）刻本
　　1函1冊；12.6厘米
　　PKUL(X/979.208/8023/C2)
　　附注：
　　　題記：書根有胡適題字。
　　　其他：本書存《歸震川先生年譜》一種。

3560 歸田錄二卷 （宋）歐陽修撰 民國二十二年（1933）上海商務印書館鉛印本
　　1函1冊；14.5厘米

PKUL(X/Z429.2/5/C2)

附注：

　　題記：書根有胡適題字。

3561 歸田録二卷 （宋）歐陽修撰 民國十五年(1926)上海商務印書館鉛印本

　　1函1冊;14.5厘米

　　PKUL(X/Z429.2/5)

　　附注：

　　　　題記：書根有胡適題字。

3562 歸玄恭先生年譜一卷 趙經達編輯 民國十三年(1924)崑山趙氏又滿樓刻本

　　1函1冊;17.4厘米

　　又滿樓叢書

　　PKUL(X/081.18/4901/C3)

3563 歸元鏡二卷 （清）釋智達撰 民國三年(1914)上海有正書局石印本

　　1函1冊;16.4厘米

　　PKUL(X/230.83/8634.2)

　　附注：

　　　　題記：書根有胡適題字。

3564 歸真要道譯義四卷卷首一卷 （清）伍遵契譯註 （清）蔣春華增註 清光緒十七年(1891)鉛印本

　　1函4冊;19.5厘米

　　PKUL(X/271/2135.1/C2)

　　附注：

　　　　題記：書根有胡適題字。

3565 鬼董狐五卷 民國五年(1916)上海涵芬樓鉛印本

　　1函1冊;15.1厘米

　　PKUL(X/I242.1/10)

1239

附注：
　　題記：書根有胡適題字。

3566 癸巳存稿十五卷（清）俞正燮撰 清光緒十年（1884）刻本
　　1函8冊；18.4厘米
　　PKUL（X/088.7/8010/C2）
　　附注：
　　　印章：原序前鈐有"胡適之鉥"朱文方印。
　　　題記：書衣有胡適題記："俞正燮的《癸巳存稿》十五卷，八冊。此書原刻為道光丁未（1847）連筠簃本，再刻為光緒十年（1884）杭州本。此本似是翻光緒十年本，中多誤字，當求別本校之。胡適。十八，五，八。"

3567 癸巳存稿十五卷（清）俞正燮撰 清道光二十八年（1848）靈石楊氏刻本
　　1函8冊；19.6厘米
　　連筠簃叢書
　　PKUL（X/088.7/8010.2）
　　附注：
　　　題記：書籤有胡適題記："俞正燮《癸巳存稿》，連筠簃刻本"；書根有胡適題字。

3568 癸巳存稿十五卷（清）俞正燮撰 清光緒十年（1884）刻本
　　1函6冊；18.4厘米
　　PKUL（X/088.7/8010/C5）
　　附注：
　　　印章：原序前鈐有"胡適之鉥"朱文方印。
　　　題記：書根有胡適題字。

3569 癸巳類稿十五卷（清）俞正燮撰 清道光十三年（1833）求日益齋刻本
　　1函12冊；18.3厘米
　　PKUL（X/088.7/8010a2）
　　附注：

印章：目録後鈐有"胡適"朱文方印。

題記：書衣有胡適題記："癸巳類稿,道光十三年王藻初刻本。胡適";目録後有胡適題記："這是京師大學堂藏書,庚子亂後,散失在外,經過王氏施氏兩家的收藏,有圖章可證。每冊首頁王氏圖章有塗改痕跡,大概此君——王琢——即是當時偷書的人,后將出賣,方才塗改印章,以掩盜賣公物之罪。胡適";另函套書籤有胡適題記："俞正燮的《癸巳類稿》十五卷十二本。"

3570 癸酉九日掃葉樓登高詩集一卷 曹經沅撰 民國二十三年(1934)鉛印本

1函1冊;14.1厘米

PKUL(X/I222.76/7)

附注：

印章：書前鈐有"纕蘅"朱文方印。

題記：書前有作者題記："適之先生吟鑒,經沅";書根有胡適題字。

3571 癸酉廬山雅集詩草一卷 曹經沅輯 民國二十三年(1934)鉛印本

1函1冊;11.3厘米

PKUL(X/I222.76/17)

附注：

印章：書前鈐有"纕蘅"朱文方印。

題記：書前有作者題記："適之先生吟正,經沅。"

3572 桂林梁先生遺書六種七卷卷首一卷 (清)梁濟著 民國十四年(1925)京華印書局鉛印本

1函4冊;17.8厘米

PKUL(X/081.57/3330/C2)

附注：

題記：書根有胡適題字。

3573 桂學答問一卷 (清)康有爲著 民國十八年(1929)鉛印本

1函1冊;20.1厘米

1241

PKUL(X/027.5/0043/C3)

附注：

题记：书根有胡适题字。

3574 旷斋稿一卷（明）王袜著 民国十三年（1924）永康胡氏梦选庼刻本

1函1册；18.2厘米

续金华丛书

PKUL(X/081.478/4777a/C2:9)

附注：

题记：书根有胡适题字。

3575 国朝常州词录三十一卷（清）缪荃孙校辑 清光绪二十二年（1896）刻本

2函12册；19.1厘米

PKUL(X/811.7087/2741/C2)

附注：

题记：书根有胡适题字。

3576 国朝词综四十八卷二集八卷（清）王昶纂 清嘉庆间（1796—1820）刻本

1函12册；18.5厘米

PKUL(X/811.708/2529/C2)

附注：

题记：书根有胡适题字。

3577 国朝畿辅诗传六十卷（清）陶樑辑 清道光十九年（1839）刻本

2函16册；18.2厘米

PKUL(X/811.1087/7747/C2)

附注：

题记：书根有胡适题字。

3578 国朝金陵词钞八卷附闺秀词钞一卷（清）陈作霖辑 清光绪二十八年（1902）刻本

1函4冊;16.6厘米

PKUL(X/811.7087/7521/C2)

附注:

題記:書衣有胡適題記:"金仍珠先生送我的。此選中卷七濮文昶九十九首最好,我幾乎錯過了這樣一個好白話大詞人!胡適,十一,六,十一。"

3579 國朝金陵文鈔十六卷卷首一卷卷末一卷（清）陳作霖輯 清光緒二十三年（1897）刻本

1函16冊;16.8厘米

PKUL(X/811.1087/7521-1/C2)

附注:

題記:書根有胡適題字。

3580 國朝歷科題名碑錄（明洪武乙丑科至萬曆己未科清雍正癸卯科至道光癸巳科）（清）李周望輯 清同治間(1862—1874)刻本

1函9冊;19厘米

PKUL(X/971.038/4070/C4)

附注:

題記:書根有胡適題字。

3581 國朝歷科題名碑錄（清順治丙戌科至光緒丁丑科）（清）李周望輯 清光緒間（1875—1908）刻本

1函7冊;19.7厘米

PKUL(X/971.038/4070.1/C2)

附注:

題記:書根有胡適題字。

3582 國朝兩浙科名錄一卷（清）黃安綏輯 清咸豐七年(1857)京師刻本

1函2冊;20.6厘米

PKUL(X/K82-61/2)

附注:

1243

題記：書根有胡適題字。

3583 國朝名家詩鈔小傳四卷 （清）鄭方坤撰 清光緒十二年（1886）刻本
 1函2冊；15.5厘米
 PKUL(X/K825.6/2)
 附注：
  題記：書根有胡適題字。

3584 國朝山右詩存二十四卷附集八卷 （清）李錫麟輯錄 （清）王攀 李素同輯 清嘉慶六年（1801）刻本
 2函16冊；14.1厘米
 PKUL(X/811.1087/4080/C2)
 附注：
  題記：書根有胡適題字。

3585 國朝山左詩鈔六十卷 （清）盧見曾纂 清乾隆二十三年（1758）德州盧氏雅雨堂刻本
 2函20冊；17.9厘米
 PKUL(X/811.1087/2168/C2)
 附注：
  題記：書根有胡適題字。

3586 國朝詩人徵略六十卷 （清）張維屏輯 清道光十年（1830）刻本
 2函14冊；17.8厘米
 PKUL(X/971.706/1127/C3)
 附注：
  題記：書根有胡適題字。

3587 國朝御史題名錄（清順治元年至光緒二十六年） （清）黃叔璥編 清光緒二十八年（1902）刻本
 1函5冊；19.4厘米

PKUL(X/971.703/4421/C2)

附注:

　　題記:書衣有胡適題記:"漢御史上,漢御史中,漢御史下。滿御史上,滿御史下";書根有胡適題字。

3588 **國朝諸老先生論語精義十卷** (宋)朱熹著 清康熙間(1662—1722)禦兒呂氏寶誥堂刻本

1函5冊;18厘米

朱子遺書

PKUL(X/081.55/2540.1/C3)

3589 **國朝諸老先生孟子精義十四卷** (宋)朱熹著 清康熙間(1662—1722)禦兒呂氏寶誥堂刻本

1函2冊;18厘米

朱子遺書

PKUL(X/081.55/2540.1/C3)

3590 **國故論衡三卷** 章炳麟著 民國間(1912—1949)上海右文社鉛印本

1函3冊;15厘米

章氏叢書

PKUL(X/081.58/0090.1:1)

附注:

　　題記:書根有胡適題字。

3591 **國故論衡三卷** 章炳麟撰 民國間(1912—1949)浙江圖書館刻本

1函3冊;18.1厘米

章氏叢書

PKUL(X/071/0090.2/C8)

附注:

　　印章:卷端鈐有"胡適"朱文方印。

　　題記:書衣有胡適題記:"《國故論衡》,三卷,三冊。胡適,九,十一,三

1245

十";書根有胡適題字。

3592 國劇身段譜一卷 齊如山著 民國二十四年(1935)北平國劇學會鉛印本
  1函1冊;16.3厘米
  齋如山劇學叢書
  PKUL(X/781/0042/C3)
  附注:
    題記:書根有胡適題字。

3593 國立北平故宮博物院工作報告一卷 國立北平故宮博物院編 民國間(1912—1949)鉛印本
  1冊;17.4厘米
  PKUL(X/069/6011)
  附注:
    題記:書皮有胡適題字。

3594 國立中山大學圖書館新編中文書目一卷 國立中山大學圖書館編 民國十七至十八年(1928—1929)廣東國立中山大學圖書館油印本
  1函3冊;26.3厘米
  PKUL(X/012.331/5247g)
  附注:
    題記:書根有胡適題字。

3595 國民曆(中華民國二十年) 國立中央研究院天文研究所編 民國二十年(1931)鉛印本
  1函1冊;21.1厘米
  PKUL(X/528.7/1931-1)
  附注:
    題記:封面題"胡適之先生"。

3596 國史貳臣傳表一卷 (清)國史館撰 民國九年(1920)江陰繆氏刻本

1函1冊;12.5厘米

煙畫東堂小品

PKUL(X/081.18/2741a/C2)

附注:

  題記:書衣及書根有胡適題字。

3597 國語典一卷 馬繼楨著 民國九年(1920)山西晉新書社鉛印本

1函1冊;19厘米

PKUL(X/416.2/7182)

附注:

  題記:書根有胡適題字。

3598 國語講義一卷 民國間(1912—1949)石印本

1函1冊;17.4厘米

PKUL(X/H125.12/2)

附注:

  印章:書衣題"適"字。

3599 國語校文一卷 (清)汪中撰 清光緒間(1875—1908)元和江氏湖南使院刻本

1函1冊;16.2厘米

靈鶼閣叢書第五集

PKUL(X/081.17/3141/C2:3)

附注:

  題記:書根有胡適題字。

3600 過庭錄十六卷 (清)宋翔鳳撰 民國十九年(1930)北平富晉書社影印本

1函6冊;17厘米

PKUL(X/088.7/3087.1)

附注:

  題記:書根有胡適題字。

3601 還經錄一卷 （明）顧憲成著 清光緒三年（1877）涇里宗祠刻本

　　1函1冊；19厘米

　　顧端文公遺書

　　PKUL(X/111.69/3135a)

　　附注：

　　　題記：書衣有胡適題記。

3602 海藏樓詩一卷 鄭孝胥撰 清光緒二十八年（1902）武昌刻本

　　1函2冊；17.9厘米

　　PKUL(X/811.18/8741.1/C2)

　　附注：

　　　題記：書衣有胡適題記："十，十二，十五，蘇堪先生之子炎佐先生送我的。胡適"；書根有胡適題字。

3603 海藏樓詩八卷 鄭孝胥著 民國三年（1914）武昌刻本

　　1函2冊；19.6厘米

　　PKUL(X/811.18/8741.3)

　　附注：

　　　題記：書衣有胡適題記："十，十二，十五，蘇堪先生之子炎佐先生送我的。胡適。"

3604 海峯先生文十卷詩六卷 （清）劉大櫆撰 清同治十三年（1874）刻本

　　1函6冊；18.8厘米

　　PKUL(X/I214.92/9)

　　附注：

　　　題記：書根有胡適題字。

3605 海陵文徵二十卷 （清）夏荃輯 清道光二十三年（1843）刻本

　　1函10冊；19厘米

　　PKUL(X/817.08/1044)

　　附注：

题记:书衣有胡适题记:"《海陵文徵》,甲寅冬月朔日李勋初赠";书根有胡适题字。

3606 海漚漁唱一卷 （清）吴豐本撰 清宣統元年(1909)南陵徐氏刻本

1函1册;14.4厘米

懷豳雜俎

PKUL(X/081.18/2816b/C4)

附注:

题记:书根有胡适题字。

3607 海鷗小譜一卷 （清）秋谷老人著 清宣統三年(1911)長沙葉氏刻本

1函1册;18.2厘米

PKUL(X/811.175/3224/C3、X/811.175/3224/C4)

附注:

题记:书根有胡适题字。

其他:本书有2册。

3608 海瓊白真人全集八卷 （宋）葛長庚撰 清乾隆五十七年(1792)刻本

1函8册;18.4厘米

PKUL(SB/810.57/4470b)

附注:

题记:书根有胡适题字。

3609 海上青樓圖記六卷卷首一卷 （清）沁園主人繪圖 清光緒二十一年(1895)上海花雨小築居石印本

1函6册;13厘米

PKUL(X/971.07/3608)

附注:

题记:书根有胡适题字。

3610 海外奇談十回 （清）陳人重譯 日本文政三年(1820)日本文會堂刻本

1 函 3 冊;17.3 厘米

PKUL(X/I313.4/1)

附注：

題記：書根有胡適題字。

3611 海外文編四卷（清）薛福成撰 清光緒二十一年(1895)無錫薛氏刻本

1 函 4 冊;17 厘米

庸盦全集

PKUL(X/081.57/4435/C3)

附注：

題記：書根有胡適題字。

3612 海綃詞一卷 陳洵撰 民國十二年(1923)鉛印本

1 函 1 冊;14.1 厘米

PKUL(X/I222.86/4)

附注：

題記：書根有胡適題字。

3613 海雲閣詩鈔一卷（清）葉衍蘭撰 民國十七年(1928)鉛印本

1 函 1 冊;17 厘米

PKUL(X/811.179/4424/C2)

附注：

題記：書根有胡適題字。

3614 海忠介公集六卷（明）海瑞撰 清嘉慶二十年(1815)邱氏可繼堂修補印本

1 函 4 冊;19.8 厘米

PKUL(X/810.086/7739.1)

附注：

題記：書根有胡適題字。

3615 海忠介公集六卷（明）海瑞撰 清同治十年(1871)邱氏可繼堂刻本

1函4册;19.8厘米

PKUL(X/810.086/7739/C2)

附注:

    题记:书根有胡适题字。

3616 涵芬楼秘笈十集五十一种 孙毓修编 民国五至十年(1916—1921)上海商务印书馆影印本

9函72册;15厘米

PKUL(X/081.18/1282/C6)

附注:

    题记:书根有胡适题字。

3617 寒山金石林部目一卷 (明)赵均撰 清宣统元年(1909)番禺沈氏晨风阁刻本

1函1册;13厘米

晨风阁丛书

PKUL(X/081.18/3436/C4:1)

3618 寒松阁词三卷 (清)张鸣珂撰 清光绪十年(1884)江西书局刻本

1函1册;17.3厘米

PKUL(X/081.57/1161/C3)

附注:

    题记:书根有胡适题字。

3619 寒松阁骈体文一卷 (清)张鸣珂撰 清光绪二十年(1894)江西书局刻本

1函1册;17.8厘米

PKUL(X/081.57/1161/C3)

附注:

    题记:书根有胡适题字。

3620 寒松堂全集十二卷年谱一卷 (清)魏象枢著 清嘉庆十六年(1811)刻本

2函12册;17.9厘米

PKUL(X/810.72/2624/C2)

附注：

　　題記：書根有胡適題字。

3621 寒夜叢談三卷 （清）沈赤然撰 民國十三年（1924）崑山趙氏又滿樓刻本

　　1函1冊；17.4厘米

　　又滿樓叢書

　　PKUL(X/081.18/4901/C3)

3622 韓邊外志一卷 張相文著 民國二十四年（1935）北平中國地學會鉛印本

　　1函1冊；19厘米

　　南園叢稿

　　PKUL(X/810.8/1140/C3)

附注：

　　題記：書根有胡適題字。

3623 韓昌黎集四十卷外集十卷遺文一卷 （唐）韓愈撰 清（1644—1911）刻本

　　1函5冊；17.4厘米

　　PKUL(X/810.454/4480.2)

附注：

　　題記：書根有胡適題字。

3624 韓非子考證一卷 容肇祖著 民國二十五年（1936）上海商務印書館鉛印本

　　1函1冊；16.6厘米

　　國立中央研究院歷史語言研究所單刊

　　PKUL(X/111.1784/3033/C2)

附注：

　　題記：書根有胡適題字。

3625 韓柳年譜八卷（韓文類譜七卷柳先生年譜一卷）（宋）呂大防編 清光緒元年（1875）隸釋齋影刻本

1函1冊;20厘米

PKUL(X/979.2/0768)

附注:

題記:書根有胡適題字。

3626 韓詩內傳徵四卷敘錄二卷補遺一卷疑義一卷（清）宋綿初撰 清光緒間（1875—1908）南陵徐氏刻本

1函1冊;16.6厘米

積學齋叢書

PKUL(X/081.17/2816a/C2:1)

附注:

題記:書根有胡適題字。

3627 韓詩外傳十卷（漢）韓嬰著 清光緒元年(1875)望三益齋刻本

1函4冊;18.5厘米

PKUL(X/093.9304/4466.4)

附注:

題記:書衣有贈書者題記:"民國十一年一月十二日,馬裕藻敬贈適之先生";書根有胡適題字。

3628 韓詩外傳十卷補逸一卷（漢）韓嬰著 民國六年(1917)潮陽鄭氏龍谿精舍刻本

1函2冊;17.4厘米

龍谿精舍叢書

PKUL(X/081.18/8762/C2:1)

附注:

題記:書根有胡適題字。

批注圈劃:卷5一處有胡適朱筆批注圈劃。

3629 韓詩遺說二卷訂譌一卷（清）臧庸撰 清光緒二十一年(1895)元和江氏湖南使院刻本

1函1冊;16.2厘米

靈鶼閣叢書第一集

PKUL(X/081.17/3141/C2:1)

附注：

題記：書根有胡適題字。

3630 韓氏三禮圖説二卷 （元）韓信同撰 民國五年(1916)上海倉聖明智大學影印本

1函2冊；14.8厘米

廣倉學宭叢書甲類第一集

PKUL(X/081.18/4127/C2:1)

附注：

題記：書根有胡適題字。

3631 汗青閣文集二卷 （清）方中履著 清光緒十四年(1888)刻本

1函2冊；18.6厘米

桐城方氏七代遺書

PKUL(X/081.6/0073/C2)

附注：

題記：書根有胡適題字。

3632 漢代古文考一卷 王國維撰 民國五年(1916)上海倉聖明智大學鉛印本

1函1冊；14.8厘米

廣倉學宭叢書甲類第一集

PKUL(X/081.18/4127/C2:1)

附注：

題記：書根有胡適題字。

3633 漢代樂府箋注四卷 曲瀅生箋注 民國二十二年(1933)北平我輩語叢刊社鉛印本

1函1冊；20厘米

PKUL(X/I222.6/3)

附注：

题记:序有作者题记:"適之先生教正,後學曲瀅生敬贈";書根有胡適題字。

3634 漢律考七卷 程樹德輯著 民國八年(1919)京師刻本

1函4册;18.6厘米

PKUL(X/390.12/2642)

附注:

题记:書衣有胡適題記:"著者贈我的,胡適。十一,三,一。"

3635 漢鐃歌十八曲集解一卷 (清)譚儀撰 清光緒間(1875—1908)元和江氏湖南使院刻本

1函1册;16.2厘米

靈鶼閣叢書第三集

PKUL(X/081.17/3141/C2:2)

附注:

题记:書根有胡適題字。

3636 漢石經殘字考一卷 (清)翁方綱撰 清光緒十六年(1890)四川尊經書局刻本

1函1册;19.9厘米

石經彙函

PKUL(X/098.5/3191.1)

附注:

题记:書根有胡適題字。

3637 漢事會最人物志三卷 (清)惠棟輯 清光緒二十一年(1895)元和江氏湖南使院刻本

1函2册;16.2厘米

靈鶼閣叢書第一集

PKUL(X/081.17/3141/C2:1)

附注:

题记:書根有胡適題字。

1255

3638 漢書補注七卷 （清）王榮商撰 清光緒十七年（1891）刻本
　　1 函 2 冊；19.3 厘米
　　PKUL(X/912.1002/1090/C2)
　　附注：
　　　題記：書根有胡適題字。

3639 漢書蒙拾一卷 （清）杭世駿撰 清咸豐元年（1851）長沙小嬛嬛山館刻本
　　1 函 1 冊；13 厘米
　　杭氏七種
　　PKUL(X/081.57/4047a/C2)
　　附注：
　　　題記：書衣有胡適題記。

3640 漢魏碑考一卷 （清）萬經著 民國七年（1918）江浦陳氏刻本
　　1 函 1 冊；16 厘米
　　房山山房叢書
　　PKUL(X/Z121.6/2)
　　附注：
　　　題記：書根有胡適題字。

3641 漢魏博士考三卷 王國維撰 民國五年（1916）上海倉聖明智大學鉛印本
　　1 函 2 冊；14.8 厘米
　　廣倉學宭叢書甲類第一集
　　PKUL(X/081.18/4127/C2:1)
　　附注：
　　　題記：書根有胡適題字。

3642 漢魏六朝一百三家集一百零三種 （明）張溥輯 民國六年（1917）上海掃葉山房石印本
　　6 函 48 冊；17 厘米

PKUL(X/I213/1)

附注：

题记：书衣有胡适题记："《汉魏六朝百三家集》一部四十八本，是吾友曹胜之君送我的。七年五月，胡适。"

3643 漢西域圖考七卷 （清）李光廷撰 清同治九年（1870）番禺李氏刻本

1函4冊；17.1厘米

PKUL(X/981.97/4091.1/C2)

附注：

题记：书衣有胡适题记："李光廷《漢西域圖攷》七卷，四冊。陳澧序在一八七〇年，此書刻於廣州，頗不多見。病中過琉璃廠得此，甚喜。一九二〇，十一月三〇，胡適。圖後跋語在同治八年，為一八六九年。適。"

3644 漢字索引制一卷 林語堂著 民國七年（1918）北平共和印刷局鉛印本

1函1冊；15.9厘米

PKUL(X/027.92/4409/C3)

附注：

题记：封面題"胡適之先生惠存。Compliments of the author"。

3645 杭氏七種 （清）杭世駿撰 清咸豐元年（1851）長沙小嫏嬛山館刻本

1函4冊；13厘米

PKUL(X/081.57/4047a/C2)

附注：

题记：书衣有胡适题记："民國六年十月三日，在琉璃廠買得這部書，價銅子四十四個。胡適。"

3646 杭俗遺風一卷 （清）范祖述著 清同治六年（1867）刻本

1函1冊；17厘米

PKUL(X/319.7/4433)

附注：

题记：书根有胡适题字。

1257

3647 杭諺詩一卷 邵蕙西輯 清光緒三十四年(1908)刻本

1函1冊;16.1厘米

PKUL(X/811.179/1741)

附注:

題記:書根有胡適題字。

3648 蒿庵閒話二卷 (清)張爾岐著 清光緒十五年(1889)山東書局刻本

1函1冊;16.7厘米

PKUL(X/818/1112.1)

附注:

題記:書根有胡適題字。

3649 蒿菴集三卷拾遺一卷附錄一卷 (清)張爾岐著 清光緒十五年(1889)山東書局刻本

1函2冊;16.7厘米

PKUL(X/818/1112.1)

附注:

題記:書根有胡適題字。

3650 郝文忠公陵川文集三十九卷 (元)郝經撰 (清)王鏐編 清嘉慶三年(1798)高都張大紱刻本

2函10冊;18.7厘米

PKUL(X/810.59/4721/C3)

附注:

題記:書根有胡適題字。

3651 浩歌堂詩鈔十卷 陳去病著 民國十三年(1924)鉛印本

1函2冊;15.6厘米

百尺樓叢書

PKUL(X/I222.75/22)

附注：

    題記：書衣有作者題記："適之兄指教，去病"；書根有胡適題字。

3652 合肥三家詩録二卷 （清）譚獻選 清光緒十二年(1886)安慶刻本

  1函1册；16.9厘米

  半厂叢書初編

  PKUL(X/081.17/0112)

  附注：

    題記：書根有胡適題字。

3653 何北山先生遺集四卷 （宋）何基撰 清光緒八年(1882)退補齋刻本

  1函2册；18.4厘米

  金華叢書

  PKUL(X/081.478/4777/C2)

  附注：

    題記：書根有胡適題字。

3654 何必西廂三十七回 （清）心鐵道人撰 清嘉慶五年(1800)刻本

  1函12册；14.7厘米

  PKUL(X/I242.4/9)

  附注：

    題記：書根有胡適題字。

3655 何博士備論一卷 （宋）何去非撰 清嘉慶十六年(1811)浦城祝氏留香室刻本

  1函1册；18厘米

  浦城遺書

  PKUL(X/081.481/3665/C2)

  附注：

    題記：書根有胡適題字。

3656 何義門先生家書四卷 （清）何焯撰 （清）吴蔭培編 清宣統元年(1909)平江吴

氏刻本

1函2册;18厘米

PKUL(X/818.1/2191)

附注:

题记:书根有胡适题字。

其他:朱印。

3657 和林金石录一卷和林诗一卷 (清)李文田撰 清光绪二十三年(1897)元和江氏湖南使院刻本

1函1册;16.2厘米

灵鹣阁丛书第四集

PKUL(X/081.17/3141/C2:3)

附注:

题记:书根有胡适题字。

3658 和天倪斋词三种(击缶词二卷懊儂词一卷屑玉词一卷) (清)郭钟岳撰 清光绪十二至十三年(1886—1887)温州刻本

1函4册;13.7厘米

PKUL(X/I222.85/14)

附注:

题记:书根有胡适题字。

3659 和天倪斋词四种(击缶词二卷懊儂词一卷屑玉词一卷委宛词一卷) (清)郭钟岳撰 清光绪十二至二十年(1886—1894)温州刻本

1函3册;13.7厘米

PKUL(X/I222.85/14/C2)

附注:

题记:书根有胡适题字。

3660 和小山词一卷 赵尊岳撰 民国十二年(1923)刻本

1函1册;13.9厘米

PKUL(X/I226/25)

附注：

　　題記：書根有胡適題字。

3661 和州志三卷 （清）章學誠撰 民國十一年(1922)吳興劉氏嘉業堂刻本

　　1函2冊;18.2厘米

　　章氏遺書

　　PKUL(X/081.57/0070.1/C6)

　　附注：

　　　　印章：各卷首頁鈐有胡適印章。

　　　　題記：書根有胡適題字。

3662 和珠玉詞一卷 （清）張祥齡等連句 民國十二年(1923)刻本

　　1函1冊;14.4厘米

　　惜陰堂叢書

　　PKUL(X/I222.85/17)

　　附注：

　　　　題記：書根有胡適題字。

3663 河防芻議一卷 （清）劉成忠撰 清同治十三年(1874)刻本

　　1函1冊;17.5厘米

　　PKUL(X/654.6/7255/C2)

　　附注：

　　　　題記：書根有胡適題字。

3664 河汾旅話四卷 （清）朱維魚撰 清宣統二年(1910)沈氏刻本

　　1函1冊;12.9厘米

　　枕碧樓叢書

　　PKUL(X/081.18/3435/C2)

3665 河南集三卷遺事一卷 （宋）穆修撰 清宣統二年(1910)沈氏刻本

1261

1函1册;12.9厘米

枕碧樓叢書

PKUL(X/081.18/3435/C2)

3666 河南邵氏聞見錄二十卷 （宋）邵伯溫撰 民國九年（1920）上海商務印書館鉛印本

1函2册;14.6厘米

PKUL(X/K244.45/1、X/K244.45/1/C2)

附注：

題記：書根有胡適題字。

其他：本書有2套。

3667 河朔新碑目三卷附河南古物調查表證誤一卷 顧燮光編輯 民國十五年（1926）上海聚珍印書局鉛印本

1函1册;19.2厘米

PKUL(X/991.34031/3199b/C2)

附注：

題記：書根有胡適題字。

3668 鶴林玉露三集十八卷 （宋）羅大經撰 民國十五年（1926）上海商務印書館鉛印本

1函3册;14.5厘米

PKUL(X/I264.4/3)

附注：

題記：書根有胡適題字。

3669 鶴徵後錄十二卷卷首一卷 （清）李富孫輯 清嘉慶間（1796—1820）刻本

1函3册;17.9厘米

PKUL(X/971.038/4020/C2)

附注：

題記：書根有胡適題字。

3670 鶴徵錄八卷卷首一卷（清）李集輯（清）李富孫 李遇孫續輯 清嘉慶間(1796—1820)刻本

　　1函3冊;18.1厘米

　　PKUL(X/971.038/4020/C2)

　　附注：

　　　題記：書根有胡適題字。

3671 黑韃事略箋證一卷 王國維撰 民國十五年(1926)清華學校研究院鉛印本

　　1函1冊;15厘米

　　PKUL(X/910.72/1062)

　　附注：

　　　題記：書根有胡適題字。

3672 黑韃事略一卷附校勘記（宋）彭大雅撰 徐霆疏證 清光緒三十四年(1908)京師鉛印本

　　1函1冊;17.6厘米

　　問影樓輿地叢書

　　PKUL(X/981.08/4764/C2)

　　附注：

　　　題記：書根有胡適題字。

3673 恆軒所見所藏吉金錄一卷（清）吳大澂輯 清光緒十一年(1885)吳縣吳氏影印本

　　1函2冊;23.8厘米

　　PKUL(X/991.2/2643.1)

　　附注：

　　　題記：書根有胡適題字。

3674 恆言錄六卷（清）錢大昕纂 清光緒十年(1884)長沙龍氏刻本

　　1函2冊;18.7厘米

1263

嘉定錢氏潛研堂全書

PKUL（X/081.57/8346:8）

附注：

題記：書根有胡適題字。

3675 恆諺記一卷 （清）呂聯珠輯 民國十九年（1930）鉛印本

1函2冊；18.5厘米

PKUL（X/B828/16）

附注：

題記：書根有胡適題字。

3676 珩璜新論一卷 （宋）孔平仲撰 民國九年（1920）上海商務印書館鉛印本

1函1冊；14.6厘米

PKUL（X/Z429.2/8/C1、X/Z429.2/8/C2）

附注：

題記：書根有胡適題字。

其他：本書有2冊。

3677 橫浦先生文集二十卷無垢先生橫浦心傳錄三卷橫浦日新一卷橫浦先生家傳一卷 （宋）張九成撰 （宋）郎曄編 民國十四年（1925）海鹽張氏影印本

1函8冊；18.2厘米

PKUL（X/081.55/1145/C2）

附注：

題記：書衣有胡適題記："張菊生先生送給我的。景明萬曆本《橫浦文集》八冊，十四年一月十七日。胡適。"

3678 橫山文集十六卷詩集六卷 （清）裘璉著 民國三年（1914）甬上旅邂軒鉛印本

1函4冊；18.8厘米

PKUL（X/810.71/4315/C2）

附注：

題記：書衣有贈書者題記："馬幼漁先生惠存，張之銘手贈，廿六年四月九日。轉贈適之尊兄,裕藻";書根有胡適題字。

3679 弘道書三卷（清）費密撰 民國九年(1920)成都大關唐氏怡蘭堂刻本

1函2冊;21厘米

費氏遺書三種

PKUL(X/081.57/5530/C2)

附注:

題記:書根有胡適題字。

3680 弘明集十四卷（南朝梁）釋僧祐輯 清光緒二十二年(1896)南京金陵刻經處刻本

1函4冊;17.5厘米

PKUL(X/230.87/2834)

附注:

題記:書根有胡適題字。

3681 洪承疇章奏文冊彙輯一卷 國立北京大學研究院文史部編輯 民國二十六年(1937)上海商務印書館鉛印本

1函1冊;19厘米

國立北京大學研究院文史叢刊

PKUL(X/917.1123/0050/C4)

附注:

題記:書根有胡適題字。

3682 洪度集一卷（唐）薛濤撰 清光緒三十二年(1906)靈峰草堂刻本

1函1冊;17.9厘米

PKUL(X/I222.742/14)

附注:

題記:封面前有贈書者題記:"適之先生惠存,嘉鑄寄贈。四川成都,二十年九月十九。"

3683 洪文惠公年譜一卷 （清）錢大昕編 清光緒十年（1884）長沙龍氏刻本
   1函1冊；18.7厘米
   嘉定錢氏潛研堂全書
   PKUL（X/081.57/8346:5）
   附注：
     題記：書根有胡適題字。

3684 洪文敏公年譜一卷 （清）錢大昕編 清光緒十年（1884）長沙龍氏刻本
   1函1冊；18.7厘米
   嘉定錢氏潛研堂全書
   PKUL（X/081.57/8346:5）
   附注：
     題記：書根有胡適題字。

3685 洪武聖政記二卷 （明）宋濂撰 清同治八年（1869）退補齋刻本
   1函1冊；20.1厘米
   金華叢書
   PKUL（X/081.478/4777/C2）
   附注：
     題記：書根有胡適題字。

3686 洪憲紀事詩一卷 劉成禺撰 民國二十三年（1934）鉛印本
   1函1冊；12.5厘米
   PKUL（X/811.18/7256a）
   附注：
     題記：書根有胡適題字。

3687 洪憲紀事詩一卷 劉成禺撰 民國間（1912—1949）鉛印本
   1函1冊；14.3厘米
   PKUL（X/811.18/7256a1）
   附注：

题记：书根有胡适题字。

3688 紅蕉詞一卷 （清）江標撰 民國十二年（1923）崑山趙氏又滿樓刻本

1函1册；17.4厘米

又滿樓叢書

PKUL（X/081.18/4901/C3）

3689 紅樓夢 （清）曹霑撰 清乾隆五十六年（1791）萃文書屋木活字本

4函32册；17.7厘米

PKUL（SB/813.351/5510.1）

附注：

印章：前護頁鈐有"胡適"朱文方印；另一面鈐有"胡適"、"吉司馬"、"雨亭"朱文方印。

題記：前護頁有胡適題記："《紅樓夢》的版本之學可算是我提倡出來的。我先得程乙本，始知尚有程甲本。程甲本很難得，馬幼漁先生藏有此本，今年他慨然贈給我，我歡喜極了，故托北京松筠閣重加裝鑲，並記于此。胡適。十八,五,廿四,晨四時。"前護頁另一面有胡適題記："此本裏夾有紅墨水校語箋條，是容庚先生用他的"抄本"校的。他的抄本是程乙本抄下來的，我另有攷証。胡適。"此面另有題記："司馬吉玉亭氏訂，光緒戊申卅四年秋日，時在晉北綏城糧府。"

3690 紅樓夢一百二十回 （清）曹霑撰 清（1644—1911）東觀閣刻本

4函24册；4.6厘米

PKUL（X/813.351/5510.42）

附注：

題記：書衣有胡適題記："翻'程甲本'的《紅樓夢》，馬幼漁先生送給我的。十五,六,廿六。"

3691 紅樓夢抉微一卷 闞鐸撰 民國十四年（1925）天津大公報館鉛印本

1函1册；15.6厘米

PKUL（X/I207.411/61）

1267

附注：

  題記：書根有胡適題字。

3692 紅牙小譜一卷 （清）惕莊主人撰 清嘉慶三年（1798）刻本
  1函1冊；16.4厘米
  PKUL(X/I222.9/6)
  附注：
    題記：書根有胡適題字。

3693 紅葉村詩橐六卷補遺一卷 （明）梁逸著 民國十年（1921）崑山趙氏又滿樓刻本
  1函1冊；17.5厘米
  又滿樓叢書
  PKUL(X/081.18/4901/C3)

3694 鴻雪詞二卷 （清）周之琦撰 民國十四年（1925）錢塘汪氏刻本
  1函1冊；15.8厘米
  食舊堂叢書
  PKUL(X/081.17/3148/C2:4)
  附注：
    題記：書根有胡適題字。

3695 侯官陳石遺先生年譜七卷 王真編 民國間（1912—1949）刻本
  1函4冊；16.3厘米
  PKUL(X/K828.5/1)
  附注：
    題記：書根有胡適題字。
    批注圈劃：書內多處有胡適批注。

3696 侯鯖詞五種 （清）吳唐林纂 清光緒十一年（1885）杭州刻本
  1函2冊；17.1厘米
  PKUL(X/I222.849/3)

附注：

　　題記：書根有胡適題字。

3697 侯忠節公全集十八卷卷首一卷 （明）侯峒曾撰 民國二十二年（1933）嘉定侯積郁鉛印本

　　1函6冊；13.8厘米

　　PKUL（X/810.6/2728/C2）

　　附注：

　　　　題記：書根有胡適題字。

3698 後村別調一卷補一卷 （宋）劉克莊撰 清宣統元年（1909）番禺沈氏晨風閣刻本

　　1函1冊；12.8厘米

　　晨風閣叢書

　　PKUL（X/081.18/3436/C4:2）

3699 後村雜記一卷 （宋）劉克莊撰 民國九年（1920）江陰繆氏刻本

　　1函1冊；12.5厘米

　　煙畫東堂小品

　　PKUL（X/081.18/2741a/C2）

　　附注：

　　　　題記：書根有胡適題字。

3700 後漢紀三十卷 （晉）袁宏撰 民國六年（1917）潮陽鄭氏龍谿精舍刻本

　　2函8冊；17.4厘米

　　龍谿精舍叢書

　　PKUL（X/081.18/8762/C2:4-5）

　　附注：

　　　　題記：書根有胡適題字。

3701 後漢郡國令長攷一卷 （清）錢大昭撰 清光緒間（1875—1908）湖北崇文書局刻本

1函1冊;10.9厘米

正覺樓叢刻

PKUL(X/081.17/3120/C2:2)

附注:

 題記:書根有胡適題字。

3702 後漢郡國令長攷一卷 (清)錢大昭撰 清光緒間(1875—1908)南陵徐氏刻本

1函1冊;6.6厘米

積學齋叢書

PKUL(X/081.17/2816a/C2:2)

附注:

 題記:書根有胡適題字。

3703 後漢書集解一百二十卷卷首一卷 (南朝宋)范曄撰 (清)王先謙集解 民國十二年(1923)長沙鼎文書社刻本

1函6冊;21.7厘米

PKUL(X/912.3/4464.1/C4)

附注:

 題記:書根有胡適題字。

 其他:本書存《補志集解》三十卷。

3704 後漢書集解一百二十卷卷首一卷 (南朝宋)范曄撰 (清)王先謙集解 民國四年(1915)長沙王氏刻本

5函30冊;21厘米

PKUL(X/912.3/4464.4/C2)

附注:

 題記:書衣有胡適題記:"民國三十年王重民先生回國,在上海替我買得此書。最後一卷(卷三十,輿服志)是原版已缺,由富晉書社雇人補鈔的。在海外買書不易,回想在北京時買書的方便,真如同隔了一個時代了。"

 批注圈劃:序、卷端及目錄有胡適朱筆圈劃。

3705 後漢書蒙拾一卷（清）杭世駿撰 清咸豐元年(1851)長沙小鄭嬛山館刻本

1函1冊;13厘米

杭氏七種

PKUL(X/081.57/4047a/C2)

3706 後蜀毛詩石經殘本一卷（清）王昶撰 清光緒十六年(1890)四川尊經書局刻本

1函1冊;19.9厘米

石經彙函

PKUL(X/098.5/3191.1)

附注:

題記:書根有胡適題字。

3707 滹南遺老集四十五卷滹南王先生詩集一卷續編滹南王先生詩集一卷（金）王若虛 清光緒間(1875—1908)刻本

1函6冊;17.4厘米

畿輔叢書初編

PKUL(X/810.58/1042.1)

附注:

題記:書根有胡適題字。

3708 胡鈍夫先生臨難示子書（清）胡傳撰 清光緒二十一年(1895)手稿本

1函1冊;25.3厘米

PKUL(SB/979.7/1841)

附注:

題記:書後有胡適題記:"先父自叙一篇,是他在臺灣後山寫給先兄嗣秬的。寫成後五日,——閏五月初三——先父扶病出山,到平安時,脚腫漸退,而不能行動,其時臺灣已稱民主國,劉永福不放先父行,直到他病危時,始許他行。先父六月二十八日到廈門,手足都不能動了,七月三日死在廈門,距寫此文時僅兩個月零五日。三十六年後(中華民國二十年),兒子適敬記。"

其他:摺裝。

3709 胡敬齋先生文集三卷 （明）胡居仁著 清同治九年（1870）傳經堂刻本

　　1函2冊；17.4厘米

　　PKUL（X/I214.82/4）

　　附註：

　　　　題記：書根有胡適題字。

3710 胡仲子集十卷 （明）胡翰撰 清同治十二年（1873）胡氏退補齋刻本

　　1函4冊；20.1厘米

　　PKUL（X/817.61/4748）

　　附註：

　　　　題記：書根有胡適題字。

3711 胡子衡齊八卷 （明）胡直撰 民國五年（1916）南昌退廬刻本

　　1函4冊；15.8厘米

　　豫章叢書

　　PKUL（X/111.69/4740）

　　附註：

　　　　題記：書根有胡適題字。

　　　　批注圈劃：卷19處有胡適批注圈劃。

3712 胡子知言六卷疑義一卷附錄一卷 （宋）胡宏著 明（1368—1644）刻本

　　1函1冊；17.7厘米

　　PKUL（X/B244.2/2）

　　附註：

　　　　題記：書根有胡適題字。

3713 湖北叢書三十種 （清）趙尚輔輯 清光緒十七年（1891）三餘草堂刻本

　　10函100冊；16.2厘米

　　PKUL（X/081.473/4995/C2）

　　附註：

题记:目录後有胡適题记:"右《湖北叢書》三十種,凡一百册,光緒辛卯(1891)三餘草堂刻的。三餘草堂不知是何人,《續彙刻書目》亦不載輯者姓名。此書選的板本都很好,校勘也極精,其中如《繹志》、《姓觿》更是最精的本。此書不曾收入名家集子,似別有見地。集子不算是'著作',此書收的多屬於'著作'一類。民國十一年,四月廿二晚。胡適。"

3714 湖北通志檢存稿四卷（清）章學誠撰 民國十一年(1922)吳興劉氏嘉業堂刻本
1函4册;18.2厘米
章氏遺書
PKUL(X/081.57/0070.1/C6)
附注:
 印章:各卷首頁有胡適印章。
 题记:書根有胡適题字。

3715 湖北通志檢存稿四卷（清）章學誠撰 民國間(1912—1949)浙江圖書館鉛印本
1函3册;17.7厘米
章氏遺書
PKUL(X/081.57/0070.3/C3)
附注:
 批注圈劃:書内有胡適圈劃。

3716 湖北通志未成稿一卷（清）章學誠撰 民國間(1912—1949)浙江圖書館鉛印本
1函1册;17.7厘米
章氏遺書
PKUL(X/081.57/0070.3/C3)
附注:
 题记:書根有胡適题字。

3717 湖北通志未成稿一卷（清）章學誠撰 民國十一年(1922)吳興劉氏嘉業堂刻本
1函1册;18.2厘米
章氏遺書

1273

PKUL(X/081.57/0070.1/C6)

附注：

　　印章：卷端鈐有"胡適"朱文方印。

　　題記：書根有胡適題字。

3718　湖州詞徵三十卷 朱祖謀輯 民國九年(1920)吳興劉氏嘉業堂刻本

　　1函4冊;18.5厘米

　　吳興叢書

　　PKUL(X/I222.8/2)

　　附注：

　　　題記：書根有胡適題字。

3719　虎口餘生傳奇四卷 (清)曹寅撰 清(1644—1911)刻本

　　1函3冊;7.6厘米

　　PKUL(X/812.7/5530)

　　附注：

　　　題記：書根有胡適題字。

　　　其他：本書存卷2—4。

3720　護法資治論十一卷 (日)釋不染居士纂輯 日本寶永四年(1707)刻本

　　1函10冊;20.4厘米

　　PKUL(X/230.13/1374)

　　附注：

　　　題記：書根有胡適題字。

3721　花部農譚一卷 (清)焦循撰 清宣統元年(1909)南陵徐氏刻本

　　1函1冊;14.4厘米

　　懷豳雜俎

　　PKUL(X/081.18/2816b/C4)

　　附注：

　　　題記：書根有胡適題字。

3722 花甲閒談十六卷（清）張維屏撰（清）葉夢草繪 清光緒十年（1884）上海同文書局石印本

　　1函4冊；11.4厘米

　　PKUL(X/811.179/1127.1)

　　附注：

　　　題記：書根有胡適題字。

3723 花影吹笙詞鈔二卷附小游僊詞一卷（清）葉英華著 清光緒三年（1877）羊城刻本

　　1函1冊；16.4厘米

　　PKUL(X/I222.849/4)

　　附注：

　　　題記：書根有胡適題字。

3724 花影吹笙室詞一卷（清）李慎溶撰 民國九年（1920）活字本

　　1函1冊；18.5厘米

　　PKUL(X/I222.85/12)

　　附注：

　　　題記：書根有胡適題字。

3725 華川卮辭一卷（明）王褘撰 清同治八年（1869）退補齋刻本

　　1函1冊；19.9厘米

　　金華叢書

　　PKUL(X/081.478/4777/C2)

　　附注：

　　　題記：書根有胡適題字。

3726 華笑庼襍筆六卷（清）范鍇撰 民國二十年（1931）北平富晉書社影印本

　　1函3冊；10.3厘米

　　范聲山雜著

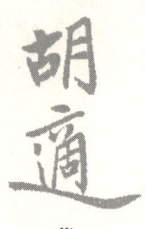

   PKUL(X/081.57/4481/C2)

   附注：

   　題記：書根有胡適題字。

3727 華嚴原人論合解二卷（唐）釋宗密論（元）釋圓覺解 民國間(1912—1949)上海有正書局鉛印本

   1函1冊;14.3厘米

   PKUL(X/B942/11/C2)

   附注：

   　題記：書根有胡適題字。

3728 華陽國志十二卷附補華陽國志三州郡縣目錄一卷校勘記一卷（晉）常璩撰 民國六年(1917)潮陽鄭氏龍谿精舍刻本

   2函6冊;17.4厘米

   龍谿精舍叢書

   PKUL(X/081.18/8762/C2:5-6)

   附注：

   　題記：書根有胡適題字。

3729 華陽國志校勘記一卷（清）顧觀光著 清光緒九年(1883)上海獨山莫祥芝刻本

   1函1冊;18.6厘米

   武陵山人遺書

   PKUL(X /081.57/3149/C2)

   附注：

   　題記：書根有胡適題字。

3730 化書六卷（南唐）譚峭撰 清光緒間(1875—1908)湖北崇文書局刻本

   1函1冊;10.9厘米

   正覺樓叢刻

   PKUL(X/081.17/3120/C2:3)

   附注：

題記:書根有胡適題字。

3731 畫鑑一卷 (元)湯垕撰 民國十年(1921)如皋冒氏刻本

1函1冊;16.5厘米

楚州叢書

PKUL(X/Z122.53/1)

附注:

題記:書根有胡適題字。

3732 畫友詩一卷 (清)趙彥修撰 清光緒間(1875—1908)元和江氏湖南使院刻本

1函1冊;16.2厘米

靈鶼閣叢書第二集

PKUL(X/081.17/3141/C2:2)

附注:

題記:書根有胡適題字。

3733 淮安藝文志十卷 (清)王琛撰 清同治十二年(1873)刻本

1函8冊;18.5厘米

PKUL(X/014.774/1017/C2)

附注:

題記:書根有胡適題字。

3734 淮海集十七卷淮海後集二卷淮海詞一卷補遺一卷 (宋)秦觀著 清道光十七年(1837)刻本

1函6冊;16.9厘米

PKUL(X/810.51/5047/C3)

附注:

題記:書根有胡適題字。

3735 淮海同聲集二十卷 (清)汪之選輯 清嘉慶二十二年(1817)刻本

1函8冊;17.7厘米

1277

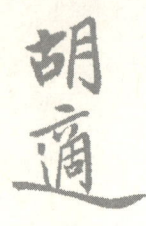

PKUL(X/I222.749/17)

附注：

　　題記：書根有胡適題字。

3736　淮海易談四卷（明）孫應鼇撰　清光緒六年（1880）獨山莫氏刻本

　　1函2冊；17.4厘米

　　孫文恭公遺書

　　PKUL(X/081.57/1205/C2)

附注：

　　題記：書根有胡適題字。

3737　淮南鴻烈集解二十一卷（漢）劉安撰（漢）高誘注　劉文典集解　民國十年（1921）合肥劉氏鉛印本

　　1函6冊；17.5厘米

　　PKUL(X/111.235/0002/C2)

附注：

　　題記：書根有胡適題字。

3738　淮南鴻烈集解二十一卷（漢）劉安撰（漢）高誘注　劉文典集解　民國四年（1915）上海掃葉山房石印本

　　1函4冊；16.6厘米

　　PKUL(X/111.235/0002.1)

附注：

　　題記：書根有胡適題字。

3739　淮南鴻烈集解二十一卷附淮南天文訓補注一卷（漢）劉安撰（漢）高誘注　劉文典集解　民國十二年（1923）上海商務印書館鉛印本

　　1函5冊；17.7厘米

　　PKUL(X/111.235/0002.4)

附注：

　　題記：書衣有胡適題寫各篇篇名。

其他:本书缺卷1—3。

3740 淮南集證二十一卷 劉家立纂 民國十三年(1924)上海中華書局鉛印本

　　1函10冊;15.4厘米

　　PKUL(X/111.235/7230/C5)

　　附註:

　　　　題記:函套有贈書者題記:"適之先生插架,炎武謹奉";書根有胡適題字。

3741 淮南集證二十一卷 劉家立纂 民國二十三年(1934)上海中華書局鉛印本

　　1函10冊;15.4厘米

　　PKUL(X/111.235/7230.1)

　　附註:

　　　　題記:書根有胡適題字。

　　　　批注圈劃:札記有胡適圈劃。

3742 淮南萬畢術一卷補遺一卷再補遺一卷 (漢)劉安撰 (清)茆泮林輯 民國六年(1917)潮陽鄭氏龍谿精舍刻本

　　1函1冊;17.4厘米

　　龍谿精舍叢書

　　PKUL(X/081.18/8762/C2:10)

　　附註:

　　　　題記:書根有胡適題字。

3743 淮南子二十一卷 (漢)劉安撰 (漢)高誘注 清光緒二年(1876)浙江書局刻本

　　1函6冊;17.9厘米

　　PKUL(X/B234.14/1)

　　附註:

　　　　題記:書根有胡適題字。

3744 淮南子校勘記二十一卷 (清)汪文臺撰 清光緒十一年(1885)刻本

　　1函1冊;19.4厘米

PKUL(X/111.235/3104)

附注：

題記：書根有胡適題字。

3745 淮雲問答輯存一卷 （清）陸世儀著 清光緒二十五年(1899)京師刻本

1函1冊;13.8厘米

陸桴亭先生遺書

PKUL(X/081.57/7442:2)

附注：

題記：書根有胡適題字。

3746 槐廳載筆二十卷 （清）法式善編 清嘉慶四年(1799)刻本

1函6冊;18.5厘米

PKUL(X/373.0729/3448/C2、X/373.0729/3448/C4)

附注：

題記：書根有胡適題字。

3747 槐軒約言一卷 （清）劉沅撰 民國間(1912—1949)北京道德學社印刷所鉛印本

1函1冊;19.6厘米

PKUL(X/B249.2/2)

附注：

題記：書根有胡適題字。

3748 懷豳雜俎十二種 徐乃昌輯 清光緒三十三年至宣統二年(1907—1910)南陵徐氏刻本

1函8冊;14.4厘米

PKUL(X/081.18/2816b/C3、X/081.18/2816b/C4)

附注：

題記：一套書衣有胡適題記："《懷豳雜俎》八冊"；書根有胡適題字。

其他：本書有2套。

3749 懷麓堂全集(懷麓堂詩前稿二十卷懷麓堂文前稿三十卷懷麓堂詩後稿十卷懷麓堂文後稿三十卷懷麓堂雜記十卷)(明)李東陽著(清)朱景英編 清嘉慶八年(1803)隴下學易堂刻本

  2函22冊;18.4厘米

  PKUL(X/810.6/4057/C2)

  附注:

    題記:書根有胡適題字。

3750 懷夢詞一卷 (清)周之琦撰 清(1644—1911)杭州愛日軒陸貞一刻本

  1函1冊;18.2厘米

  PKUL(X/811.77/7731.1)

  附注:

    題記:書根有胡適題記。

3751 懷夢詞一卷 (清)周之琦撰 民國十四年(1925)錢塘汪氏刻本

  1函1冊;15.8厘米

  食舊堂叢書

  PKUL(X/081.17/3148/C2:4)

  附注:

    題記:書根有胡適題字。

3752 懷米山房藏器目一卷 (清)曹載奎撰 清光緒二十一年(1895)元和江氏湖南使院刻本

  1函1冊;16.2厘米

  靈鶼閣叢書第二集

  PKUL(X/081.17/3141/C2:1)

  附注:

    題記:書根有胡適題字。

3753 懷沙記二卷 (清)張堅填詞 (清)張大成評點 清(1644—1911)刻本

  1函2冊;19.5厘米

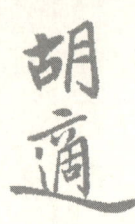

玉燕堂三種

PKUL(X/I237.1/4)

附注：

題記：書根有胡適題字。

3754 桓子新論一卷 （漢）桓譚撰 （清）孫馮翼輯 民國六年(1917)潮陽鄭氏龍谿精舍刻本

1函1冊；17.4厘米

龍谿精舍叢書

PKUL(X/081.18/8762/C2:7)

附注：

題記：書根有胡適題字。

3755 荒書一卷 （清）費密編 清光緒三十四年(1908)怡蘭堂刻本

1函1冊；21厘米

PKUL(X/916.95/5530)

附注：

題記：書根有胡適題字。

3756 荒原詞一卷 顧隨撰 民國十九年(1930)鉛印本

1函1冊；13.1厘米

PKUL(X/811.78/3174b/C2)

附注：

題記：書衣有作者題記："適之先生教正，受業顧隨。"

3757 皇朝詞林典故六十四卷 （清）朱珪等纂 清光緒十三年(1887)武英殿刻本

4函32冊；16.8厘米

PKUL(X/810.06/2514.1/C2)

附注：

題記：書根有胡適題字。

3758 皇朝藩部要略十八卷表四卷 （清）祁韻士纂 清光緒十年（1884）浙江書局刻本

1函8冊；16.8厘米

PKUL(X/910.7/3704/C3)

附注：

題記：書根有胡適題字。

3759 皇朝謚法表十卷 （清）楊樹編 清光緒二十八年（1902）安順楊氏刻本

1函2冊；20.7厘米

PKUL(X/373.018/4644/C3)

附注：

題記：書根有胡適題字。

3760 皇朝中外壹統輿圖三十一卷卷首一卷 （清）嚴樹森輯 清同治二年（1863）湖北撫署刻本

1函12冊；22.3厘米

PKUL(X/K992.649/1)

附注：

題記：書根有胡適題字。

3761 皇明四朝成仁錄十二卷 （清）屈大均著 民國三十七年（1948）上海商務印書館影印本

1函6冊；13.9厘米

廣東叢書

PKUL(X/K248.54/3)

附注：

題記：書根有胡適題字。

3762 皇清誥授建威將軍雲南提督署四川提督唐公年譜一卷附錄一卷 唐鴻學撰 清光緒三十四年（1908）石印本

1函1冊；21.6厘米

PKUL(X/979.2/1837/C3)

1283

附注：

  題記：書根有胡適題字。

3763 皇清經解一百八十種 （清）阮元輯 清光緒十三年（1887）上海書局石印本
  7 函 64 冊；15.6 厘米
  PKUL（X/090.78/7110.1）
  附注：

    題記：書根有胡適題字。

3764 皇清經解分經彙纂十六卷 （清）阮元輯 清光緒十九年（1893）袖海山房石印本
  4 函 32 冊；17.3 厘米
  PKUL（X/090.78/7110b）
  附注：

    題記：書根有胡適題字。

3765 皇清經解提要二卷 （清）沈豫著 民國二十年（1931）上海蟫隱廬影印本
  1 函 1 冊；15.1 厘米
  蛾術堂集
  PKUL（X/081.57/3412.1/C2）
  附注：

    題記：書根有胡適題字。

3766 皇清經解淵源錄一卷外編一卷 （清）沈豫著 民國二十年（1931）上海蟫隱廬影印本
  1 函 1 冊；15.1 厘米
  蛾術堂集
  PKUL（X/081.57/3412.1/C2）
  附注：

    題記：書根有胡適題字。

3767 皇清陝西歷科進士錄三卷續一卷 （清）王承烈等編 清光緒間（1875—1908）

刻本

1函1冊;20.4厘米

PKUL(X/971.038/1011/C3)

附注:

題記:書根有胡適題字。

3768 皇象本急就章一卷 (漢)史游撰 (清)鈕樹玉注 清光緒間(1875—1908)元和江氏湖南使院刻本

1函1冊;16.2厘米

靈鶼閣叢書第一集

PKUL(X/081.17/3141/C2:1)

附注:

題記:書根有胡適題字。

3769 黄帝内經靈樞十二卷 (清)黄以周校 清(1644—1911)刻本

1函2冊;18.3厘米

PKUL(X/599.13/4042)

附注:

題記:書根有胡適題字。

3770 黄帝内經素問校義一卷 (清)胡澍撰 清光緒九年(1883)蛟川二仁堂刻本

1函1冊;17厘米

PKUL(X/599.11/4734)

附注:

題記:牌記有胡適題記:"李甫晨先生贈。廿四,十,十三,胡適。"

3771 黄氏逸書考二百八十五種 (清)黄奭編輯 秦更年補輯 民國十四年(1925)刻本

10函100冊;12.6厘米

PKUL(X/Z121.5/3)

附注:

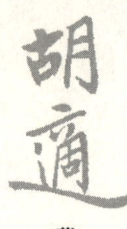

　　題記：書根有胡適題字。

3772 黃文獻公集十卷卷首一卷補遺一卷附錄一卷 （元）黃溍撰 清光緒二年（1876）退補齋刻本
　　2函12冊；19.6厘米
　　金華叢書
　　PKUL（X/081.478/4777/C2）
　　附注：
　　　題記：書根有胡適題字。

3773 黃蕘圃先生年譜二卷 （清）江標撰 清光緒二十三年（1897）元和江氏湖南使院刻本
　　1函2冊；16.2厘米
　　靈鶼閣叢書第六集
　　PKUL（X/081.17/3141/C2：4）
　　附注：
　　　題記：書根有胡適題字。

3774 黃膺白先生家傳一卷 沈亦雲撰 民國三十四年（1945）鉛印本
　　1函1冊；16.1厘米
　　PKUL（X/979.1/1880/C2）
　　附注：
　　　題記：書根有胡適題字。

3775 黃漳浦集五十卷卷首一卷年譜二卷目錄二卷 （明）黃道周撰 清道光八年（1828）福州陳氏刻本
　　3函24冊；18.6厘米
　　PKUL（X/810.6/4437.2）
　　附注：
　　　題記：書根有胡適題字。

3776 灰畫集二十卷 （清）李培輯 民國間（1912—1949）鉛印本

　　1 函 10 冊；22.5 厘米

　　PKUL（X/981.39/4040/C2）

　　附注：

　　　題記：書根有胡適題字。

3777 回回秝解一卷 （清）顧觀光著 清光緒九年（1883）上海獨山莫祥芝刻本

　　1 函 1 冊；18.6 厘米

　　武陵山人遺書

　　PKUL（X/081.57/3149/C2）

　　附注：

　　　題記：書根有胡適題字。

3778 回照軒詩稿六卷 吳光祖撰 民國三十五年（1946）安慶華文印刷局鉛印本

　　1 函 1 冊；18.9 厘米

　　PKUL（X/I222.76/2/C2）

　　附注：

　　　題記：書衣有作者題記："胡適之先生，著者贈。"

3779 晦庵先生朱文公文集一百卷續集十一卷別集十卷目錄二卷 （宋）朱熹著 清同治十二年（1873）六安涂氏求我齋刻本

　　8 函 52 冊；18.2 厘米

　　PKUL（X/810.57/2540）

　　附注：

　　　印章：書衣鈐有"胡適之印"朱文方印。

　　　題記：書衣有胡適題記："《朱子大全》一部，共五十二本，是高一涵送我的。民國八年一月。胡適。"

3780 晦明軒稿一卷 （清）楊守敬撰 清光緒二十七年（1901）鄰蘇園刻本

　　1 函 1 冊；17 厘米

　　PKUL（X/981.3/4634/C2）

附注：

　　题记：书根有胡适题字。

3781 惠翰钞存二卷 （清）倪元坦撰 清道光间（1821—1850）刻本

　　1 函 1 册；19.5 厘米

　　读易楼合刻

　　PKUL（X/111.79/2714）

　　附注：

　　　　题记：书根有胡适题字。

3782 汇刻书目二十卷 （清）顾修编 （清）朱学勤增订 清光绪十五年（1889）上海福瀛书局刻本

　　2 函 20 册；13 厘米

　　PKUL（X/081.031/3128.1/C7）

　　附注：

　　　　题记：书衣有胡适题记："《汇刻书目》，九年四月，在北京有益堂买的，这书是有益堂翻印的。价三元。胡适。"

3783 汇纂元谱南曲九宫正始 （明）徐子室辑 民国二十五年（1936）文奎堂书社影印本

　　1 函 10 册；14.2 厘米

　　PKUL（X/812.03/2813/C2）

　　附注：

　　　　题记：书前有胡适题记。

3784 慧超往五天竺国传残卷 （日）藤田丰八笺释 清宣统二年（1910）铅印本

　　1 函 1 册；17.9 厘米

　　PKUL（X/981.4/5548.4）

　　附注：

　　　　题记：书根有胡适题字。

3785 慧超往五天竺國傳箋釋一卷（日）藤田豐八箋釋 民國二十年（1931）北平順成印書局鉛印本

1函1冊;16厘米

PKUL(SB/981.4/5548.2/C2)

附注：

題記：書根有胡適題字。

3786 慧超往五天竺國傳箋釋一卷（日）藤田豐八箋釋 民國二十年（1931）北平順成印書局鉛印本

1函1冊;16厘米

PKUL(X/981.4/5548.2)

附注：

題記：書根有胡適題字。

3787 慧琳一切經音義反切攷七卷附勘誤表 黃淬伯撰 民國二十年（1931）北平國立中央研究院歷史語言研究所鉛印本

1函1冊;18.8厘米

國立中央研究院歷史語言研究所專刊

PKUL(X/414.18/4432/C3)

附注：

題記：書根有胡適題字。

3788 蕙風詞二卷（清）況周頤撰 民國十四年（1925）刻本

1函1冊;14.4厘米

惜陰堂叢書

PKUL(X/I222.85/6)

附注：

題記：書根有胡適題字。

3789 檜門觀劇詩三卷（清）金檜門撰 清光緒三十四年（1908）葉氏觀古堂刻本

1函1冊;17.7厘米

1289

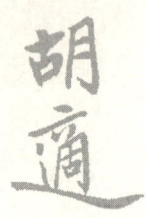

PKUL(X/811.179/8047/C2)

附注：

題記：書根有胡適題字。

3790 繪圖蕩寇志八卷七十回（第七十一回至一百四十回）（清）俞萬春撰（清）范辛來評 清光緒二十二年（1896）煥文書局鉛印本

1函8冊；16.5厘米

PKUL(X/813.395/8045.3)

附注：

題記：書根有胡適題字。

批注圈劃：序及《緣起》兩處有胡適批注。

3791 繪像第七才子書六卷（元）高明撰 清光緒十八年（1892）上海石印本

1函6冊；11.8厘米

PKUL(X/812.2/0067.8)

附注：

題記：書衣有胡適題記："這部書錯字甚多，批的也没甚可取。將來還須再求一部好板子一讀。適。"

3792 基督實錄三卷（英）韋廉臣著 清光緒五年（1879）刻本

1函3冊；19.6厘米

PKUL(X/251.29/5477.1)

3793 稽古堂文集二卷（清）方以智著 清光緒十四年（1888）刻本

1函1冊；18.6厘米

桐城方氏七代遺書

PKUL(X/081.6/0073/C2)

附注：

題記：書根有胡適題字。

3794 稽愆集四卷卷首一卷（明）翁萬達著 翁輝東輯 民國二十四年（1935）潮安翁

氏㪷廬鉛印本

1函2册;14.5厘米

潮安翁氏涵暉樓叢書

PKUL(X/818.16/8025/C2)

附注：

題記：書根有胡適題字。

3795 稽瑞樓文草一卷（清）陳揆著 民國九年(1920)江陰繆氏刻本

1函1册;12.5厘米

煙畫東堂小品

PKUL(X/081.18/2741a/C2)

附注：

題記：書根有胡適題字。

3796 稽神錄六卷拾遺一卷補遺一卷（宋）徐鉉撰 民國十四年(1925)上海商務印書館鉛印本

1函1册;14.5厘米

PKUL(X/I242.1/8)

附注：

題記：書根有胡適題字。

3797 積古齋藏器目一卷（清）阮元撰 清光緒間(1875—1908)元和江氏湖南使院刻本

1函1册;16.2厘米

靈鶼閣叢書第二集

PKUL(X/081.17/3141/C2:1)

附注：

題記：書根有胡適題字。

3798 積學齋叢書二十種 徐乃昌輯 清光緒間(1875—1908)南陵徐氏刻本

2函20册;16.6厘米

PKUL(X/081.17/2816a/C2)

附注：

  題記：書根有胡適題字。

3799 雞肋編三卷（宋）莊綽撰　民國九年（1920）上海商務印書館鉛印本

  1函1冊；14.6厘米

  PKUL(X/Z429.2/2)

  附注：

    題記：書根有胡適題字。

3800 雞肋編三卷（宋）莊綽撰　民國十三年（1924）上海商務印書館鉛印本

  1函1冊；14.6厘米

  PKUL(X/Z429.2/2/C2)

  附注：

    題記：書根有胡適題字。

3801 雞肋編三卷（宋）莊綽撰　民國十五年（1926）上海商務印書館鉛印本

  1函1冊；14.6厘米

  PKUL(X/Z429.2/2/C3)

  附注：

    題記：書根有胡適題字。

3802 吉金志存四卷（清）李光庭輯　清咸豐九年（1859）刻本

  1函4冊；20.3厘米

  PKUL(X991.2/4090/C2)

  附注：

    題記：書根有胡適題字。

3803 集大乘相論一卷（宋）釋施護譯　民國八年（1919）南京金陵刻經處刻本

  1函1冊；17.5厘米

  PKUL(X/232.7/0804)

附注:

  題記:書根有胡適題字。

3804 蕺山先生人譜一卷人譜類記二卷（明）劉宗周撰（清）洪正治校編 清光緒六年(1880)刻本

  1 函 1 冊;17.9 厘米

  PKUL(X/170/7237.2)

 附注:

  題記:書根有胡適題字。

3805 濟南府志七十二卷卷首一首（清）王贈芳等總輯（清）成瓘等纂修 清道光二十年(1840)刻本

  4 函 40 冊;19.2 厘米

  PKUL(X/981.621/1084/C2)

 附注:

  題記:書根有胡適題字。

3806 濟州學碑釋文一卷（清）張弨撰 民國十年(1921)如皋冒氏刻本

  1 函 1 冊;16.5 厘米

  楚州叢書

  PKUL(X/Z122.53/1)

 附注:

  題記:書根有胡適題字。

3807 計然萬物錄一卷補遺一卷（周）辛文撰（清）茆泮林輯 民國六年(1917)潮陽鄭氏龍谿精舍刻本

  1 函 1 冊;17.4 厘米

  龍谿精舍叢書

  PKUL(X/081.18/8762/C2:10)

 附注:

  題記:書根有胡適題字。

3808 紀事約言二卷 （清）夏勤墡著 清光緒間（1875—1908）湖北崇文書局刻本

　　1 函 1 冊；10.7 厘米

　　正覺樓叢刻

　　PKUL（X/081.17/3120/C2；1）

　　附注：

　　題記：書根有胡適題字。

3809 紀元通攷十二卷 （清）葉維庚撰 清道光八年（1828）鍾秀山房刻本

　　1 函 4 冊；18 厘米

　　PKUL（X/910.093/4420.1/C2）

　　附注：

　　題記：書根有胡適題字。

3810 寄鶴齋詩矕四卷 洪繻撰 王植編纂 民國六年（1917）南投活版社石印本

　　1 函 4 冊；19 厘米

　　PKUL（X/I222.75/19）

　　附注：

　　題記：書根有胡適題字。

3811 寄鶴齋文矕六卷（古文集三卷駢文集三卷） 洪繻撰 王植編纂 民國間（1912—1949）鉛印本

　　1 函 6 冊；15.2 厘米

　　PKUL（X/I265/8）

　　附注：

　　題記：書根有胡適題字。

3812 寄生館駢文一卷附錄一卷 （清）蕭令裕撰 民國十年（1921）如皋冒氏刻本

　　1 函 1 冊；16.5 厘米

　　楚州叢書

　　PKUL（X/Z122.53/1）

附注：

　　題記：書根有胡適題字。

3813 續溪金紫胡氏所著書目二卷（清）胡培系編輯 清光緒十年（1884）世澤樓刻本

　　1函1冊；16.4厘米

　　PKUL（X/016/4742/C3）

　　附注：

　　　　題記：書根有胡適題字。

3814 續溪縣志十二卷卷首一卷（清）清愷等修（清）席存泰纂 清嘉慶十五年（1810）刻本

　　1函8冊；19.8厘米

　　PKUL（X/981.7628/3592.1）

　　附注：

　　　　與胡適的關係：函套書籤有胡適題籤："嘉慶續谿縣志。"

3815 續谿雜感詩一卷（清）高孝本撰（清）汪澤注釋 清同治九年（1870）刻本

　　1函1冊；18.4厘米

　　PKUL（X/I222.749/34）

　　附注：

　　　　題記：書根有胡適題字。

　　　　內附文件：書後附張元濟致胡適信1頁。

3816 續語堂碑錄（清）魏錫曾輯 清（1644—1911）刻本

　　1函4冊；18.3厘米

　　PKUL（X/991.3401/2688/C2）

　　附注：

　　　　題記：書根有胡適題字。

3817 繼志齋集二卷（明）王紳著 民國十三年（1924）永康胡氏夢選廎刻本

　　1函2冊；18.2厘米

續金華叢書

PKUL(X/081.478/4777a/C2:9)

附注：

題記：書根有胡適題字。

3818 家範十卷 （宋）司馬光撰 明天啟六年(1626)刻本

1函2冊;19.8厘米

PKUL(SB/180.088/1779.1)

附注：

題記：書根有胡適題字。

3819 家範十卷 （宋）司馬光撰 清康熙五十八年(1719)刻本

1函2冊;18.3厘米

PKUL(X/180.088/1779/C2)

附注：

題記：書根有胡適題字。

3820 家規二卷 （清）倪元坦撰 清道光間(1821—1850)刻本

1函1冊;19.5厘米

讀易樓合刻

PKUL(X/111.79/2714)

附注：

題記：書根有胡適題字。

3821 家祭禮一卷 （清）陸世儀著 清光緒二十五年(1899)京師刻本

1函1冊;13.8厘米

陸桴亭先生遺書

PKUL(X/081.57/7442:2)

附注：

題記：書根有胡適題字。

3822 嘉定錢氏潛研堂全書（清）錢大昕撰 清光緒十年(1884)長沙龍氏刻本

10函60冊;18.7厘米

PKUL(X/081.57/8346)

附注：

題記:書根有胡適題字。

3823 嘉定屠城紀畧一卷（明）朱子素撰 清(1644—1911)刻本

1函1冊;15.7厘米

PKUL(X/K248.53/1)

附注：

題記:書衣有胡適題寫書名"幸存録;嘉定屠城紀畧";書根有胡適題字。

3824 嘉蔭簃藏器目一卷（清）劉喜海撰 清光緒間(1875—1908)元和江氏湖南使院刻本

1函1冊;16.2厘米

靈鶼閣叢書第五集

PKUL(X/081.17/3141/C2:3)

附注：

題記:書根有胡適題字。

3825 甲申臆議一卷（清）陸世儀著 清光緒二十五年(1899)京師刻本

1函1冊;13.8厘米

陸桴亭先生遺書

PKUL(X/081.57/7442:2)

附注：

題記:書根有胡適題字。

3826 堅瓠集十五集六十六卷（清）褚人穫輯 民國十五年(1926)吳氏柏香書屋鉛印本

2函15冊;17.8厘米

PKUL(X/818.9/3484/C2)

1297

附注：
  题记：书根有胡适题字。

3827 **蒹葭楼诗二卷** 黄节撰 民国二十三年（1934）铅印本
  1函1册；17.8厘米
  PKUL（X/811.18/4488/C2）
  附注：
    题记：书根有胡适题字。

3828 **麓瀘薈録十四卷** （清）蒋超伯著 清同治间（1862—1874）广陵蒋氏刻本
  1函7册；17.2厘米
  PKUL（X/088.7/4443/C2）
  附注：
    题记：书根有胡适题字。

3829 **检论九卷** 章炳麟著 民国间（1912—1949）上海右文社铅印本
  1函4册；15厘米
  章氏丛书
  PKUL（X/081.58/0090.1:2）
  附注：
    题记：书根有胡适题字。

3830 **检字一贯三十二集卷末一卷** 三家村学究编 清末民初（1821—1928）石印本
  1函3册；13.4厘米
  PKUL（X/H161/5）
  附注：
    印章：书前钤有"爱厂"朱文长方印。
    题记：书前有赠书者题记："适之先生备检，陈垣。"

3831 **简庄随笔一卷** （清）陈鳣撰 民国九年（1920）江阴缪氏刻本
  1函1册；12.5厘米

煙畫東堂小品

PKUL(X/081.18/2741a/C2)

附注：

 題記：書根有胡適題字。

3832 見羅李先生正學堂稿四十卷 （明）李材撰 （明）陳其志編輯 民國元年(1912)豐城李希泌刻本

2函16冊;20.9厘米

PKUL(X/810.6/4044/C2)

附注：

 題記：書根有胡適題字。

3833 見聞隨筆二十六卷 （清）齊學裘編 清同治十年(1871)天空海闊之居刻本

1函6冊;12.7厘米

PKUL(X/I242.1/11)

附注：

 題記：書根有胡適題字。

3834 見聞續筆二十四卷 （清）齊學裘編 清光緒二年(1876)天空海闊之居刻本

1函6冊;13.5厘米

PKUL(X/818.9/0074)

附注：

 題記：書根有胡適題字。

3835 澗于集(文二卷詩四卷) （清）張佩綸撰 民國二十年(1931)豐潤張氏澗于草堂刻本

1函4冊;18.9厘米

PKUL(X/810.79/1122a)

附注：

 題記：書根有胡適題字。

3836 澗于日記 （清）張佩綸撰 民國間（1912—1949）豐潤張氏澗于草堂影印本

    2 函 14 冊；17.5 厘米

    PKUL（X/818.82/1122/C2）

    附注：

        題記：書根有胡適題字。

3837 鑑語經世編二十七卷 （清）魏裔介撰 清康熙十四年（1675）刻本

    2 函 12 冊；19.3 厘米

    PKUL（SB/910.04/2608）

    附注：

        題記：書根有胡適題字。

3838 江邨銷夏錄三卷 （清）高士奇輯 清宣統二年（1910）上海國光印刷所鉛印本

    1 函 3 冊；16.5 厘米

    PKUL（X/730.133/0044.1）

    附注：

        題記：書根有胡適題字。

3839 江都汪氏叢書十三種 秦更年等輯 民國十四年（1925）上海中國書店影印本

    2 函 20 冊；16.8 厘米

    中國學術叢書

    PKUL（X/081.6/3150/C3）

    附注：

        題記：書根有胡適題字。

3840 江漢叢談二卷 （明）陳士元纂 清光緒十七年（1891）三餘草堂刻本

    1 函 1 冊；16.2 厘米

    湖北叢書

    PKUL（X/081.473/4995/C2:8）

    附注：

        題記：書根有胡適題字。

3841 江陵張文忠公全集(詩集卷一至卷六文集卷七至卷四十六行實卷四十七)

(明)張居正著 明萬曆四十年(1612)刻本

2函16冊;22.2厘米

PKUL(X/810.69/1171)

附注:

題記:書根有胡適題字。

3842 江寧金石待訪目二卷 (清)嚴觀編 清光緒二十二年(1896)元和江氏湖南使院刻本

1函1冊;16.2厘米

靈鶼閣叢書第二集

PKUL(X/081.17/3141/C2:2)

附注:

題記:書根有胡適題字。

3843 江慎修音學辨微自寫本 (清)江永撰 清宣統元年(1909)上海國學保存會影印本

1函1冊;29.6厘米

PKUL(X/417/3130.2)

附注:

題記:書衣有胡適題記:"九,十一,二六,神州國光社大廉價時,買的。價弐角。胡適。"

3844 江氏音學十書 (清)江有誥撰 民國間(1912—1949)中國書店影印本

1函8冊;16.4厘米

PKUL(X/414.08/3140/C2)

附注:

印章:封面鈐有"適之珍藏"朱文長方印;封面後鈐有"適之長壽"朱文方印。

題記:封面後有胡適題記:"我早想讀這部書,今天見報上登出中國書店影印這部書的廣告,遂去買了來。此書底本是王靜安先生藏本,有王先生的校記。江氏分'祭'部而不立'至'部,王先生信王念孫之說,故取王氏韻表補正江氏之說。胡適。十七,十二,十九。"

3845 江氏音學敍錄一卷（清）江有誥撰 民國五年（1916）上海倉聖明智大學鉛印本

1函1冊;14.8厘米

廣倉學宭叢書甲類第二集

PKUL(X/081.18/4127/C2:2)

附注:

題記:書根有胡適題字。

3846 江蘇第一圖書館覆校善本書目 江蘇第一圖書館編 民國七年（1918）江蘇第一圖書館鉛印本

1函4冊;19.5厘米

PKUL(X/019/3481/C3)

附注:

印章:卷端有"適之珍藏"朱文長方印;書衣鈐有"洪範五印"朱文方印。

題記:書衣有贈書者題記:"適之先生至鄂湘演講畢,返京過寧相晤於成賢學舍,觀閱江蘇第一圖書館書目,範有兩部,故以此書贈之。洪範五,乙丑秋月九日。"

3847 絳守居園池記註一卷（唐）樊宗師撰（元）趙仁舉等注 民國十三年（1924）永康胡氏夢選廎刻本

1函1冊;18.2厘米

續金華叢書

PKUL(X/081.478/4777a/C2:3)

附注:

題記:書根有胡適題字。

3848 交翠軒筆記四卷（清）沈濤纂 清光緒間（1875—1908）貴池劉氏刻本

1函2冊;16厘米

聚學軒叢書

PKUL(X/081.18/7241)

附注：

　　題記：書根有胡適題字。

3849 焦氏易林十六卷 （漢）焦贛撰 民國六年(1917)潮陽鄭氏龍谿精舍刻本

1函3冊；17.4厘米

龍谿精舍叢書

PKUL(X/081.18/8762/C2:9)

附注：

　　題記：書根有胡適題字。

3850 焦學三種 王永祥輯 民國二十二年(1933)榆次王氏鉛印本

1函3冊；16.5厘米

孝魚叢著

PKUL(X/111.79/1033.1/C2)

附注：

　　題記：書根有胡適題字。

3851 蕉軒續錄二卷 （清）方濬師著 清光緒十八年(1892)鉛印本

1函2冊；16.6厘米

PKUL(X/I265/9)

附注：

　　題記：書根有胡適題字。

3852 驕其妻妾曲一卷 （清）傅山撰 清嘉慶四年(1799)刻本

1函1冊；16.9厘米

PKUL(X/I237/2)

附注：

　　題記：書根有胡適題字。

3853 腳氣集一卷 (宋)車若水撰 民國九年(1920)上海商務印書館鉛印本

　　1函1冊;14.5厘米

　　PKUL(X/I264.4/4、X/I264.4/4/C2)

　　附注:

　　　題記:書根有胡適題字。

　　　其他:本書有2冊。

3854 校讎通義內篇三卷外篇一卷 (清)章學誠撰 民國十一年(1922)吳興劉氏嘉業堂刻本

　　1函2冊;18.2厘米

　　章氏遺書

　　PKUL(X/081.57/0070.1/C6)

　　附注:

　　　印章:各卷首頁有胡適印章。

　　　題記:書根有胡適題字。

3855 校讎通義外篇一卷 (清)章學誠撰 民國間(1912—1949)浙江圖書館鉛印本

　　1函1冊;17.7厘米

　　章氏遺書

　　PKUL(X/081.57/0070.3/C3)

　　附注:

　　　題記:書根有胡適題字。

3856 校輯宋金元人詞七十三卷 趙萬里編 民國二十年(1931)國立中央研究院歷史語言研究所鉛印本

　　1函5冊;17.4厘米

　　PKUL(X/811.708/4946)

　　附注:

　　　題記:書根有胡適題字。

3857 校刊歷代法寶記三卷 (朝鮮)金九經校訂 民國二十四年(1935)鉛印本

1函1册;15.8厘米

薑園叢書

PKUL(X/B949/1)

附注:

題記:書根有胡適題字。

3858 校刊柳氏諺文志一卷（朝鮮）柳僖撰 民國二十三年(1934)鉛印本

1函1册;14.5厘米

薑園叢書

PKUL(X/409.19/4724/C3)

附注:

題記:書衣題"適之先生賜正"。

3859 校刊史記集解索隱正義札記五卷（清）張文虎著 清同治十一年(1872)南京金陵書局刻本

1函2册;19.3厘米

PKUL(X/910.9115/1102/C2)

附注:

題記:書根有胡適題字。

3860 校正萬古愁一卷（清）歸莊撰 民國九年(1920)崑山趙氏又滿樓刻本

1函1册;17.8厘米

又滿樓叢書

PKUL(X/I222.9/5)

附注:

題記:書根有胡適題字。

批注圈劃:書內有胡適朱筆批注圈劃。

其他:本書原名"擊筑餘音"。

3861 教童子法一卷（清）王筠撰 清光緒二十一年(1895)元和江氏湖南使院刻本

1函1册;16.2厘米

靈鶼閣叢書第一集

PKUL(X/081.17/3141/C2:1)

附注：

 題記：書根有胡適題字。

3862 教秦緒言一卷 (明)孫應鰲撰 清光緒六年(1880)獨山莫氏刻本

 1函1冊;17.4厘米

 孫文恭公遺書

 PKUL(X/081.57/1205/C2)

 附注：

  題記：書根有胡適題字。

3863 皆大歡喜四卷(韻鶴軒雜著二卷韻鶴軒筆談二卷) 民國二十六年(1937)上海機器書局鉛印本

 1函4冊;12.7厘米

 PKUL(X/818.97/2444)

 附注：

  題記：書根有胡適題字。

3864 結一廬書目四卷 (清)朱學勤撰 清宣統元年(1909)番禺沈氏晨風閣刻本

 1函1冊;12.5厘米

 晨風閣叢書

 PKUL(X/081.18/3436/C4:2)

3865 結一廬朱氏賸餘叢書四種 (清)朱學勤輯 清光緒三十一年(1905)仁和朱氏刻本

 2函20冊;18.9厘米

 PKUL(X/081.17/2574/C2)

 附注：

  題記：書根有胡適題字。

3866 睫巢集六卷後集一卷 （清）李鍇撰 民國間（1912—1949）吳興劉氏嘉業堂刻本

1函4冊;18.6厘米

PKUL(X/811.175/4081/C2)

附註：

題記：書根有胡適題字。

3867 鮚埼亭集三十八卷卷首一卷全謝山先生經史答問十卷外編五十卷 （清）全祖望撰 清同治十一年（1872）刻本

2函24冊;18厘米

PKUL(X/810.733/8030/C2)

附註：

題記：書根有胡適題字。

3868 解深密經五卷 （唐）釋玄奘譯 清同治十年（1871）金陵刻經處刻本

1函1冊;17厘米

PKUL(X/232.37/0074/C2)

附註：

題記：書根有胡適題字。

3869 戒殺名理一卷 聶其杰撰 民國十七年（1928）鉛印本

1函1冊;14.8厘米

PKUL(X/233.9/1044)

附註：

題記：書根有胡適題字。

3870 借閒生詞一卷 （清）汪遠孫撰 清道光二十年（1840）錢塘振綺堂刻本

1函1冊;17.3厘米

PKUL(X/811.178/3131/C2:2)

附註：

題記：書根有胡適題字。

3871 借閒生詩三卷 (清)汪遠孫撰 清道光二十年(1840)錢塘振綺堂刻本
    1函3冊;17.3厘米
    PKUL(X/811.178/3131/C2:1)
    附注:
        題記:書根有胡適題字。

3872 今本竹書紀年疏證二卷 王國維撰 民國五年(1916)上海倉聖明智大學鉛印本
    1函2冊;14.8厘米
    廣倉學宭叢書甲類第二集
    PKUL(X/081.18/4127/C2:2)
    附注:
        題記:書根有胡適題字。

3873 今古學攷二卷 廖平編 民國三十五年(1946)刻本
    1函1冊;13.7厘米
    PKUL(X/090.74/0010.1)
    附注:
        題記:書衣有胡適題記:"《今古學攷》兩卷,廖季平先生由吳又陵先生轉贈的。適。十一,三,八。"

3874 今古學攷二卷 廖平編 清宣統三年(1911)上海國學扶輪社鉛印本
    1函1冊;17.2厘米
    適園叢書
    PKUL(X/090.74/0010.2)
    附注:
        印章:目錄首頁鈐有"子水"朱文圓印。
        題記:書根有胡適題字。
        批注圈劃:目錄內一處有胡適批注。

3875 今文尚書攷證三十卷 (清)皮錫瑞撰 清光緒二十三年(1897)師伏堂刻本
    1函4冊;20.8厘米

PKUL(X/092.74/4081/C3)

附注:

批注圈劃:書内有胡適朱筆批注。

3876 今文尚書正譌 李泰棻著 民國二十年(1931)北平琉璃廠萊薰閣刻本
1函2冊;14.3厘米
PKUL(X/K221.4/4)

附注:

題記:書前有作者題記:"敬贈於提倡疑古最早之適之先生,箸者一九三二,九,五,於北平";書根有胡適題字。

3877 今樂攷證 (清)姚燮撰 民國二十五年(1936)國立北京大學出版部影印本
1函5冊;18.4厘米
PKUL(X/812.04/4199/C2)

附注:

題記:書根有胡適題字。

3878 金剛般若經疏一卷 (隋)釋智者撰 清光緒三十三年(1907)金陵刻經處刻本
1函1冊;17.5厘米
PKUL(X/B942/16)

附注:

題記:書衣有胡適題記:"天台宗的";書根有胡適題字。

3879 金華赤松山志一卷 (宋)倪守約撰 民國十三年(1924)永康胡氏夢選廔刻本
1函1冊;18.2厘米
續金華叢書
PKUL(X/081.478/4777a/C2:2)

附注:

題記:書根有胡適題字。

3880 金華叢書六十六種 (清)胡鳳丹輯 清同治至光緒間(1862—1908)退補齋刻本

27 函 275 冊；19.8 厘米

PKUL(X/081.478/4777/C2)

附注：

　　題記：書根有胡適題字。

3881 金華叢書書目提要八卷 （清）胡鳳丹編纂 清同治八年（1869）退補齋刻本

1 函 3 冊；19.7 厘米

金華叢書

PKUL(X/081.478/4777/C2)

附注：

　　題記：書根有胡適題字。

3882 金華府志三十卷 （清）張藎修 （清）沈麟趾等纂 清康熙二十二年（1683）刻 乾隆間（1736—1795）補刻

2 函 12 冊；22 厘米

PKUL(SB/981.7847/3406)

附注：

　　題記：書根有胡適題字。

　　其他：本書缺卷 29、30。

3883 金華何北山先生正學編一卷 （宋）何基撰 （明）趙鶴輯 清光緒十三年（1887）鎮海謝駿德刻本

1 函 1 冊；16.7 厘米

率祖堂叢書

PKUL(X/081.55/8073/C3)

附注：

　　題記：書根有胡適題字。

3884 金華黃先生文集四十三卷 （元）黃溍撰 民國十三年（1924）永康胡氏夢選廎刻本

2 函 10 冊；18.2 厘米

續金華叢書

PKUL(X/081.478/4777a/C2:6-;7)

附注：

　　題記：書根有胡適題字。

　　其他：本書缺卷21—27。

3885 金華呂東萊先生正學編一卷 （宋）呂祖謙撰 清乾隆十年(1745)金華金氏刻本

1函1冊;16.7厘米

率祖堂叢書

PKUL(X/081.55/8073/C3)

3886 金華唐氏遺書六種十五卷(詩解鈔一卷九經發題一卷魯軍制九問一卷愚書一卷悅齋文鈔十卷補一卷) （宋）唐仲友撰 民國十三年(1924)永康胡氏夢選廎刻本

1函4冊;18.2厘米

續金華叢書

PKUL(X/081.478/4777a/C2:4)

附注：

　　題記：書根有胡適題字。

3887 金華王魯齋先生傳集二卷 （宋）王柏撰 清光緒十三年(1887)鎮海謝駿德刻本

1函1冊;16.7厘米

率祖堂叢書

PKUL(X/081.55/8073/C3)

3888 金華先民傳十卷 （明）應廷育輯 民國十三年(1924)永康胡氏夢選廎刻本

1函3冊;18.2厘米

續金華叢書

PKUL(X/081.478/4777a/C2:2)

附注：

　　題記：書根有胡適題字。

3889 金華賢達傳十二卷（明）鄭柏著 民國十三年（1924）永康胡氏夢選廎刻本
　　1函2冊；18.2厘米
　　續金華叢書
　　PKUL（X/081.478/4777a/C2:2）
　　附注：
　　　題記：書根有胡適題字。

3890 金華章楓山先生正學編一卷（明）章懋撰 清乾隆十年（1745）金華金氏刻本
　　1函1冊；16.9厘米
　　率祖堂叢書
　　PKUL（X/081.55/8073/C3）
　　附注：
　　　題記：書根有胡適題字。

3891 金華徵獻畧二十卷（清）王崇炳撰 清雍正十年（1732）金華金氏刻本
　　1函8冊；18.6厘米
　　率祖堂叢書
　　PKUL（X/081.55/8073/C3）

3892 金稷山段氏二妙年譜二卷 孫德謙著 民國四年（1915）求恕齋刻本
　　1函1冊；14.4厘米
　　PKUL（X/K828.46/1）
　　附注：
　　　題記：書根有胡適題字。

3893 金梁夢月詞二卷（清）周之琦撰 清（1644—1911）杭州愛日軒陸貞一刻本
　　1函1冊；18.5厘米
　　PKUL（X/811.77/7731.1）
　　附注：
　　　題記：書根封面有胡適題記。

3894 金梁夢月詞二卷 (清)周之琦撰 民國十四年(1925)錢塘汪氏刻本

1函1冊;15.8厘米

食舊堂叢書

PKUL(X/081.17/3148/C2:4)

附注:

題記:書根有胡適題字。

3895 金陵勝蹟志十卷 胡祥翰輯 民國十五年(1926)鉛印本

1函1冊;18.5厘米

PKUL(X/K928.753/2/C2)

附注:

題記:書根有胡適題字。

3896 金樓子六卷 (南朝梁)蕭繹撰 民國六年(1917)潮陽鄭氏龍谿精舍刻本

2冊2函;17.4厘米

龍谿精舍叢書

PKUL(X/081.18/8762/C2:10)

附注:

題記:書根有胡適題字。

3897 金石萃編一百六十卷 (清)王昶撰 清光緒十九年(1893)上海寶善石印本

4函18冊;16.4厘米

PKUL(X/990.81/1036.2)

附注:

題記:書根有胡適題字。

3898 金石萃編補略二卷 (清)王言撰 清光緒八年(1882)刻本

1函4冊;18.6厘米

PKUL(X/990.81/1000/C3)

附注:

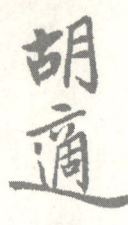

　　　　題記:書根有胡適題字。

3899 金石錄三十卷札記一卷今存碑目一卷（宋）趙明誠撰 清光緒三十一年（1905）
　　仁和朱氏刻本
　　　　1 函 6 冊;18.9 厘米
　　　　結一廬朱氏賸餘叢書
　　　　PKUL(X/081.17/2574/C2 :1)
　　　　附注:
　　　　　題記:書根有胡適題字。

3900 金石書錄目十卷附錄二卷 容媛輯 民國十九年（1930）北平中央研究院歷史語
　　言研究所鉛印本
　　　　1 函 1 冊;17 厘米
　　　　PKUL(X/991.031/3042/C2)
　　　　附注:
　　　　　題記:書根有胡適題字。

3901 金石文字記六卷（清）顧炎武撰 清(1644—1911)蓬瀛閣刻本
　　　　1 函 3 冊;18.4 厘米
　　　　亭林遺書
　　　　PKUL(X/081.57/3191.2/C2)
　　　　附注:
　　　　　題記:書根有胡適題字。

3902 金石續編二十一卷卷首一卷（清）陸耀遹纂 清光緒十九年（1893）上海寶善石
　　印本
　　　　1 函 6 冊;16.3 厘米
　　　　PKUL(X/991.3/7493.2)
　　　　附注:
　　　　　題記:書根有胡適題字。

3903 金石一跋四卷二跋四卷三跋二卷 （清）武億著 清道光二十三年（1843）偃師武氏刻本

 1函2冊；17.9厘米

 授堂遺書

 PKUL(X/081.57/1320/C3:1)

 附注：

  題記：書根有胡適題字。

3904 金石緣全傳二十四回 （清）靜恬主人撰 清（1644—1911）文光堂刻本

 1函12冊；14.6厘米

 PKUL(X/813.351/5908.1)

 附注：

  題記：書根有胡適題字。

3905 金史詳校十卷卷首一卷卷末一卷 （清）施國祁撰 民國二十九年（1940）會稽章氏刻本

 1函10冊；17厘米

 PKUL(X/915.7004/0863/C2)

 附注：

  題記：書根有胡適題字。

3906 金粟齋遺集八卷卷首一卷附錄一卷 （清）蒯光典撰 民國十八年（1929）江寧刻本

 1函4冊；17.5厘米

 PKUL(X/810.79/4295/C3)

 附注：

  題記：書根有胡適題字。

3907 金佗粹編二十八卷續編三十卷 （宋）岳珂編 清光緒九年（1883）浙江書局刻本

 1函12冊；18.1厘米

 PKUL(X/979.4/1103.1/C3)

附注：

題記：書根有胡適題字。

3908 金文編十四卷附錄二卷通檢一卷 容庚撰 民國十四年(1925)貽安堂影印本

1 函 5 冊;21.4 厘米

PKUL(X/990.812/3000.5/C3)

附注：

題記：書籤有作者題記："十五年五月容庚奉貽適之先生正譌。"

3909 金文叢考十一卷 郭沫若撰 日本昭和七年(1932)東京株式會社開明堂石印本

1 函 4 冊;27.4 厘米

PKUL(X/990.812/0734/C4)

附注：

題記：書根有胡適題記。

3910 金西厓刻竹拓本 民國二十二年(1933)上海昌藝社影印本

1 函 1 冊;36.5 厘米

PKUL(X/J325/1)

附注：

題記：書根有胡適題字。

3911 金忠節公文集八卷 (明)金聲著 清光緒十四年(1888)黟邑李氏刻本

1 函 4 冊;19 厘米

PKUL(X/817.69/8047.1)

附注：

題記：書根有胡適題字。

3912 津門雜記三卷 (清)張燾輯 清光緒十年(1884)刻本

1 函 3 冊;17.3 厘米

PKUL(X/981.396122/1140/C2)

附注：

題記:書根有胡適題字。

3913 錦香亭四卷十六回 （清）素庵主人編 清（1644—1911）愛蓮齋刻本

　　1函4冊;18厘米

　　PKUL(X/813.314/5008.1)

　　附注:

　　　題記:書根有胡適題字。

3914 近代秘密社會史料六卷卷首一卷 蕭一山輯 民國二十四年（1935）國立北平研究院總辦事處出版課鉛印本

　　1函4冊;13.7厘米

　　社會史料叢編

　　PKUL(X/313.63/4412/C5)

　　附注:

　　　印章:書前鈐有"蕭一山印"朱文方印。

　　　題記:書前有贈書者題記:"適之先生教正,後學蕭一山敬呈,廿四,十一,廿四。"

3915 近思録十四卷 （宋）朱熹撰 （清）江永集註 清康熙間（1662—1722）禦兒吕氏寶誥堂刻本

　　1函1冊;18厘米

　　朱子遺書

　　PKUL(X/081.55/2540.1/C3)

　　附注:

　　　題記:書衣有胡適題記:"天蓋樓吕氏刻的《朱子遺書》十二種,價十二元。目中所有者,缺《小學》及《儀禮經傳通釋》;目中所無者,缺《孝經刊誤》,《周易參同契注》,《陰符經注》。胡適,十二,二,四。"

3916 近思録十四卷 （宋）朱熹撰 （清）江永集註 清道光二十四年（1844）刻本

　　1函4冊;18.9厘米

　　PKUL(X/111.5636/2540.8)

附注：

　　題記：序前有胡適題記："我十五六歲時讀《近思錄》，即用江氏集注本。十六年不見此書了，今復得一本，頗令我追想少年時高談理學的情狀。十二，二，七，胡適。"

3917 **近思續錄十四卷** （清）劉源淥編 清同治八年（1869）刻 光緒十七年（1891）補刻

　　2函16冊；20.3厘米

　　PKUL（X/111.5636/2540b）

　　附注：

　　題記：書根有胡適題字。

3918 **晉書補傳贊一卷** （清）杭世駿撰 清咸豐元年（1851）長沙小嫏嬛山館刻本

　　1函1冊；13厘米

　　杭氏七種

　　PKUL（X/081.57/4047a/C2）

3919 **晉書斠注一百三十卷** （唐）房玄齡撰 吳士鑑 劉承幹同注 民國十七年（1928）京師刻本

　　6函60冊；22.6厘米

　　PKUL（X/913.2/3002a/C2）

　　附注：

　　印章：封面及序首分別鈐有"胡適之印"、"適之"朱文方印。

　　題記：書根有胡適題字。

3920 **禁扁五卷** （元）王士點纂 民國十年（1921）上海古書流通處影印本

　　1函2冊；15.9厘米

　　楝亭十二種

　　PKUL（X/081.18/5530/C2:1）

　　附注：

　　題記：書根有胡適題字。

3921 盡言集十三卷 （宋）劉安世撰 清光緒五年（1879）刻本
  1函4冊；18.8厘米
  畿輔叢書
  PKUL（X/K244.65/1）
  附注：
    題記：書根有胡適題字。

3922 京本通俗小說 （清）繆荃孫輯 民國九年（1920）江陰繆氏刻本
  1函1冊；12.5厘米
  煙畫東堂小品
  PKUL（X/081.18/2741a/C2）
  附注：
    題記：書衣有胡適題記："京本通俗小說十至十三。《志誠張主管》、《西山一窟鬼》、《菩薩蠻》、《碾玉觀音》。京本通俗小說十四至十六。《馮玉梅團圓》、《錯斬崔寧》此篇很好，《拗相公》"；書根有胡適題字。
    其他：本書存卷10—16。

3923 京塵雜錄四卷 （清）楊懋建撰 清光緒十二年（1886）上海同文書局石印本
  1函4冊；12.9厘米
  PKUL（X/981.519/4641）
  附注：
    題記：書根有胡適題字。

3924 京師坊巷志十卷 （清）朱一新 繆荃孫同著 民國七年（1918）南林劉氏求恕齋刻本
  1函5冊；13.9厘米
  求恕齋叢書
  PKUL（X/981.389/2510/C3）
  附注：
    題記：書根有胡適題字。

3925 荊州駐防八旗志十六卷（清）希元等修（清）恩澤等纂 清光緒五年（1879）荊州軍署刻本

　　1函10冊；18.8厘米

　　PKUL（X/K296.3/1）

　　附注：

　　　題記：書根有胡適題字。

3926 涇皋藏稿二十二卷（明）顧憲成著 清光緒三年（1877）涇里宗祠刻本

　　1函6冊；19厘米

　　顧端文公遺書

　　PKUL（X/111.69/3135a）

3927 涇縣志三十二卷卷首一卷（清）李德淦等修（清）洪亮吉纂 民國三年（1914）涇縣翟氏石印本

　　2函14冊；13.4厘米

　　PKUL（X/981.7631/4023/C2）

　　附注：

　　　題記：書衣有胡適題記："洪亮吉主纂的《涇縣志》卅二卷，附兩卷；又道光《續志》九卷，涇縣王達先生（志襄）送我的。十二，三，十一，胡適。"

3928 旌德縣志十卷補遺一卷附訂一卷（清）陳柄德修 民國十四年（1925）石印本

　　1函15冊；12.5厘米

　　PKUL（X/981.7633/4931.1）

3929 旌義編二卷（元）鄭濤撰 清同治九年（1870）退補齋刻本

　　1函1冊；19.6厘米

　　金華叢書

　　PKUL（X/081.478/4777/C2）

　　附注：

　　　題記：書根有胡適題字。

3930 經傳釋詞十卷 （清）王引之撰 清道光二十七年(1847)刻本

1函2冊;18.3厘米

PKUL(X/090.81/1013.5)

附注：

題記:書根有胡適題字。

3931 經傳禘祀通考一卷 （清）崔述著 清道光四年(1824)刻本

1函1冊;19.5厘米

崔東壁先生遺書

PKUL(X/081.579/2233.3/C2:3)

附注：

題記:書根有胡適題字。

3932 經讀考異八卷補一卷 （清）武億著 清道光二十三年(1843)偃師武氏刻本

1函2冊;17.9厘米

授堂遺書

PKUL(X/081.57/1320/C3:1)

附注：

題記:書根有胡適題字。

3933 經籍舊音一卷 吳承仕撰 民國十年(1921)刻本

1函1冊;13.8厘米

PKUL(X/090.82/2612)

附注：

題記:書根有胡適題字。

3934 經籍纂詁五卷 （清）阮元撰 清光緒九年(1883)上海點石齋影印本

1函5冊;14厘米

PKUL(X/415.03/7110.5/C4)

附注：

題記:書衣有胡適題記:"八年二月買的。胡適。"

3935 經略洪承疇奏對筆記二卷（清）洪承疇撰 清光緒十六年（1890）刻本

　　1 函 1 冊；18.1 厘米

　　PKUL（X/910.1237/0053）

　　附注：

　　　題記：書根有胡適題字。

3936 經學通論五卷（清）皮錫瑞撰 清光緒三十三年（1907）思賢書局刻本

　　1 函 5 冊；21.3 厘米

　　PKUL（X/090/4081.2/C2）

　　附注：

　　　題記：書衣有胡適題寫各卷書名。

3937 經學通論一卷（清）皮錫瑞撰 清（1644—1911）刻本

　　1 函 1 冊；20.9 厘米

　　PKUL（X/090/4081.4）

　　附注：

　　　題記：書根有胡適題字。

3938 經鑰篇一卷 孔昭聲著 民國二十年（1931）上海宏大善書局石印本

　　1 函 1 冊；16.4 厘米

　　PKUL（X/210/1264）

　　附注：

　　　題記：書根有胡適題字。

3939 經義考三百卷目錄二卷（清）朱彝尊撰 清康熙間（1662—1722）刻 乾隆間（1736—1795）盧見曾增刻

　　6 函 64 冊；20 厘米

　　PKUL（SB/090.1/2528/C4）

　　附注：

　　　題記：書根有胡適題字。

其他：本書原缺卷286、299、300。

3940 經義述聞三十二卷 （清）王引之著 清光緒七年(1881)上海文瑞樓鉛印本

2函16冊;13.2厘米

PKUL(X/090.75/1013.3)

3941 經韵樓文集補編二卷 （清）段玉裁撰 劉盼遂輯 民國二十五年(1936)北平來薰閣書店鉛印本

1函1冊;16.3厘米

段王學五種

PKUL(X/081.7/7263/C3)

附注：

題記：書根有胡適題字。

批注圈劃：書內多處有胡適朱筆圈劃。

3942 經韻樓叢書八種 （清）段玉裁等撰 清乾隆至道光間(1736—1850)金壇段氏刻本

3函24冊;18.1厘米

PKUL(X/081.57/7714/C2)

附注：

題記：書根有胡適題字。

其他：本書存7種。

3943 經正堂商語一卷 （明）顧憲成著 清光緒三年(1877)涇里宗祠刻本

1函1冊;19厘米

顧端文公遺書

PKUL(X/111.69/3135a)

3944 經字説解集要 張釬輯 民國間(1912—1949)張釬鈔本

1函1冊;30.5厘米

PKUL(X/411.236/1180)

1323

附注：

　　内附文件：書內附張鈁致胡適信3頁。

3945 精本了凡四訓一卷 （明）袁黃著 （明）歙浦學人集注 民國十一年（1922）中華書局鉛印本

　　1函1冊；19.1厘米

　　PKUL(X/B828/17)

　　附注：

　　　　題記：書衣有胡適題記："少時在家曾見此書多份，是曹庸齋丈印送的。今年因治近世思想史，頗思重讀此書，終不可得。今日得此本，重讀一過，始信此書果是中世思想的一部重要代表。適。十二，十一，五。"

3946 井邐文集七卷詩集六卷 （清）吴直著 民國十九年（1930）刻本

　　1函5冊；18.7厘米

　　PKUL(X/I214.92/13)

　　附注：

　　　　題記：書根有胡適題字。

3947 景德傳燈錄三十卷 （宋）釋道原纂 民國八年（1919）常州天甯寺刻經處刻本

　　2函14冊；18.1厘米

　　PKUL(X/239.5/3871/C2)

　　附注：

　　　　題記：書根有胡適題字。

3948 景紫堂全書十七種八十一卷 （清）夏炘著 民國十年（1921）當塗夏氏刻本

　　3函22冊；18.8厘米

　　PKUL(X/Z124.5/2)

　　附注：

　　　　題記：書根有胡適題字。

　　　　其他：本書存78卷；缺第13冊，《讀詩劄記》卷6—8。

3949 警富新書四十回 （清）安和撰 清道光十二年(1832)桐石山房刻本

1 函 6 冊;11.8 厘米

PKUL(X/813.337/3026)

附注：

題記：書根有胡適題字。

3950 警富新書四十回 （清）安和撰 清道光十二年(1832)桐石山房刻本

1 函 6 冊;11.8 厘米

PKUL(X/813.337/3026/C2)

附注：

題記：書衣有胡適題記："此書是《九命奇冤》的底本，故可寶貴。十一年九月，胡適。"

3951 竟山樂錄四卷 （清）毛奇齡撰 民國十二年(1923)四存學會鉛印本

1 函 1 冊;18.1 厘米

顏李叢書

PKUL(X/081.57/0110.1/C2:4)

附注：

題記：書根有胡適題字。

3952 淨土三部經音義五卷 （日）釋乘恩撰 日本寶曆七年(1757)日本中野宗左衛門刻本

1 函 5 冊;21.2 厘米

PKUL(X/B942/3)

3953 敬鄉樓叢書四輯三十八種 黃群輯 民國十七至二十四年(1928—1935)永嘉黃氏鉛印本

8 函 78 冊;14.1 厘米

PKUL(X/Z121.6/3)

附注：

題記：封面前有胡適題記："黃溯初先生送給我的。胡適。"

1325

3954 敬鄉錄十四卷附考異一卷 （元）吳師道撰 民國十三年（1924）永康胡氏夢選廎刻本

    2函3冊；18.2厘米

    續金華叢書

    PKUL（X/081.478/4777a/C2：1-：2）

  附注：

    題記：書根有胡適題字。

3955 敬齋古今黈八卷 （元）李冶撰 清乾隆四十年（1775）武英殿活字本

    1函6冊；19.2厘米

    PKUL（SB/088.59/4032/C3）

  附注：

    題記：書後有胡適朱筆題記："民國廿五，一，七夜，胡適讀畢。"

3956 靜庵文集一卷 王國維著 清光緒三十一年（1905）鉛印本

    1函1冊；19厘米

    PKUL（X/089.8/1062/C2）

  附注：

    題記：書根有胡適題字。

3957 靜修先生文集十二卷 （元）劉因著 清光緒五年（1879）刻本

    1函4冊；18厘米

    畿輔叢書

    PKUL（X/I214.72/2）

  附注：

    題記：書衣有胡適題記："元劉因的《靜修文集》十二卷，四冊，價三元。胡適，十，一，六。"

    批注圈劃：書內多處有胡適朱筆圈劃。

3958 靜用堂偶編十卷續編十卷 （清）涂天相著 清康熙至雍正間（1662—1735）刻本

1函8冊;19.8厘米

PKUL(X/810.71/3814/C2)

附注:

  題記:書根有胡適題字。

3959 鏡光緣傳奇二卷 (清)徐熥撰 清乾隆間(1736—1795)徐氏夢生堂刻本

  1函2冊;15厘米

  PKUL(SB/812.7/2898)

  附注:

    題記:書根有胡適題字。

3960 九經發題一卷 (宋)唐仲友撰 清宣統三年(1911)金陵教育會石印本

  1函1冊;21.2厘米

  金華唐氏遺書

  PKUL(X/081.55/0090)

  附注:

    題記:書根有胡適題字。

3961 九經誤字一卷 (清)顧炎武撰 清(1644—1911)蓬瀛閣刻本

  1函1冊;18.4厘米

  亭林遺書

  PKUL(X/081.57/3191.2/C2)

  附注:

    題記:書根有胡適題字。

3962 九靈山房集三十卷補編二卷 (元)戴良著 清同治九年(1870)退補齋刻本

  1函8冊;19.4厘米

  金華叢書

  PKUL(X/081.478/4777/C2)

  附注:

    題記:書根有胡適題字。

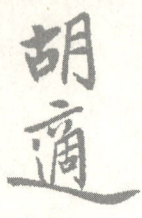

3963 九靈山房遺藁詩四卷文一卷卷首一卷補編一卷（元）戴良著 清同治十二年（1873）退補齋刻本

　　1函2冊；19.4厘米

　　金華叢書

　　PKUL(X/081.478/4777/C2)

　　附注：

　　　題記：書根有胡適題字。

3964 九數外錄一卷（清）顧觀光著 清光緒九年（1883）上海獨山莫祥芝刻本

　　1函1冊；18.8厘米

　　武陵山人遺書

　　PKUL(X/081.57/3149/C2)

　　附注：

　　　題記：書根有胡適題字。

3965 九曜齋筆記三卷（清）惠棟撰 清光緒間（1875—1908）貴池劉氏刻本

　　1函2冊；16厘米

　　聚學軒叢書

　　PKUL(X/081.18/7241)

　　附注：

　　　題記：書根有胡適題字。

3966 九執秝解一卷（清）顧觀光著 清光緒九年（1883）上海獨山莫祥芝刻本

　　1函1冊；18.8厘米

　　武陵山人遺書

　　PKUL(X/081.57/3149/C2)

　　附注：

　　　題記：書根有胡適題字。

3967 酒經三卷（宋）大隱翁撰 民國五年（1916）影印本

1函1册;20.6厘米

隨盦叢書續編

PKUL(X/081.17/2816d/C3)

附注：

　　題記:書根有胡適題字。

3968　救世新教教義一卷 民國間(1912—1949)鉛印本

1函1册;19.5厘米

PKUL(X/203/7592a)

附注：

　　題記:書根有胡適題字。

3969　舊館壇碑攷一卷 (清)翁大年編 民國間(1912—1949)瑞安陳氏湫漻齋刻本

1函1册;14厘米

PKUL(X/991.34/8048/C2)

附注：

　　題記:書根有胡適題字。

3970　舊唐書疑義四卷 (清)張道撰 清光緒間(1875—1908)湖北崇文書局刻本

1函2册;10.9厘米

正覺樓叢刻

PKUL(X/081.17/3120/C2:3)

附注：

　　題記:書根有胡適題字。

3971　舊約節録啓蒙 (美)麥耐撰 清同治七年(1868)上海美華書館鉛印本

1函1册;18.3厘米

PKUL(X/252.1/4014.1)

3972　舊約全書一卷 清咸豐九年(1859)上海墨海書館鉛印本

1函1册;17.2厘米

PKUL（X/252.1/4285.1）

附注：

題記：卷端有胡適鋼筆題記："一八五九年，上海墨海書館印，Robert Lilley 舊藏，胡適，一九四五，七，七。"

3973 舊約詩篇官話 清同治九年（1870）上海美華書館銅活字本

1 函 1 冊；18.3 厘米

PKUL（X/252.32/4208）

3974 居士傳五十六卷 （清）彭紹升撰 清光緒四年（1878）錢塘許氏刻本

1 函 4 冊；17.1 厘米

PKUL（X/230.96/8621/C4）

附注：

印章：書衣有胡適題"適之"二字。

題記：書根有胡適題字。

3975 居延漢簡考釋六卷（釋文之部四卷考證之部二卷） 勞榦著 民國三十二至三十三年（1943—1944）國立中央研究院歷史語言研究所油印本

1 函 6 冊；25.8 厘米

PKUL（X/990.815/9948/C3）

附注：

印章：書衣及封面鈐有"胡適"朱文方印。

題記：書衣有胡適題記："居延漢簡原件由沈仲章先生冒險帶出北平，今存國會圖書館。勞貞一先生考釋六冊，今年李惟果先生從國內帶來，我始得讀。今夜細細讀一遍，到半夜才完。感念當年（十年前）若非傅孟真先生極力主持漢簡應用青年學者合作整理，恐至今尚無勞賀諸君的整理成績可報告於世人。貞一先生自序歸功於孟真的'督導鼓勵'，是最真實的致謝，要朋友們知道孟真十年前的提倡督促的大功。適之，卅四，十，十六。"

批注圈劃：自序內二處有胡適批注。

3976 居業堂文集二十卷卷首一卷（清）王源著 清光緒五年（1879）刻本

　　1函6冊；17.3厘米

　　畿輔叢書

　　PKUL（X/I264.9/6）

　　附註：

　　　題記：書根有胡適題字。

　　　批注圈劃：卷首三處有胡適批注。

3977 局方發揮一卷（元）朱震亨撰 民國十三年（1924）永康胡氏夢選廎刻本

　　1函1冊；18.2厘米

　　續金華叢書

　　PKUL（X/081.478/4777a/C2:3）

　　附註：

　　　題記：書根有胡適題字。

3978 鉅鹿東觀集十卷補遺一卷附錄一卷（宋）魏野撰 清宣統二年（1910）趙氏峭帆樓刻本

　　1函1冊；17.9厘米

　　PKUL（X/811.156/2667/C2）

　　附註：

　　　題記：書衣有胡適題寫書名"鉅鹿東觀集"；書根有胡適題字。

3979 聚德堂叢書十二種（清）陳伯陶輯 民國五至十九年（1916—1930）東莞陳氏刻本

　　4函24冊；16厘米

　　PKUL（X/081.17/7527/C2）

　　附註：

　　　題記：書根有胡適題字。

3980 聚學軒叢書 劉世珩輯 清光緒間（1875—1908）貴池劉氏刻本

　　2函7冊；16厘米

1331

PKUL(X/081.18/7241)

附注：

　　題記：書根有胡適題字。

　　其他：本書存4種。

3981　絶妙好詞箋七卷續鈔一卷 （宋）周密輯 （清）查爲仁 厲鶚同箋　清道光八年（1828）杭州徐氏愛日軒刻本

1函4冊；17.1厘米

PKUL(X/811.739/7735.7)

附注：

　　題記：書根有胡適題字。

3982　絶俗樓詩二卷絶俗樓詞一卷　童漢章撰　民國二十四年（1935）獨學齋鉛印本

1函1冊；14.3厘米

白采遺集

PKUL(X/I226/30)

附注：

　　題記：書根有胡適題字。

3983　譎觚十事一卷 （清）顧炎武撰　清（1644—1911）蓬瀛閣刻本

1函1冊；18.4厘米

亭林遺書

PKUL(X/081.57/3191.2/C2)

附注：

　　題記：書根有胡適題字。

3984　覺世名言十二樓十二卷三十八回 （清）李漁撰　清順治十五年（1658）刻本

1函10冊；19.3厘米

PKUL(SB/813.27/4038.1/C2)

附注：

　　題記：書根有胡適題字。

3985 覺世名言十二樓六卷 （清）李漁撰 民國間（1912—1949）石印本

    1函6冊;12.5厘米

    PKUL(X/813.35/4037.2)

    附注：

        題記:書根有胡適題字。

3986 筠軒文鈔八卷 （清）洪頤煊撰 民國二十三年（1934）北平琉璃廠邃雅齋影印本

    1函3冊;14厘米

    邃雅齋叢書

    PKUL(X/081.18/4484)

    附注：

        題記:書根有胡適題字。

3987 浚川奏議集八卷 （明）王廷相著 明嘉靖間（1522—1566）刻本

    1函6冊;18.3厘米

    PKUL(SB/916.8123/1014)

    附注：

        題記:書根有胡適題字。

3988 衍石齋記事稾十卷 （清）錢儀吉撰 清道光十四年（1834）刻本

    1函5冊;18.7厘米

    PKUL(X/810.78/8324.1/C3)

    附注：

        題記:書根有胡適題字。

3989 衍石齋記事續稾十卷 （清）錢儀吉撰 清咸豐四年（1854）海昌蔣光焴刻本

    1函5冊;17.6厘米

    PKUL(X/818.08/8324/C2)

    附注：

        題記:書根有胡適題字。

3990 闞氏故實一卷 闞鐸撰 民國十三年(1924)孝謹堂鉛印本
　　1函1冊;14.9厘米
　　PKUL(X/977.5/7786/C2)
　　附注:
　　　題記:書根有胡適題字。

3991 康居筆記彙函十三種 徐珂撰 民國二十二年(1933)鉛印本
　　1函2冊;20.1厘米
　　PKUL(X/Z429.6/5)
　　附注:
　　　題記:書根有胡適題字。

3992 康熙朝品級考一卷 (清)佚名撰 民國七年(1918)江浦陳氏刻本
　　1函1冊;16厘米
　　房山山房叢書
　　PKUL(X/Z121.6/2)
　　附注:
　　　題記:書根有胡適題字。

3993 康熙朝品級考一卷 (清)佚名撰 民國九年(1920)江陰繆氏刻本
　　1函1冊;12.5厘米
　　煙畫東堂小品
　　PKUL(X/081.18/2741a/C2)
　　附注:
　　　題記:書根有胡適題字。

3994 康熙與羅馬使節關係文書 北平故宮博物院編 民國二十一年(1932)北平故宮博物院影印本
　　1函1冊;26.3厘米
　　PKUL(X/917.201/1143/C5)

附注：

　　題記：書根有胡適題字。

　　其他：朱墨套印。

3995　考古續説二卷（清）崔述著 清道光四年（1824）刻本
　　1函1冊；19.5厘米
　　崔東壁先生遺書
　　PKUL（X/081.579/2233.3/C2：2）

　　附注：

　　　題記：書根有胡適題字。

3996　考信附録二卷（清）崔述著 清道光四年（1824）刻本
　　1函1冊；19.5厘米
　　崔東壁先生遺書
　　PKUL（X/081.579/2233.3/C2：3）

　　附注：

　　　題記：書根有胡適題字。

　　　批注圈劃：書内有胡適朱、墨筆批注圈劃。

3997　考信録提要二卷（清）崔述著 清道光二年（1822）刻本
　　1函1冊；19.8厘米
　　崔東壁先生遺書
　　PKUL（X/081.579/2233.3/C2：1）

　　附注：

　　　題記：書根有胡適題字。

　　　批注圈劃：書内有胡適朱、墨筆批注圈劃。

3998　戩經筆記一卷（清）陳倬撰 清（1644—1911）刻本
　　1函1冊；19厘米
　　PKUL（X/Z126.275/1）

　　附注：

題記：書根有胡適題字。

3999 **客方言十二卷** 羅翽雲撰 民國二十一年（1932）鉛印本

1 函 4 冊；17.6 厘米

國立中山大學國學院叢書第一種

PKUL(X/415.9/6021/C2)

附注：

題記：書根有胡適題字。

4000 **愙齋藏器目一卷** （清）吴大澂撰 清光緒二十二年（1896）元和江氏湖南使院刻本

1 函 1 冊；16.2 厘米

靈鶼閣叢書第二集

PKUL(X/081.17/3141/C2:1)

附注：

題記：書根有胡適題字。

4001 **課己錄二卷** 吕惺吾輯 民國十九年（1930）鉛印本

1 函 1 冊；18.5 厘米

PKUL(X/173/6091)

附注：

題記：書根有胡適題字。

4002 **空一切盦詞一卷** （清）鄧嘉純著 民國九年（1920）江寧鄧氏刻本

1 函 1 冊；17.5 厘米

PKUL(X/I222.85/16)

附注：

印章：一冊卷端鈐有"胡適"朱文方印。

題記：一冊書根有胡適題字。

其他：本書有 2 冊。

4003 孔叢子七卷（漢）孔鮒撰 清光緒元年（1875）刻本
　　1函4冊;10厘米
　　PKUL(X/111.29/1224.1)
　　附注：
　　　　題記:書根有胡適題字。

4004 孔叢子三卷（漢）孔鮒撰 民國六年（1917）潮陽鄭氏龍谿精舍刻本
　　1函2冊;17.4厘米
　　龍谿精舍叢書
　　PKUL(X/081.18/8762/C2:7)
　　附注：
　　　　題記:書根有胡適題字。

4005 孔教十年大事八卷 柯璜編 民國十三年（1924）宗聖會鉛印本
　　2函8冊;26.8厘米
　　PKUL(X/210/4114/C2)
　　附注：
　　　　題記:書根有胡適題字。

4006 孔學發微三卷 江瀚撰 民國十三年（1924）太原長汀江氏鉛印本
　　1函2冊;17.2厘米
　　長汀江先生著書五種
　　PKUL(X/081.58/3138/C3)
　　附注：
　　　　題記:書根有胡適題字。

4007 孔學條貫一卷 鄭達三撰 民國二十三年（1934）石印本
　　1函1冊;19.9厘米
　　PKUL(X/B222.165/6)
　　附注：
　　　　題記:書根有胡適題字。

4008 孔子編年五卷 （宋）胡仔撰 （清）嘉慶二十三年（1818）刻本
　　1函1冊；18厘米
　　PKUL（X/K825.1/2）
　　附註：
　　　題記：書根有胡適題字。

4009 孔子改制考二十一卷 （清）康有爲撰 民國九年（1920）京師刻本
　　1函5冊；16.1厘米
　　萬木草堂叢書
　　PKUL（X/111.111/0043）
　　附註：
　　　題記：書衣有胡適題記："康有爲的《孔子改制攷》"；書根有胡適題字。

4010 孔子集語十七卷 （清）孫星衍撰 清光緒三年（1877）浙江書局刻本
　　1函4冊；18.4厘米
　　PKUL（X/B222.16/6.1）
　　附註：
　　　題記：書根有胡適題字。

4011 孔子家語疏證十卷 （清）陳士珂輯 清光緒十七年（1891）三餘草堂刻本
　　1函8冊；16.5厘米
　　湖北叢書
　　PKUL（X/081.473/4995/C2：5-：6）
　　附註：
　　　題記：書根有胡適題字。

4012 孔子年譜 （清）江永著 （清）黃定宜輯注 清道光二十七年（1847）萍鄉文晟刻本
　　1函1冊；19.8厘米
　　PKUL（X/979.2/BC551d）

附注：

　　題記：書根有胡適題字。

4013 孔子三朝記七卷 （清）洪頤煊注釋 民國二十三年（1934）北平琉璃廠邃雅齋影印本

　　1函1冊；14厘米

　　邃雅齋叢書

　　PKUL(X/081.18/4484)

　　附注：

　　　　題記：書根有胡適題字。

4014 苦兵集一卷 程艷秋編纂 民國二十年（1931）影印本

　　1函1冊；26.3厘米

　　PKUL(X/I222/3)

　　附注：

　　　　題記：書根有胡適題字。

4015 苦水詩存一卷 顧隨撰 民國二十三年（1934）北平顧氏蘿月齋鉛印本

　　1函1冊；12.7厘米

　　PKUL(X/811.08/3174/C3)

　　附注：

　　　　題記：書衣有作者題記："適之先生，受業顧隨。廿三年冬日。"

4016 快閣師石山房叢書七種 （清）姚振宗撰 民國十八年（1929）上海華豐印刷鑄字所鉛印本

　　2函6冊；18.1厘米

　　PKUL(X/013.08/4253/C4)

　　附注：

　　　　題記：書根有胡適題字。

　　　　其他：本書存5種。

4017 快心編初集五卷十回二集五卷十回三集八卷十二回（清）天花才子編輯 清
（1644—1911）上海申報館鉛印本
  1 函 10 冊；13.7 厘米
  PKUL（X/813.336/1441.1）
  附注：
    題記：序後有胡適題記："看此書中的地名官名，似是明末清初之人作的，
    至晚不會在清康熙朝之後。文筆不很高明，但也還不很討厭。技術是很
    幼稚的。十四，二，廿四，適之。"

4018 快心編初集五卷十回二集五卷十回三集八卷十二回（清）天花才子編輯 清
（1644—1911）刻本
  2 函 16 冊；19.5 厘米
  PKUL（X/813.336/1441.2）
  附注：
    題記：書衣有胡適題記："此書的白話不壞，見解雖然平凡，小說技倆還不
    弱。適之。"

4019 梡鞠錄二卷 朱孝臧編 清宣統元年（1909）南陵徐氏刻本
  1 函 2 冊；14.4 厘米
  懷豳雜俎
  PKUL（X/081.18/2816b/C4）
  附注：
    題記：書根有胡適題字。

4020 匡謬正俗八卷（唐）顏師古撰 清乾隆二十一年（1756）雅雨堂刻本
  1 函 1 冊；18 厘米
  雅雨堂叢書
  PKUL（SB/081.17/2168/C4:3）

4021 窺園留草一卷窺園詞一卷 許南英撰 許贊堃編 民國二十二年（1933）北京鉛
印本

1函1册;16.4厘米

PKUL(X/811.18/0844/C2)

附注:

　　題記:書根有胡適題字。

4022 媿室先生哀輓錄 吳曾祺 鄭孝胥等撰 清宣統元年(1909)鉛印本

1函1册;20.8厘米

PKUL(X/818.75/2683)

附注:

　　題記:書根有胡適題字。

4023 困學紀聞翁注編目二十六卷 (宋)王應麟撰 日本明治十八年(1885)日本樂善堂銅版印本

1函1册;9.4厘米

PKUL(SB/088.5/1000.16)

附注:

　　題記:書衣有胡適題記:"我先買得翁注《困學紀聞》的日本銅版本,後在南京又買得光緒壬午,樹根齋刊本的《翁注編目》四本,今天無意中又得此本,与原書同為日本樂善堂本,真可謂巧合的奇遇了。適。九,一一,二〇";另書根有胡適題字。

4024 困學紀聞注二十卷 (宋)王應麟撰 日本明治十五年(1882)日本樂善堂銅版印本

1函6册;9.5厘米

PKUL(SB/088.5/1000.16)

附注:

　　題記:書根有胡適題字。

4025 括地志八卷 (唐)李泰等著 (清)孫星衍輯 清光緒間(1875—1908)湖北崇文書局刻本

1函2册;10.9厘米

正覺樓叢刻

PKUL(X/081.17/3120/C2:1)

附注:

　　題記:書根有胡適題字。

4026 栝蒼金石志補遺四卷 (清)鄒柏森輯 清光緒間(1875—1908)貴池劉氏刻本

1函2冊;16厘米

聚學軒叢書

PKUL(X/081.18/7241)

4027 來鶴亭集九卷 (元)呂誠撰 清宣統三年(1911)沈氏刻本

1函2冊;13.1厘米

枕碧樓叢書

PKUL(X/081.18/3435/C2)

4028 嬾真子錄五卷 (宋)馬永卿撰 民國十一年(1922)上海商務印書館鉛印本

1函1冊;14.5厘米

PKUL(X/I264.4/1)

附注:

　　題記:書根有胡適題字。

　　其他:本書有2冊。

4029 老學庵筆記十卷 (宋)陸游撰 民國十五年(1926)上海商務印書館鉛印本

1函2冊;14.6厘米

PKUL(X/818.81/7414.1)

附注:

　　題記:書根有胡適題字。

4030 老子參註四卷 (清)倪元坦撰 清嘉慶間(1796—1820)刻本

1函2冊;19.5厘米

讀易樓合刻

PKUL(X/111.79/2714)

附注:

  題記:書根有胡適題字。

4031 老子古義三卷 楊樹達撰 民國十七年(1928)上海中華書局鉛印本

  1函3冊;15.4厘米

  PKUL(X/111.1212/4643/C2)

  附注:

    題記:書衣有作者題記:"適之先生教,著者寄自北平。十八年四月十五日。"

4032 老子古註二卷 李翹撰 民國十八年(1929)芬薰館鉛印本

  1函2冊;16.2厘米

  PKUL(X/111.1212/4047/C2)

  附注:

    題記:書根有胡適題字。

4033 老子覈詁四卷 馬敘倫撰 民國十三年(1924)鉛印本

  1函2冊;15.6厘米

  PKUL(X/111.1214/7182/C3)

  附注:

    題記:書衣有胡適題記:"著者送給我的,胡適"。

    其他:書衣殘破,年代部分缺。

4034 老子述義二卷 胡遠濬撰 民國十八年(1929)鉛印本

  1函1冊;14.8厘米

  PKUL(X/111.1212/4733/C2)

  附注:

    題記:書根有胡適題字。

4035 老子微二卷 王永祥撰 民國間(1912—1949)手稿本

1343

1 函 2 冊；20.1 厘米

PKUL（SB/111.1212/1033）

附注：

内附文件：書内附著者致胡適信 4 頁。

4036 老子翼六卷附録一卷考異一卷（明）焦竑輯注 民國三年（1914）蔣氏慎修書屋鉛印本

1 函 4 冊；17.8 厘米

金陵叢書

PKUL（X/111.1215/2004.2）

附注：

題記：書根有胡適題字。

4037 雷塘庵主弟子記八卷（清）張鑑録 清（1644—1911）刻本

1 函 4 冊；19.3 厘米

PKUL（X/979.2/1764.1/C2）

附注：

題記：書根有胡適題字。

4038 楞伽師資記一卷（唐）釋浄覺撰 民國二十年（1931）北平待曙堂鉛印本

1 函 1 冊；17.8 厘米

PKUL（X/230.96/3277/C2、X/B94/5.1、X/B94/5.1/C3）

附注：

印章：一冊書衣有胡適朱筆題"適之"二字；一冊書衣有胡適題記："胡適校本。"

題記：一冊書根有胡適題字。

其他：本書有 3 冊。

4039 冷廬雜識八卷（清）陸以湉撰 清咸豐六年（1856）刻本

2 函 8 冊；18.1 厘米

PKUL（X/818.9/7423）

附注：

　　題記：書根有胡適題字。

4040 梨雲寄傲一卷 （明）陳鐸撰 民國間(1912—1949)飲虹簃刻本
　　1函1册;13.8厘米
　　PKUL(X/812.6/7586.1)
　　附注：
　　　　題記：書根有胡適題字。

4041 離騷集傳一卷 （宋）錢杲之撰 清光緒三十年(1904)影刻本
　　1函1册;21.5厘米
　　隨庵徐氏叢書
　　PKUL(X/081.17/2816b/C2)

4042 離騷一卷 （清）龔景瀚撰 清光緒三年(1877)湖北崇文書局刻本
　　1函1册;18.6厘米
　　PKUL(X/811.311/0163/C2、X/811.311/0163/C3)
　　附注：
　　　　題記：一册書衣有胡適題記："己酉六月，怡蓀贈適之"；書根有胡適題字；一册書根有胡適題字。
　　　　其他：本書有2册。

4043 李笠翁十種曲 （清）李漁編 民國間(1912—1949)上海大成書局影印本
　　2函10册;16.1厘米
　　PKUL(X/812.087/4037)
　　附注：
　　　　題記：書根有胡適題字。

4044 李笠翁一家言五種十六卷(笠翁文集四卷詩集三卷餘集一卷別集二卷偶集六卷) （清）李漁撰 民國間(1912—1949)上海會文堂書局石印本
　　1函12册;16.1厘米

1345

PKUL(X/810.72/4037.2)

附注：

題記：自序後有胡適題記："清錢塘人。字笠翁。康熙時流寓金陵。著《一家言》。能為唐人小說。尤精曲譜。時稱李十郎。有《風箏誤》等傳奇十種"；書根有胡適題字。

批注圈劃：書內有胡適朱、墨筆批注圈劃。

4045 李嶠雜詠二卷 （唐）李嶠撰 清光緒間(1875—1908)湖北崇文書局刻本

1函1冊；10.9厘米

正覺樓叢刻

PKUL(X/081.17/3120/C2:1)

附注：

題記：書根有胡適題字。

4046 李石渠先生治閩政略一卷 （清）黃貽楫輯 民國二十一年(1932)高陽李氏小詒硯齋影印本

1函1冊；15.3厘米

PKUL(X/K827.49/11)

附注：

題記：書根有胡適題字。

4047 李氏焚書六卷 （明）李贄撰 明萬曆間(1573—1620)刻本

1函5冊；22.9厘米

PKUL(SB/B248.191/1.3)

附注：

題記：書前有胡適題記："李梣先生贈我的。廿五，四，廿三，胡適。"

4048 李氏五種合刊(歷代地理志韻編今釋二十卷皇朝輿地韻編二卷歷代地理沿革圖一卷輿地圖一卷紀元編三卷卷末一卷)（清）李兆洛輯 清光緒十四年(1888)掃葉山房刻本

2函16冊；18.1厘米

PKUL(X/981.08/4033.1/C4)

附注：

題記：書根有胡適題字。

4049 李氏易傳十七卷 （唐）李鼎祚集解 清乾隆二十一年(1756)雅雨堂刻本

1函6冊；18厘米

雅雨堂叢書

PKUL(SB/081.17/2168/C4:1)

附注：

印章：卷端鈐有"胡適長壽"朱文方印。

題記：本叢書第1冊書衣後有贈書者題記："《雅雨堂叢書》十二種，敬贈適之先生，傅斯年。八年六月。"

4050 李氏音鑑六卷 （清）李汝珍撰 清同治七年(1868)寶善堂刻本

1函4冊；12.9厘米

PKUL(X/417/4031.1/C2)

附注：

題記：書根有胡適題字。

4051 李恕谷先生年譜 （清）李塨著 道光丙申(1836)刻本

1冊；24.8厘米

PKUL(館藏號缺)

附注：

批注圈劃：書內24頁有胡適批注圈劃。

4052 李恕谷先生年譜五卷 （清）馮辰纂 民國十二年(1923)四存學會鉛印本

1函2冊；18.1厘米

顏李叢書

PKUL(X/081.57/0110.1/C2:2)

附注：

題記：書根有胡適題字。

1347

4053 李文公集十八卷補遺一卷附錄一卷 （唐）李翱撰 清光緒元年（1875）讀有用書齋刻本

　　1函4冊；19.7厘米

　　PKUL（X/817.45/4027/C3）

　　附注：

　　　　題記：書衣有贈書者題記："敬贈適之吾兄，洪鐘。"

4054 李文清公日記十六卷 （清）李棠階撰 民國四年（1915）石印本

　　2函16冊；26厘米

　　PKUL（X/818.82/4097/C4）

　　附注：

　　　　題記：書前有胡適題記。

4055 李義山詩箋注八卷附錄一卷 （唐）李商隱撰 （清）屈復注 民國六年（1917）上海會文堂書局石印本

　　1函6冊；16.3厘米

　　PKUL（X/811.1483/7728）

　　附注：

　　　　題記：書前有胡適題記："九，十二，卅一，買的。適。"

4056 李卓吾先生批點忠義水滸傳十回 （明）施耐庵集撰 （明）羅貫中纂修 日本享保十三年（1728）京師書房林九兵衛刻本

　　1函2冊；20.6厘米

　　PKUL（SB/813.395/0810.1/C2）

　　附注：

　　　　印章：序前鈐有"胡"、"適之印"朱文方印。

　　　　題記：目錄後有胡適題記；序前有贈書者題記："敬贈胡適之先生，日本青木正兒。大正十，二，三。"

4057 理學辨似一卷 （清）潘欲仁著 清（1644—1911）徐元霖刻本

1函1册;18.3厘米

虞山潘氏叢書

PKUL(X/B244.25/2)

附注:

　　題記:書根有胡適題字。

4058 **理學類編八卷** (明)張九韶撰 民國四年(1915)南昌退廬刻本

1函8册;15.8厘米

豫章叢書

PKUL(X/081.475/4764/C2:6)

附注:

　　題記:書根有胡適題字。

4059 **理學正宗十五卷** (清)竇克勤編輯 清康熙二十八年(1689)刻本

1函4册;19.4厘米

PKUL(SB/111.5/3044)

附注:

　　題記:書根有胡適題字。

4060 **禮記十卷** (元)陳澔集說 清光緒十九年(1893)浙江書局刻本

1函10册;19.2厘米

PKUL(X/094.618/7534.1)

附注:

　　題記:書根有胡適題字。

4061 **禮記天算釋一卷** (清)孔廣牧撰 清光緒間(1875—1908)湖北崇文書局刻本

1函1册;10.9厘米

正覺樓叢刻

PKUL(X/081.17/3120/C2:2)

附注:

　　題記:書根有胡適題字。

4062 禮論略鈔一卷 (清)淩曙著 清道光六年(1826)江都淩氏蜚雲閣刻本

　　1函2冊;18.1厘米

　　蜚雲閣淩氏叢書

　　PKUL(X/090.087/3466/C2:2)

　　附注:

　　　題記:書根有胡適題字。

4063 禮文手鈔五卷 (清)顏元著 民國十二年(1923)四存學會鉛印本

　　1函1冊;18.1厘米

　　顏李叢書

　　PKUL(X/081.57/0110.1/C2:1)

　　附注:

　　　題記:書根有胡適題字。

4064 禮儀石經校勘記四卷 (清)阮元撰 清光緒十六年(1890)四川尊經書局刻本

　　1函1冊;19.9厘米

　　石經彙函

　　PKUL(X/098.5/3191.1)

　　附注:

　　　題記:書根有胡適題字。

4065 禮議二卷 (清)曹元忠纂錄 民國五年(1916)南林劉氏求恕齋刻本

　　1函2冊;14.1厘米

　　求恕齋叢書

　　PKUL(X/K892.9/3/C2)

　　附注:

　　　題記:書根有胡適題字。

4066 荔莊詩存一卷 (清)陳銘珪著 民國七年(1918)東莞陳氏刻本

　　1函1冊;16厘米

聚德堂叢書

PKUL(X/081.17/7527/C2:3)

附注：

　　題記：書根有胡適題字。

4067 勵志錄二卷 （清）沈近思著 清(1644—1911)刻本

　　1函1冊;18.1厘米

　　PKUL(X/817.72/3436.1)

　　附注：

　　　　題記：書根有胡適題字。

4068 歷代帝王年表三卷 （清）齊召南編 （清）阮福續編 清光緒二十八年(1902)山東書局石印本

　　1函3冊;17.4厘米

　　PKUL(X/910.092/0024.2)

　　附注：

　　　　題記：書衣有胡適題記："齊召南《歷代帝王年表》三冊,胡適。"（年月日部分只能看到日期是十三）

4069 歷代方鎮年表五十六卷 吳廷燮撰 民國二十四年(1935)大連遼海書社鉛印本

　　2函14冊;15.6厘米

　　PKUL(X/910.092/2619/C2)

　　附注：

　　　　題記：書根有胡適題字。

4070 歷代兩浙詞人小傳十六卷 （清）周慶雲纂 民國十一年(1922)刻本

　　1函5冊;17.4厘米

　　PKUL(X/971.0523/7701/C2、X/971.0523/7701/C4)

　　附注：

　　　　題記：書根有胡適題字。

　　　　其他：本書有2套。

1351

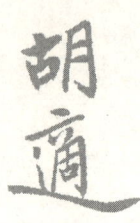

4071 歷代名人年譜十卷 （清）吳榮光著 清咸豐二年（1852）刻本
1函10冊；19.5厘米
PKUL（X/971.02/2699/C3）
附注：
題記：封面後有胡適題記："民國八年北京晉華書局用原版印的六十部之一。價三元。胡適。九，七，二四。"

4072 歷代名人姓氏全編三十二卷 民國間（1912—1949）有正書局石印本
2函24冊；12.3厘米
PKUL（X/971.03/7228/C2）
附注：
題記：書根有胡適題字。

4073 歷代社會狀況史甲編二十卷 尚秉和編 民國間（1912—1949）鉛印本
1函2冊；17.9厘米
PKUL（X/910.23/9022a/C2）
附注：
題記：書根有胡適題字。

4074 歷代社會狀況史甲編二十卷 尚秉和編 民國間（1912—1949）鉛印本
1函2冊；17.9厘米
PKUL（X/910.23/9022a/C3）
附注：
題記：書根有胡適題字。

4075 歷代神仙通鑑二十二卷 （清）徐道撰 清康熙五十一年（1712）刻本
2函24冊；18.6厘米
PKUL（SB/B932/1）
附注：
題記：書根有胡適題字。

4076 歷代詩話二十七種附考索 （清）何文煥輯 民國(1912—1949)影印本

2函16冊;14.3厘米

PKUL(X/811.104/2109/C6)

附注：

題記：書衣有胡適題記："民國八年二月九日買的。胡適。"

批注圈劃：書內有胡適批注圈劃。

4077 歷代史表五十九卷 （清）萬斯同撰 清光緒十九年(1893)上海古香閣石印本

1函8冊;13.1厘米

PKUL(X/910.092/4447.1)

附注：

題記：書根有胡適題字。

4078 歷代輿地沿革險要圖一卷 （清）楊守敬繪 清光緒三十二年(1906)宜都楊氏刻本

1函1冊;22厘米

PKUL(X/981.209/1092a)

附注：

印章：目錄首頁有"適之"、"胡適之印"朱文方印；另序鈐有傅斯年藏書章"烏萬斯年"朱文方印。

題記：封面有傅斯年題記："民國十七年八月,上海。斯年記",另有"多了一本,便送給適之先生,斯年。二十一年五月"；書根有胡適題字。

4079 歷代制度詳說十五卷 （宋）呂祖謙編撰 民國十三年(1924)永康胡氏夢選廔刻本

1函2冊;18.2厘米

續金華叢書

PKUL(X/081.478/4777a/C2:3)

附注：

題記：書根有胡適題字。

4080 歷代鐘鼎彝器款識法帖二十卷 (宋)薛尚功撰 民國六年(1917)上海文瑞樓石印本

  1函5冊;14.3厘米

  PKUL(X/991.075/4491.5/C2)

  附注:

    題記:書根有胡適題字。

4081 歷代著錄畫目一卷附錄目錄四卷人名檢字目錄一卷別號檢字一卷 (美)福開森編 民國二十三年(1934)南京金陵大學中國文化研究所鉛印本

  1函6冊;20厘米

  金陵大學中國文化研究所叢刊

  PKUL(X/730.131/5476/C3)

  附注:

    題記:書根有胡適題字。

4082 隸辨八卷 (清)顧藹吉撰 清光緒十三年(1887)上海蜚英館石印本

  2函8冊;14.8厘米

  PKUL(X/411.6/3144.1)

  附注:

    題記:書根有胡適題字。

4083 麗廔叢書九種 葉德輝輯 清光緒三十二至民國七年(1906—1918)長沙葉氏刻本

  1函8冊;19厘米

  PKUL(X/081.18/4429d/C2)

  附注:

    題記:書根有胡適題字。

4084 麗澤論説集錄十卷 (宋)呂喬年輯 民國十三年(1924)永康胡氏夢選廔刻本

  1函4冊;18.2厘米

續金華叢書

PKUL(X/081.478/4777a/C2:2)

附注:

題記:書根有胡適題字。

4085 濂洛風雅六卷卷首一卷 (宋)金履祥選 清光緒三年(1877)退補齋補版刻本

1函2冊;19.2厘米

金華叢書

PKUL(X/081.478/4777/C2)

附注:

題記:書根有胡適題字。

4086 濂亭文集八卷 (清)張裕釗撰 (清)查燕緒編 清光緒八年(1882)查氏木漸齋刻本

1函2冊;17.4厘米

PKUL(X/817.79/1138/C3)

附注:

題記:書根有胡適題字。

4087 楝亭十二種 (清)曹寅輯 民國十年(1921)上海古書流通處影印本

2函20冊;15.9厘米

PKUL(X/081.18/5530/C2)

附注:

題記:書根有胡適題字。

4088 梁山來知德先生易經集註十六卷卷首一卷卷末一卷 (明)來知德撰 清康熙二十七年(1688)刻本

1函9冊;20.9厘米

PKUL(SB/091.2/4082)

附注:

題記:書根有胡適題字。

其他：本書缺卷 11、12。

4089 梁氏飲冰室藏書目錄不分卷附錄二卷補遺一卷索引一卷 國立北平圖書館編
民國二十二年(1933)國立北平圖書館鉛印本
1 函 4 冊;16.3 厘米
PKUL(X/012.7/6000/C3)
附注：
題記：書根有胡適題字。

4090 梁谿全集一百八十卷行狀三卷附錄一卷年譜一卷 (宋)李綱撰 清(1644—1911)刻本
4 函 40 冊;18.9 厘米
PKUL(X/810.57/4028/C2)
附注：
題記：書根有胡適題字。

4091 兩般秋雨庵詩選一卷 (清)梁紹壬撰 清宣統二年(1910)南陵徐氏刻本
1 函 1 冊;14.4 厘米
懷豳雜俎
PKUL(X/081.18/2816b/C4)
附注：
題記：書根有胡適題字。

4092 兩般秋雨盦隨筆八卷 (清)梁紹壬纂 清道光十七年(1837)錢塘汪氏振綺堂刻本
1 函 8 冊;13.2 厘米
PKUL(X/818.97/3322.2/C2)
附注：
題記：書根有胡適題字。

4093 兩朝剝復錄六卷卷首一卷 (明)吳應箕輯 清同治二年(1863)江西省寓刻本

1函6册;17.9厘米

PKUL(X/916.805/2608.1)

附注:

　　題記:書根有胡適題字。

4094 兩當軒集二十二卷攷異二卷附錄四卷 (清)黃景仁著 清光緒二年(1876)武進黃氏刻本

1函6册;18厘米

PKUL(X/811.175/4462/C3)

附注:

　　題記:書衣有胡適題記:"黃景仁(仲則)《兩當軒集》,詩十六卷,詞三卷,遺文一卷,補遺二卷,攷二卷";書根有胡適題字。

4095 兩漢紀字句異同考一卷 (清)蔣國祚撰 民國六年(1917)潮陽鄭氏龍谿精舍刻本

1函1册;17.4厘米

龍谿精舍叢書

PKUL(X/081.18/8762/C2:4)

附注:

　　題記:書根有胡適題字。

4096 兩漢三國學案十一卷 唐晏撰 民國六年(1917)潮陽鄭氏龍谿精舍刻本

1函10册;17.4厘米

龍谿精舍叢書

PKUL(X/081.18/8762/C2:12)

附注:

　　題記:書根有胡適題字。

4097 兩京新記 (唐)韋述撰 清光緒間(1875—1908)湖北崇文書局刻本

1函1册;10.9厘米

正覺樓叢刻

1357

PKUL(X/081.17/3120/C2:1)

附注:
    題記:書根有胡適題字。
    其他:本書殘存1卷。

4098 兩罍軒藏器目一卷 (清)吳雲撰 清光緒二十一年(1895)元和江氏湖南使院刻本
    1函1冊;16.2厘米
    靈鶼閣叢書第二集
    PKUL(X/081.17/3141/C2:1)

附注:
    題記:書根有胡適題字。

4099 兩罍軒彝器圖釋十二卷 (清)吳雲撰 清同治十一年(1872)歸安吳氏刻本
    1函6冊;20.5厘米
    PKUL(X/991.2/2610)

附注:
    題記:書根有胡適題字。

4100 兩周金石文韻讀一卷 王國維撰 民國五年(1916)上海倉聖明智大學影印本
    1函1冊;14.8厘米
    廣倉學宭叢書甲類第二集
    PKUL(X/081.18/4127/C2:2)

附注:
    題記:書根有胡適題字。

4101 聊齋詞一卷 (清)蒲松齡撰 民國間(1912—1949)刻本
    1函1冊;16.1厘米
    PKUL(X/811.77/4442)

附注:
    批注圈劃:書內有胡適爲該書統計的字數。

4102 聊齋志異遺稿四卷附錄一卷 （清）蒲松齡著 清光緒四年（1878）聚珍堂活字本

   1函2冊；14.5厘米

   PKUL(X/813.187/4442.32)

   附注：

   　題記：書根有胡適題字。

4103 遼瀋游草一卷 （日）久保得二撰 日本大正十四年（1925）日本株式會社開明堂鉛印本

   1函1冊；14.8厘米

   PKUL(X/I313.2/3a)

   附注：

   　題記：書根有胡適題字。

4104 遼文存六卷 （清）繆荃孫輯 清光緒二十二年（1896）來青閣影印本

   1函2冊；19.4厘米

   PKUL(X/810.0858/2747/C3)

   附注：

   　題記：書根有胡適題字。

4105 列朝詩集 （清）錢謙益輯 清宣統二年（1910）國光印刷所鉛印本

   8函56冊；16.3厘米

   PKUL(X/811.1086/8308.2)

   附注：

   　題記：書根有胡適題字。

4106 列女傳補注八卷敘錄一卷校正一卷 （清）王照圓撰 民國六年（1917）潮陽鄭氏龍谿精舍刻本

   1函3冊；17.4厘米

   龍谿精舍叢書

   PKUL(X/081.18/8762/C2:3)

附注：

  題記：書根有胡適題字。

  批注圈劃：書內卷 5 至卷 6 共七處有胡適批注。

4107　列仙傳校正本二卷讚一卷　（漢）劉向撰　（清）王照圓校　民國六年（1917）潮陽鄭氏龍谿精舍刻本

 1 函 1 冊；17.4 厘米

 龍谿精舍叢書

 PKUL（X/081.18/8762/C2：10）

 附注：

  題記：書根有胡適題字。

4108　列子八卷　（晉）張湛注　清光緒二年（1876）浙江書局刻本

 1 函 2 冊；18.2 厘米

 PKUL（X/111.125/1134/C2）

 附注：

  題記：書根有胡適題字。

4109　林間錄二卷後集一卷　（宋）釋德洪撰　清光緒二十七年（1901）揚州藏經院刻本

 1 函 2 冊；18 厘米

 PKUL（X/232.088/5034/C2）

 附注：

  題記：書根有胡適題字。

4110　林外野言二卷補遺一卷　（元）郭翼撰　民國十二年（1923）崑山趙氏又滿樓刻本

 1 函 1 冊；17.7 厘米

 又滿樓叢書

 PKUL（X/081.18/4901/C3）

4111　林下詞選六卷　（清）周銘編　清康熙十年（1671）寧靜堂刻本

 1 函 2 冊；17.8 厘米

PKUL(S/I222.8/3)

附注：

　　題記：書根有胡適題字。

4112 鄰蘇老人年譜 （清）楊守敬撰 民國間(1912—1949)石印本

　　1函1冊;19.3厘米

　　PKUL(SB/979.2/1839/C3)

附注：

　　題記：書衣有胡適題記："楊守敬的《年譜》一冊，價十枚銅元。讀此冊知楊氏生於僻陋之鄉，長於販賣之業，居然能自己造成了一個大學者，這也是狠可佩服的了。適。九，十二，三。"

4113 臨安旬制紀三卷 （清）張道撰 清光緒間(1875—1908)湖北崇文書局刻本

　　1函1冊;10.7厘米

　　正覺樓叢刻

　　PKUL(X/081.17/3120/C2:3)

附注：

　　題記：書根有胡適題字。

4114 臨川答問一卷 （清）劉壽曾撰 清光緒間(1875—1908)南陵徐氏刻本

　　1函1冊;16.6厘米

　　積學齋叢書

　　PKUL(X/081.17/2816a/C2:2)

附注：

　　題記：書根有胡適題字。

4115 靈鶼閣叢書六集五十五種 （清）江標輯 清光緒間(1875—1908)元和江氏湖南使院刻本

　　4函46冊;16厘米

　　PKUL(X/081.17/3141/C2)

附注：

題記：書根有胡適題字。

其他：本書缺3種。

4116 靈巖集十卷 （宋）唐士恥撰 民國十三年（1924）永康胡氏夢選廎刻本

1函2冊；18.2厘米

續金華叢書

PKUL（X/081.478/4777a/C2：5）

附注：

題記：書根有胡適題字。

4117 嶺南逸史二十八回 （清）黃耐庵撰 （清）醉園狂客評點 清嘉慶六年（1801）刻本

1函8冊；11.3厘米

PKUL（X/813.351/4410.2）

附注：

題記：書根有胡適題字。

4118 嶺外三州語一卷 章炳麟著 民國間（1912—1949）上海右文社鉛印本

1函1冊；15厘米

章氏叢書

PKUL（X/081.58/0090.1：1）

附注：

題記：書根有胡適題字。

4119 嶺雲軒瑣記四卷續選四卷 （清）李威著 民國二十四年（1935）北平榮華印刷局鉛印本

1函2冊；19.3厘米

PKUL（X/Z429.5/14）

附注：

題記：書根有胡適題字。

4120 留春一卷 顧隨撰 民國二十三年(1934)北平顧氏蘿月齋鉛印本

　　1函1冊;12.7厘米

　　PKUL(X/811.08/3174/C3)

　　附注:

　　　　題記:書衣有作者題記:"適之先生,受業顧隨。"

4121 留漚唅館詞存一卷 (清)沈鋆撰 民國十四年(1925)崑山趙氏又滿樓刻本

　　1函1冊;17.5厘米

　　又滿樓叢書

　　PKUL(X/081.18/4901/C3)

4122 流沙墜簡考釋補正一卷 王國維撰 民國五年(1916)上海倉聖明智大學鉛印本

　　1函1冊;14.8厘米

　　廣倉學宭叢書甲類第一集

　　PKUL(X/081.18/4127/C2:1)

　　附注:

　　　　題記:書根有胡適題字。

4123 琉璃廠書肆記一卷後記一卷 (清)李文藻 繆荃孫同撰 民國十四年(1925)春初堂鉛印本

　　1函1冊;14.3厘米

　　PKUL(X/011.9/4004/C2)

　　附注:

　　　　印章:書後鈐有"胡適審定"朱文方印。

4124 劉賓客文集三十卷外集十卷 (唐)劉禹錫撰 清光緒三十一年(1905)仁和朱氏刻本

　　1函6冊;18.9厘米

　　結一廬朱氏賸餘叢書

　　PKUL(X/081.17/2574/C2:2)

　　附注:

1363

題記：書根有胡適題字。

4125 劉大司成文集十六卷（明）劉應秋著（明）湯顯祖選 明萬曆間(1573—1620)刻本

　　1函8冊；20厘米

　　PKUL(SB/817.69/7202.1)

　　附注：

　　　題記：書根有胡適題字。

4126 劉端臨先生遺書九種（清）劉台拱撰 清道光十四年(1834)刻本

　　1函4冊；18.1厘米

　　PKUL(X/081.57/7225/C3)

　　附注：

　　　題記：書根有胡適題字。

4127 劉更生年表一卷（清）梅毓撰 清光緒十七年(1891)南陵徐氏刻本

　　1函1冊；16.6厘米

　　積學齋叢書

　　PKUL(X/081.17/2816a/C2:2)

　　附注：

　　　題記：書根有胡適題字。

4128 劉涓子鬼遺方五卷（南朝齊）龔慶宣撰 民國五年(1916)影刻本

　　1函1冊；19.5厘米

　　隨盦叢書續編

　　PKUL(X/081.17/2816d/C3)

　　附注：

　　　題記：書根有胡適題字。

4129 劉禮部集十二卷（清）劉逢祿撰 清光緒十八年(1892)延暉承慶堂刻本

　　1函6冊；16.1厘米

PKUL(X/810.79/7213/C2)

附注:

题记:书根有胡适朱笔题字。

4130 刘申叔先生遗书 (清)刘师培撰 民国二十五年(1936)宁武南氏铅印本

4函32册;14.5厘米

PKUL(X/081.58/7224/C3)

附注:

题记:书根有胡适题字。

4131 刘子六种(素言二卷易匲五卷诗二卷烟霞俱一卷瀚言一卷年谱一卷) (明)刘伯生撰 明(1368—1644)刻本

1函8册;18.6厘米

PKUL(SB/810.6/7222)

附注:

题记:书根有胡适题字。

4132 刘子全书四十卷卷首一卷 (明)刘宗周著 (清)董旸编 清道光十五年(1835)刻本

4函24册;17.6厘米

PKUL(X/810.6/7237/C2)

附注:

题记:书根有胡适题字。

4133 刘子政左氏说一卷 章炳麟著 民国间(1912—1949)上海右文社铅印本

1函1册;15厘米

章氏丛书

PKUL(X/081.58/0090.1:1)

附注:

题记:书根有胡适题字。

1365

4134 柳待制文集二十卷附錄一卷 （元）柳貫撰 民國十三年（1924）永康胡氏夢選廔刻本

1 函 6 冊；18.2 厘米

續金華叢書

PKUL（X/081.478/4777a/C2;7）

附注：

題記：書根有胡適題字。

4135 柳氏諺文志一卷 （高麗）柳僖撰 民國二十三年（1934）金九經鉛印本

1 函 1 冊；14 厘米

薑園叢書

PKUL（X/409.19/4724/C3）

附注：

題記：書衣有作者題記："適之先生賜正。"

4136 柳崖外編八卷 （清）徐昆撰 清乾隆五十六年（1791）刻本

1 函 4 冊；13 厘米

PKUL（X/I242.1/12）

附注：

題記：書根有胡適題字。

4137 六秝通考一卷 （清）顧觀光著 清光緒九年（1883）上海獨山莫祥芝刻本

1 函 1 冊；18.6 厘米

武陵山人遺書

PKUL（X/081.57/3149/C2）

附注：

題記：書根有胡適題字。

4138 六妙法門一卷 （隋）釋智顗撰 清光緒十八年（1892）南京金陵刻經處刻本

1 函 1 冊；17.6 厘米

PKUL（X/B942/4）

附注：

　　題記：一册書衣有胡適朱筆題記："此二書極有用，《小止觀》最好。適"；一册書根有胡適題字。

　　其他：本書有2册。

4139 六十種曲 （明）毛晉輯 明崇禎間（1628—1644）常熟毛氏汲古閣刻本

　　12函120册；20.4厘米

　　PKUL（SB/812.08/2010/C4）

　　附注：

　　題記：書前有胡適題記。

　　批注圈劃：總目有胡適批注。

　　其他：本書存52種。

4140 六書述義十二卷 姜忠奎撰 民國二十四年（1935）石印本

　　1函4册；17.5厘米

　　PKUL（X/411.1/8054/C2）

　　附注：

　　題記：書衣有作者題記："適之先生正，姜叔明敬贈"；書根有胡適題字。

4141 六也曲譜初集 （清）張芬編 清光緒三十四年（1908）蘇州振新書社石印本

　　1函4册；14.7厘米

　　PKUL（X/812.03/1144）

　　附注：

　　題記：書根有胡適題字。

4142 六祖大師法寶壇經二卷 （唐）釋法海撰 民國十四年（1925）刻本

　　1函2册；18厘米

　　PKUL（X/231.291/3438.1）

　　附注：

　　印章：序鈐有"胡適之印"朱文方印；另書前鈐有"胡適之印"朱文方印。

　　題記：書前有胡適題記："一九二六年，我在巴黎中國使館見著此本，曾借

1367

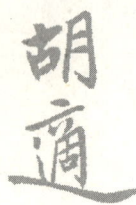

讀一遍。從此以後,我到處訪求此本,歷八年之久,到今年才被朱經農兄在長沙周稼生(大備)先生家裏尋得此本,寄來送我。八年訪求之願,至此始償。一九三四,六,三,胡適。"

4143 **六祖大師法寶壇經一卷** (唐)釋法海撰 清同治十一年(1872)如皋刻經處刻本

1函1冊;16.9厘米

PKUL(X/231.291/0342/C2)

附注:

題記:書衣有胡適題記:"十六年八月買的。適之";另内封有胡適題記:"此本五十四葉,百〇七面。唐本比此本約少45面,計少百分之四十二。十八,九,廿六,胡適。"

4144 **六祖壇經二卷** (唐)釋慧能述 (唐)釋法海錄 清(1644—1911)刻本

1函2冊;18厘米

PKUL(SB/231.291/3438.3)

附注:

印章:書後鈐有"胡適之印"朱文方印。

題記:書末有胡適題記:"雍正刻本《壇經》二卷,全依明藏本,可算是《壇經》中的最好本子的一種。胡適。"

4145 **六祖壇經二卷** (唐)釋慧能述 (唐)釋法海錄 日本昭和八年(1933)日本鈴木貞太郎影印本

1函1冊;23.6厘米

PKUL(SB/231.291/3438.4)

附注:

印章:卷端鈐有"胡適"朱文方印;書後鈐有"胡適之印"朱文方印。

題記:書後有胡適題記:"鈴木大拙先生贈,胡適,一九三三,十一,廿三。"

4146 **龍川詞一卷補一卷** (宋)陳亮撰 民國十三年(1924)永康胡氏夢選廔刻本

1函1冊;18.2厘米

續金華叢書

PKUL(X/081.478/4777a/C2:10)

附註：

    題記：書根有胡適題字。

4147 龍川文集三十卷卷首一卷卷末一卷辨譌考異二卷 （宋）陳亮撰 （清）胡鳳丹纂輯 清同治七年（1868）退補齋刻本

  2函10冊；20厘米

  金華叢書

  PKUL(X/081.478/4777/C2)

  附註：

    題記：書根有胡適題字。

4148 龍川先生詩鈔一卷詩文補鈔一卷李氏遺書一卷附錄一卷 李光炘著 民國間（1912—1949）鉛印本

  1函1冊；16.4厘米

  PKUL(X/811.18/4099/C2)

  附註：

    題記：書根有胡適題字。

4149 龍經疑龍三卷撼龍統說一卷 （唐）楊筠松著 清光緒間（1875—1908）湖北崇文書局刻本

  1函1冊；10.7厘米

  正覺樓叢刻

  PKUL(X/081.17/3120/C2:1)

  附註：

    題記：書根有胡適題字。

4150 龍門子凝道記三卷 （明）宋濂撰 清光緒元年（1875）退補齋刻本

  1函1冊；19.6厘米

  金華叢書

  PKUL(X/081.478/4777/C2)

附注：
題記：書根有胡適題字。

4151 龍圖公案十卷 （明）李贄評 清（1644—1911）四美堂刻本
1 函 10 冊；19.5 厘米
PKUL（SB/813.26/0683.1）
附注：
題記：書籤有胡適題寫書名"龍圖公案"；書根有胡適題字。

4152 龍谿精舍叢書六十種 鄭國勳輯 民國六年（1917）潮陽鄭氏龍谿精舍刻本
12 函 120 冊；17.4 厘米
PKUL（X/081.18/8762/C2）
附注：
題記：書根有胡適題字。

4153 龍谿王先生全集二十卷 （明）王畿撰 （明）丁賓編 明萬曆四十七年（1619）刻本
2 函 16 冊；21.1 厘米
PKUL（SB/810.6/1022.3）
附注：
題記：書根有胡適題字。

4154 龍雲先生文集三十二卷附錄一卷 （宋）劉弇撰 民國四年（1915）南昌問影樓刻本
1 函 8 冊；16 厘米
豫章叢書
PKUL（X/I214.42/11）
附注：
題記：書根有胡適題字。

4155 婁江條議一卷 （清）陸世儀著 清光緒二十五年（1899）京師刻本

1 函 1 册;13.8 厘米

陸桴亭先生遺書

PKUL(X/081.57/7442:2)

附注:

題記:書根有胡適題字。

4156 廬山志十五卷 (清)毛德琦著 清康熙至宣統間(1662—1911)遞修本

2 函 16 册;19.8 厘米

PKUL(X/981.366/2021.1)

附注:

題記:書衣有胡適題記:"十七年四月在廬山海會寺買的。胡適。"

4157 魯軍制九問一卷 (宋)唐仲友撰 清宣統三年(1911)金陵教育會石印本

1 函 1 册;21.2 厘米

金華唐氏遺書

PKUL(X/081.55/0090)

附注:

題記:書根有胡適題字。

4158 魯齋集十卷 (宋)王柏撰 清光緒間(1875—1908)退補齋刻本

1 函 4 册;19.2 厘米

金華叢書

PKUL(X/081.478/4777/C2)

附注:

題記:書根有胡適題字。

4159 魯齋王文憲公文集二十卷附考異一卷 (宋)王柏撰 民國十三年(1924)永康胡氏夢選廬刻本

1 函 6 册;18.2 厘米

續金華叢書

PKUL(X/081.478/4777a/C2:5)

1371

附注：

    題記：書根有胡適題字。

4160 陸放翁先生年譜一卷 （清）錢大昕編 清光緒十年（1884）長沙龍氏刻本

    1函1冊；18.7厘米

    嘉定錢氏潛研堂全書

    PKUL（X/081.57/8346:5）

    附注：

        題記：書根有胡適題字。

4161 陸桴亭先生遺書二十一種附年譜一卷 （清）陸世儀著 清光緒二十五年（1899）京師刻本

    2函20冊；13.8厘米

    PKUL（X/081.57/7442）

    附注：

        題記：書根有胡適題字。

4162 陸士衡詩注四卷 （晉）陸機著 郝立權注 民國二十一年（1932）鉛印本

    1函2冊；18.7厘米

    PKUL（X/811.1322/4704.1）

    附注：

        題記：書根有胡適題字。

4163 陸士衡史一卷 李澤仁編 民國二十三年（1934）志景書塾鉛印本

    1函1冊；16.2厘米

    PKUL（X/979.2/0261a）

    附注：

        題記：書根有胡適題字。

4164 陸忠烈公遺集一卷 （宋）陸秀夫撰 民國十年（1921）如皋冒氏刻本

    1函1冊；16.5厘米

楚州叢書

PKUL(X/Z122.53/1)

附註：

    題記：書根有胡適題字。

4165 陸子新語校注二卷 唐晏撰 民國六年(1917)潮陽鄭氏龍谿精舍刻本

  1函1冊;17.4厘米

  龍谿精舍叢書

  PKUL(X/081.18/8762/C2:6)

附註：

    題記：下卷末有胡適題記："《四部叢刊》用明弘治壬戌,為桐鄉令李廷梧所刻,有錢福序,都穆跋。其内容與范本同,似是范本所祖。大概 x——李本——范本為一個系統,而 y——《子彙》本又是一個系統。《子彙》本所祖之 y 本偶然不誤,而 x 本偶然有一頁(二百二十八字)錯簡,至幾百年後始得校正。也許 x 與 y 同出於一源。"

    批注圈劃：《提要》及書内多處有胡適批注圈劃。

4166 菉友肊説一卷附録一卷（清）王筠撰 清光緒二十一年(1895)元和江氏湖南使院刻本

  1函1冊;16.2厘米

  靈鶼閣叢書第一集

  PKUL(X/081.17/3141/C2:1)

附註：

    題記：書根有胡適題字。

4167 鹿門集三卷拾遺一卷續補遺一卷（唐）唐彦謙撰 清宣統元年(1909)番禺沈氏晨風閣刻本

  1函1冊;12.8厘米

  晨風閣叢書

  PKUL(X/081.18/3436/C4:2)

1373

4168 鹿皮子集四卷 (元)陳樵撰 清光緒元年(1875)退補齋刻本
　　1函2冊;19.4厘米
　　金華叢書
　　PKUL(X/081.478/4777/C2)
　　附注:
　　　題記:書根有胡適題字。

4169 鹿忠節公集二十一卷 (明)鹿善繼著 清(1644—1911)刻本
　　1函4冊;20厘米
　　PKUL(X/817.6/0082/C2)
　　附注:
　　　題記:書根有胡適題字。

4170 淥水餘音一卷 徐禮輔撰 民國十八年(1929)香山徐氏刻本
　　1函1冊;14.4厘米
　　小紅雨樓叢刊
　　PKUL(X/811.78/2835)
　　附注:
　　　題記:書前有贈書者題記:"適之先生誨正,邵瑞彭代撰人敬贈";書根有胡適題字。

4171 欒城先生遺言一卷 (宋)蘇籀記 民國十三年(1924)永康胡氏夢選廔刻本
　　1函1冊;18.2厘米
　　續金華叢書
　　PKUL(X/081.478/4777a/C2:3)
　　附注:
　　　題記:書根有胡適題字。

4172 論詞絕句箋一卷 梁品如著 民國二十年(1931)河北第一師範鉛印本
　　1函1冊;12.6厘米
　　覺盦叢書

PKUL(X/I207.23/2)

附注：

　　題記：書衣有作者題記："適之先生教之,梁品如謹呈"；書根有胡適題字。

4173 論衡三十卷 （漢）王充撰 民國六年（1917）潮陽鄭氏龍谿精舍刻本

1函8冊；17.4厘米

龍谿精舍叢書

PKUL(X/081.18/8762/C2:8)

附注：

　　題記：書根有胡適題字。

　　批注圈劃：書内卷1—3,18—20,29有胡適朱、墨筆批注圈劃。

4174 論衡舉正四卷 孫仁和著 民國十三年（1924）鉛印本

1函2冊；14.9厘米

PKUL(X/B234.183/1)

附注：

　　題記：書根有胡適題字。

4175 論學二卷 （清）李塨著 民國十二年（1923）四存學會鉛印本

1函1冊；18.1厘米

顔李叢書

PKUL(X/081.57/0110.1/C2:3)

附注：

　　題記：書根有胡適題字。

4176 論學酬答四卷 （清）陸世儀著 清光緒二十五年（1899）京師刻本

1函2冊；13.8厘米

陸桴亭先生遺書

PKUL(X/081.57/7442:2)

附注：

　　題記：書根有胡適題字。

4177 論語十卷 (宋)朱熹集注 清(1644—1911)八旗官學刻本
　　1函2冊;21.2厘米
　　PKUL(X/096.32/2540.4)
　　附注:
　　　題記:書根有胡適題字。

4178 論語傳註二卷 (清)李塨著 民國十二年(1923)四存學會鉛印本
　　1函1冊;18.1厘米
　　顏李叢書
　　PKUL(X/081.57/0110.1/C2:3)
　　附注:
　　　題記:書根有胡適題字。

4179 論語或問二十卷 (宋)朱熹著 清康熙間(1662—1722)禦兒呂氏寶誥堂刻本
　　1函2冊;18厘米
　　朱子遺書
　　PKUL(X/081.55/2540.1/C3)

4180 論語集編十卷 (宋)真德秀撰 清嘉慶間(1796—1820)浦城祝氏留香室刻本
　　1函3冊;19.1厘米
　　浦城遺書
　　PKUL(X/081.481/3665/C2)
　　附注:
　　　題記:書根有胡適題字。

4181 論語集註攷證十卷 (宋)金履祥撰 清光緒十三年(1887)鎮海謝駿德補版刻本
　　1函2冊;16.9厘米
　　率祖堂叢書
　　PKUL(X/081.55/8073/C3)

4182 論語集註攷證十卷孟子集註攷證七卷卷首一卷（宋）金履祥撰 清同治十二年（1873）退補齋刻本

   1函3冊;19厘米

   金華叢書

   PKUL(X/081.478/4777/C2)

   附注：

      題記：書根有胡適題字。

4183 論語經正錄二十卷（清）王肇晉撰 清光緒二十年（1894）刻本

   1函10冊;15.5厘米

   PKUL(X/096.32/1038)

   附注：

      題記：書根有胡適題字。

4184 論語孔子弟子目錄一卷（漢）鄭玄撰（清）宋翔鳳輯 民國十四年（1925）錢塘汪氏刻本

   1函1冊;15.8厘米

   食舊堂叢書

   PKUL(X/081.17/3148/C2:2)

   附注：

      題記：書根有胡適題字。

4185 論語類考二十卷（明）陳士元著 清光緒十七年（1891）三餘草堂刻本

   1函4冊;16.2厘米

   湖北叢書

   PKUL(X/081.473/4995/C2:4)

   附注：

      題記：書根有胡適題字。

4186 論語師法表一卷（清）宋翔鳳撰 民國十四年（1925）錢塘汪氏刻本

   1函1冊;15.8厘米

食舊堂叢書

PKUL(X/081.17/3148/C2:2)

附注：

  題記：書根有胡適題字。

4187 論語通釋一卷 （清）焦循撰 民國十四年(1925)香山黄氏古愚室影印本

  1函1冊；13.6厘米

  清代學術叢書第一集

  PKUL(X/081.37/4480/C4:1)

  附注：

    題記：書根有胡適題字。

4188 論語餘説一卷 （清）崔述著 清道光四年(1824)刻本

  1函1冊；19.5厘米

  崔東壁先生遺書

  PKUL(X/081.579/2233.3/C2:3)

  附注：

    題記：書根有胡適題字。

4189 論語正九卷 石永楸著 民國三十五年(1946)天津王彬鉛印本

  1函2冊；18.6厘米

  求際齋叢著

  PKUL(X/B222.163/3)

  附注：

    內附文件：書內附馬衡致胡適信1頁。

4190 論語鄭氏注十卷 （漢）鄭玄撰 （清）宋翔鳳輯 民國十四年(1925)錢塘汪氏刻本

  1函1冊；15.8厘米

  食舊堂叢書

  PKUL(X/081.17/3148/C2:2)

附注：

　　題記：書根有胡適題字。

4191 羅近溪先生語要一卷 （明）陶望齡輯 清光緒二十年（1894）江寧府城刻本

　　1函1册；17.5厘米

　　PKUL（X/111.69/7702）

　　附注：

　　　　題記：書衣有胡適題記："廿四年二月十六日遊廠甸，買得此書。此是金陵刻經處刻本，歐陽漸不贊成此書，故未印賣。胡適。"

4192 羅馬法講義一卷 趙之遠編撰 民國二十年（1931）北京大學出版組鉛印本

　　1函1册；20厘米

　　PKUL（X/390.5/4933）

　　附注：

　　　　題記：目次前有作者題記："敬贈適之先生，並乞教正，後學趙之遠"；書根有胡適題字。

4193 羅念菴先生文錄十八卷 （明）羅洪先撰 （清）喻震孟輯 清光緒十二年（1886）安齋刻本

　　1函10册；18.2厘米

　　PKUL（X/810.6/6032/C2）

　　附注：

　　　　題記：書根有胡適題字。

4194 羅山遺集八種 （清）羅澤南著 清咸豐至同治間（1851—1874）刻本

　　1函10册；18.3厘米

　　PKUL（X/081.57/6034.1/C2）

　　附注：

　　　　題記：書根有胡適題字。

4195 羅司勳文集八卷外集一卷 （明）羅虞臣撰 清康熙五十年（1711）刻本

1 函 3 冊;18.3 厘米

PKUL(X/817.69/6027/C3)

附注：

題記:書根有胡適題字。

4196 羅一峯先生集十卷卷首一卷補編一卷附編一卷 （明）羅倫撰 清道光二十九年（1849）刻本

1 函 7 冊;18.4 厘米

PKUL(X/I214.82/19)

附注：

題記:書根有胡適題字。

4197 羅忠節公年譜二卷 （清）佚名撰 清同治二年(1863)長沙刻本

1 函 1 冊;18.3 厘米

羅山遺集

PKUL(X/081.57/6034.1/C2)

附注：

題記:書根有胡適題字。

4198 羅忠節公遺集八卷 （清）羅澤南著 清咸豐至同治間（1851—1874）刻本

1 函 3 冊;18.3 厘米

羅山遺集

PKUL(X/081.57/6034.1/C2)

附注：

題記:書根有胡適題字。

4199 裸禮榷一卷 王國維撰 民國五年(1916)上海倉聖明智大學鉛印本

1 函 1 冊;14.8 厘米

廣倉學宭叢書甲類第一集

PKUL(X/081.18/4127/C2:1)

附注：

题记:书根有胡适朱笔题字。

4200 洛学编五卷 (清)汤斌辑 (清)尹会一续辑 清乾隆三年(1738)刻本

1函2册;18.9厘米

PKUL(SB/971.0513/3603)

附注:

题记:书根有胡适题字。

4201 洛阳伽蓝记五卷 (北魏)杨衒之撰 明末(1573—1644)毛氏绿君亭刻本

1函4册;20.5厘米

PKUL(SB/981.382/4623.9/C2)

附注:

题记:书根有胡适题字。

4202 洛阳伽蓝记五卷 (北魏)杨衒之撰 清光绪二十九年(1903)说剑斋刻本

1函1册;15.7厘米

PKUL(X/981.382/4623.8)

附注:

题记:书根有胡适题字。

4203 洛阳迦蓝记钩沈五卷 唐晏撰 民国六年(1917)潮阳郑氏龙谿精舍刻本

1函2册;17.4厘米

龙谿精舍丛书

PKUL(X/081.18/8762/C2:6)

附注:

题记:书根有胡适题字。

4204 骆丞集四卷卷首一卷附辨讹考异二卷 (唐)骆宾王撰 (清)胡凤丹纂辑 清同治八年(1869)退补斋刻本

1函2册;19.8厘米

金华丛书

1381

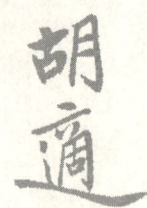

PKUL(X/081.478/4777/C2)

附注：

題記：書根有胡適題字。

4205 呂東萊先生文集二十卷卷首一卷 （宋）呂祖謙撰 清同治七年（1868）退補齋刻本

2函10冊；20.3厘米

金華叢書

PKUL(X/081.478/4777/C2)

附注：

題記：書根有胡適題字。

4206 呂明德先生年譜四卷 （清）施化遠等編 清康熙二年（1663）新安施氏刻本

1函4冊；19.2厘米

PKUL(X/979.2/1587/C2)

附注：

題記：書衣有胡適朱筆題記："呂維祺，生1587，死1641"；書根有胡適題字。

4207 呂氏春秋二十六卷附攷一卷 （秦）呂不韋著 清光緒元年（1875）浙江書局刻本

1函6冊；18厘米

PKUL(X111.197/6014.4)

附注：

批注圈劃：總目及正文多處有胡適批注。

4208 呂氏春秋集釋二十六卷附攷一卷 許維遹著 民國二十四年（1935）國立清華大學出版事務所鉛印本

1函6冊；16.7厘米

國立清華大學整理古籍叢刊

PKUL(X/111.197/6014C2)

附注：

題記：書根有胡適題字。

4209 吕氏家塾讀詩記三十二卷 （宋）吕祖謙撰 清同治十二年（1873）退補齋刻本

1函12冊；19.9厘米

金華叢書

PKUL(X/093.78/6030.1、X/081.478/4777/C2)

附注：

題記：書根有胡適題字。

其他：本書有2冊。

4210 吕氏鄉約一卷鄉儀一卷 （宋）吕大忠撰 民國五年（1916）影刻本

1函1冊；19.5厘米

隨盦叢書續編

PKUL(X/081.17/2816d/C3)

附注：

題記：書根有胡適題字。

4211 吕晚邨先生四書講義四十三卷 （清）吕留良撰 （清）陳鏦編 清康熙二十五年（1686）刻本

1函8冊；17.8厘米

PKUL(X/096.11/6073.1)

附注：

題記：内封後有胡適題記："九，十二，卅一，在北京楊梅竹斜街會文堂買的，價四圓。這是我在九年度最後買得的一部書。胡適。"

批注圈劃：目錄後一處有胡適批注。

4212 吕晚村先生文集八卷附錄一卷 （清）吕留良撰 民國十八年（1929）活字本

1函4冊；21.8厘米

PKUL(X/817.71/6073/C2)

附注：

題記：書根有胡適題字。

4213 呂用晦文集八卷（清）呂留良撰 清光緒三十四年（1908）國學保存會鉛印本
　　1函3冊；16.9厘米
　　國粹叢書
　　PKUL(X/081.17/6724/C2)
　　附注：
　　　題記：書根有胡適題字。

4214 呂用晦先生續集四卷附錄一卷（清）呂留良撰 清光緒三十四年（1908）國學保存會鉛印本
　　1函1冊；16.9厘米
　　國粹叢書
　　PKUL(X/I214.92/3)
　　附注：
　　　題記：書根有胡適題字。

4215 郘亭詩鈔六卷（清）莫友芝撰 清咸豐二年（1852）遵義湘川講舍刻 同治五年（1866）江寧三山客舍修補 刻本
　　1函6冊；18厘米
　　影山草堂六種
　　PKUL(X/081.5/4444)
　　附注：
　　　題記：書根有胡適題字。

4216 郘亭遺詩八卷（清）莫友芝撰 清光緒元年（1875）刻本
　　1函1冊；17.7厘米
　　影山草堂六種
　　PKUL(X/811.178/4454.2/C2)
　　附注：
　　　題記：書根有胡適題字。

4217 郘亭遺文八卷 （清）莫友芝撰 清光緒間(1875—1908)刻本

   1函2冊;17.7厘米

   影山草堂六種

   PKUL(X/081.5/4444)

   附注：

   　題記：書根有胡適題字。

4218 郘亭知見傳本書目十六卷 （清）莫友芝撰 民國七年(1918)上海掃葉山房石印本

   1函6冊;16.1厘米

   PKUL(X/018.1/4444.5)

   附注：

   　題記：書根有胡適題字。

4219 履園叢話二十四卷 （清）錢泳輯 清同治九年(1870)錢氏刻本

   1函10冊;18.6厘米

   PKUL(X/088.7/8333/C2)

   附注：

   　題記：書根有胡適題字。

4220 履齋叢刻 曾克耑編 民國三十五年(1946)鉛印本

   1函1冊;16厘米

   PKUL(X/I222.7/3)

   附注：

   　題記：書衣有胡適題字。

4221 律呂新義四卷附錄一卷 （清）江永著 清光緒間(1875—1908)湖北崇文書局刻本

   1函2冊;12.7厘米

   正覺樓叢刻

   PKUL(X/081.17/3120/C2:2)

1385

附注：

題記：書根有胡適題字。

4222 律呂臆説一卷 （清）徐養原撰 清光緒間（1875—1908）湖北崇文書局刻本

1 函 1 冊；11.7 厘米

正覺樓叢刻

PKUL（X/081.17/3120/C2:3）

附注：

題記：書根有胡適題字。

4223 率祖堂叢書十四種 （宋）金履祥撰 清雍正至乾隆間（1723—1795）金華金氏刻 光緒十三年（1887）鎮海謝駿德補刻

4 函 32 冊；20.2 厘米

PKUL（X/081.55/8073/C3）

附注：

印章：序及卷端鈐有"胡適"朱文方印。

4224 麻山先生遺詩三卷 （清）孫學顏撰 民國十八年（1929）東方印書館鉛印本

1 函 1 冊；17.4 厘米

PKUL（X/I222.749/18、X/I222.749/18/C2）

附注：

題記：書根有胡適題字。

其他：本書有 2 冊。

4225 麻山遺集二卷補編一卷 （清）孫學顏撰 清光緒間（1875—1908）刻 民國十九年（1930）重印

1 函 1 冊；18 厘米

PKUL（X/817.729/1270/C2、X/817.729/1270/C3）

附注：

題記：書根有胡適題字。

其他：本書有 2 冊。

4226 馬閣老洗冤錄二卷 姚大榮著 民國二十三年(1934)鉛印本

1函1冊;16.6厘米

惜道味齋雜綴

PKUL(X/916.805/4249/C2)

附注:

題記:書根有胡適題字。

4227 馬可傳福音書略 清光緒四年(1878)上海美華書館鉛印本

1函1冊;18.5厘米

PKUL(X/252.62/7123)

4228 馬廉書影 馬廉輯 民國十八年(1929)影印本

1函1冊;6.8厘米

PKUL(X/G256.2/2)

附注:

題記:書前有作者題記:"贈適之先生,馬廉。一八,二,二四。"

其他:摺裝。

4229 馬氏文通刊誤十卷 楊樹達著 民國十八年(1929)鉛印本

1函1冊;18.1厘米

PKUL(X/416/4643.3)

附注:

題記:書衣有作者題記:"適之先生指教,樹達。"

4230 馬太傳福音書 清同治六年(1867)上海美華書館鉛印本

1函1冊;12.8厘米

PKUL(X/252.61/7423)

附注:

印章:封面鈐有"煙臺玉皇頂東大美國教士郭顯德設立□堂散書傳道四方信者請到本堂面談不□"藍文方印。

4231 馬太福音註釋 (清)何進善輯 清同治十三年(1874)上海美華書館鉛印本
　　1函1冊;19.5厘米
　　PKUL(X/252.61/2138)

4232 買愁集四卷 (清)錢尚濠輯 清(1644—1911)刻本
　　1函4冊;18.9厘米
　　PKUL(X/818.81/8393.1)
　　附注:
　　　題記:書根有胡適題字。

4233 毛公鼎銘考釋一卷 王國維撰 民國五年(1916)上海倉聖明智大學影印本
　　1函1冊;14.8厘米
　　廣倉學宭叢書甲類第一集
　　PKUL(X/081.18/4127/C2:1)
　　附注:
　　　題記:書根有胡適題字。

4234 毛詩古音攷五卷 (明)陳第編輯 清光緒六年(1880)武昌張氏刻本
　　1函4冊;18.2厘米
　　PKUL(X/093.82/7588.1)
　　附注:
　　　題記:書根有胡適題字。
　　　批注圈劃:序兩處有胡適朱筆批注。

4235 毛詩故訓傳定本小箋三十卷 (清)段玉裁撰 清嘉慶二十一年(1816)七葉衍祥堂刻本
　　1函3冊;16.8厘米
　　經韻樓叢書
　　PKUL(X/081.57/7714/C2:1)
　　附注:

附注：

题记：书根有胡适题字。

4236 毛诗双声韵说一卷（清）王筠著 清同治十二年(1873)双流黄氏济忠堂刻本

1函1册；17.9厘米

PKUL(X/I222.2/2)

附注：

题记：书根有胡适题字。

4237 毛诗原解三十六卷（明）郝敬著 清光绪十七年(1891)三馀草堂刻本

1函6册；16.5厘米

湖北丛书

PKUL(X/081.473/4995/C2:3)

附注：

题记：书根有胡适题字。

4238 毛诗正韵四卷 丁以此著 民国十三年(1924)日照丁氏留馀堂刻本

1函4册；16.6厘米

PKUL(X/093.82/1022/C4)

附注：

题记：书根有胡适题字。

4239 毛诗重言三篇（清）王筠著 清同治十二年(1873)双流黄氏济忠堂刻本

1函1册；17.9厘米

PKUL(X/I222.2/2)

附注：

题记：书根有胡适题字。

4240 毛朱诗说一卷（清）阎若璩撰 民国十年(1921)如皋冒氏刻本

1函1册；16.5厘米

楚州丛书

PKUL(X/Z122.53/1)

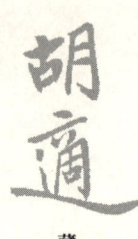

附注：

　　題記：書根有胡適題字。

4241 枚叔集一卷（漢）枚乘撰（清）丁晏輯 民國十年（1921）如皋冒氏刻本

1函1冊；16.5厘米

楚州叢書

PKUL(X/Z122.53/1)

附注：

　　題記：書衣有胡適題記："《楚州叢書》，羅叔言先生贈，胡適，廿三，十二，廿五。"

　　批注圈劃：目錄內三處有胡適批注圈劃。

4242 眉山詩案廣證六卷（清）張鑑著 清光緒十年（1884）江蘇書局刻本

1函2冊；17.7厘米

PKUL(X/811.1532/1188/C3)

附注：

　　印章：封面鈐有"胡適藏書"朱文方印。

4243 眉菴詞一卷（明）楊基撰 清宣統元年（1909）番禺沈氏晨風閣刻本

1函1冊；12.8厘米

晨風閣叢書

PKUL(X/081.18/3436/C4:2)

4244 梅花草盦藏器目一卷（清）丁彥臣撰 清光緒二十一年（1895）元和江氏湖南使院刻本

1函1冊；16.2厘米

靈鶼閣叢書第二集

PKUL(X/081.17/3141/C2:1)

附注：

　　題記：書根有胡適題字。

4245 梅蘭芳遊美記四卷附錄一卷 齊如山著 民國二十二年(1933)北平商務印書館鉛印本

　　1函1冊;16.5厘米

　　PKUL(X/781.27/0042/C2)

　　附注：

　　　　題記：書根有胡適題字。

4246 梅苑十卷 (宋)黃大輿輯 民國十年(1921)上海古書流通處影印本

　　1函2冊;15.9厘米

　　楝亭十二種

　　PKUL(X/081.18/5530/C2:1)

　　附注：

　　　　題記：書根有胡適題字。

4247 梅莊遺艸六卷 (清)翁白著 清嘉慶十七年(1812)浦城祝氏留香室刻本

　　1函1冊;18.6厘米

　　浦城遺書

　　PKUL(X/081.481/3665/C2)

　　附注：

　　　　題記：書根有胡適題字。

4248 捫蝨新話十五卷 (宋)陳善著 民國十八年(1929)上海商務印書館鉛印本

　　1函2冊;14.5厘米

　　PKUL(X/I264.4/2、X/I264.4/2/C2)

　　附注：

　　　　題記：書根有胡適題字。

　　　　其他：本書有2套。

4249 捫蝨新話十五卷 (宋)陳善著 民國十四年(1925)上海商務印書館鉛印本(3版)

　　1函2冊;14.5厘米

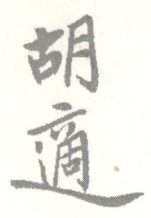

PKUL(X/I264.4/2/C3)

附注：

　　題記：書根有胡適題字。

4250　蒙韃備録箋證一卷　王國維撰　民國十五年(1926)清華學校研究院鉛印本

　　1函1冊;15厘米

　　PKUL(X/910.72/1062)

　　附注：

　　　題記：書根有胡適題字。

4251　蒙雅一卷　(清)魏源纂　民國五年(1916)上海倉聖明智大學鉛印本

　　1函1冊;14.8厘米

　　廣倉學宭叢書甲類第一集

　　PKUL(X/081.18/4127/C2:1)

　　附注：

　　　題記：書根有胡適題字。

4252　蒙齋補年譜一卷　(清)田肇麗編　清康熙間(1662—1722)刻本

　　1函1冊;15.7厘米

　　PKUL(X/K827.49/10)

　　附注：

　　　題記：書根有胡適題字。

4253　蒙齋年譜一卷續年譜一卷　(清)田雯著　清康熙間(1662—1722)刻本

　　1函1冊;15.7厘米

　　PKUL(X/K827.49/10)

　　附注：

　　　題記：書根有胡適題字。

4254　孟鄰堂文鈔十六卷　(清)楊椿著　清嘉慶二十四年(1819)武進楊氏刻本

　　1函4冊;17.7厘米

PKUL(X/817.77/4645/C2)

附注:

題記:書根有胡適題字。

4255 孟塗駢體文二卷 (清)劉開撰 民國十四年(1925)錢塘汪氏刻本

1函1册;15.8厘米

食舊堂叢書

PKUL(X/081.17/3148/C2:4)

附注:

題記:書根有胡適題字。

4256 孟子或問十四卷 (宋)朱熹著 清康熙間(1662—1722)禦兒呂氏寶誥堂刻本

1函1册;18厘米

朱子遺書

PKUL(X/081.55/2540.1/C3)

4257 孟子集編十四卷 (宋)真德秀撰 清嘉慶間(1796—1820)浦城祝氏留香室刻本

1函3册;19.1厘米

浦城遺書

PKUL(X/081.481/3665/C2)

附注:

題記:書根有胡適題字。

4258 孟子集註攷證七卷 (宋)金履祥撰 清光緒十三年(1887)鎮海謝駿德補版刻本

1函1册;16.8厘米

率祖堂叢書

PKUL(X/081.55/8073/C3)

附注:

題記:書根有胡適題字。

4259 孟子集註攷證七卷 (宋)金履祥撰 清(1644—1911)刻本

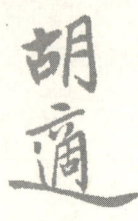

1函1冊;16.8厘米

PKUL(X/B222.353/1)

附注:

題記:書根有胡適題字。

4260 孟子七篇諸國年表二卷 (清)張宗泰輯 清光緒間(1875—1908)南陵徐氏刻本

1函1冊;16.6厘米

積學齋叢書

PKUL(X/081.17/2816a/C2:1)

附注:

題記:書根有胡適題字。

4261 孟子事實錄二卷 (清)崔述著 清道光二年(1822)刻本

1函1冊;19.1厘米

崔東壁先生遺書

PKUL(X/081.579/2233.3/C2:2)

附注:

題記:書根有胡適題字。

4262 孟子要略五卷附錄一卷 (清)劉傳瑩輯 清光緒十七年(1891)三餘草堂刻本

1函1冊;16.2厘米

湖北叢書

PKUL(X/081.473/4995/C2:5)

附注:

題記:書根有胡適題字。

4263 孟子雜記四卷 (明)陳士元著 清光緒十七年(1891)三餘草堂刻本

1函1冊;16.5厘米

湖北叢書

PKUL(X/081.473/4995/C2:5)

附注:

題記:書根有胡適題字。

4264 夢書一卷 (清)王照圓輯 民國六年(1917)潮陽鄭氏龍谿精舍刻本

　　1函1冊;17.4厘米

　　龍谿精舍叢書

　　PKUL(X/081.18/8762/C2:9)

　　附注:

　　題記:書根有胡適題字。

4265 夢溪筆談二十六卷補筆談三卷 (宋)沈括撰 清光緒十一年(1885)詒癖簃刻本

　　1函4冊;13.9厘米

　　PKUL(X/088.5/3452.3)

　　附注:

　　題記:書根有胡適題字。

4266 夢溪筆談二十六卷補筆談三卷續筆談一卷 (宋)沈括撰 明崇禎四年(1631)馬調元刻本

　　1函2冊;18.9厘米

　　PKUL(SB/088.5/3452/C3)

　　附注:

　　題記:書根有胡適題字。

4267 秘書志十一卷 (元)王士點 商企翁同撰 民國五年(1916)上海倉聖明智大學鉛印本

　　1函3冊;14.8厘米

　　廣倉學宭叢書甲類第一集

　　PKUL(X/081.18/4127/C2:1)

　　附注:

　　題記:書根有胡適題字。

4268 勉行堂文集六卷詩集二十四卷卷首一卷 (清)程晉芳撰 清嘉慶二十五年

1395

（1820）刻本

1 函 12 冊；19 厘米

PKUL（X/I214.92/11）

附註：

題記：書根有胡適題字。

4269 冕服考四卷 （清）焦廷琥撰 清光緒十六年（1890）南陵徐氏刻本

1 函 2 冊；16.6 厘米

積學齋叢書

PKUL（X/081.17/2816a/C2:1）

附註：

題記：書根有胡適題字。

4270 緬述一卷 （清）彭崧毓撰 清光緒三十四年（1908）京師鉛印本

1 函 1 冊；17.6 厘米

問影樓輿地叢書

PKUL（X/981.08/4764/C2）

附註：

題記：書根有胡適題字。

4271 妙香室叢話十四卷 （清）張培仁編輯 清光緒十年（1884）上海申報館鉛印本

1 函 5 冊；13.9 厘米

PKUL（X/Z429.5/9）

附註：

題記：書根有胡適題字。

其他：本書缺卷9、10。

4272 蟻蠔集五卷 （明）盧柟著 明萬曆間（1573—1620）張其忠刻 清同治光緒間（1862—1908）補刻

1 函 5 冊；21.3 厘米

PKUL（SB/810.69/2145/C3）

附注:

 題記:書根有胡適題字。

4273 民抄董宦事實一卷（明）佚名撰 民國十三年(1924)崑山趙氏又滿樓刻本

 1函1册;17.7厘米

 又滿樓叢書

 PKUL(X/081.18/4901/C3)

4274 民間疾苦詩 唐世隆選 民國二十年(1931)北平陸軍大學油印本

 1函2册;27.9厘米

 PKUL(X/I22/11)

 附注:

  內附文件:書內附著者致胡適之先生信函2封。

  其他:第2册爲第1册的删改本。

4275 敏求軒述記十六卷（清）陳世箴輯 清道光二十八年(1848)刻本

 1函8册;14.2厘米

 PKUL(X/813.1087/7548/C2)

 附注:

  題記:書根有胡適題字。

4276 敏齋稿一卷（宋）呂殊撰 民國十三年(1924)永康胡氏夢選廔刻本

 1函1册;18.2厘米

 續金華叢書

 PKUL(X/081.478/4777a/C2:5)

 附注:

  題記:書根有胡適題字。

4277 閩都記三十三卷（明）王應山纂輯 清道光十一年(1831)刻本

 1函6册;19.8厘米

 PKUL(X/981.81/1002/C2)

附注：

題記：書衣有胡適題記："董燕堂先生贈。適之，十四，七，一。"

4278 名教罪人一卷 （清）徐元夢撰 民國間(1912—1949)故宮博物院鉛印本

　　1函1冊；15.2厘米

　　文獻叢書第二種

　　PKUL(X/811.1087/2814.1)

　　附注：

　　　題記：書根有胡適題字。

4279 名理探五卷 （葡）傅汎際譯 （明）李之藻編 民國十五年(1926)北京公教大學輔仁社影印本

　　1函3冊；17.8厘米

　　PKUL(X/123.01/5708/C3)

　　附注：

　　　題記：書根有胡適題字。

4280 名理探五卷 （葡）傅汎際譯 （明）李之藻編 民國二十年(1931)上海徐匯光啓社鉛印本

　　1函3冊；19.8厘米

　　PKUL(X/123.01/5708.2/C2)

　　附注：

　　　題記：書根有胡適題字。

4281 名理探五卷 （葡）傅汎際譯 （明）李之藻編 民國間(1912—1949)鈔本

　　1函5冊；13.7厘米

　　PKUL(X/123.01/5708.1)

　　附注：

　　　題記：書根有胡適題字。

4282 名山藏副本二卷附諸公贈言集一卷 （清）齊周華撰 民國九年(1920)杭州武林

印書館鉛印本

1函2冊;19厘米

PKUL(X/I264.9/5)

附注：

題記：書根有胡適題字。

4283 名疑集四卷劄記一卷（明）陳士元著 清光緒十七年（1891）三餘草堂刻本

1函2冊;16.5厘米

湖北叢書

PKUL(X/081.473/4995/C2:8)

附注：

題記：書根有胡適題字。

4284 明本釋三卷（宋）劉荀撰 清（1644—1911）翻刻武英殿聚珍版刻本

1函3冊;19.2厘米

PKUL(X/111.58/7244)

附注：

題記：書根有胡適題字。

4285 明朝國初事蹟一卷（明）劉辰撰 清同治八年（1869）退補齋刻本

1函1冊;19.6厘米

金華叢書

PKUL(X/081.478/4777/C2)

附注：

題記：書根有胡適題字。

4286 明詞綜十二卷（清）王昶纂 清嘉慶間（1796—1820）刻本

1函2冊;18.5厘米

PKUL(X/811.708/2529/C2)

附注：

題記：書根有胡適題字。

4287 明大政纂要六十三卷（明洪武元年至隆慶六年九月）（明）譚希思編輯 清光緒二十一年（1895）湖南思賢書局刻本

　　4函8冊；21.6厘米

　　PKUL（X/916.05/0146/C2）

　　附注：

　　　題記：書根有胡適題字。

4288 明滇南五名臣遺集一卷 李根源輯 清宣統三年（1911）刻本

　　1函3冊；17.6厘米

　　PKUL（X/I214.81/2）

　　附注：

　　　題記：書根有胡適題字。

4289 明會要八十卷 （清）龍文彬纂 清（1644—1911）廣雅書局刻本

　　3函20冊；17.8厘米

　　PKUL（X/373.0916/0104.1/C2）

　　附注：

　　　題記：書根有胡適題字。

4290 明季稗史彙編十六種 （清）留雲居士輯 清（1644—1911）刻本

　　1函1冊；14.7厘米

　　PKUL（X/916.905/6225/C2）

　　附注：

　　　題記：書衣有胡適題記："夏完淳《續幸存錄》，客溪樵隱《求野錄》，自非逸史《也是錄》，不具名《江南聞見錄》。"

　　　其他：本書存4種。

4291 明季北略二十四卷 （清）計六奇輯 清（1644—1911）刻本

　　1函8冊；16.7厘米

　　PKUL（X/916.8/0405/C5）

附注：

    題記：書根有胡適題字。

4292 明季國初進士履歷跋後一卷 （清）邵懿辰撰 民國六年（1917）仁和邵氏刻本

    1函1冊；17.8厘米

    半巖廬所箸書

    PKUL（X/K828/2）

    附注：

        題記：書根有胡適題字。

4293 明律集解附例三十卷 （明）高舉編 清光緒三十四年（1908）刻本

    1函10冊；17.8厘米

    PKUL（X/390.126/0077/C4）

    附注：

        題記：書根有胡適題字。

4294 明清史料十本 國立中央研究院歷史語言研究所輯 民國十九至二十年（1930—1931）北平國立中央研究院歷史語言研究所鉛印本

    1函10冊；26.7厘米

    PKUL（X/916.01/6000/C6）

    附注：

        題記：書根有胡適題寫書字。

4295 明清史料丙編 國立中央研究院歷史語言研究所編輯 民國二十五年（1936）上海商務印書館鉛印本

    1函10冊；17.2厘米

    PKUL（X/916.01/6000.7）

    附注：

        題記：書根有胡適題字。

4296 明清史料乙編 國立中央研究院歷史語言研究所編輯 民國二十五年（1936）上

海商務印書館鉛印本

1函10冊;17.2厘米

PKUL(X/916.01/6000.6/C4)

附注:

題記:書根有胡適題字。

4297 明人詩鈔正集十四卷 (清)朱琰編 清乾隆二十五年(1760)刻本

1函5冊;16.4厘米

PKUL(SB/811.1086/2519)

附注:

題記:書根有胡適題字。

4298 明儒王心齋先生遺集五卷 (明)王艮撰 清宣統二年(1910)東臺袁氏鉛印本

1函2冊;17.7厘米

PKUL(X/I214.82/15)

附注:

題記:書衣有胡適題記:"單不广先生用嘉慶丙子王世豐重刻本校過。十七,十,三,胡適記。"

4299 明三十家詩選(初集八卷二集八卷) (清)汪端輯 清同治十二年(1873)蘊蘭吟館刻本

1函8冊;18.6厘米

PKUL(X/I222.748/6)

附注:

題記:書根有胡適題字。

4300 明詩百一鈔十二卷 (清)郭其炳纂輯 清乾隆三十四年(1769)松月軒刻本

1函6冊;8.6厘米

PKUL(S/I222.748/5)

附注:

題記:書衣有胡適題記:"《明詩百一鈔》六本,適,九,十一,二六";書根有胡適題字。

4301 明詩紀事一百八十七卷(甲籤三十卷乙籤二十二卷丙籤十二卷丁籤十七卷戊籤二十二卷己籤二十卷庚籤三十卷辛籤三十四卷)（清)陳田輯 清光緒二十五至三十年(1899—1904)貴陽陳氏聽詩齋刻本

　　5 函 38 冊;19.3 厘米

　　PKUL(X/811.1086/7561/C3)

　　附注：

　　　　題記:書根有胡適題字。

4302 明題名碑錄(明洪武四年至崇禎十六年) 清(1644—1911)刻本

　　1 函 7 冊;19.2 厘米

　　PKUL(X/971.603/6621)

　　附注：

　　　　題記:書根有胡適題字。

4303 明僮合錄一卷明僮續錄一卷（清)餘不釣徒 殿春生同著 民國十六年(1927)擷芝館刻本

　　1 函 1 冊;18.6 厘米

　　PKUL(X/781.27/8182)

　　附注：

　　　　題記:書根有胡適題字。

4304 明文英華十卷（清)顧有孝纂 清康熙二十六年(1687)刻本

　　2 函 16 冊;18.5 厘米

　　PKUL(SB/817.086/3144/C2)

　　附注：

　　　　題記:書根有胡適題字。

4305 明文在一百卷（清)薛熙纂（清)何潔輯 清光緒十五年(1889)江蘇書局刻本

　　1 函 10 冊;19.8 厘米

PKUL(X/810.086/4477/C2)

附注：

　　題記：書衣有胡適題記："《明文在》百卷，十冊，頡剛為我在蘇州買的。十，三，二。"

4306 明夷待訪錄一卷（清）黃宗羲著 民國九年（1920）京師晉華書局刻本

　　1函1冊；15.2厘米

　　PKUL(X/301.6/4438.7)

附注：

　　題記：書衣有胡適題記："《明夷待訪錄》，九，五，二七。適"；書根有胡適題字。

4307 明張文忠公全集（奏疏十三卷書牘十五卷文集十一卷詩集六卷附錄二卷）

　　（明）張居正著 清光緒二十七年（1901）紅藤碧樹山館刻本

　　1函16冊；19厘米

　　PKUL(X/810.69/1171.2)

附注：

　　題記：書根有胡適題字。

4308 明浙西李之藻傳一卷 陳垣撰 民國八年（1919）鉛印本

　　1函1冊；19.1厘米

　　PKUL(X/K811/1)

附注：

　　題記：書根有胡適題字。

　　批注圈劃：一冊書內六處有胡適圈劃。

　　其他：本書有2冊。

4309 莫愁湖志六卷卷首一卷（清）馬士圖纂 清光緒八至十七年（1882—1891）刻本

　　1函2冊；17.4厘米

　　PKUL(X/981.355/7146/C2)

附注：

題記:書根有胡適題字。

4310 墨辯新注二卷 魯大東著 民國二十五年(1936)上海中華書局鉛印本

1 函 1 册;14.9 厘米

PKUL(X/111.1317/2745/C2、X/111.1317/2745)

附注:

印章:一册書衣鈐有"魯大東"朱文方印。

題記:一册書衣有作者題記:"適之先生教正,後學魯大東敬贈";書根有胡適題字。

其他:本書有 2 册。

4311 墨娥小錄 清光緒十年(1884)學圃山農刻本

1 函 4 册;9.5 厘米

PKUL(X/088/6498.1)

附注:

題記:書籤有胡適題寫書名"墨娥小錄";書根有胡適題字。

4312 墨經一卷 (宋)晁説之撰 民國十年(1921)上海古書流通處影印本

1 函 1 册;15.9 厘米

楝亭十二種

PKUL(X/081.18/5530/C2:1)

附注:

題記:書根有胡適題字。

4313 墨經新釋一卷 鄧高鏡編 民國間(1912—1949)鉛印本

1 函 1 册;14.4 厘米

PKUL(X/111.1312/1708.2)

附注:

題記:書根有胡適題字。

4314 墨香居畫識十卷 (清)馮金伯撰 清(1644—1911)刻本

1函4冊;12.2厘米

PKUL(X/730.19/3182a)

附注：

題記：書根有胡適題字。

4315 墨子十五卷目錄一卷（周）墨翟撰（清）畢沅校注 清光緒二年（1876）浙江書局刻本

1函4冊;18.2厘米

PKUL(SB/111.1312/6031.2)

附注：

題記：封面後有贈書者題記："這原是適之先生研究最精的書,不必再看的。可遇這付板子校勘稍精,去國時留作紀念,學生家倫謹誌。九,九,七"；另一冊書衣有胡適題記："這一本內有劉叔雅先生用《道藏》本校的《墨辯》六篇,適。"

4316 墨子十五卷目錄一卷（周）墨翟撰（清）畢沅校注 清光緒二年（1876）浙江書局刻本

1函4冊;18.2厘米

PKUL(X/111.1312/6031.1)

附注：

印章：第4冊書衣鈐有"實行"朱文方印。

題記：書衣有胡適題記："《墨子》壹,胡適。《墨子》弌,鋧兒。《墨子》叁,適之。《墨子》肆,藏暉。"

批注圈劃：書內多處有胡適批注圈劃。

4317 墨子十五卷目錄一卷（周）墨翟撰（清）畢沅校注 清光緒二年（1876）浙江書局刻本

1函4冊;18.2厘米

PKUL(X/111.1312/6031.1/C3)

附注：

題記：書根有胡適題字。

4318 墨子箋十五卷（清）曹耀湘撰 清光緒三十二年（1906）湖南官書報局鉛印本

1函3冊;20.1厘米

PKUL(X/111.131/5593)

附註:

題記:書衣有胡適題記:"長沙曹耀湘(鏡初)《墨子箋》十五卷,三冊。刻於光緒丙午(1906)。九,十一,三十,我在琉璃廠用四角錢買的。胡適。"

4319 墨子經解二卷（清）張惠言撰 清宣統元年（1909）國學保存會影印本

1函1冊;18.2厘米

PKUL(X/111.1312/1150.1)

附註:

印章:封面鈐有"胡適藏書"朱文方印。

題記:書衣有胡適題記:"吾初讀孫仲容《墨子閒詁》,始知有此書。今年歸國急買此讀之。民國六年七月十四日。適。"

批注圈劃:書內多處有胡適批注。

4320 墨子刊誤二卷（清）蘇時學注 民國十七年（1928）上海中華書局鉛印本

1函1冊;15.3厘米

PKUL(X/111.131/4467/C2、X/111.131/4467/C3)

附註:

題記:書根有胡適題字。

其他:本書有2冊。

4321 墨子閒詁十五卷目錄一卷附錄一卷後語二卷（清）孫詒讓撰 清宣統二年（1910）瑞安孫氏刻本

1函8冊;18.1厘米

PKUL(X/111.1315/1201.1)

附註:

印章:書衣有胡適簽名"胡適"。

題記:書衣有胡適抄錄《墨子》篇名。

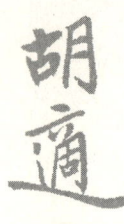

批注圈劃：書衣及書內多處有胡適朱、墨筆批注圈劃。

4322 墨子哲學（墨經六篇） 鄧高鏡撰 民國間（1912—1949）國立北平大學第一師範學院鉛印本

    1函1冊；14.9厘米

    PKUL(X/111.1312/1708.1)

    附注：

        題記：書根有胡適題字。

4323 默成文集四卷 （宋）潘良貴撰 民國十三年（1924）永康胡氏夢選廎刻本

    1函1冊；18.2厘米

    續金華叢書

    PKUL(X/081.478/4777a/C2:3)

    附注：

        題記：書根有胡適題字。

4324 默記三卷 （宋）王銍撰 民國十四年（1925）上海商務印書館鉛印本

    1函1冊；14.5厘米

    PKUL(X/K244.6/2)

    附注：

        題記：書根有胡適題字。

4325 牟子叢殘 （漢）牟融撰 周叔迦纂 民國十九年（1930）公記印書局鉛印本

    1函1冊；17.5厘米

    展社叢書

    PKUL(X/111.29/2315/C2)

    附注：

        印章：目錄鈐有"胡適藏書"印章。

        批注圈劃：書內多處有胡適批注。

4326 木庵藏器目一卷 （清）程振甲撰 清光緒二十二年（1896）元和江氏湖南使院

刻本

　　1函1册;16.2厘米

　　靈鶼閣叢書第二集

　　PKUL(X/081.17/3141/C2:1)

　　附註:

　　　　題記:書根有胡適題字。

4327 木皮散人鼓詞一卷附萬古愁曲一卷 (清)賈鳧西著 清光緒三十三年(1907)葉氏觀古堂刻本

　　1函1册;18.3厘米

　　PKUL(X/814.78/1021)

　　附註:

　　　　批注圈劃:書内有胡適批注。

4328 牧庵集三十六卷附録一卷 (元)姚燧撰 清(1644—1911)刻本

　　1函7册;19.2厘米

　　PKUL(X/810.59/4298.1)

　　附註:

　　　　題記:書根有胡適題字。

4329 牧齋初學集詩註二十卷 (清)錢謙益撰 (清)錢曾箋註 清(1644—1911)刻本

　　1函8册;18厘米

　　PKUL(SB/811.171/8308/C3)

　　附註:

　　　　印章:内封鈐有"胡適之鉥"朱文方印。

4330 牧齋有學集詩註十四卷 (清)錢謙益撰 (清)錢曾箋註 清(1644—1911)玉詔堂刻本

　　1函8册;18.5厘米

　　PKUL(X/I222.749/15)

　　附註:

印章:封面鈐有"胡適之鉥"朱文方印。

4331 穆天子傳六卷附錄一卷 (晉)郭璞注 民國六年(1917)潮陽鄭氏龍谿精舍刻本

1 函 1 冊;17.4 厘米

龍谿精舍叢書

PKUL(X/081.18/8762/C2:2)

附注:

題記:書根有胡適題字。

4332 南川冰蘖全集十二卷卷首一卷卷末一卷 (明)林光撰 清咸豐元年(1851)東莞明倫堂刻本

1 函 8 冊;18.3 厘米

PKUL(X/810.6/4496/C2)

附注:

題記:卷 1 第 3 頁有容肇祖贈胡適書題記:"此鄉先達林南川先生集,為家藏舊本,刻于咸豐元年,板旋毀壞,故市上雅不易得。適之先生編《中國思想史》,因以此貽之。學生容肇祖,民國十三年十月二十七日。"

4333 南海康先生傳一卷 張伯楨著 民國二十三年(1934)東莞張氏刻本

1 函 1 冊;17.3 厘米

滄海叢書

PKUL(X/979.1/1858-1d/C2)

附注:

題記:書根有胡適題字。

批注圈劃:書內多處有胡適批注。

4334 南華小住山房詩草一卷 謝乃壬著 民國二十二年(1933)上海鉛印本

1 函 1 冊;14.8 厘米

PKUL(X/811.18/0412)

附注:

題記:書根有胡適題字。

4335 南華真經十卷（周）莊周撰（晉）郭象註（唐）陸德明音義 民國三年（1914）中夏右文社影印本

　　1函6冊；15.9厘米

　　PKUL(X/111.1271/4477.2)

　　附注：

　　　題記：書衣有胡適題記："世德堂《莊子》六本。七年五月十八日買的。胡適。"

4336 南陵縣建置沿革表一卷 徐乃昌撰 清光緒十八年（1892）南陵徐氏刻本

　　1函1冊；16.6厘米

　　積學齋叢書

　　PKUL(X/081.17/2816a/C2:2)

　　附注：

　　　題記：書根有胡適題字。

4337 南曲九宮正始（明）徐慶卿輯 民國二十五年（1936）北平戲曲文獻流通會影印本

　　1函10冊；14.2厘米

　　PKUL(X/812.03/2813/C2)

　　附注：

　　　題記：序前有胡適題記："四十五歲生日，葉公超兄送我的壽禮。胡適，廿五，十二，十七。"

4338 南史演義三十二卷（清）杜綱編 清乾隆六十年（1795）刻本

　　1函8冊；18.9厘米

　　PKUL(X/813.3137/4427.1)

　　附注：

　　　題記：書根有胡適題字。

4339 南宋江陰軍乾明院羅漢尊號碑一卷（明）高道素輯 民國九年（1920）江陰繆氏

刻本

1 函 1 冊;12.5 厘米

煙畫東堂小品

PKUL(X/081.18/2741a/C2)

附注:

題記:書根有胡適題字。

4340 南宋文錄錄二十四卷 (清)董兆熊輯 清光緒十七年(1891)蘇州書局刻本

1 函 6 冊;20.3 厘米

PKUL(X/810.085/4431/C2)

附注:

題記:一套書衣有胡適題記:"董兆熊的《南宋文录录》廿四卷,六冊。胡適。九,十一,二九";另函套有胡適題記:"董兆熊的《南宋文錄錄》廿四卷,六冊";一套書根有胡適題字。

4341 南宋院畫錄八卷 (清)厲鶚輯 清光緒十年(1884)錢唐丁氏竹書堂刻本

1 函 4 冊;16.6 厘米

PKUL(X/J220.2/4)

附注:

題記:書衣有胡適題記:"厲鶚《南宋畫院錄》八卷,四冊。此書作於一七二一,至一八八四始有刻本,傳世不多,雖為新刻,亦甚可貴。今日我就醫過琉璃廠,偶見此書,以一元得之。一九二〇,一一,三〇,胡適。"

4342 南唐二主詞一卷補遺一卷附校勘記一卷 (南唐)李璟 李煜同撰 清宣統元年(1909)番禺沈氏晨風閣刻本

1 函 1 冊;12.8 厘米

晨風閣叢書

PKUL(X/081.18/3436/C4:2)

4343 南天痕二十六卷附錄一卷 (清)凌雪纂修 清宣統二年(1910)上海復古社鉛印本

1函6册;17.7厘米

PKUL(X/916.9/3410.1/C2)

附注:

　　题记:书根有胡适题字。

4344　南田诗五卷（清）恽格著 清(1644—1911)信芳阁刻本

1函2册;20厘米

PKUL(X/I222.749/20)

附注:

　　题记:书根有胡适题字。

4345　南轩文集四十四卷（宋）张栻撰 清道光二十九年(1849)绵邑洗墨池刻本

1函6册;18.8厘米

PKUL(X/810.57/1143)

附注:

　　题记:书根有胡适题字。

4346　南轩先生论语解十卷（宋）张栻撰 清道光间(1821—1850)刻本

1函2册;19.3厘米

PKUL(X/810.57/1143/:2)

附注:

　　题记:书根有胡适题字。

4347　南轩先生孟子说七卷（宋）张栻撰 清道光间(1821—1850)绵邑南轩祠刻本

1函4册;19.3厘米

PKUL(X/810.57/1143/:2)

附注:

　　题记:书根有胡适题字。

4348　南轩易说五卷（宋）张栻撰 清宣统二年(1910)沈氏刻本

1函2册;12.9厘米

1413

枕碧樓叢書

PKUL(X/081.18/3435/C2)

附注：

　　題記：書衣有胡適題記："《枕碧樓叢書》，十二種，價六元。胡適，十三，十二，三。"

4349 南洋中學藏書目一卷 陳乃乾編 民國八年(1919)上海南洋中學鉛印本

　　1函1冊;17.5厘米

　　PKUL(X/012.2/7514/C2)

　　附注：

　　　　題記：書根有胡適朱筆題字。

4350 南園叢稿二十四卷附年譜一卷榮哀錄一卷 張相文著 民國二十四年(1935)北平中國地學會鉛印本

　　2函15冊;19厘米

　　PKUL(X/810.8/1140/C3)

　　附注：

　　　　題記：書根有胡適題字。

4351 南園詩存一卷 張相文著 民國二十四年(1935)北平中國地學會鉛印本

　　1函1冊;19厘米

　　南園叢稿

　　PKUL(X/810.8/1140/C3)

　　附注：

　　　　題記：書根有胡適題字。

4352 南園文存二卷 張相文著 民國二十四年(1935)北平中國地學會鉛印本

　　1函2冊;19厘米

　　南園叢稿

　　PKUL(X/810.8/1140/C3)

　　附注：

題記:書根有胡適題字。

4353 南岳商語一卷 （明）顧憲成著 清光緒三年(1877)涇里宗祠刻本

　　1函1冊;19厘米

　　顧端文公遺書

　　PKUL(X/111.69/3135a)

4354 南嶽總勝集三卷 （宋）陳田夫撰 清光緒三十二年(1906)長沙葉氏刻本

　　1函2冊;19厘米

　　麗廔叢書

　　PKUL(X/081.18/4429d/C2)

　　附注:

　　　題記:書根有胡適題字。

4355 南畇詩稿十卷續稿二卷年譜一卷 （清）彭定求著 清光緒七年(1881)刻本

　　1函6冊;17.7厘米

　　PKUL(X/810.72/4234/C2:2)

　　附注:

　　　題記:書根有胡適題字。

4356 南畇文稿十二卷 （清）彭定求著 清光緒七年(1881)刻本

　　1函6冊;18.1厘米

　　PKUL(X/810.72/4234/C2:1)

　　附注:

　　　題記:書根有胡適題字。

4357 內務部古物陳列所書畫目錄十四卷附錄三卷補遺二卷 何煜編 民國十四年(1925)北京京華印書局鉛印本

　　1函10冊;13.7厘米

　　PKUL(X/730.131/2196/C6)

　　附注:

題記:書根有胡適題字。

4358 內閣大庫書檔舊目一卷 國立中央研究院歷史語言研究所編 民國二十二年（1933）上海商務印書館鉛印本
1函1冊;20.3厘米
史料叢書
PKUL(X/013.7/6000/C3)
附注:
題記:書根有胡適題字。

4359 內閣大庫書檔舊目補一卷 國立中央研究院歷史語言研究所編 民國二十五年（1936）上海商務印書館鉛印本
1函1冊;20.3厘米
PKUL(X/013.7/6000/C3)
附注:
題記:書根有胡適題字。

4360 倪石陵書一卷附考異一卷 （宋）倪樸撰 民國十三年（1924）永康胡氏夢選廔刻本
1函1冊;18.2厘米
續金華叢書
PKUL(X/081.478/4777a/C2:5)
附注:
題記:書根有胡適題字。

4361 霓裳續譜八卷 （清）王廷紹編 清乾隆六十年（1795）集賢堂刻本
1函4冊;14.4厘米
PKUL(SB/814.71/1012/C2)
附注:
題記:書根有胡適題字。

4362 霓裳續譜八卷 （清）王廷紹編 清嘉慶十一年（1806）京都琉璃廠雙峯閣刻本
2函8冊;14.4厘米
PKUL(X/814.71/1012.2)
附注：
題記：書根有胡適題字。

4363 擬古樂府二卷 （明）李東陽著 （明）陳建通考 民國八年（1919）東莞陳氏刻本
1函1冊;16厘米
聚德堂叢書
PKUL(X/081.17/7527/C2:4)
附注：
題記：書根有胡適題字。

4364 擬太平策七卷 （清）李塨著 民國十二年（1923）四存學會鉛印本
1函1冊;18.1厘米
顔李叢書
PKUL(X/081.57/0110.1/C2:4)
附注：
題記：書根有胡適題字。

4365 廿二史攷異一百卷 （清）錢大昕撰 清光緒十年（1884）長沙龍氏刻本
4函17冊;18.7厘米
嘉定錢氏潛研堂全書
PKUL(X/081.57/8346:1-:4)
附注：
題記：書根有胡適題字。

4366 廿一部諧聲表一卷 （清）江有誥撰 民國五年（1916）上海倉聖明智大學鉛印本
1函1冊;14.8厘米
廣倉學宭叢書甲類第二集
PKUL(X/081.18/4127/C2:2)

附注：

　　題記：書根有胡適題字。

4367 念佛法門略說一卷 釋太虛撰 民國八年(1919)上海聚珍仿宋印書局鉛印本

　　1函1冊;17厘米

　　PKUL(X/B942/6)

　　附注：

　　題記：書衣有胡適題記："太虛的，適。九，五，二四。"

4368 念佛三昧寶王論三卷 (唐)釋飛錫撰 日本刻本

　　1函1冊;20.2厘米

　　PKUL(X/233.6/1286)

　　附注：

　　題記：書根有胡適題字。

4369 念宛齋詞鈔一卷 (清)左輔撰 清宣統元年(1909)南陵徐氏刻本

　　1函1冊;14.4厘米

　　懷豳雜俎

　　PKUL(X/081.18/2816b/C4)

　　附注：

　　題記：書根有胡適題字。

4370 念菴羅先生集十三卷 (明)羅洪先撰 明嘉靖四十二年(1563)刻本

　　1函8冊;21.6厘米

　　PKUL(SB/810.64/6032)

　　附注：

　　內附文件：敘前貼有胡適民國十二，四，十八致皮宗石、單不厂書信2頁。

4371 念菴羅先生文集二十二卷 (明)羅洪先撰 清雍正七年(1729)羅雨霽刻本

　　1函12冊;19.9厘米

　　PKUL(SB/810.64/6032.1)

附注：

　　印章：卷端鈐有胡適朱文方印"胡適"。

　　批注圈劃：《像贊》後二處有胡適批注。

4372 寧澹居遺文一卷 （明）方大鎮著 清光緒十四年（1888）刻本

　　1函1冊；18.6厘米

　　桐城方氏七代遺書

　　PKUL（X/081.6/0073/C2）

　　附注：

　　　題記：書根有胡適題字。

4373 寧澹居奏議一卷 （明）方大鎮著 清光緒十四年（1888）刻本

　　1函1冊；18.6厘米

　　桐城方氏七代遺書

　　PKUL（X/081.6/0073/C2）

　　附注：

　　　題記：書根有胡適題字。

4374 寧澹語二卷 （明）方大鎮著 清光緒十四年（1888）刻本

　　1函1冊；18.6厘米

　　桐城方氏七代遺書

　　PKUL（X/081.6/0073/C2）

　　附注：

　　　題記：書根有胡適題字。

4375 農政全書六十卷 （明）徐光啓撰 清同治十三年（1874）山東書局刻本

　　2函20冊；19.4厘米

　　PKUL（X/610.08/2893.3）

　　附注：

　　　題記：書根有胡適題字。

4376 漚夢詞四卷 鄧邦述撰 民國二十二年(1933)刻本

　　1函1冊;17.2厘米

　　PKUL(X/I222.86/2)

　　附注:

　　　題記:封面前有贈書者題記:"適之先生惠存,陳巽伯持贈。"

4377 甌北詩話十二卷 (清)趙翼撰 清嘉慶七年(1802)刻本

　　1函2冊;17.9厘米

　　PKUL(X/I207.22/4)

　　附注:

　　　題記:書根有胡適題字。

4378 潘孝端先生年譜一卷 潘肇元編 民國間(1912—1949)鉛印本

　　1函1冊;17.5厘米

　　PKUL(X/K828.5/5)

　　附注:

　　　題記:書根有胡適題字。

4379 滂喜齋宋元本書目一卷 (清)佚名輯 清宣統元年(1909)番禺沈氏晨風閣刻本

　　1函1冊;13厘米

　　晨風閣叢書

　　PKUL(X/081.18/3436/C4:2)

4380 佩文韻府一百零六卷 (清)蔡升元輯 清光緒十二年(1886)上海同文書局石印本

　　10函60冊;16.1厘米

　　PKUL(X/414.03/4421)

　　附注:

　　　題記:書根有胡適題字。

4381 佩觿三卷 (後周)郭忠恕撰 清光緒十年(1884)長洲蔣氏影刻本

1函1冊;16.4厘米

鐵華館叢書

PKUL(X/081.17/4474a/C2)

附注:

　　題記:書根有胡適題字。

4382 彭剛直公奏稿八卷 (清)彭玉麟撰 清光緒十七年(1891)鉛印本

1函4冊;15.8厘米

PKUL(X/917.6123/4210.1)

附注:

　　題記:書根有胡適題字。

4383 蓬萊軒地理學叢書二集四十七種 丁謙撰 民國四年(1915)浙江圖書館刻本

1函6冊;18.3厘米

PKUL(X/981.0908/1008)

附注:

　　題記:書衣有胡適題記:"丁謙的《蓬萊軒地理學叢書》。胡適。十,一,二。"

　　其他:本書存1集、11種。

4384 批點燕子箋二卷 (明)阮大鋮撰 民國六年(1917)掃葉山房石印本

1函2冊;16.1厘米

PKUL(X/812.6/7148a3)

附注:

　　題記:書衣有胡適題記:"九,十二,卅一。適";書根有胡適題字。

4385 癖齋小集一卷 (宋)杜旃撰 民國十三年(1924)永康胡氏夢選廎刻本

1函1冊;18.2厘米

續金華叢書

PKUL(X/081.478/4777a/C2:5)

附注:

1421

題記：書根有胡適題字。

4386 駢雅七卷（明）朱謀㙔撰（清）魏茂林訓纂 清光緒七年（1881）成都瀹雅齋刻本

　　2函12冊;19.8厘米

　　PKUL(X/415.3/2644.2)

　　附注：

　　　題記：書根有胡適題字。

4387 漂萍集一卷 萍社編 民國十七年（1928）鉛印本

　　1函1冊;12.7厘米

　　萍社叢書

　　PKUL(X/I226/3)

　　附注：

　　　印章：書衣鈐有"萍社"朱文方印。

　　　題記：書衣有贈書者題記："適之先生惠存，萍社敬贈。"

4388 瞥記七卷（清）梁玉繩撰 民國十四年（1925）錢塘汪氏刻本

　　1函4冊;15.8厘米

　　食舊堂叢書

　　PKUL(X/081.17/3148/C2:2)

　　附注：

　　　題記：書根有胡適題字。

4389 平安館藏器目一卷（清）葉志詵撰 清光緒間（1875—1908）元和江氏湖南使院刻本

　　1函1冊;16.2厘米

　　靈鶼閣叢書第二集

　　PKUL(X/081.17/3141/C2:1)

　　附注：

　　　題記：書根有胡適題字。

4390 平書八卷 (清)秦篤輝著 清光緒十七年(1891)三餘草堂刻本
   1函3冊;16.5厘米
   湖北叢書
   PKUL(X/081.473/4995/C2:10)
   附注:
     題記:書根有胡適題字。

4391 平書訂十四卷 (清)李塨著 民國十二年(1923)四存學會鉛印本
   1函1冊;18.1厘米
   顏李叢書
   PKUL(X/081.57/0110.1/C2:4)
   附注:
     題記:書根有胡適題字。

4392 平園近體樂府一卷 (宋)周必大撰 清宣統元年(1909)番禺沈氏晨風閣刻本
   1函1冊;12.8厘米
   晨風閣叢書
   PKUL(X/081.18/3436/C4:2)

4393 平齋文集三十二卷拾遺一卷 (宋)洪咨夔撰 清同治十一年(1872)杉直櫩清之館刻本
   1函4冊;16.7厘米
   PKUL(X/817.579/3438/C2)
   附注:
     題記:書根有胡適題字。

4394 屏巖小稿一卷 (元)張觀光撰 民國十三年(1924)永康胡氏夢選廔刻本
   1函1冊;18.2厘米
   續金華叢書
   PKUL(X/081.478/4777a/C2:8)

1423

附注：

題記：書根有胡適題字。

4395 瓶廬詩稿八卷（清）翁同龢撰 民國八年(1919)邵松年刻本

1函4冊；18.1厘米

PKUL(X/811.179/8078/C2)

附注：

印章：書衣鈐有"張孝若"朱文方印。

題記：書根有胡適題字；書衣有贈書者題記："適之先生覽存，孝若。十八年十月六日。"

4396 缾笙館修簫譜四種四卷（清）舒位撰 清道光十三年(1833)錢塘汪氏振綺堂刻本

1函2冊；18厘米

PKUL(X/812.7/8720/C3)

附注：

題記：封面前有胡適題記："四種之中，《當爐》最好。餘三種平常的很。作者頗有點滑稽意味。《當爐》頁四有'我無非一事前連，你不用十分考訂'；《訪星》頁十有'但解滑稽，不知考證'。似乎作者有意嘲諷當日的風氣。十一，十一，十一，胡適"；另函套有胡適題記："汪氏振綺堂刻本，舒位 瓶笙館修簫譜 四種。"

4397 評乙古文一卷（清）李塨著 民國十二年(1923)四存學會鉛印本

1函1冊；18.1厘米

顏李叢書

PKUL(X/081.57/0110.1/C2:4)

附注：

題記：書根有胡適題字。

4398 莆田集三十六卷（明）文徵明撰 清宣統三年(1911)杭州宏文印書局鉛印本

1函12冊；15.5厘米

PKUL(X/I214.82/1)

附注:

　　題記:書根有胡適題字。

4399 浦城遺書 (清)祝昌泰等輯 清嘉慶間(1796—1820)浦城祝氏留香室刻本

　　3函30冊;19.1厘米

　　PKUL(X/081.481/3665/C2)

　　附注:

　　　　題記:書根有胡適題字。

4400 浦陽人物記二卷 (明)宋濂撰 清同治八年(1869)退補齋刻本

　　1函1冊;19.9厘米

　　金華叢書

　　PKUL(X/081.478/4777/C2)

　　附注:

　　　　題記:書根有胡適題字。

4401 普遍的民衆救國運動一卷 陳長蘅著 民國十四年(1925)鉛印本

　　1函1冊;16.7厘米

　　PKUL(X/D680/2)

　　附注:

　　　　題記:書衣後題"適之先生教正,長蘅贈"。

4402 普曜經八卷 (晉)釋竺法護譯 民國五年(1916)常州天寧寺刻經處刻本

　　1函2冊;18.2厘米

　　PKUL(X/232/8830.1、X/232/8830.1/C2)

　　附注:

　　　　題記:書根有胡適題字。

　　　　其他:本書有2套。

4403 譜雙五卷附錄一卷 (宋)洪遵撰 清光緒三十二年(1906)長沙葉氏刻本

1函1册;17厘米

麗廎叢書

PKUL(X/081.18/4429d/C2)

附注：

　　題記：書根有胡適題字。

4404 曝書亭詞拾遺三卷附志異一卷（清）朱彝尊撰（清）翁之潤輯錄 清光緒二十二年(1896)常熟翁氏刻本

1函1册;16.3厘米

PKUL(X/I222.849/10)

附注：

　　題記：書根有胡適題字。

4405 曝書亭集八十卷（清）朱彝尊撰 清光緒十五年(1889)刻本

2函16册;19厘米

PKUL(X/810.72/2527.2/C3)

附注：

　　題記：書衣有胡適題記："九，十，七，在北京買的。胡適"；另函套有胡適題記："曝書亭集 上 1—39。"

4406 七家後漢書二十卷附失氏名後漢書一卷（清）汪文臺輯 清光緒二十八年(1902)刻本

1函6册;17.4厘米

PKUL(X/912.3/3104.1/C2)

附注：

　　題記：書根有胡適題字。

4407 戚少保年譜耆編十二卷卷首一卷（明）戚祚國纂 清道光二十七年(1847)刻本

1函6册;18.1厘米

PKUL(X/979.2/1528.1)

附注：

题记：书根有胡适题字。

4408 齐东野语二十卷 （宋）周密撰 民国二十二年(1933)上海商务印书馆铅印本

1函4册;14.5厘米

PKUL(X/818.953/7730.2)

附注：

题记：书根有胡适题字。

4409 齐东野语二十卷 （宋）周密撰 民国十五年(1926)上海商务印书馆铅印本

1函4册;14.5厘米

PKUL(X/818.953/7730.3)

附注：

题记：书根有胡适题字。

4410 齐民要术十卷 （北魏）贾思勰撰 民国六年(1917)潮阳郑氏龙谿精舍刻本

1函5册;17.4厘米

龙谿精舍丛书

PKUL(X/081.18/8762/C2:10-11)

附注：

题记：书根有胡适题字。

4411 齐山稿一卷 （明）王汶著 民国十三年(1924)永康胡氏梦选廎刻本

1函1册;18.2厘米

续金华丛书

PKUL(X/081.478/4777a/C2:9)

附注：

题记：书根有胡适题字。

4412 齐物论释一卷 章炳麟著 民国间(1912—1949)上海右文社铅印本

1函1册;15厘米

章氏丛书

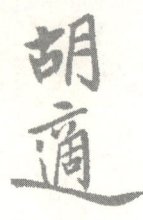

PKUL(X/081.58/0090.1:1)

附注：

 題記：書根有胡適題字。

4413 齊諧記一卷（南朝宋）東陽無疑撰 民國十三年(1924)永康胡氏夢選廎刻本

 1函1冊；18.2厘米

 續金華叢書

 PKUL(X/081.478/4777a/C2:3)

 附注：

  題記：書根有胡適題字。

4414 蘄水湯先生遺念錄一卷 民國八年(1919)鉛印本

 1函1冊；16.7厘米

 PKUL(X/979.7/1874/C3)

 附注：

  題記：書衣有胡適簽名"適"；書根有胡適題字。

4415 起廢疾一卷（漢）鄭玄撰（清）王復輯 民國十四年(1925)錢塘汪氏刻本

 1函1冊；15.8厘米

 食舊堂叢書

 PKUL(X/081.17/3148/C2:1)

 附注：

  題記：書根有胡適題字。

4416 千唐誌齋藏石目錄一卷 郭玉堂編 民國二十四年(1935)上海西泠印社書店鉛印本

 1函1冊；16.9厘米

 PKUL(X/991.34017/0719/C3)

 附注：

  題記：書根有胡適題字。

4417 前塵夢影錄二卷（清）徐康撰 清光緒二十三年(1897)元和江氏湖南使院刻本

1函1冊;16.2厘米

靈鶼閣叢書第四集

PKUL(X/081.17/3141/C2:3)

附注：

題記:書根有胡適題字。

4418 前漢紀三十卷（漢）荀悦撰 民國六年(1917)潮陽鄭氏龍谿精舍刻本

1函6冊;17.4厘米

龍谿精舍叢書

PKUL(X/081.18/8762/C2:4)

附注：

題記:書根有胡適題字。

4419 乾隆慶典成案(内務府三卷禮部一卷工部一卷)（清）内務府等撰 清(1644—1911)鉛印本

1函5冊;19.7厘米

PKUL(X/373.0932/4010)

附注：

題記:書根有胡適題字。

4420 鈐山堂集四十卷（明）嚴嵩著 清嘉慶十一年(1806)刻本

1函10冊;18.4厘米

PKUL(X/810.64/6622.1)

附注：

題記:書根有胡適題字。

4421 潛采堂書目四種（清）朱彝尊撰 清宣統元年(1909)番禺沈氏晨風閣刻本

1函1冊;12.8厘米

晨風閣叢書

PKUL(X/081.18/3436/C4:1)

1429

4422 潛夫論十卷（漢）王符撰（清）汪繼培箋 清光緒十七年(1891)長沙思賢講舍刻本

　　1函4冊；18厘米

　　PKUL(X/111.281/1088.3/C2、X/111.281/1088.3/C4)

　　附注：

　　　題記：書根有胡適題字。

　　　其他：本書有2套。

4423 潛室陳先生木鍾集十一卷（宋）陳埴撰 清同治六年(1867)東甌郡齋刻本

　　1函4冊；18.3厘米

　　PKUL(X/090.74/7544/C2)

　　附注：

　　　題記：書根有胡適題字。

4424 潛室劄記二卷（清）刁包著 清道光二十三年(1843)刻本

　　1函2冊；19厘米

　　PKUL(X/188.9/1727.1)

　　附注：

　　　題記：書根有胡適題字。

4425 潛研堂金石文跋尾二十卷（清）錢大昕撰 清光緒十年(1884)長沙龍氏刻本

　　1函6冊；18.7厘米

　　嘉定錢氏潛研堂全書

　　PKUL(X/081.57/8346:5-:6)

　　附注：

　　　題記：書根有胡適題字。

4426 潛研堂金石文字目錄八卷（清）錢大昕撰 清光緒十年(1884)長沙龍氏刻本

　　1函1冊；18.7厘米

　　嘉定錢氏潛研堂全書

PKUL(X/081.57/8346:6)

附注:

　　題記:書根有胡適題字。

4427 潛研堂文集五十卷詩集十卷詩續集十卷 (清)錢大昕撰 清光緒十年(1884)長沙龍氏刻本

2函13冊;18.7厘米

嘉定錢氏潛研堂全書

PKUL(X/081.57/8346:8-:10)

附注:

　　題記:書根有胡適題字。

4428 黔記四卷 (清)李宗昉撰 清光緒三十四年(1908)京師鉛印本

1函1冊;17.6厘米

問影樓輿地叢書

PKUL(X/981.08/4764/C2)

附注:

　　題記:書根有胡適題字。

4429 腔調考原一卷 王芷章撰 民國二十三年(1934)北平雙肇樓圖書部鉛印本

1函1冊;14厘米

雙肇樓叢書

PKUL(X/812.09/1040/C3)

附注:

　　題記:一冊書根有胡適題字;一冊書衣有作者題記:"適之先生教正,後學王芷章敬贈。"

　　其他:本書有2冊。

4430 喬影一卷附題辭一卷 (清)吳藻撰 清(1644—1911)刻本

1函1冊;16.7厘米

PKUL(X/812.7/2644)

1431

附注：

　　題記：書根有胡適題字。

4431　樵歌三卷（宋）朱敦儒撰　清光緒二十六年（1900）四印齋刻本

　　1函1冊；15.1厘米

　　PKUL(X/811.7393/2502.1/C2)

　　附注：

　　　　批注圈劃：書內多處有胡適批注圈劃；書根有胡適題字。

4432　樵歌三卷補遺一卷黎跋一卷疑古跋一卷後記一卷（宋）朱敦儒撰　民國十六年（1927）北新書局鉛印本

　　1函1冊；14.4厘米

　　PKUL(X/811.7393/2502.2/C2)

　　附注：

　　　　題記：書根有胡適題字。

4433　樵叟集八卷外集二卷（清）潘蔭東撰　民國十八年（1929）鉛印本

　　1函6冊；17.6厘米

　　PKUL(X/I215.2/9)

　　附注：

　　　　題記：書根有胡適題字。

4434　樵雲獨唱詩集六卷（元）葉顒撰　民國十三年（1924）永康胡氏夢選廬刻本

　　1函2冊；18.2厘米

　　續金華叢書

　　PKUL(X/081.478/4777a/C2:8)

　　附注：

　　　　題記：書根有胡適題字。

4435　譙周古史考一卷（三國蜀）譙周注　（清）章宗源輯　民國六年（1917）潮陽鄭氏龍谿精舍刻本

1函1册;17.4厘米

龍谿精舍叢書

PKUL(X/081.18/8762/C2:2)

附注:

題記:書根有胡適題字。

4436 切問齋文鈔三十卷（清）陸燿輯 清乾隆四十年(1775)刻本

1函8册;18.5厘米

PKUL(X/817.087/7497/C2)

附注:

題記:書根有胡適題字。

4437 切韻指掌圖二卷附檢例一卷（宋）司馬光撰 民國十九年(1930)成都渭南嚴氏刻本

1函1册;15.8厘米

PKUL(X/414.17/1779.3)

附注:

題記:書根有胡適題字。

4438 且飲樓詩選四卷續集一卷（清）顧晫元撰 清光緒六年(1880)刻本

1函1册;16.6厘米

PKUL(X/I222.749/24)

附注:

題記:書前有胡適題記:"俞鳳賓醫士送我的。著者為俞君的外曾祖,跋中之'令子叔因'是他的外祖。十五,一,十四,胡適。"

4439 篋中詞六卷續集四卷（清）譚獻纂錄 清光緒八年(1882)刻本

1函3册;17.2厘米

PKUL(X/I222.85/8)

附注:

題記:書根有胡適題字。

4440 篋中集一卷附札記一卷 (唐)元結輯 清光緒至民國間(1875—1949)影刻本

  1函1冊;18厘米

  隨庵徐氏叢書

  PKUL(X/081.17/2816b/C2)

4441 欽定金史語解十二卷 (清)高宗弘曆敕撰 清光緒四年(1878)江蘇書局刻本

  1函1冊;21.4厘米

  PKUL(X/915.4093/3533.1/C4)

  附注:

    題記:書根有胡適題字。

    其他:本書存卷1—7。

4442 欽定康濟錄四卷 (清)倪國璉撰 清同治八年(1869)湖北崇文書局刻本

  1函4冊;18.8厘米

  PKUL(X/316.4/2661.1/C2)

  附注:

    題記:書根有胡適題字。

4443 欽定清漢對音字式一卷 (清)高宗弘曆敕編 清(1644—1911)三槐堂刻本

  1函1冊;18厘米

  PKUL(X/419.1/3330/C2)

  附注:

    題記:書衣有胡適題記:"六年十一月十六日買。價一百文。適。"

4444 欽定全唐文一千卷總目三卷 (清)董誥等編 清光緒二十七年(1901)廣州廣雅書局刻本

  25函200冊;20.4厘米

  PKUL(X817.084/4404.1)

  附注:

    題記:書衣有胡適題記:"傅斯年贈,胡適藏。全唐文 一千卷 二百冊。"

批注圈劃：凡例中一處有胡適批注。

4445 欽定詩經傳説彙纂二十一卷卷首二卷詩序二卷（清）王鴻緒纂 清同治七年（1868）馬新貽刻本

　　2函16冊；18.7厘米

　　PKUL（X/I222.2/4）

　　附注：

　　　題記：書根有胡適題字。

4446 欽定書經傳説彙纂二十一卷卷首二卷書序一卷（清）王頊齡等撰 清同治七年（1868）馬新貽等刻本

　　1函12冊；18.5厘米

　　PKUL（X/092.3/1012.1）

　　附注：

　　　題記：書根有胡適題字。

4447 欽定四庫全書總目提要四部類敍一卷（清）江標撰 清光緒二十一年（1895）元和江氏湖南使院刻本

　　1函1冊；16.2厘米

　　靈鶼閣叢書第一集

　　PKUL（X/081.17/3141/C2:1）

　　附注：

　　　題記：書根有胡適題字。

4448 欽定同文韻統六卷（清）章嘉胡土克圖纂修 清宣統二年（1910）理藩部刻本

　　1函5冊；20.8厘米

　　PKUL（X/414.7/2337/C4）

　　附注：

　　　題記：書根有胡適題字。

4449 欽定熙朝雅頌集一百零六卷首集二十六卷餘集二卷（清）鐵保纂輯 清嘉慶九

年(1804)武英殿刻本

4 函 24 冊；21.3 厘米

PKUL(X/811.1087/8326/C2)

附注：

題記：書根有胡適題字。

4450 欽定學政全書八十六卷 (清)恭阿拉等修 (清)童璜等纂 清嘉慶十七年(1812)刻本

2 函 16 冊；19.7 厘米

PKUL(X/373.09/4475)

附注：

題記：書根有胡適題字。

4451 欽定總管內務府現行則例(堂上卷一至卷四) (清)內務府纂修 民國二十六年(1937)國立北平故宮博物院文獻館鉛印本

2 函 2 冊；17.3 厘米

PKUL(X/K249.64/1)

附注：

題記：書根有胡適題字。

4452 秦漢金文錄七卷附錄一卷 容庚編 民國二十年(1931)北平影印本

1 函 5 冊；22 厘米

PKUL(X/990.812/3000/C4)

附注：

題記：書根有胡適題字。

4453 琴史六卷 (宋)朱長文撰 民國十年(1921)上海古書流通處影印本

1 函 2 冊；15.9 厘米

楝亭十二種

PKUL(X/081.18/5530/C2:1)

附注：

题记:书根有胡适题字。

4454 琴思樓詞一卷 易順豫著 民國三年(1914)長沙石印本

1函1冊;16厘米

PKUL(X/I222.85/13)

附注:

题记:书根有胡适题字。

4455 琴軒集十卷 (明)陳璉著 民國十九年(1930)東莞陳氏刻本

1函5冊;16厘米

聚德堂叢書

PKUL(X/081.17/7527/C2;1)

附注:

题记:书根有胡适题字。

4456 青村遺稿一卷附錄一卷 (元)金涓撰 清光緒二年(1876)退補齋刻本

1函1冊;19.4厘米

金華叢書

PKUL(X/081.478/4777/C2)

附注:

题记:书根有胡适题字。

4457 青瑣高議(前集十卷後集十卷別集七卷) (宋)劉斧撰 民國間(1912—1949)董氏誦芬室刻本

1函3冊;17.2厘米

PKUL(X/818.952/7280.1)

附注:

题记:书前有胡适题记:"十一,七,一在京奉火車中遇著董授經先生,承他送我這部書,北宋小説被保存的很少,這書大概是當時的一種小説彙編,在文體的方面確是文言小説與白話小説之間的一個過渡,在内容方面也可以考見當時思想的中下層。南宋有《夷堅志》,北宋有這書,都是民

1437

間思想史的好材料。這書說呂洞賓何仙姑韓湘子的事甚詳,可見道教時代產生的神話。'八仙'於此已有三人,相傳曹國舅是北宋人,似此書成時'八仙'還不曾齊全,觀卷八記何仙姑,亦是當時人,可見當日只有某仙人而無八仙的總神話。適之。"

4458 青溪文集十二卷續編八卷 (清)程廷祚撰 民國二十六年(1937)北京大學出版社影印本

 2函10冊;14.8厘米

 PKUL(X/810.7/2613/C6)

 附注:

  題記:書根有胡適題字。

4459 青溪文集十二卷續編八卷附編三卷 (清)程廷祚撰 民國二十六年(1937)北京大學出版社影印本

 1函10冊;14.8厘米

 PKUL(X/810.7/2613/C4)

 附注:

  題記:書根有胡適題字。

4460 青溪文集續編八卷 (清)程廷祚撰 民國間(1912—1949)胡適鈔本

 1函2冊;18厘米

 PKUL(X/810.7/2613.1)

 附注:

  批注圈劃:書內多處有胡適朱筆圈劃。

4461 青谿寇軌一卷 (宋)方勺著 清同治九年(1870)退補齋刻本

 1函1冊;19.2厘米

 金華叢書

 PKUL(X/081.478/4777/C2)

 附注:

  題記:書根有胡適題字。

4462 青霞仙館遺稿一卷附三珠閣詩存三集（清）王城著 民國二十三年（1934）鉛印本

　　1函1冊；17.3厘米

　　PKUL(X/I222.75/27)

　　附註：

　　　　題記：書衣有贈書者題記："適之鄉前輩先生惠存，鄉愚晚朱泰信敬贈。"

4463 青箱雜記十卷（宋）吳處厚撰 民國九年（1920）上海商務印書館鉛印本

　　1函1冊；14.6厘米

　　PKUL(X/Z429.2/4、X/Z429.2/4/C3)

　　附註：

　　　　題記：書根有胡適題字。

　　　　其他：本書有2冊。

4464 青箱雜記十卷（宋）吳處厚撰 民國十五年（1926）上海商務印書館鉛印本

　　1函1冊；14.6厘米

　　PKUL(X/Z429.2/4/C2)

　　附註：

　　　　批註圈劃：書內七處有胡適批註。

4465 青學齋集三十六卷附裕後錄二卷（清）汪之昌撰 民國二十年（1931）新陽汪氏青學齋刻本

　　2函12冊；15.8厘米

　　PKUL(X/810.79/3136/C4)

　　附註：

　　　　題記：書根有胡適題字。

4466 青巖叢錄一卷（明）王禕撰 清同治九年（1870）退補齋刻本

　　1函1冊；20厘米

　　金華叢書

1439

PKUL(X/081.478/4777/C2)

附注:

　　題記:書根有胡適題字。

4467 清初三大疑案考實一卷 孟森著 民國二十三年(1934)北平北京大學出版組鉛印本

　　1函1冊;16.6厘米

　　PKUL(X/917.14/1740/C4)

　　附注:

　　　　題記:書根有胡適題字。

4468 清初僧諍記三卷 陳垣撰 民國三十三年(1944)勵耘書屋刻本

　　1函1冊;18.1厘米

　　PKUL(X/239.5/7541a1)

　　附注:

　　　　題記:書根有胡適題字;書前有作者題記:"適之先生惠存,陳垣謹贈。卅六年小除夕。"

4469 清初史料四種(撫安東夷記一卷東夷考略不分卷遼夷略一卷建州私志三卷) 謝國楨輯 民國二十二年(1933)國立北平圖書館鉛印本

　　1函2冊;16厘米

　　PKUL(X/917.01/0464.3)

　　附注:

　　　　題記:書根有胡適題字。

4470 清代官書記明臺灣鄭氏亡事四卷 國立中央研究院歷史語言研究所編 民國十九年(1930)鉛印本

　　1函1冊;17.1厘米

　　史料叢書

　　PKUL(X/917.207/6055/C3)

　　附注:

題記：書根有胡適題字。

4471 清代禁燬書目四種索引四卷附勘誤表 民國二十年（1931）杭州抱經堂書局鉛印本

　　1函4冊；15.7厘米
　　PKUL(X/019.7/3523.3/C5)
　　附注：
　　　題記：書根有胡適題字。

4472 清代學術叢書第二集二種 黃寶熙輯 民國十四年（1925）香山黃氏古愚室影印本

　　1函12冊；13.6厘米
　　PKUL(X/081.37/4480/C4:2)
　　附注：
　　　題記：書根有胡適題字。

4473 清代學術叢書第一集三種 黃寶熙輯 民國十四年（1925）香山黃氏古愚室影印本

　　1函12冊；13.6厘米
　　PKUL(X/081.37/4480/C4:1)
　　附注：
　　　題記：書根有胡適題字。

4474 清代燕都梨園史料續編十三種 張江裁纂 民國二十六年（1937）北平松筠閣書店鉛印本

　　1函4冊；14.4厘米
　　雙肇樓叢書
　　PKUL(X/812.097/1134a)
　　附注：
　　　題記：書根有胡適題字。

1441

4475 清光緒朝外交史料二百一十八卷校勘記一卷 王彥威輯 王亮編 民國二十二年
（1933）北平外交史料編纂處鉛印本
  14 函 111 冊；14.2 厘米
  清季外交史料
  PKUL（X/917.027/1005/C4）
  附注：
    題記：書根有胡適題字。

4476 清閨秀藝文略五卷 單士釐編 民國十七年（1928）鉛印本
  1 函 1 冊；24.7 厘米
  PKUL（X/810.031/6645.1）
  附注：
    題記：書衣有贈書者題記："贈適之先生，不庵。十八，一，十三。"

4477 清閨秀正始再續集初編四卷 單士釐輯 民國間（1912—1949）歸安錢氏鉛印本
  1 函 6 冊；16.2 厘米
  PKUL（X/811.7087/6645/C2）
  附注：
    題記：書根有胡適題字。

4478 清季外交年鑑一卷（清光緒元年至宣統三年） 王亮輯 民國二十四年（1935）
北平外交史料編纂處鉛印本
  1 函 4 冊；14 厘米
  PKUL（X/386.037/1000/C2）
  附注：
    題記：書根有胡適題字。

4479 清季外交史料索引十二卷條約一卷校勘記一卷 王亮編 民國二十二年（1933）
北平外交史料編纂處鉛印本
  1 函 12 冊；14.2 厘米
  清季外交史料附刊

PKUL(X/917.027/1005/C3-1)

附注：

 題記：書根有胡適題字。

4480 清甲午中東之役戰歿李將軍傳誌彙編一卷 李寅賓 李寅恭同輯 民國二十四年(1935)合肥李氏鉛印本

 1函1冊；17.9厘米

 PKUL(X/979.1/1842/C2)

 附注：

  題記：書衣有作者題記："適之先生，李寅恭敬贈。"

4481 清秘述聞十六卷 (清)法式善編 清嘉慶四年(1799)刻本

 1函6冊；18.7厘米

 PKUL(X/971.038/3448/C4)

 附注：

  題記：書根有胡適題字。

4482 清内閣庫貯舊檔輯刊六編敘錄一卷 方甦生編輯 民國二十四年(1935)國立北平故宮博物院文獻館鉛印本

 1函6冊；15.2厘米

 PKUL(X/917.0125/0012/C3)

 附注：

  題記：書根有胡適題字。

4483 清人雜劇初集 鄭振鐸輯 民國二十年(1931)長樂鄭氏影印本

 1函10冊；13.5厘米

 雜劇傳奇

 PKUL(X/812.087/8758/C3)

 附注：

  印章：書前鈐有"鄭振鐸"朱文方印。

  題記：書前有作者題記："送給適之先生！鄭振鐸。二十，五，九。"

4484 清人雜劇二集四十種 鄭振鐸輯 民國二十三年(1934)長樂鄭氏影印本
  1 函 12 冊；12.8 厘米
  PKUL（X/812.087/8758a/C5）
  附注：
    題記：書根有胡適題字。

4485 清容居士集五十卷目錄二卷附札記一卷 （元）袁桷撰 清道光二十年(1840)上海郁氏刻本
  2 函 16 冊；18.1 厘米
  宜稼堂叢書
  PKUL（X/081.17/4742/C4）
  附注：
    題記：書根有胡適題字。

4486 清昇平署存檔事例漫抄六卷附存檔釋名及詳目 周明泰撰 民國二十二年(1933)鉛印本
  1 函 1 冊；20.4 厘米
  幾禮居戲曲叢書
  PKUL（X/J820.9/1）
  附注：
    印章：封面鈐"胡適之印"朱文方印。
    題記：書根有胡適題字。
    與胡適的關係：封面爲胡適題籤。

4487 清史稿五百三十六卷目錄五卷 清史館纂 民國十七年(1928)清史館鉛印本
  12 函 131 冊；23 厘米
  PKUL（X/917.085/3550/C2）
  附注：
    題記：書根有胡適題字。

4488 清史藝文志四卷 清史館纂 民國間(1912—1949)清史館鉛印本

　　1函1冊;23厘米

　　PKUL(X/013.7/3558/C5)

　　附注:

　　　　題記:書根有胡適題字。

4489 清謚法考六卷 雷延壽編輯 民國十三年(1924)鉛印本

　　1函2冊;18.5厘米

　　PKUL(X/373.018/1014)

　　附注:

　　　　題記:書根有胡適題字。

4490 清宣統朝外交史料二十四卷校勘記一卷 王彥威輯 王亮編 民國二十二年(1933)北平外交史料編纂處鉛印本

　　2函24冊;14.2厘米

　　清季外交史料

　　PKUL(X/917.027/1005/C2)

　　附注:

　　　　題記:書根有胡適題字。

4491 清儀閣藏器目一卷 (清)張廷濟撰 清光緒間(1875—1908)元和江氏湖南使院刻本

　　1函1冊;16.2厘米

　　靈鶼閣叢書第二集

　　PKUL(X/081.17/3141/C2:1)

　　附注:

　　　　題記:書根有胡適題字。

4492 清真先生遺事一卷 王國維撰 民國五年(1916)上海倉聖明智大學鉛印本

　　1函1冊;14.8厘米

　　廣倉學宭叢書甲類第二集

1445

PKUL(X/081.18/4127/C2:2)

附注:

　題記:書根有胡適題字。

4493 清尊錄一卷 (宋)廉布撰 民國十年(1921)如皋冒氏刻本

1函1冊;16.5厘米

楚州叢書

PKUL(X/Z122.53/1)

附注:

　題記:書根有胡適題字。

4494 晴花暖玉詞二卷 (清)鄧嘉縝撰 民國八年(1919)寫刻本

1函1冊;17.9厘米

PKUL(X/811.77/1742)

附注:

　題記:書根有胡適題字。

4495 請纓日記十卷 (清)唐景崧撰 清光緒十九年(1893)臺灣布政使署刻本

1函4冊;16.1厘米

PKUL(X/917.8283/0062)

附注:

　印章:封面、卷端鈐有"胡適之印"朱文方印。

　題記:序後有胡適題記:"廿一年八月買得此書,因為此書有史料價值,又因為此是臺灣刻書的一種,故我頗寶貴之。書中原有夾箋評語,稱作者為'吾鄉人傑',似是廣西人,其言亦有可供考證的。九月十日,胡適。"

4496 瓊琚譜三卷 (明)姜紹書輯 清宣統元年(1909)南陵徐氏刻本

1函1冊;14.4厘米

懷豳雜俎

PKUL(X/081.18/2816b/C4)

附注:

題記:書根有胡適題字。

4497 瓊州雜事詩一卷 （清）程秉釗撰 清光緒間（1875—1908）元和江氏湖南使院刻本

1函1冊;16.2厘米

靈鶼閣叢書第三集

PKUL(X/081.17/3141/C2;2)

附注：

題記:書根有胡適題字。

4498 邱文莊公集十卷 （明）邱濬撰 清嘉慶二十年（1815）邱氏可繼堂修補印本

1函6冊;19.8厘米

PKUL(X/810.086/7739.1)

附注：

題記:書根有胡適題字。

4499 邱文莊公集十卷 （明）邱濬著 清同治十年（1871）邱氏可繼堂刻本

1函6冊;19.8厘米

PKUL(X/810.086/7739/C2)

附注：

題記:書根有胡適題字。

4500 秋碧吟廬詩鈔丙籤三卷（卷七至卷九）（日）久保得二著 日本大正十五年（1926）日本東京開明堂鉛印本

1函1冊;14.9厘米

PKUL(X/I313.2/3)

附注：

題記:書前有贈書者題記:"呈胡君,久保天隨";書根有胡適題字。

4501 秋碧樂府一卷 （明）陳鐸撰 民國間（1912—1949）飲虹簃刻本

1函1冊;13.5厘米

1447

PKUL（X/812.6/7586.1）

附注：

  題記：書根有胡適題字。

4502 秋蟪吟館詩鈔七卷（清）金和撰 民國五年（1916）影刻本

  1函5冊；17厘米

  PKUL（SB/810.79/8026.1/C5）

  附注：

    印章：書前、序及卷端鈐有"胡適藏書"朱文方印。

    題記：書衣有贈書者題記："庚申秋末，走視適之病，適之索《人境廬詩》，余昔携三十帙餉友，皆盡，無以應矣。與語金亞匏《秋蟪吟館詩》，適之乃未見，遂檢贈之。亞匏詩云：'更從古人前，混沌闢新意，甘使心血枯，百戰不退避。彼抱竊疾者，出聲令人睡！何不指六經，而曰公家器？'又云：'所貴為其難，天力鮮疑怦。'此殆彼一種宣言也。其詩亦實能踐其言。倘生三十年後，所造又寧止此？當彼時而有此，抑豈可不謂豪傑之士耶？詩舊有排印本，余為汰其側艷之作數十章，校定重槧，則此本也。倘再汰其半，亦選《人境廬詩》之半，最而刊之，蓋新文學先驅之兩駟矣。適之有意耶？啟超。"

    批注圈劃：書內六處有胡適批注。

4503 秋林琴雅四卷（清）厲鶚撰 酒邊人倚紅樓刻本

  1函1冊；15.2厘米

  PKUL（X/I222.849/9）

  附注：

    題記：書根有胡適題字。

4504 秋夢盦詞鈔二卷續一卷再續一卷（清）葉衍蘭著 清光緒十六年（1890）羊城刻本

  1函1冊；16.4厘米

  PKUL（X/811.77/4424/C2）

  附注：

題記:書根有胡適題字。

4505 秋明集四卷 沈尹默撰 民國十四年(1925)北京書局鉛印本

　　1函2冊;11.6厘米

　　PKUL(X/811.18/3416.1)

　　附注:

　　　　印章:書衣有胡適簽名"適之"。

4506 秋陰雜記一卷 (清)沈豫著 民國二十年(1931)上海蟫隱廬影印本

　　1函1冊;15.1厘米

　　蛾術堂集

　　PKUL(X/081.57/3412.1/C2)

　　附注:

　　　　題記:書根有胡適題字。

4507 屈廬詩稿四卷 (清)鄭知同撰 民國十四年(1925)香山黃氏古愚室影印本

　　1函2冊;13.6厘米

　　清代學術叢書第二集

　　PKUL(X/081.37/4480/C4:2)

　　附注:

　　　　題記:書根有胡適題字。

4508 趨庭隨筆一卷 江庸撰 民國二十三年(1934)北平朝陽學院出版部鉛印本

　　1函1冊;17.1厘米

　　PKUL(X/Z429.6/3)

　　附注:

　　　　題記:書根有胡適題字;書衣後有作者題記:"適之先生賜教,庸。"

4509 瞿木夫文集一卷 (清)瞿中溶撰 民國九年(1920)江陰繆氏刻本

　　1函1冊;12.5厘米

　　煙畫東堂小品

  PKUL(X/081.18/2741a/C2)

 附注：

  題記：書根有胡適題字。

4510 曲録六卷 王國維撰 清宣統元年(1909)番禺沈氏晨風閣刻本

  1函3冊；12.8厘米

  晨風閣叢書

  PKUL(X/081.18/3436/C4:2)

4511 曲律四卷 (明)王驥德撰 民國五年(1916)上海倉聖明智大學鉛印本

  1函2冊；14.8厘米

  廣倉學宭叢書甲類第二集

  PKUL(X/081.18/4127/C2:2)

 附注：

  題記：書根有胡適題字。

4512 曲律易知二卷 許之衡著 民國十一年(1922)刻本

  1函2冊；16.6厘米

  飲流齋著叢書

  PKUL(X/I207.24/1)

 附注：

  題記：書根有胡適題字。

4513 曲譜十二卷卷首一卷卷末一卷 民國八年(1919)上海掃葉山房石印本

  1函8冊；16.3厘米

  PKUL(X/812.03/5508/C2)

 附注：

  題記：書根有胡適題字。

4514 曲苑十四種 陳乃乾輯 民國十年(1921)影印本

  1函10冊；10.8厘米

PKUL(X/812.08/7514.1、X/812.08/7514.1/C2)

附注：

　　題記：書根有胡適題字。

　　其他：本書有2套。

4515 全邊略記十二卷 (明)方孔炤輯 民國十九年(1930)國立北平圖書館鉛印本

1函6冊;17.5厘米

PKUL(X/916.07/0019/C2)

附注：

　　題記：書根有胡適題字。

4516 全上古三代秦漢三國六朝文作者韻編五卷 閔孫奭編 民國二十年(1931)江都閔孫僑刻本

1函1冊;16.5厘米

PKUL(X/810.0803/7714/C3)

附注：

　　印章：書衣鈐有"胡適之印"朱文方印。

　　題記：書衣有胡適題記："傅孟真送給我的,胡適之。廿三,三,一。"

4517 全上古三代秦漢三國六朝文作者韻編五卷 閔孫奭編 民國二十年(1931)江都閔孫僑刻本

1函1冊;16.5厘米

PKUL(X/810.0803/7714/C4)

附注：

　　題記：書根有胡適題字。

4518 全宋詞三百卷附錄二卷 唐圭璋編 民國二十九年(1940)國立編譯館鉛印本

4函20冊;19.2厘米

PKUL(X/811.7308/0041/C2)

附注：

　　題記：書根有胡適題字。

1451

批注圈劃：目錄內七處有胡適批注。

4519 全體新論一卷 （英）合信（清）陳修堂同撰 清咸豐元年（1851）刻本

　　1函4冊；20厘米

　　PKUL（X/592/8020、X/590.01/8020/C2）

　　附注：

　　　題記：書根有胡適題字。

　　　其他：本書有2冊。

4520 全相武王伐紂平話 建安虞氏刻本

　　1冊；18.9厘米

　　PKUL（館藏號缺）

　　附注：

　　　題記：書末有胡適跋："前天王古魯先生把四冊《全相平話》留給我看。我帶到長江船上來，今天讀完《武王伐紂》一冊，始知'全相'本是大刪節本，頗似今之'小人書'，注意之點在'全相'，故文字大被刪節，往往不可讀。當時必先有很發達的話本流行民間，故坊賈能投機，別出此種'全相'簡本。我們不可依據此種簡本，遽下判斷，說早期的話本文字很笨拙不通。此卷同我舊藏的《武王伐紂》本，可以比較看。胡適，卅七，十，一夜，在江泰輪船上。"

　　　批注圈劃：書內18頁有胡適批注圈劃。

4521 全浙詩話刊誤一卷 （清）張道撰 清光緒間（1875—1908）湖北崇文書局刻本

　　1函1冊；10.9厘米

　　正覺樓叢刻

　　PKUL（X/081.17/3120/C2：3）

　　附注：

　　　題記：書根有胡適題字。

4522 權衡度量實驗考一卷 （清）吳大澂撰 民國四年（1915）日本上虞羅氏刻本

　　1函1冊；22厘米

PKUL（X/991.075/2643）

附注：

　　題記：書根有胡適題字。

4523　勸戒錄類編三十二章（清）梁恭辰著　民國十一年（1922）上海中華書局鉛印本

　　1函1冊；16.1厘米

　　PKUL（X/182/3347-1）

　　附注：

　　　題記：書衣有胡適題記："十二，十一，五，在一品香遇著鄒秉文先生，手裏拿著聶世杰先生送他的'善書'若干種，我要看看今日實業家的思想，所以討了一份來。適。"

　　　其他：本書存1—6章。

4524　勸學篇二卷（清）張之洞撰　清光緒二十四年（1898）京師同文館鉛印本

　　1函1冊；19.2厘米

　　PKUL（X/330.111/1133.2）

　　附注：

　　　題記：書衣有胡適題記："《勸學篇》，戊戌排印本，胡適。"

4525　勸學篇二卷（清）張之洞撰　清光緒二十四年（1898）浙江省刻本

　　1函1冊；17.8厘米

　　PKUL（X/330.111/1133.5）

　　附注：

　　　題記：書根有胡適題字。

4526　勸學篇二卷（清）張之洞撰　清光緒二十四年（1898）兩湖書院刻本

　　1函1冊；21.5厘米

　　PKUL（X/330.111/1133/C2）

　　附注：

　　　題記：書根有胡適題字。

4527 確菴先生詩鈔八卷 （清）陳瑚撰 （清）葉裕仁編 清光緒二年(1876)刻本

　　1函2冊；18厘米

　　PKUL(X/810.087/4432-1/C2:4)

　　附註：

　　　題記：書根有胡適題字。

4528 確菴先生文鈔六卷 （清）陳瑚撰 （清）葉裕仁編 清同治九年(1870)刻本

　　1函2冊；18厘米

　　PKUL(X/810.087/4432-1/C2:3)

　　附註：

　　　題記：書根有胡適題字。

4529 羣經義證八卷 （清）武億著 清道光二十三年(1843)偃師武氏刻本

　　1函1冊；17.9厘米

　　授堂遺書

　　PKUL(X/081.57/1320/C3:1)

　　附註：

　　　題記：書根有胡適題字。

4530 羣經音辨七卷 （宋）賈昌朝撰 清光緒十年(1884)長洲蔣氏影刻本

　　1函2冊；16.4厘米

　　鐵華館叢書

　　PKUL(X/081.17/4474a/C2)

　　附註：

　　　題記：書根有胡適題字。

4531 羣書拾補識語一卷 （清）徐友蘭撰 清光緒間(1875—1908)會稽徐氏鑄學齋刻本

　　1函1冊；19.1厘米

　　紹興先正遺書

　　PKUL(X/081.478/2844/C2:1)

附注：

題記：書根有胡適題字。

4532 羣書提要一卷 （清）沈豫著 民國二十年（1931）上海蟬隱廬影印本

1函1册；14.8厘米

蛾術堂集

PKUL(X/081.57/3412.1/C2)

附注：

題記：書根有胡適題字。

4533 羣書疑辨十二卷 （清）萬斯同纂 清嘉慶二十一年（1816）刻本

1函6册；17.5厘米

PKUL(X/088.7/4447/C2)

附注：

題記：書根有胡適題字。

4534 羣書雜義一卷 （清）沈豫著 民國二十年（1931）上海蟬隱廬影印本

1函1册；15.1厘米

蛾術堂集

PKUL(X/081.57/3412.1/C2)

附注：

題記：書根有胡適題字。

4535 群書拾補 （清）盧文弨輯 清光緒十三年（1887）上海蜚英館石印本

1函10册；15.3厘米

PKUL(X/010.92/2101.1/C2、X/010.92/2101.1/C4)

附注：

題記：一套封面後有胡適題記："今日從舊金山書店寄來的一大批書，其中竟有蜚英館石印本的《群書拾補》，真是意外的奇事，故不可不記。民國卅二年三月廿九，胡適"；一套書根有胡適題字。

其他：本書有2套。

1455

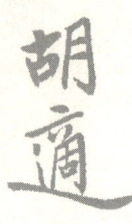

4536 群書校補一百卷 （清）陸心源輯 清（1644—1911）刻本

    4 函 24 冊；17.4 厘米

    PKUL（X/088.7/7433）

    附注：

        題記：書根有胡適題字。

4537 熱河内屬中國及行宮駐防始末記一卷 （清）曼殊逸叟撰 王松闓譯 胡家鈺編

    民國二十一年（1932）石印本

    1 函 1 冊；22.1 厘米

    PKUL（X/981.39941/6137）

    附注：

        題記：書衣有贈書者題記："競武贈閱，適之。"

        其他：本書爲滿、漢文對照。

4538 人參攷一卷 （清）唐秉鈞纂 清光緒二十二年（1896）元和江氏湖南使院刻本

    1 函 1 冊；16.2 厘米

    靈鶼閣叢書第二集

    PKUL（X/081.17/3141/C2:1）

    附注：

        題記：書根有胡適題字。

4539 人海記二卷 （清）查慎行編輯 清光緒間（1875—1908）湖北崇文書局刻本

    1 函 2 冊；10.7 厘米

    正覺樓叢刻

    PKUL（X/081.17/3120/C2:2）

    附注：

        題記：書根有胡適題字。

4540 人極衍義一卷 （清）羅澤南著 清咸豐九年（1859）長沙刻本

    1 函 1 冊；18.3 厘米

羅山遺集

PKUL(X/081.57/6034.1/C2)

附註：

　　題記：書根有胡適題字。

4541 人境廬詩草十一卷（清）黃遵憲撰 清宣統三年(1911)嘉應黃氏鉛印本

1函4冊；16.1厘米

PKUL(X811.179/4433.8、X811.179/4433.8/C2)

附註：

　　印章：兩冊書內均鈐有"胡適之印"朱文方印。

　　題記：一冊書內有胡適題記："我求《人境廬詩草》，已求了十五年了。梁任公是原刻此書的人，尚不能為我尋一部；我幾乎要絕望了。忽然北大的學生羅翊唐(名鎮藩)先生為我向公度先生的本家黃鈞選先生(名錫銓)求此書，鈞選先生也只有這一部，竟割愛贈我。他答羅君書云，'弟再三熟思，胡君既負殷勤表率之心，弟亦應有熱誠貢獻之義。'此意極可感謝，故詳記之。胡適，十，十二，廿四"；另一冊書前有胡適題記："前日承黃鈞選先生送我一部《人境廬詩》，今天松筠閣又替我覓得一部，我感鈞選先生割愛贈的厚意，故把這部還贈給他。十一，一，六。胡適。"

　　其他：本書有2套。

4542 人生哲學新論一卷 李華民著 民國二十三年(1934)石印本

1函1冊；18.3厘米

PKUL(X170/4047)

附註：

　　題記：書衣有作者題記："敬求適之先生批評，學生李華民敬呈，廿三，六，一。"

4543 人文指極二卷 施括乾撰 民國三十六年(1947)安慶大中華印書局鉛印本

1函1冊；17.6厘米

指極叢書

PKUL(X/081.58/0854/C2)

1457

附注：

　　題記：書衣有作者題記："適之先生惠存，施括乾敬贈。"

4544　人物志三卷（三國魏）劉邵撰（北魏）劉昞注　民國六年（1917）潮陽鄭氏龍谿精舍刻本

　　1 函 1 冊；17.4 厘米

　　龍谿精舍叢書

　　PKUL(X/081.18/8762/C2:7)

　　附注：

　　題記：書根有胡適題字。

4545　壬癸集一卷　王國維著　日本京都聖華房木活字本

　　1 函 1 冊；19.6 厘米

　　PKUL(X/811.18/1062/C2)

　　附注：

　　題記：書根有胡適題字。

4546　壬癸金石跋一卷（清）楊守敬撰　清光緒三十三年（1907）刻本

　　1 函 1 冊；17 厘米

　　PKUL(X/981.3/4634/C2)

　　附注：

　　題記：書根有胡適題字。

4547　仁廟聖政記二卷（明）佚名撰　清宣統元年（1909）番禺沈氏晨風閣刻本

　　1 函 1 冊；13 厘米

　　晨風閣叢書

　　PKUL(X/081.18/3436/C4:1)

4548　仁山和尚寶華語錄一卷　海本記　清（1644—1911）香巖居氏刻本

　　1 函 1 冊；17 厘米

　　PKUL(X/231.291/3850)

附注：

  題記：書衣有胡適題記："《仁山和尚寶華語錄》,適。"

4549 仁山先生金文安公文集五卷（宋）金履祥撰（明）董遵編輯 清雍正九年（1731）金華金氏刻本

  1函2册;16.6厘米

  率祖堂叢書

  PKUL(SB/810.59/8073)

  附注：

    題記：書根有胡適題字。

4550 仁山先生金文安公文集五卷（宋）金履祥撰（明）董遵編輯 清雍正九年（1731）金華金氏刻本

  1函2册;16.6厘米

  率祖堂叢書

  PKUL(X/081.55/8073/C3)

4551 仁山先生金文安公文集五卷（宋）金履祥撰（明）董遵編輯 清同治十三年（1874）退補齋刻本

  1函2册;19.7厘米

  金華叢書

  PKUL(X/081.478/4777/C2)

  附注：

    題記：書根有胡適題字。

4552 仁文商語一卷（明）顧憲成著 清光緒三年(1877)涇里宗祠刻本

  1函1册;19厘米

  顧端文公遺書

  PKUL(X/111.69/3135a)

4553 任渭長先生書傳四種（清）任熊繪（清）王齡輯 清光緒十二年(1886)上海同

1459

文書局石印本

1函4冊;15.2厘米

PKUL(X/971.02/2221)

附注:

題記:書籤有胡適題記:"高士傳,同文零種,適之。"

4554 韌叟自訂年譜一卷 (清)勞乃宣撰 民國十年(1921)鉛印本

1函1冊;14.7厘米

PKUL(X/979.2/1843/C2)

附注:

題記:書根有胡適題字。

4555 韌叟自訂年譜一卷 (清)勞乃宣撰 民國十年(1921)鉛印本

1函1冊;14.7厘米

PKUL(X/979.2/1843/C4)

附注:

題記:書根有胡適題字。

4556 日本華族女學校規則一卷 清光緒二十三年(1897)元和江氏湖南使院刻本

1函1冊;16.2厘米

靈鶼閣叢書第六集

PKUL(X/081.17/3141/C2:4)

附注:

題記:書根有胡適題字。

4557 日本往生極樂記 (日)慶保胤撰 日本寬文九年(1669)安田十兵衛刻本

1函1冊;20.3厘米

PKUL(SB/239.6/0022)

4558 日損齋筆記一卷附錄一卷考證一卷 (元)黃溍撰 (清)陳熙晉考證 清同治九年(1870)退補齋刻本

1函1册;19.4厘米

金華叢書

PKUL(X/081.478/4777/C2)

附注:

 題記:書根有胡適題字。

4559 日知録續補正三卷 (清)李遇孫輯 民國五年(1916)上海倉聖明智大學鉛印本

1函1册;14.8厘米

廣倉學宭叢書甲類第二集

PKUL(X/081.18/4127/C2:2)

附注:

 題記:書根有胡適題字。

4560 日知録之餘四卷 (清)顧炎武著 清宣統二年(1910)吳中刻本

1函2册;20.1厘米

PKUL(X/088.7/3191d/C2)

附注:

 題記:書根有胡適題字。

4561 容安齋穌譚十卷 (清)白胤昌著 (清)王同春評 清康熙元年(1662)刻本

1函4册;20.6厘米

PKUL(SB/088.7/2626)

附注:

 題記:書根有胡適題字。

4562 容甫先生遺詩七卷 (清)汪中著 (清)劉台拱輯 清光緒二十六年(1900)刻鵠齋刻本

1函1册;17.1厘米

PKUL(X/811.175/3150-1.1)

附注:

 題記:書根有胡適題字。

4563 容甫先生遺詩五卷補遺一卷附錄一卷 (清)汪中著 (清)劉台拱輯 清宣統二年(1910)順德鄧氏風雨樓鉛印本

1 函 1 冊;16.5 厘米

PKUL(X/811.175/3150-1/C2)

附注:

題記:書衣有胡適題記:"汪容甫遺事詩。"

4564 容菴弟子記四卷 沈祖憲 吳闓生編纂 民國二年(1913)鉛印本

1 函 1 冊;17.4 厘米

PKUL(X/979.1/1859e/C5)

附注:

題記:書根有胡適題字。

4565 蓉川集四卷卷首一卷 (明)齊之鸞著 民國六年(1917)鉛印本

1 函 2 冊;18.7 厘米

PKUL(X/I214.82/5)

附注:

題記:書根有胡適題字。

4566 榕城詩話三卷 (清)杭世駿撰 清咸豐元年(1851)長沙小嫏嬛山館刻本

1 函 1 冊;13 厘米

杭氏七種

PKUL(X/081.57/4047a/C2)

4567 榕壇問業十八卷 (明)黃道周著 清乾隆二十一年(1756)郭氏刻本

1 函 6 冊;20.5 厘米

PKUL(SB/111.69/4437)

附注:

題記:書根有胡適題字。

4568 榮木堂詩集十二卷文集六卷年譜一卷 （明）陶汝鼐著 民國九至十年(1920—1921)濄嶠遺書館刻本

 1函6册;18.9厘米

 PKUL(X/810.6/7731)

 附注：

  題記：書根有胡適題字。

4569 儒行集傳二卷 （明）黃道周輯 清道光四年(1824)刻本

 1函2册;18.9厘米

 PKUL(X/111.11/4437)

 附注：

  題記：書根有胡適題字。

4570 儒林外史五十六回 （清）吳敬梓撰 清嘉慶八年(1803)臥閑草堂刻本

 2函16册;12.7厘米

 PKUL(X/I242.4/2.3)

 附注：

  題記：書根有胡適題字。

4571 儒林宗派十六卷 （清）萬斯同撰 清宣統三年(1911)浙江圖書館刻本

 1函2册;18.3厘米

 PKUL(X/219.2/4447/C2)

 附注：

  題記：書根有胡適題字。

4572 儒門語要六卷卷首一卷 （清）倪元坦撰 清嘉慶間(1796—1820)刻本

 1函2册;19.5厘米

 讀易樓合刻

 PKUL(X/111.79/2714)

 附注：

  題記：書根有胡適題字。

4573 儒酸福傳奇二卷 （清）魏熙元撰 清光緒七年（1881）玉玲瓏館刻本

1函2冊；15.9厘米

PKUL（X/812.7/2771）

附注：

印章：上卷首頁鈐有"適之"朱文方印。

題記：跋後有胡適題記："這也是一本變相的《儒林外史》。《酸瘋》一折内頌揚鴉片煙，可見作者自寫他的時代的實相，無意中自為後世留下史料了。胡適。廿，四，九。"

4574 儒學入門一卷 （清）倪元坦撰 清嘉慶間（1796—1820）刻本

1函1冊；19.5厘米

讀易樓合刻

PKUL（X/111.79/2714）

附注：

題記：書根有胡適題字。

4575 蠕範八卷劄記一卷 （清）李元撰 清光緒十七年（1891）三餘草堂刻本

1函4冊；16.5厘米

湖北叢書

PKUL（X/081.473/4995/C2:9-:10）

附注：

題記：書根有胡適題字。

4576 入聲表一卷 （清）江有誥撰 民國五年（1916）上海倉聖明智大學鉛印本

1函1冊；14.8厘米

廣倉學宭叢書甲類第二集

PKUL（X/081.18/4127/C2:2）

附注：

題記：書根有胡適題字。

4577 瑞竹亭合稿二卷王竹亭先生遺詩一卷 (清)王愈擴著 民國十年(1921)梅岡王本仁堂刻本

 1函2册;17.1厘米

 PKUL(X/810.087/1085)

 附注:

  題記:書根有胡適題字。

4578 三不朽圖贊一卷 (清)張岱輯 民國七年(1918)紹興印刷局鉛印本

 1函1册;18.4厘米

 PKUL(X/971.605/1123/C2)

 附注:

  題記:書衣有贈書者題記:"適之先生存,蔡元培贈。"

4579 三傳經文辨異四卷 (清)焦廷琥撰 民國二十三年(1934)北平琉璃廠邃雅齋影印本

 1函1册;14.7厘米

 邃雅齋叢書

 PKUL(X/081.18/4484)

 附注:

  題記:書根有胡適題字。

4580 三代經界通考一卷 (清)崔述著 清道光四年(1824)刻本

 1函1册;19.8厘米

 崔東壁先生遺書

 PKUL(X/081.579/2233.3/C2:3)

 附注:

  題記:書根有胡適題字。

4581 三代正朔通考一卷 (清)崔述著 清道光四年(1824)刻本

 1函1册;19.5厘米

 崔東壁先生遺書

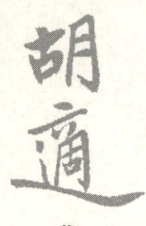

PKUL(X/081.579/2233.3/C2:3)

附注：

　　題記：書根有胡適題字。

4582 三輔故事一卷 （清）張澍輯 民國六年(1917)潮陽鄭氏龍谿精舍刻本

1函1冊;17.4厘米

龍谿精舍叢書

PKUL(X/081.18/8762/C2:6)

附注：

　　題記：書根有胡適題字。

4583 三輔黃圖六卷補遺一卷 民國六年(1917)潮陽鄭氏龍谿精舍刻本

1函1冊;17.4厘米

龍谿精舍叢書

PKUL(X/081.18/8762/C2:6)

附注：

　　題記：書根有胡適題字。

4584 三輔舊事一卷 （清）張澍輯 民國六年(1917)潮陽鄭氏龍谿精舍刻本

1函1冊;17.4厘米

龍谿精舍叢書

PKUL(X/081.18/8762/C2:6)

附注：

　　題記：書根有胡適題字。

4585 三輔決錄一卷 （漢）趙岐撰 （晉）摯虞注 （清）張澍輯 民國六年(1917)潮陽鄭氏龍谿精舍刻本

1函1冊;17.4厘米

龍谿精舍叢書

PKUL(X/081.18/8762/C2:6)

附注：

题记:书根有胡适题字。

4586 三國紀年表五代紀年表 清(1644—1911)刻本

1函1册;12.7厘米

PKUL(X/K208/8)

附注:

题记:书根有胡适题字。

4587 三國遺事五卷 (高麗)釋一然撰 日本大正十年(1921)京都帝國大學文學部影印本

1函5册;13.8厘米

PKUL(X922.5/2812/C2)

附注:

题记:书前有赠书者题记:"胡先生惠存,今西龍拜。"

4588 三國職官表三卷 (清)洪飴孫撰 清光緒間(1875—1908)湖北崇文書局刻本

1函3册;12.7厘米

正覺樓叢刻

PKUL(X/081.17/3120/C2:3)

附注:

题记:书根有胡适题字。

4589 三國志辨疑三卷 (清)錢大昭撰 清光緒間(1875—1908)湖北崇文書局刻本

1函1册;11.1厘米

正覺樓叢刻

PKUL(X/081.17/3120/C2:2)

附注:

题记:书根有胡适题字。

4590 三國志通俗演義二十四卷附一卷 (明)羅貫中編 民國十八年(1929)上海涵芬樓影印本

1467

2 函 24 冊;14.1 厘米

PKUL(X/813.3123/6050.5/C5)

附注:

 印章:内封鈐有"胡適"朱文方印。

 題記:書根有胡適題字。

4591 **三家曲** (清)陳壽嵩等著 清光緒二六年(1900)刻本

 1 函 1 冊;13.2 厘米

 PKUL(X/I222.9/4)

 附注:

  題記:書根有胡適題字。

4592 **三教論衡五卷** (日)釋慧訓撰 日本延享三年(1746)日本中西與兵衛刻本

 1 函 1 冊;20 厘米

 PKUL(SB/200.4/5502)

4593 **三教析疑論注解五卷** 釋妙明著 日本寬文八年(1668)刻本

 1 函 2 冊;22.6 厘米

 PKUL(X/B92/1)

4594 **三教源流搜神大全七卷** (宋)佚名撰 宣統元年(1909)長沙葉氏刻本

 1 函 3 冊;19.9 厘米

 麗廎叢書

 PKUL(X/081.18/4429d/C2)

 附注:

  題記:書根有胡適題字。

4595 **三禮義證十二卷** (清)武億著 清道光二十三年(1843)偃師武氏刻本

 1 函 2 冊;17.9 厘米

 授堂遺書

 PKUL(X/081.57/1320/C3:1)

附注：

　　題記：書根有胡適題字。

4596 三曆撮要一卷（宋）佚名撰 民國五年（1916）影刻本

　　1函1冊;21.6厘米

　　隨盦叢書續編

　　PKUL(X/081.17/2816d/C3)

　　附注：

　　　　題記：書根有胡適題字。

4597 三論玄義二卷（隋）釋吉藏撰 清光緒二十五年（1899）南京金陵刻經處刻本

　　1函1冊;17.7厘米

　　PKUL(X/232.33/4044/C2)

　　附注：

　　　　題記：書衣有胡適題記："這部書裡很多歷史的材料，是佛書中不可多得的著作。適。"

　　　　批注圈劃：書內十七處有胡適批注。

4598 三秦記一卷（清）張澍輯 民國六年（1917）潮陽鄭氏龍谿精舍刻本

　　1函1冊;17.4厘米

　　龍谿精舍叢書

　　PKUL(X/081.18/8762/C2:6)

　　附注：

　　　　題記：書根有胡適題字。

4599 三省山內風土雜識一卷（清）嚴如煜撰 清光緒三十四年（1908）京師鉛印本

　　1函1冊;17.6厘米

　　問影樓輿地叢書

　　PKUL(X/981.08/4764/C2)

　　附注：

　　　　題記：書根有胡適題字。

4600 三史拾遺五卷 （清）錢大昕撰 清光緒十年(1884)長沙龍氏刻本
　　 1函1冊;18.7厘米
　　 嘉定錢氏潛研堂全書
　　 PKUL(X/081.57/8346 :4)
　　 附注：
　　　 題記：書根有胡適題字。

4601 三蘇文集四十四卷 （宋）蘇洵 蘇軾 蘇轍同著 民國元年(1912)上海會文學社石印本
　　 1函8冊;17厘米
　　 PKUL(X/817.514/4453b/C3)
　　 附注：
　　　 題記：書根有胡適題字。

4602 三統術衍三卷鈐一卷 （清）錢大昕撰 清光緒十年(1884)長沙龍氏刻本
　　 1函3冊;18.7厘米
　　 嘉定錢氏潛研堂全書
　　 PKUL(X/081.57/8346 :7-:8)
　　 附注：
　　　 題記：書根有胡適題字。

4603 三俠五義二十四卷一百二十回 （清）石玉崑撰 清光緒九年(1883)京都老二酉堂刻本
　　 1函6冊;14.4厘米
　　 PKUL(X/813.395/1012.4)
　　 附注：
　　　 題記：書根有胡適題字。
　　　 其他：本書存卷1—6,第1—34回。

4604 三謝詩 （南朝宋）謝靈運撰 民國二十三年(1934)日本橋川時雄影印本

1函1冊;20.8厘米

PKUL(X/811.1083/0000/C4)

附注:

 題記:內封有贈書者題記:"適之先生惠存,弟橋川時雄敬貽。"

4605 三魚堂文集十二卷附錄一卷外集六卷附錄一卷 (清)陸隴其著 清康熙四十年(1701)刻本

 1函10冊;17.7厘米

 PKUL(X/810.7/7474/C2)

 附注:

  題記:書衣有胡適題記:"此本內凡關於呂留良的文句都挖出了。顧頡剛有補抄本,我借來寫完全。(他有一書未鈔,今無從補。)十三,三,廿三,胡適。此冊內補寫目三處,本文一處。"

4606 散原精舍詩二卷 陳三立撰 清宣統二年(1910)鉛印本

 1函2冊;17.3厘米

 PKUL(X/I222.75/18a)

 附注:

  題記:書衣有胡適題記:"陳三立的詩集兩冊。九,十二,十,胡適。"

4607 桑梓五防一卷 (清)陸世儀著 清光緒二十五年(1899)京師刻本

 1函1冊;13.8厘米

 陸桴亭先生遺書

 PKUL(X/081.57/7442:2)

 附注:

  題記:書根有胡適題字。

4608 曬書堂集(曬書堂文集十二卷曬書堂外集二卷曬書堂別集一卷附曬書堂閨中文存一卷曬書堂筆記二卷曬書堂筆錄六卷曬書堂詩鈔二卷曬書堂時文一卷曬書堂試帖一卷曬書堂詩餘一卷和鳴集一卷)(清)郝懿行著 清光緒十年(1884)東路廳署刻本

2 函 16 册；17.8 厘米

PKUL(X/I214.92/12)

附注：

　　題記：書根有胡適題字。

4609　山東考古錄一卷（清）顧炎武著　清光緒八年(1882)山東書局刻本

1 函 1 册；18.5 厘米

PKUL(X/981.62/3191/C2)

附注：

　　題記：書根有胡適題字。

4610　山歌十卷（明）馮夢龍編　民國四年(1915)傳經堂書店鉛印本

1 函 1 册；14.4 厘米

PKUL(X/814.2/3140a/C3)

附注：

　　題記：書前有贈書者題記："送給適之先生，丁敳音，24/10/31。"

4611　山海經箋疏十八卷訂譌一卷圖讚一卷（清）郝懿行撰　民國六年(1917)潮陽鄭氏龍谿精舍刻本

1 函 4 册；17.4 厘米

龍谿精舍叢書

PKUL(X/081.18/8762/C2:2)

附注：

　　題記：書根有胡適題字。

4612　山海經箋疏十八卷圖讚一卷訂譌一卷敘錄一卷（晉）郭璞傳（清）郝懿行箋疏　清嘉慶間(1796—1820)揚州阮氏刻本

1 函 4 册；18.7 厘米

PKUL(X/813.18/0713.1/C2)

附注：

　　印章：書前有"胡適之印"朱文方印。

題記:書衣有胡適題記:"原刻《山海經箋疏》,胡適。"
批注圈劃:書內有胡適批注。

4613 山左南北朝石刻存目一卷 (清)尹彭壽撰 清光緒二十一年(1895)元和江氏湖南使院刻本

1函1冊;16.2厘米

靈鶼閣叢書第二集

PKUL(X/081.17/3141/C2:2)

附注:

題記:書根有胡適題字。

4614 陝西南山谷口考一卷 (清)毛鳳枝撰 清光緒三十四年(1908)京師鉛印本

1函1冊;17.6厘米

問影樓輿地叢書

PKUL(X/981.08/4764/C2)

附注:

題記:書根有胡適題字。

4615 善導大師與日本一卷 (日)大野法道著 陳應莊譯 民國十九年(1930)東京淨土宗務所鉛印本

1函1冊;18厘米

PKUL(X/230.97/4633/C2)

附注:

題記:書根有胡適題字。

4616 善導和尚集二種九卷附一種 (唐)釋善導編 (唐)釋畺良耶舍譯 民國十九年(1930)東京淨土宗務所鉛印本

1函3冊;18厘米

PKUL(X/239.58/8038/C2)

附注:

題記:書根有胡適題字。

4617 善慧大士傳錄三卷附錄一卷 （宋）樓穎輯 民國十三年(1924)永康胡氏夢選廔刻本

    1函1冊;18.2厘米

    續金華叢書

    PKUL(X/081.478/4777a/C2:3)

    附注：

        題記:書根有胡適題字。

4618 善齋彝器圖錄附考釋 劉體智藏 容庚編釋 民國二十五年(1936)北平燕京大學哈佛燕京學社影印本

    1函3冊;32.5厘米

    PKUL(X/991.23/7272/C3)

    附注：

        題記:書根有胡適題字。

4619 商君書五卷 （戰國）商鞅撰 清光緒二年(1876)浙江書局刻本

    1函1冊;18.2厘米

    PKUL(X/111.175/0045.1)

    附注：

        題記:書根有胡適題字。

4620 商考信錄二卷 （清）崔述著 清嘉慶二十二年(1817)刻本

    1函1冊;19.5厘米

    崔東壁先生遺書

    PKUL(X/081.579/2233.3/C2:1)

    附注：

        題記:書根有胡適題字。

4621 傷寒雜病論十六卷 （漢）張機撰 民國二十一年(1932)石印本

    1函4冊;20.2厘米

PKUL(X/599.31/1142a)

附注：

　　題記：書根有胡適題字。

4622　傷寒雜病論集一卷　（清）顧觀光著　清光緒九年(1883)上海獨山莫祥芝刻本

　　1函1冊；18.6厘米

　　武陵山人遺書

　　PKUL(X/081.57/3149/C2)

　　附注：

　　　　題記：書根有胡適題字。

4623　賞雨茅屋外集一卷　（清）曾燠撰　民國十四年(1925)錢塘汪氏刻本

　　1函1冊；15.8厘米

　　食舊堂叢書

　　PKUL(X/081.17/3148/C2:4)

　　附注：

　　　　題記：書根有胡適題字。

4624　上川明經胡氏宗譜　民國間(1912—1949)木活字本

　　1冊；29.7厘米

　　PKUL(SB/977.5/2262)

　　附注：

　　　　批注圈劃：行間、天頭有胡適批校。

4625　上海品艷百花圖五卷　（清）司香舊尉評花　（清）花下解人寫艷　清光緒十年(1884)上海王氏刻本

　　1函4冊；11.8厘米

　　PKUL(X/811.17/1247)

　　附注：

　　　　題記：書根有胡適題字。

1475

4626 上海租界問題三卷 王揖唐編 民國十三年(1924)上海商務印書館鉛印本

1函1冊;16厘米

PKUL(X/373.087/1050.1)

附注:

題記:書前有胡適題記。

4627 上諭八旗(康熙六十一至雍正十三年) (清)允祿等編 清(1644—1911)刻本

1函10冊;20.8厘米

PKUL(SB/917.3121/2080a)

附注:

題記:書根有胡適題字。

4628 尚書 日本大正四年(1915)影印本

1函1冊;26.8厘米

PKUL(X/092.01/9050.1)

附注:

題記:前護頁有贈書者題記:"績溪胡適之先生來游我國,道出平安,枉顧敝廬,舉此為贈。丁卯五月,日本神田信暢拜識。"

4629 尚書正義二十卷 (唐)孔穎達撰 民國五年(1916)吳興劉氏嘉業堂影刻本

2函20冊;21.8厘米

PKUL(X/092.3/1223/C2)

附注:

印章:封面有"胡適的書"朱文方印。

4630 尚絅齋集五卷 (明)童冀撰 民國十三年(1924)永康胡氏夢選廎刻本

1函2冊;18.2厘米

續金華叢書

PKUL(X/081.478/4777a/C2:8)

附注:

題記:書根有胡適題字。

4631 尚書辨解十卷（明）郝敬著 清光緒十七年(1891)三餘草堂刻本

1函4冊;16.2厘米

湖北叢書

PKUL(X/081.473/4995/C2:2-:3)

附注:

題記:書根有胡適題字。

4632 尚書表注二卷（宋）金履祥撰 清同治八年(1869)退補齋刻本

1函1冊;16.2厘米

金華叢書

PKUL(X/081.478/4777/C2)

附注:

題記:書根有胡適題字。

4633 尚書表註二卷（宋）金履祥撰 清乾隆二年(1737)金華金氏刻本

1函2冊;19.5厘米

率祖堂叢書

PKUL(X/081.55/8073/C3)

附注:

印章:卷端鈐有"胡適"朱文方印。

4634 尚書大傳七卷（漢）伏勝撰（漢）鄭玄注 王闓運補注 清光緒間(1875—1908)元和江氏湖南使院刻本

1函1冊;16.2厘米

靈鶼閣叢書第一集

PKUL(X/081.17/3141/C2:1)

附注:

題記:書根有胡適題字。

4635 尚書大傳四卷補遺一卷續補遺一卷考異一卷（漢）伏勝撰（漢）鄭玄注 清乾

隆二十一年(1756)雅雨堂刻本
1函1冊;18厘米
雅雨堂叢書
PKUL(SB/081.17/2168/C4:2)

4636 尚書大傳四卷附考異一卷補遺一卷續補遺一卷 (漢)伏勝撰 (漢)鄭玄注 清光緒三年(1877)湖北崇文書局刻本
1函1冊;18.9厘米
PKUL(X/092.74/8705.1/C2)
附注：
題記：書根有胡適題字。

4637 尚書駢枝一卷 (清)孫詒讓著 民國間(1912—1949)北平燕京大學刻本
1函1冊;15.6厘米
PKUL(X/092.4/1200.1/C2)
附注：
題記：書衣有胡適題記："孫詒讓《尚書駢枝》,一九四四年七月十九日在紐約買的。"

4638 尚書伸孔篇一卷 (清)焦廷琥撰 清光緒間(1875—1908)南陵徐氏刻本
1函1冊;16.6厘米
積學齋叢書
PKUL(X/081.17/2816a/C2:1)
附注：
題記：書根有胡適題字。

4639 尚友記 (清)汪孟慈撰 民國二十三年(1934)北平琉璃廠邃雅齋影印本
1函1冊;15.5厘米
邃雅齋叢書
PKUL(X/081.18/4484)
附注：

题记:书根有胡适题字。

4640 少陵新譜一卷 李春坪輯 民國二十四年(1935)北平來薰閣書店鉛印本

1函1册;18.9厘米

PKUL(X/979.8/0712/C2)

附注:

题记:书根有胡适题字。

4641 少室山房筆叢四十卷 (明)胡應麟撰 清光緒二十二年(1896)廣雅書局刻本

2函12册;20.6厘米

PKUL(X/088.6/4700.1/C2)

附注:

题记:书前有胡适题记:"明胡應麟的《少室山房筆叢》十二种,四十八卷,十二册。顾颉刚托朋友替我买的。胡适,十,二,三。"

批注圈劃:书内有胡适批注。

4642 少室山房類藁一百二十卷 (明)胡應麟著 民國十三年(1924)永康胡氏夢選廔刻本

2函15册;18.2厘米

續金華叢書

PKUL(X/081.478/4777a/C2:9-:10)

附注:

题记:书根有胡适题字。

批注圈劃:序及《石羊生傳》末兩處有胡适批注。

其他:本书缺卷96—106。

4643 少儀外傳二卷 (宋)呂祖謙撰 清同治九年(1870)退補齋刻本

1函1册;19.7厘米

金華叢書

PKUL(X/081.478/4777/C2)

附注:

1479

題記：書根有胡適題字。

4644　**邵二雲先生年譜一卷** 黃雲眉編 民國二十二年（1933）南京金陵大學中國文化研究所鉛印本

　　1函1冊；16.1厘米

　　金陵大學中國文化研究所叢刊

　　PKUL（X/979.2/1743/C2）

　　附注：

　　題記：書根有胡適題字。

4645　**邵氏聞見後錄三十卷**（宋）邵博撰 民國九年（1920）上海商務印書館鉛印本

　　1函3冊；14.6厘米

　　PKUL（X/088.6/1743、X/088.6/1743/C2）

　　附注：

　　題記：書根有胡適題字。

　　其他：本書有2套。

4646　**紹興先正遺書四集**（清）徐友蘭輯 清光緒間（1875—1908）會稽徐氏鑄學齋刻本

　　2函24冊；19.1厘米

　　PKUL（X/081.478/2844/C2）

　　附注：

　　題記：書根有胡適題字。

　　其他：本書存5種。

4647　**奢摩他室曲叢第二集** 吳梅輯 民國十七年（1928）上海商務印書館影印本

　　1函12冊；15.6厘米

　　PKUL（X/812.088/2648a:2）

　　附注：

　　題記：書根有胡適題字。

4648 奢摩他室曲叢第一集 吳梅輯 民國十七年(1928)上海商務印書館影印本

1函12冊;15.6厘米

PKUL(X/812.088/2648a:1)

附注:

題記:書根有胡適題字。

4649 射陽先生存稿四卷 (明)吳承恩撰 民國十九年(1930)北平故宮博物院圖書館鉛印本

1函2冊;17.6厘米

PKUL(X/810.6/2616/C2)

附注:

題記:書根有胡適題字。

4650 射陽先生文存一卷 (明)吳承恩撰 民國十年(1921)如皋冒氏刻本

1函1冊;16.5厘米

楚州叢書

PKUL(X/Z122.53/1)

附注:

批注圈劃:書內四處有胡適批注。

4651 涉史隨筆二卷 (宋)葛洪撰 清同治八年(1869)退補齋刻本

1函1冊;20厘米

金華叢書

PKUL(X/081.478/4777/C2)

附注:

題記:書根有胡適題字。

4652 涉史隨筆二卷 (宋)葛洪撰 清同治八年(1869)退補齋刻本

1函1冊;20厘米

金華文萃

PKUL(X/K207/5)

1481

附注：

    題記：書根有胡適題字。

4653 攝山紀遊集一卷（清）佚名輯 民國九年（1920）江陰繆氏刻本

    1函1冊；12.5厘米

    煙畫東堂小品

    PKUL(X/081.18/2741a/C2)

    附注：

        題記：書根有胡適題字。

4654 申鑒五卷附錄一卷（漢）荀悅撰（明）黃省曾注 民國六年（1917）潮陽鄭氏龍谿精舍刻本

    1函1冊；17.4厘米

    龍谿精舍叢書

    PKUL(X/081.18/8762/C2:7)

    附注：

        題記：書根有胡適題字。

4655 伸顧一卷劄記一卷（清）易本烺撰 清光緒十七年（1891）三餘草堂刻本

    1函1冊；16.2厘米

    湖北叢書

    PKUL(X/081.473/4995/C2:6)

    附注：

        題記：書根有胡適題字。

4656 呻吟語六卷（明）呂坤著 明萬曆二十一年（1593）刻本

    1函6冊；21.5厘米

    PKUL(SB/188.1/6045/C2)

    附注：

        印章：序前及卷端鈐有"胡適的書"朱文方印。

        題記：序後有胡適朱筆題記："癸巳是萬曆廿一年（1593），在王守仁陳獻章從祀孔廟後九年。胡適,一九四八,十一,廿一。"

與胡適的關係:函套有胡適朱筆題籤:"萬曆初刻《呻吟語》。"

4657 深寧先生年譜一卷 (清)錢大昕編 清光緒十年(1884)長沙龍氏刻本

1函1冊;18.7厘米

嘉定錢氏潛研堂全書

PKUL(X/081.57/8346:5)

附注:

題記:書根有胡適題字。

4658 神會和尚遺集四卷卷首一卷附錄一卷 (唐)釋神會撰 民國十九年(1930)上海亞東圖書館鉛印本

1冊;18.5厘米

PKUL(230.8/3580)

附注:

印章:書衣書籤鈐有"胡適之印"朱文方印;封面鈐有"胡適之印"朱文方印。

題記:函套書籤有胡適題記:"鈴木大拙贈,胡適";書衣有胡適題記:"鈴木大拙先生贈,胡適,廿三,六,九。"

4659 神農本草經四卷 (清)顧觀光著 清光緒九年(1883)上海獨山莫祥芝刻本

1函1冊;18.6厘米

武陵山人遺書

PKUL(X/081.57/3149/C2)

附注:

題記:書根有胡適題字。

4660 神清室詩稿三卷 (清)永惠著 清嘉慶十三年(1808)刻本

1函1冊;16.6厘米

PKUL(X/I222.749/30)

附注:

题记:书根有胡适题字。

4661 沈寄簃先生遗书甲乙编 沈家本撰 民国间(1912—1949)铅印本

4函40册;16.1厘米

PKUL(X/081.58/3435)

附注:

题记:书籤有胡适题记:"沈寄簃先生遗书";书根有胡适题字。

4662 沈刻元典章校补(札记六卷闕文三卷表格一卷) 陈垣撰 民国二十年(1931)国立北京大学研究所国学门刻本

1函5册;18.2厘米

PKUL(X/373.09159/1056/C2)

附注:

题记:书根有胡适题字。

4663 沈文公政书七卷卷首一卷 (清)沈葆桢撰 清光绪十八年(1892)乌石山祠刻本

1函8册;19.4厘米

PKUL(X/917.6123/3444.1)

附注:

题记:书根有胡适题字。

4664 沈休文诗注四卷 (南朝梁)沈约撰 郝立权注 民国二十四年(1935)铅印本

1函1册;17.3厘米

PKUL(X/811.135/3427/C2)

附注:

题记:书根有胡适题字。

4665 慎所立斋诗集十卷 江瀚撰 民国十三年(1924)太原长汀江氏铅印本

1函2册;17.2厘米

长汀江先生著书五种

PKUL(X/081.58/3138/C3)

附注：

題記：書根有胡適題字。

4666 慎所立齋文集四卷 江瀚撰 民國十三年(1924)太原長汀江氏鉛印本

1函1冊;17.2厘米

長汀江先生著書五種

PKUL(X/081.58/3138/C3)

附注：

題記：書根有胡適題字。

4667 慎子三種合帙 (周)慎到撰 (明)慎懋賞注 民國間(1912—1949)中國學會影印本

1函3冊;15.6厘米

PKUL(X/111.173/9449/C2)

附注：

題記：書根有胡適題字。

4668 昇平署岔一卷 故宫博物院文獻館輯 民國二十四年(1935)北平故宫博物院文獻館鉛印本

1函1冊;15.1厘米

PKUL(X/814.7/4830/C2)

附注：

題記：書根有胡適題字。

4669 昇平署月令承應戲一卷 故宫博物院文獻館輯 民國二十五年(1936)北平故宫博物院文獻館鉛印本

1函1冊;15.1厘米

PKUL(X/812.08/4830/C2)

附注：

題記：書根有胡適題字。

1485

4670 聲畫集八卷 （宋）孫紹遠輯 民國十年（1921）上海古書流通處影印本

　　1 函 4 冊；15.9 厘米

　　楝亭十二種

　　PKUL(X/081.18/5530/C2:2)

　　附註：

　　　題記：書根有胡適題字。

4671 聲類四卷 （清）錢大昕撰 清光緒十年（1884）長沙龍氏刻本

　　1 函 2 冊；18.7 厘米

　　嘉定錢氏潛研堂全書

　　PKUL(X/081.57/8346:1)

　　附註：

　　　題記：書根有胡適題字。

4672 聲律學一卷 許之衡編 民國間（1912—1949）北京大學出版組鉛印本

　　1 函 1 冊；20.1 厘米

　　PKUL(X/J612.1/1)

　　附註：

　　　題記：書根有胡適題字；書衣有作者題記："適之先生教，之衡敬貽。"

4673 聲越詩錄一卷聲越詞錄一卷 徐聲越撰 民國十九年（1930）鉛印本

　　1 函 1 冊；14.7 厘米

　　PKUL(X/I226/14/C2)

　　附註：

　　　題記：書根有胡適題字。

4674 聲韻考四卷 （清）戴震撰 清乾隆四十四年（1779）刻本

　　1 函 1 冊；19.4 厘米

　　經韻樓叢書

　　PKUL(X/081.57/7714/C2:3)

　　附註：

题记:书根有胡适题字。

4675 渑水燕谈录十卷补遗一卷（宋）王闢之撰 民国十一年(1922)上海商务印书馆铅印本

　　1函1册;14.5厘米

　　PKUL(X/I264.4/7)

　　附注:

　　　　题记:书根有胡适题字。

4676 胜朝粤东遗民录四卷补遗一卷附一卷 九龙真逸（陈伯陶）辑 民国五年(1916)东莞陈氏刻本

　　1函5册;16厘米

　　聚德堂丛书

　　PKUL(X/081.17/7527/C2:3-:4)

　　附注:

　　　　题记:书根有胡适题字。

4677 圣会史记二卷（美）郭显德编译 清光绪二年(1876)上海华美书馆铅印本

　　1函2册;18.5厘米

　　PKUL(X/250.9/0762)

4678 圣经类书二卷 麦嘉缔辑 清咸丰六年(1856)华花宁波圣经书房铅印本

　　1函1册;18.4厘米

　　PKUL(X/252.06/8220)

4679 圣经学规纂二卷（清）李塨著 民国十二年(1923)四存学会铅印本

　　1函1册;18.1厘米

　　颜李丛书

　　PKUL(X/081.57/0110.1/C2:3)

　　附注:

　　　　题记:书根有胡适题字。

1487

4680 聖書衍義 （美）信士哈巴譯 清同治九年（1870）上海美華書館鉛印本
　　1函1冊;18.5厘米
　　PKUL（X/252.07/2467）
　　附注：
　　　印章:書衣有原書主簽名"Robert Lilly"。

4681 聖武親征錄校注一卷 王國維撰 民國十五年（1926）清華學校研究院鉛印本
　　1函1冊;15厘米
　　PKUL（X/910.108/1062/C2）
　　附注：
　　　題記:書根有胡適題字。

4682 聖賢高士傳贊一卷 （三國魏）嵇康撰 （清）嚴可均輯 清光緒二十七年（1901）大關唐氏刻本
　　1函1冊;18.2厘米
　　怡蘭堂叢書
　　PKUL（X/Z121.6/4）

4683 聖遺詩五卷 楊鍾羲撰 民國二十四年（1935）鉛印本
　　1函1冊;14厘米
　　墨巢叢刻
　　PKUL（X/811.18/4688/C3）
　　附注：
　　　題記:書根有胡適題字。

4684 聖證論補評二卷 （清）皮錫瑞著 清光緒二十五年（1899）刻本
　　1函1冊;17.9厘米
　　PKUL（X/Z126.27/1/C2）
　　附注：
　　　題記:書衣有胡適題記:"皮錫瑞所著書四種。傅孟真送我的。"

4685 尸子二卷 （清）汪繼培輯 清光緒三年（1877）浙江書局刻本

1函1册；18厘米

PKUL(X/B222.28/1/C2)

附注：

題記：書根有胡適題字。

4686 施案奇聞八卷九十七回 （清）佚名撰 清嘉慶三年（1798）刻本

1函8册；17.1厘米

PKUL(X/813.337/0347.1)

附注：

題記：書根有胡適題字。

4687 施愚山先生學餘文集二十八卷 （清）施閏章著 清康熙四十七年（1708）棟亭刻本

1函6册；17.8厘米

PKUL(S/I214.92/5)

附注：

題記：書根有胡適題字。

4688 施忠愍公遺集七卷 （明）施邦曜著 清光緒四年（1878）刻本

1函2册；17.3厘米

PKUL(X/I214.82/10)

附注：

題記：書根有胡適題字。

4689 師伏堂筆記三卷 （清）皮錫瑞撰 民國十九年（1930）長沙楊氏積微居刻本

1函1册；15.8厘米

PKUL(X/Z429.5/3)

附注：

題記：書根有胡適題字；書前有贈書者題記："適之先生惠存，樹達敬贈。"

4690 師友淵源記一卷 （清）陳奐撰 民國二十三年（1934）北平琉璃廠邃雅齋影印本
　　1 函 1 冊；14 厘米
　　邃雅齋叢書
　　PKUL（X/081.18/4484）
　　附注：
　　　題記：書根有胡適題字。

4691 詩本誼一卷 （清）龔橙撰 清光緒十五年（1889）刻本
　　1 函 1 冊；18.1 厘米
　　半厂叢書
　　PKUL（X/I222.2/5）
　　附注：
　　　題記：書根有胡適題字。

4692 詩傳名物集覽十二卷 （清）陳大章著 清光緒十七年（1891）三餘草堂刻本
　　1 函 6 冊；16.5 厘米
　　湖北叢書
　　PKUL（X/081.473/4995/C2:3-:4）
　　附注：
　　　題記：書根有胡適題字。

4693 詩集傳名物鈔八卷 （元）許謙撰 清同治八年（1869）退補齋刻本
　　1 函 8 冊；19.7 厘米
　　金華叢書
　　PKUL（X/081.478/4777/C2）
　　附注：
　　　題記：書根有胡適題字。

4694 詩解鈔一卷 （宋）唐仲友撰 清宣統三年（1911）金陵教育會石印本
　　1 函 1 冊；21.2 厘米

金華唐氏遺書

PKUL(X/081.55/0090)

附注：

    題記：書根有胡適題字。

4695 詩經傳註八卷 （清）李塨撰 民國十二年（1923）四存學會鉛印本

    1函4冊；18.1厘米

    顏李叢書

    PKUL(X/081.57/0110.1/C2：2)

    附注：

        題記：書根有胡適題字。

4696 詩經傳註八卷 （清）李塨撰 清道光二十四年（1844）刻本

    1函4冊；18.8厘米

    PKUL(X/093.2/7404/C2)

    附注：

        印章：序後鈐有"胡適之印"朱文方印。

        題記：序後有胡適題記："廿三年二月十八日（舊曆甲戌元旦後五日）我在廠甸買得此書，價四圓。此書已收入存學會本《顏李全書》內，錯字甚多，此本可借校勘。"

4697 詩經四家異文攷補一卷 江瀚撰 清宣統元年（1909）番禺沈氏晨風閣刻本

    1函1冊；13厘米

    晨風閣叢書

    PKUL(X/081.18/3436/C4：1)

    附注：

        題記：書衣有胡適題記："十二，二，十，已近舊曆年底了，買得這部書，價拾元，較平時為廉。胡適。"

4698 詩經四家異文攷補一卷 江瀚撰 民國十三年（1924）太原長汀江氏鉛印本

    1函1冊；17.2厘米

1491

長汀江先生著書五種
PKUL(X/081.58/3138/C3)

附註：
題記：書根有胡適題字。

4699 詩經通解三十卷 林義光著 民國十九年(1930)衣好軒鉛印本
1函5冊；16厘米
PKUL(X/093.2/4489.1)

附註：
題記：封面有贈書者題記："敬贈適之先生"；書根有胡適題字。

4700 詩經原始十八卷卷首二卷 (清)方玉潤撰 民國三年(1914)雲南圖書館刻本
1函8冊；17.5厘米
雲南叢書
PKUL(X/093.3/7013/C4)

附註：
題記：書衣有贈書者題記："適之先生惠存，後學楊鴻烈謹贈"；書根有胡適題字。

4701 詩經傳注八卷 (清)李塨撰 清道光二十四年(1844)蠡縣李氏刻本
1函4冊；19厘米
PKUL(X/093.2/7404/C2)

附註：
印章：序末鈐有"胡適之印"。
題記：序末有胡適題記："廿三年二月十八日（舊曆甲戌元旦後五日）我在廠甸買得此書，價四圓。此書已收入四存學會本《顏李全書》內，錯字甚多，此本可借校勘。胡適。"

4702 詩律武庫十五卷後集十五卷 (宋)呂祖謙撰 清同治間(1862—1874)退補齋刻本
1函4冊；19.7厘米

金華叢書

PKUL(X/081.478/4777/C2)

附注：

    題記：書根有胡適題字。

4703 詩品注三卷（南朝梁）鍾嶸著 陳廷傑注 民國二十年(1931)上海開明書店鉛印本

    1函1冊;14.8厘米

    PKUL(X/811.104/8229.8/C2)

    附注：

        印章：封面有胡適簽名"胡適"。

        批注圈劃：《南史本傳》內有胡適批注圈劃。

4704 詩藪十六卷（內編六卷外編四卷雜編六卷）（明）胡應麟撰 清(1644—1911)廣雅書局刻本

    1函4冊;20.8厘米

    PKUL(X/811.104/4700.1)

    附注：

        題記：書衣有胡適題記："明胡應麟的《詩藪》，內編，外編，雜編。"（書衣殘破，部分文字不全。）

4705 詩序辨一卷（宋）朱熹著 清康熙間(1662—1722)禦兒呂氏寶誥堂刻本

    1函1冊;18厘米

    朱子遺書

    PKUL(X/081.55/2540.1/C3)

4706 詩疑二卷（宋）王柏撰 清同治八年(1869)退補齋刻本

    1函1冊;20.5厘米

    金華叢書

    PKUL(X/081.478/4777/C2)

    附注：

題記:書根有胡適題字。

4707 十二門論一卷 (後秦)釋鳩摩羅什譯 清光緒二十一年(1895)南京金陵刻經處刻本

 1函1冊;17.6厘米

 PKUL(X232.33/4062d/C2)

 附注:

  批注圈劃:書內八處有胡適批注。

4708 十二門論疏四卷 (後秦)釋鳩摩羅什譯 民國四年(1915)南京金陵刻經處刻本

 1函2冊;17.5厘米

 PKUL(X/232.33/4062a)

 附注:

  題記:書根有胡適題字。

4709 十駕齋養新錄二十卷 (清)錢大昕撰 清光緒十年(1884)長沙龍氏刻本

 1函6冊;18.7厘米

 嘉定錢氏潛研堂全書

 PKUL(X/081.57/8346:6-:7)

 附注:

  題記:書根有胡適題字。

4710 十駕齋養新錄二十卷餘錄三卷 (清)錢大昕撰 清嘉慶十一年(1806)刻本

 1函8冊;17.4厘米

 PKUL(X/088.7/8346.3/C2)

 附注:

  題記:書根有胡適題字。

4711 十經齋文集四卷 (清)沈濤撰 民國間(1912—1949)中國書店影印本

 1函2冊;14.7厘米

 PKUL(X/817.77/3435.1)

附注：

    題記：書根有胡適題字。

4712 十一居印存 張樾丞篆 民國二十四年（1935）北平同古堂影印本

    1函1册；21.1厘米

    PKUL(X/727.18/1141)

    附注：

        題記：書根有胡適題字。

4713 十憶詩一卷（清）吳玉搢撰 民國十年（1921）如皋冒氏刻本

    1函1册；16.5厘米

    楚州叢書

    PKUL(X/Z122.53/1)

    附注：

        題記：書根有胡適題字。

4714 石洞貽芳集二卷卷首一卷補遺一卷考異一卷（明）郭鈇撰 清光緒三年（1877）退補齋刻本

    1函2册；19.6厘米

    金華叢書

    PKUL(X/081.478/4777/C2)

    附注：

        題記：書根有胡適題字。

4715 石鼓然疑一卷（清）莊述祖撰 民國十四年（1925）錢塘汪氏刻本

    1函1册；15.8厘米

    食舊堂叢書

    PKUL(X/081.17/3148/C2:4)

    附注：

        題記：書根有胡適題字。

4716 石鼓為秦刻石考附影印石鼓文 馬衡撰 民國二十年(1931)石印本

　　1函1冊;19.6厘米

　　PKUL(X/991.33/7121)

　　附注：

　　　印章：書前鈐有"馬衡"朱文方印。

　　　題記：書前有作者題記："適之先生教正，馬衡"；書根有胡適題字。

4717 石鶴舫先生詩一卷詞一卷 (清)石芝著 清光緒四年(1878)胡傳鈔本

　　1函2冊;23.4厘米

　　PKUL(SB/811.176/1044-1)

附注：

　　印章：石鶴舫先生詞前鈐有"胡適之印"朱文方印。

　　題記：石鶴舫先生詞前有胡適題記："別時言語在心頭，那一句依他到底！石鶴舫詞句，胡適"；另函套有胡適題記："石鶴舫詩詞鈔，先父鐵花先生手寫本。十一年十月重裝。"

4718 石湖居士詩集三十四卷 (宋)范成大撰 清康熙二十七年(1688)蘇州顧氏依園刻本

　　1函8冊;20厘米

　　PKUL(X/811.157/4454/C2、SB/811.157/4454/C3)

　　附注：

　　　題記：一冊書籤有胡適題字；一冊書根有胡適題字。

　　　內附文件：書內附顧隨致胡適親筆信2頁。

4719 石經補考十一卷 (清)馮登府纂 清光緒十六年(1890)四川尊經書局刻本

　　1函4冊;19.9厘米

　　石經彙函

　　PKUL(X/098.5/3191.1)

　　附注：

　　　題記：書根有胡適題字。

4720 石經彙函十種 (清)王秉恩輯 清光緒十六年(1890)四川尊經書局刻本

1函16冊;19.9厘米

PKUL(X/098.5/3191.1)

附注：

　　題記:書根有胡適題字。

4721 石經考一卷 (清)顧炎武撰 清光緒十六年(1890)四川尊經書局刻本

1函1冊;19.9厘米

石經彙函

PKUL(X/098.5/3191.1)

附注：

　　題記:書根有胡適題字。

4722 石經考一卷 (清)顧炎武撰 清(1644—1911)蓬瀛閣刻本

1函1冊;18.4厘米

亭林遺書

PKUL(X/081.57/3191.2/C2)

附注：

　　題記:書根有胡適題字。

4723 石經考文提要十三卷 (清)彭元瑞撰 清光緒十六年(1890)四川尊經書局刻本

1函4冊;19.9厘米

石經彙函

PKUL(X/098.5/3191.1)

附注：

　　題記:書根有胡適題字。

4724 石經考異二卷 (清)杭世駿撰 清咸豐元年(1851)長沙小嫏嬛山館刻本

1函1冊;13厘米

杭氏七種

PKUL(X/081.57/4047a/C2)

1497

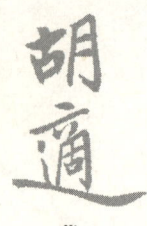

附注：

　　題記：書衣有胡適題記："民國六年十月三日，在琉璃廠買得這部書。價銅子四十四個。胡適。"

4725 石經考異二卷 （清）杭世駿撰 清光緒十六年（1890）四川尊經書局刻本

　　1函1冊；19.9厘米

　　石經彙函

　　PKUL（X/098.5/3191.1）

　　附注：

　　　　題記：書根有胡適題字。

4726 石林避暑錄話四卷 （宋）葉夢得撰 民國八年（1919）上海商務印書館鉛印本

　　1函2冊；14.5厘米

　　PKUL（X/818.953/44442.1）

　　附注：

　　　　題記：書根有胡適題字。

4727 石林遺書三種十一卷（石林家訓一卷石林燕語六卷禮記解四卷）（宋）葉夢得撰 清宣統三年（1911）刻本

　　1函4冊；18.2厘米

　　PKUL（X/Z124.2/1）

　　附注：

　　　　題記：書根有胡適題字。

4728 石渠餘紀六卷 （清）王慶雲撰 清光緒十六年（1890）龍氏刻本

　　1函6冊；13.9厘米

　　PKUL（X/917.013/1001/C6）

　　附注：

　　　　題記：書根有胡適題字。

4729 石泉書屋金石題跋一卷 （清）李佐賢著 清宣統三年（1911）江浦陳氏刻本

1函1册;15.8厘米

房山山房叢書

PKUL(X/Z121.6/2)

附注:

 題記:書根有胡適題字。

4730 石翁山房札記九卷 江瀚撰 民國十三年(1924)太原長汀江氏鉛印本

1函2册;17.2厘米

長汀江先生著書五種

PKUL(X/081.58/3138/C3)

附注:

 題記:書根有胡適題字。

4731 石遺室詩話三十二卷 陳衍撰 民國十八年(1929)上海商務印書館鉛印本

1函4册;17.7厘米

PKUL(X/811.104/7521/C4)

附注:

 題記:書根有胡適題字。

4732 拾遺錄一卷 (明)胡儼撰 民國五年(1916)南昌退廬刻本

1函1册;15.9厘米

豫章叢書

PKUL(X/088.6/4790)

附注:

 題記:書根有胡適朱筆題字。

4733 食舊堂叢書二十一種 (清)汪大鈞輯 民國十四年(1925)錢塘汪氏刻本

4函24册;15.8厘米

PKUL(X/081.17/3148/C2)

附注:

 題記:書根有胡適題字。

1499

4734 時報館紀念冊 時報館編 民國十年(1921)上海時報館鉛印本
　　1函1冊;26厘米
　　PKUL(X/G219.28/1)
　　附注:
　　　題記:書根有胡適題字。

4735 史懷二十卷 (明)鍾惺撰 清光緒十七年(1891)三餘草堂刻本
　　1函6冊;16.5厘米
　　湖北叢書
　　PKUL(X/081.473/4995/C2:6)
　　附注:
　　　題記:書根有胡適題字。

4736 史諱舉例八卷 陳垣撰 民國二十二年(1933)勵耘書屋刻本
　　1函1冊;18.1厘米
　　PKUL(X/910.09/7541/C3)
　　附注:
　　　題記:書根有胡適題字。

4737 史記訂補八卷 李笠撰 民國十三年(1924)瑞安李氏橫經室刻本
　　1函4冊;16.8厘米
　　PKUL(X/910.9115/4088/C3)
　　附注:
　　　題記:書根有胡適題字。

4738 史記釋疑三卷 (清)錢唐撰 民國二十三年(1934)北平琉璃廠邃雅齋影印本
　　1函1冊;14厘米
　　邃雅齋叢書
　　PKUL(X/081.18/4484)
　　附注:

題記:書根有胡適題字。

4739 史記探源八卷 崔適撰 民國十三年(1924)國立北京大學出版部鉛印本

　　1函2冊;16.4厘米

　　PKUL(X/910.9117/2230.2/C3)

　　附注:

　　　　題記:書根有胡適題字。

4740 史通通釋二十卷 (唐)劉知幾撰 (清)浦起龍釋 清光緒二十五年(1899)上海寶文書局石印本

　　1函10冊;12.9厘米

　　PKUL(X/910.04/7282.15)

　　附注:

　　　　題記:書根有胡適題字。

4741 史微内篇四卷 張采田撰 清光緒三十四年(1908)鉛印本

　　1函2冊;18.7厘米

　　多伽羅香館叢書

　　PKUL(X/088.8/1126.1)

　　附注:

　　　　題記:書根有胡適題字。

4742 史姓韻編六十四卷 (清)汪輝祖輯 清光緒十年(1884)慈谿耕餘樓書局鉛印本

　　2函16冊;14.9厘米

　　PKUL(X/971.03/3193a3)

　　附注:

　　　　題記:書根有胡適題字。

4743 史姓韻編六十四卷 (清)汪輝祖輯 清光緒間(1875—1908)上海中西書局石印本

　　1函4冊;16.9厘米

PKUL(X/971.03/3193a1/C2)

附注：

題記：書衣有胡適題記："傅孟真送給我的。適。"

4744 **史詠詩集二卷**（宋）徐鈞著 民國十三年（1924）永康胡氏夢選廎刻本
1函1冊；18.2厘米
續金華叢書
PKUL(X/081.478/4777a/C2:6)

附注：

題記：書根有胡適題字。

4745 **史籀篇疏證一卷敘錄一卷** 王國維撰 民國五年（1916）上海倉聖明智大學影印本
1函1冊；14.8厘米
廣倉學宭叢書甲類第一集
PKUL(X/081.18/4127/C2:1)

附注：

題記：書根有胡適題字。

4746 **使德日記一卷**（清）李鳳苞撰 清光緒間（1875—1908）元和江氏湖南使院刻本
1函1冊；16.2厘米
靈鶼閣叢書第二集
PKUL(X/081.17/3141/C2:1)

附注：

題記：書根有胡適題字。

4747 **使徒保羅達加拉太書註釋** 清光緒四年（1878）上海美華書館鉛印本
1函1冊；19.7厘米
PKUL(X/252.74/4545)

4748 **使徒行傳註釋**（美）倪維思注 清同治七年（1868）上海美華書館鉛印本

1函1冊;18.4厘米

PKUL(X/259.2/1243)

4749 使徒雅各書註釋 （美）陶錫祈譯 清光緒二年(1876)上海美華書館鉛印本

1函1冊;19.5厘米

新約全書註釋

PKUL(X/252.79/7783)

4750 士禮居藏書題跋記六卷 （清）黃丕烈撰 清光緒八年(1882)刻本

1函2冊;16.7厘米

PKUL(X/018.18/4412.1/C2)

附注：

題記:書根有胡適題字。

4751 士禮居藏書題跋記六卷 （清）黃丕烈撰 清光緒間(1875—1908)石印本

1函2冊;12.1厘米

PKUL(X/018.18/4412.2)

附注：

題記:書根有胡適題字。

4752 士禮居藏書題跋記續二卷 （清）黃丕烈撰 （清）繆荃孫輯 清光緒二十二年(1896)元和江氏湖南使院刻本

1函2冊;16.2厘米

靈鶼閣叢書第二集

PKUL(X/081.17/3141/C2:2)

附注：

題記:書根有胡適題字。

4753 士禮居黃氏叢書二十種 （清）黃丕烈編 清光緒十三年(1887)上海蜚英館石印本

4函30冊;16.1厘米

PKUL(X/081.17/4411/C2)

附注：

印章：書名頁鈐有"胡適之印"朱文方印。

題記：書名頁有胡適題記："一九二一，丁福保影印，適。"

4754 世本六卷 （漢）宋衷注 （清）茆泮林輯 民國六年（1917）潮陽鄭氏龍谿精舍刻本

1函2冊；17.4厘米

龍谿精舍叢書

PKUL(X/081.18/8762/C2:2)

附注：

題記：書根有胡適題字。

4755 世説新語六卷 （南朝宋）劉義慶撰 （南朝梁）劉孝標注 民國六年（1917）上海商務印書館鉛印本

1函6冊；15.4厘米

PKUL(X/813.113/7280.16)

附注：

題記：書根有胡適題字。

4756 世説新語六卷 （南朝宋）劉義慶撰 （南朝梁）劉孝標注 清光緒十七年（1891）思賢講舍刻本

1函4冊；17.9厘米

PKUL(X/813.113/7280.11/C2)

附注：

題記：書根有胡適題字。

4757 世説新語六卷 （南朝宋）劉義慶撰 （南朝梁）劉孝標注 清光緒十七年（1891）思賢講舍刻本

1函5冊；17.9厘米

PKUL(X/813.113/7280.11/C4)

附注：

  題記：書根有胡適題字。

  其他：本書存4卷。

4758 世説新語三卷（南朝宋）劉義慶撰（南朝梁）劉孝標注 民國六年（1917）潮陽鄭氏龍谿精舍刻本

  1函5冊；17.4厘米

  龍谿精舍叢書

  PKUL(X/081.18/8762/C2:9)

  附注：

    題記：書根有胡適題字。

4759 市政論一卷 程霖生撰 民國十四年（1925）鉛印本

  1函1冊；19.2厘米

  PKUL(X/373.082/2612/C2)

  附注：

    題記：書根有胡適題字。

4760 侍疾日記一卷（清）梁濟著 民國十四年（1925）京華印書局鉛印本

  1函1冊；17.8厘米

  桂林梁先生遺書

  PKUL(X/081.57/3330/C2)

  附注：

    題記：書根有胡適題字。

4761 室名索引一卷 陳乃乾 陶毓英編輯 民國二十二年（1933）共讀樓鉛印本

  1函1冊；12.8厘米

  PKUL(X/971.036/7514.3/C3)

  附注：

    題記：書根有胡適題字。

4762 適可齋記言四卷記行六卷（清）馬建忠撰 清光緒二十二年（1896）南徐馬氏刻本

　　1函4冊；17.6厘米

　　PKUL（X/818/7115/C3、X/818/7115/C4）

　　附注：

　　　題記：書根有胡適題字。

　　　其他：本書有2套。

4763 釋大八篇（清）王念孫撰 民國間（1912—1949）鉛印本

　　1函1冊；18.2厘米

　　PKUL（X/H162/2、X/415.8/1081）

　　附注：

　　　題記：一冊書衣有胡適題記："王念孫 釋大"；書根有胡適題字。一冊書衣有他人題寫書名"王懷祖釋大"；書根有胡適題字。

　　　其他：本書有2冊。

4764 釋名八卷（漢）劉熙撰 民國六年（1917）潮陽鄭氏龍谿精舍刻本

　　1函1冊；17.4厘米

　　龍谿精舍叢書

　　PKUL（X/081.18/8762/C2：1）

　　附注：

　　　題記：書根有胡適題字。

4765 釋名四卷（漢）劉熙撰 清（1644—1911）刻本

　　1函1冊；19.6厘米

　　PKUL（X/415.2/7277.3）

　　附注：

　　　題記：書根有胡適題字。

4766 釋名疏證補八卷續釋名一卷釋名補遺一卷釋名疏證補附一卷（漢）劉熙撰（清）畢沅疏證（清）王先謙撰集 清光緒二十二年（1896）刻本

1函4册;18.1厘米

PKUL(X/415.2/7277.2)

附注:

　　题记:书根有胡适题字。

4767 释摩诃衍论十卷 (后秦)释波罗末陀 筏提摩多同译 清(1644—1911)金陵刻经处刻本

1函4册;17.6厘米

PKUL(X/232.71/7644)

附注:

　　题记:书衣有赠书者题记:"适之先生惠阅,邓柏城";书根有胡适题字。

4768 释史一卷 王国维撰 民国五年(1916)上海仓圣明智大学铅印本

1函1册;14.8厘米

广仓学宭丛书甲类第一集

PKUL(X/081.18/4127/C2:1)

附注:

　　题记:书根有胡适题字。

4769 释氏要览三卷 (宋)释道诚集 日本宽永四年(1627)刻本

1函3册;22.5厘米

PKUL(SB/232.1/3803)

附注:

　　题记:书根有胡适题字。

4770 守白词二卷 许之衡撰 民国十八年(1929)北平石印本

1函2册;16.7厘米

PKUL(X/811.78/0832)

附注:

　　印章:书衣钤有"许守白"朱文方印。

　　题记:书衣有作者题记:"适之先生教,之衡敬贻。"

4771 授經圖二十卷（明）朱睦㮮撰 清道光十九年（1839）刻本
　　1函2冊；17.6厘米
　　惜陰軒叢書
　　PKUL（X/090.6/6447）
　　附注：
　　　題記：書根有胡適題字。

4772 授堂金石文字續跋十四卷（清）武億著 清道光二十三年（1843）偃師武氏刻本
　　1函4冊；17.9厘米
　　授堂遺書
　　PKUL（X/081.57/1320/C3：1-：2）
　　附注：
　　　題記：書根有胡適題字。

4773 授堂詩鈔八卷（清）武億著 清道光二十三年（1843）偃師武氏刻本
　　1函1冊；17.9厘米
　　授堂遺書
　　PKUL（X/081.57/1320/C3：2）
　　附注：
　　　題記：書根有胡適題字。

4774 授堂文鈔八卷續集二卷（清）武億著 清道光二十三年（1843）偃師武氏刻本
　　1函1冊；17.9厘米
　　授堂遺書
　　PKUL（X/081.57/1320/C3：2）
　　附注：
　　　題記：書根有胡適題字。

4775 授堂遺書九種（清）武億著 清道光二十三年（1843）偃師武氏刻本
　　2函16冊；17.9厘米

PKUL(X/081.57/1320/C3)

附注:

題記:書根有胡適題字。

4776 壽愷堂集三十卷補編一卷 （清）周家禄撰 民國十至十一年(1921—1922)南通周氏鉛印本

1函8册;16.4厘米

PKUL(X/810.79/7733/C4、X/810.79/7733/C3)

附注:

題記:書根有胡適題字。

其他:本書有2套。

4777 殊域周咨錄二十四卷 （明）嚴從簡輯 民國十九年(1930)北平故宫博物院圖書館鉛印本

1函8册;16.6厘米

PKUL(X/910.7/6628/C2)

附注:

題記:書根有胡適題字。

4778 書舶庸譚四卷 董康著 民國十七年(1928)武進董氏影印本

1函3册;15.9厘米

PKUL(X/018.18/4400.1)

附注:

題記:書根有胡適題字。

4779 書傳輯錄纂註六卷 （元）董鼎輯錄 日本文化十一年(1814)刻本

1函5册;19.8厘米

PKUL(X/092.2/4422)

附注:

題記:書根有胡適題字。

1509

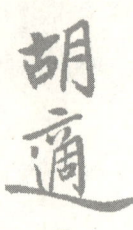

4780 書法約言一卷 （清）宋曹撰 民國十年（1921）如皋冒氏刻本

　　1函1冊；16.5厘米

　　楚州叢書

　　PKUL（X/Z122.53/1）

　　附注：

　　　題記：書根有胡適題字。

4781 書畫書録解題十二卷卷首一卷索引一卷 余紹宋撰 民國二十一年（1932）國立北平圖書館鉛印本

　　1函6冊；16.4厘米

　　PKUL（X/730.031/8023/C4）

　　附注：

　　　題記：書根有胡適題字；封面有胡適題記："孫洪芬贈,胡適。"

4782 書集傳或問二卷 （宋）陳大猷撰 民國十三年（1924）永康胡氏夢選廎刻本

　　1函2冊；18.2厘米

　　續金華叢書

　　PKUL（X/081.478/4777a/C2：1）

　　附注：

　　　題記：書根有胡適題字。

4783 書集傳纂疏六卷 （宋）陳櫟撰 日本文化八年（1811）日本發弘書林刻本

　　1函6冊；19.8厘米

　　PKUL（X/092.2/7542）

　　附注：

　　　題記：書根有胡適題字。

4784 書經六卷 （宋）蔡沈集傳 清光緒十九年（1893）浙江書局刻本

　　1函4冊；19.2厘米

　　PKUL（X/092.2/4434.3）

　　附注：

1510

題記:書根有胡適題字。

4785 書目長編二卷 邵瑞彭等輯 民國十七年(1928)京師鉛印本

　　1函2冊;14.9厘米

　　PKUL(X/011.1/1714/C4)

　　附注:

　　　題記:書根有胡適題字。

4786 書目答問 (清)張之洞撰 清光緒四年(1878)上海淞隱閣鉛印本

　　1函4冊;12厘米

　　PKUL(X/018.5/1133.3/C2)

　　附注:

　　　題記:書衣有胡適題記:"《書目答問》,胡適。"

4787 書目舉要一卷 周貞亮 李之鼎同編 民國九年(1920)南城宜秋館刻本

　　1函1冊;16厘米

　　PKUL(X/011.1/7720/C3)

　　附注:

　　　題記:書根有胡適題字。

4788 書目舉要補一卷 周貞亮 李之鼎同編 陳鐘凡補正 民國間(1912—1949)鉛印本

　　1冊1函;18.2厘米

　　PKUL(X/011.1/7720a)

　　附注:

　　　批注圈劃:書內一處有胡適批注。

4789 書拾補初編三十七卷末一卷 (清)盧文弨撰 清光緒十五年(1889)會稽徐氏鑄學齋刻本

　　1函9冊;19.1厘米

　　紹興先正遺書

1511

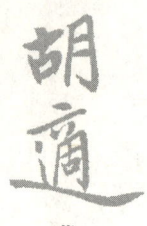

PKUL(X/081.478/2844/C2:1)

附注：

　　題記：書根有胡適題字。

4790 書疑九卷（宋）王柏撰 清同治八年(1869)退補齋刻本

　　1函2冊；19.7厘米

　　金華叢書

　　PKUL(X/092.78/1042)

　　附注：

　　　題記：書根有胡適題字。書衣有贈書者題記："送給適之，玄同。一九二一，□□。"

4791 樞言一卷續一卷（清）王柏心著 清光緒十七年(1891)三餘草堂刻本

　　1函1冊；16.5厘米

　　湖北叢書

　　PKUL(X/081.473/4995/C2:10)

　　附注：

　　　題記：書根有胡適題字。

4792 樞垣記畧十六卷（清）梁章鉅撰 清道光十五年(1835)刻本

　　1函4冊；17.7厘米

　　PKUL(X/917.05/3308.1/C2)

　　附注：

　　　題記：書根有胡適題字。

4793 蜀碑記十卷卷首一卷附辨譌考異一卷（宋）王象之撰（清）胡鳳丹纂輯 清同治八年(1869)退補齋刻本

　　1函1冊；19.6厘米

　　金華叢書

　　PKUL(X/081.478/4777/C2)

　　附注：

題記:書根有胡適題字。

4794 蜀碧四卷 (清)彭遵泗撰 清(1644—1911)肇經堂刻本
1函2冊;17.9厘米
PKUL(X/917.15/4233.1)

附注:

題記:書衣後有贈書者題記:"適之先生惠存,嘉鑄寄贈。成都,二十年九月十九日";書根有胡適題字。

4795 述學(内篇三卷補遺一卷外篇一卷別錄一卷) (清)汪中撰 清同治八年(1869)揚州書局刻本
1函2冊;19.7厘米
PKUL(X071/3150.2/C3)

附注:

印章:内封鈐有"胡適藏書"印章。

題記:書衣有贈書者題記:"贈適之先生,馬裕藻";另函套書籤有胡適題記:"汪中的《述學》,馬幼漁先生送我的。九,六,二二。"

4796 述異記二卷 (南朝梁)任昉撰 清光緒三十年(1904)影刻本
1函1冊;18.5厘米
隨庵徐氏叢書
PKUL(X/081.17/2816b/C2)

4797 恕谷後集十三卷 (清)李塨著 清雍正四年(1726)刻本
1函4冊;19.7厘米
PKUL(SB/817.729/4044.2)

附注:

題記:目錄前有胡適題記:"此本即是四存學會所印《恕谷後集》的底本。王穎跋四存本說,'每篇俱有評點,今祇錄本文'。我前幾天過廠甸見此本,不曾買成,心裡常念著他。今天重到廠甸,買成此書,價四圓。此本評語中,間有可供參攷的,卷首的遺像尤可寶貴。胡適,一九三一,三,一。"

4798 恕谷後集十三卷 （清）李塨著 民國十二年（1923）四存學會鉛印本

　　1函2冊；18.1厘米

　　顏李叢書

　　PKUL（X/081.57/0110.1/C2:4）

　　附注：

　　　題記：書根有胡適題字。

4799 恕谷中庸講語一卷 （清）李塨述 （清）李魁春等録 民國十二年（1923）四存學會鉛印本

　　1函1冊；18.1厘米

　　顏李叢書

　　PKUL（X/081.57/0110.1/C2:3）

　　附注：

　　　題記：書根有胡適題字。

4800 庶幾堂今樂四種 （清）余治撰 清（1644—1911）刻本

　　1函2冊；16.1厘米

　　PKUL（X/812.087/0298）

　　附注：

　　　題記：書根有胡適題字。

4801 數書九章十八卷附札記四卷 （宋）秦九韶撰 清道光二十二年（1842）上海郁氏刻本

　　2函11冊；18.2厘米

　　宜稼堂叢書

　　PKUL（X/081.17/4742/C4）

　　附注：

　　　題記：書根有胡適題字。

4802 數珠功德經鈔一卷 （唐）釋義淨譯 日本寬文十二年（1672）日本前川莊兵衛

刻本

1函1册;22.6厘米

PKUL(SB/232.38/8032)

附注:

题记:书根有胡适题字。

4803 霜红龛集四十卷 (清)傅山撰 民国七年(1918)晋省晋新书社铅印本

1函8册;16厘米

PKUL(X/810.71/2322.2)

附注:

题记:书衣有胡适题记:"八年十月我到太原,住在傅先生祠内。我做小孩的时候已经读过关于傅先生的'神话'和'逸事',故到街上去寻了这部书来,价二元一角二分。胡适。"

4804 霜天碧一卷 丁传靖撰 民国间(1912—1949)刻本

1函1册;14.5厘米

闇公杂著

PKUL(X/812.8/1020a)

附注:

批注圈划:卷端一处有胡适批注。

4805 双报应二卷 (清)嵇永仁撰 清(1644—1911)刻本

1函4册;18.2厘米

PKUL(X/I237.2/3a)

附注:

题记:书根有胡适题字。

4806 双池先生年谱四卷 (清)余龙光编 清同治五年(1866)刻本

1函2册;17.9厘米

PKUL(X/979.2/1692)

附注:

題記：書根有胡適題字。

4807　雙峰先生內外服制通釋七卷　（宋）車垓撰　清宣統三年（1911）沈氏刻本
　　　1函2冊；13.1厘米
　　　枕碧樓叢書
　　　PKUL(X/081.18/3435/C2)

4808　雙劍誃尚書新證四卷　于省吾撰　民國二十三年（1934）影印本
　　　1函2冊；15.7厘米
　　　PKUL(X/092.74/1091)
　　　附註：
　　　　題記：書根有胡適題字；書衣有作者題記："適之先生教正。"

4809　雙劍誃詩經新證四卷　于省吾撰　民國二十五年（1936）影印本
　　　1函1冊；15.8厘米
　　　PKUL(X/093.74/1091/C3)
　　　附註：
　　　　題記：書根有胡適題字。

4810　雙劍誃諸子新證十種二十八卷（管子新證四卷晏子春秋新證二卷墨子新證四卷荀子新證四卷老子新證一卷莊子新證二卷韓非子新證四卷呂氏春秋新證二卷淮南子新證四卷法言新證一卷）　于省吾撰　民國二十九年（1940）鉛印本
　　　1函4冊；16.4厘米
　　　PKUL(X/111.107/1091/C2)
　　　附註：
　　　　題記：書根有胡適題字；書衣有贈書者題記："適之先生指教。"

4811　雙鑑樓善本書目四卷　傅增湘編　民國十八年（1929）江安傅氏刻本
　　　1函2冊；17.1厘米
　　　PKUL(X/019/2343/C3)
　　　附註：

題記:書根有胡適題字。

批注圈劃:序後一處有胡適批注。

4812 雙千字文 清末刻本

1函1冊;18.2厘米

耶穌布道書三種

PKUL(X/259.2/1243)

4813 雙辛夷樓詞一卷 (清)李宗褘撰 民國九年(1920)活字本

1函1冊;18.5厘米

PKUL(X/I222.85/12)

附注:

題記:書根有胡適題字。

4814 雙硯齋詞鈔二卷 (清)鄧廷楨撰 民國九年(1920)刻本

1函1冊;17.6厘米

PKUL(X/I222.849/13/C2)

附注:

題記:書根有胡適題字。

4815 雙硯齋詩鈔十六卷 (清)鄧廷楨撰 清光緒三年(1877)刻本

1函4冊;17.7厘米

PKUL(X/811.178/1714/C2)

附注:

題記:書根有胡適題字。

4816 水地記一卷 (清)戴震撰 清光緒三十四年(1908)京師鉛印本

1函1冊;17.6厘米

問影樓輿地叢書

PKUL(X/981.08/4764/C2)

附注:

題記：書根有胡適題字。

4817 水滸一百回 （明）施耐庵撰 民國二十二年（1933）北平流通圖書館鉛印本

1 函 8 冊；15 厘米

PKUL（X/813.395/0810.17/C2）

附注：

印章：書前鈐有"胡適"朱文方印。

4818 水經四十卷 （漢）桑欽撰 （北魏）酈道元注 清康熙間（1662—1722）項氏群玉書堂刻本

2 函 6 冊；18 厘米

PKUL（SB/981.341/1731.1/C4）

附注：

題記：書前有胡適題記："去年十一月十夜，我寫了一篇長跋，記兼士家藏此本的幾個奇特之點。今年二月兼士贈我此書。胡適，卅六，二，十五"，"今年五月我得見謝山五校本真蹟全部，始知我前跋有是有非，當重寫一跋以更正前文之失。卅六，六，一"。

批注圈劃：書內多處有胡適批注。

內附文件：書內有胡適題記 5 頁。

4819 水經四十卷 （漢）桑欽撰 （北魏）酈道元注 清乾隆十八年（1753）新安黃晟槐蔭草堂刻 同治二年（1863）長沙余氏補修

1 函 12 冊；18 厘米

PKUL（S/K928.4/2/C3）

附注：

印章：書內有胡適印章。

題記：書前有胡適題記："江蘇省立圖書館藏的雙韭山房校本，缺前四卷，只存三十六卷。民國卅五年十一月十六日在南京夫子廟買得這部爛板黃晟本，作為借校全氏校本之用。胡適。"

內附文件：書內有胡適夾箋 7 頁。

4820 水經四十卷 （漢）桑欽撰 （北魏）酈道元注 清乾隆十八年（1753）新安黃晟槐蔭草堂刻本

    2函12冊；18厘米

    PKUL(S/K928.4/2/C4)

    附注：

        印章：序及卷首鈐有"胡適之印"朱文方印。

4821 水經四十卷 （漢）桑欽撰 （北魏）酈道元注 清乾隆十八年（1753）新安黃晟槐蔭草堂刻本

    1函2冊；18厘米

    PKUL(S/K928.4/2/C2)

    附注：

        批注圈劃：書內多處有胡適朱筆批注。

        其他：本書存卷1—6。

4822 水經釋地八卷 （清）孔繼涵撰 清光緒間（1875—1908）南陵徐氏刻本

    1函2冊；16.6厘米

    積學齋叢書

    PKUL(X/081.17/2816a/C2:2)

    附注：

        題記：書根有胡適題字。

4823 水經注四十卷 （漢）桑欽撰 （北魏）酈道元注 明崇禎二年（1629）古香齋刻本

    3函24冊；20.1厘米

    PKUL(SB/981.341/1731.5/C4)

    附注：

        印章：序首頁鈐有"胡適之印"朱文方印；序後鈐有"適之"朱文方印；書內有胡適印章。

        題記：書前有胡適題記："朱謀㙔《水經注箋》，原刻譚元春批點本，即所謂竟陵本。胡適"；序後有胡適題記："譚刻朱箋為項絪刻本的底本，我在美國英國遍借不得，故託孫子書先生代買一部。現在看了此本，才知道四庫館本校語所謂'近刻'正是這個本子！民國卅六年四月七日，胡適。"

4824 水經注四十卷 （北魏）酈道元撰 清光緒三年（1877）湖北崇文書局刻本

2 函 12 冊；19.1 厘米

PKUL（SB/981.341/1731.12/C2）

附注：

題記：書衣有顧廷龍朱筆題記："卅七年九月，據常熟瞿氏鐵琴銅劍廔明鈔本校。卷二十七至四十為徐森玉先生校。卷七至九，卷十四至十六，卷廿一至廿六為胡文楷先生校。卷一至六，卷十至十三，卷十七至二十為龍校。歷時兩月竣事，即呈適之先生鑒正。十二月一日，顧廷龍并記。"

4825 水經注四十卷 （北魏）酈道元撰 清末（1821—1911）刻本

1 函 12 冊；13.8 厘米

PKUL（SB/981.341/1731.13）

附注：

印章：前護頁鈐有"胡適"朱文方印。

題記：前護頁有胡適題記："此本是翻刻江蘇翻聚珍板。提要末葉有"岳邑向博文刊刻"一行字。有岳字的縣名，清朝似止有四川的岳池縣？不知這個"岳邑"是不是岳池？王重民先生贈我此書。胡適，卅七，六，九夜。"

與胡適的關係：書衣有胡適題簽："水經注 翻江蘇翻聚珍板。"

4826 水經注四十卷補遺一卷附錄二卷 （北魏）酈道元撰 清光緒十四年（1888）無錫薛氏刻本

2 函 16 冊；17 厘米

PKUL（SB/981.341/1731.16）

附注：

題記：序有胡適朱墨題記："卅七年五月八日在上海借得張氏約園鈔的王梓材本，帶回北平。五月十七夜用約園本試比較此本。胡適。"

批注圈劃：書內多處有胡適朱、綠、墨三色批注。

4827 水經注四十卷補遺一卷附錄二卷 （北魏）酈道元注 清光緒十四年（1888）無錫薛氏刻本

  2函12冊；16.7厘米

  PKUL(SB/981.341/1731.16/C1)

  附注：

    題記：序首頁天頭有胡適題記："卅七年五月八日，在上海借得張氏約園鈔的王梓材本，帶回北平。五月十七夜用約園本試比較此本。胡適。"另五校本題辭首頁天頭有胡適題記："此本所記硃筆校本，皆是過錄中央研究院藏的孫鏘校本。後見校改本，此等處多已挖改了。適之。"

4828 水經注四十卷補遺一卷附錄二卷 （北魏）酈道元注 清光緒十四年（1888）無錫薛氏刻本

  2函12冊；16.7厘米

  PKUL(SB/981.341/1731.16/C2)

  附注：

    印章：牌記頁鈐有"胡思杜印"朱文方印。

    題記：書衣有胡適題記："所謂'全氏七校水經注'初刻校改本。"牌記頁有胡思杜題記："民國卅八年六月廿七日胡思杜過錄一遍。"原序末頁有胡適題記："民國卅六年五月初借得天津圖書館藏的全謝山五校本，過錄在此本上。胡適。"原序末頁另一面有胡適題記："薛福成董沛刻成此書，所據鈔本錯誤不可勝計。有奉化孫鏘用何峽青鈔王梓材本及戴趙原書來校勘初刻本，校出錯誤一千餘條，董沛採用孫校本的絕大部分，改正不少。其不能挖改或補入者，則附入正誤表。此本即校改挖補之本也。例如'題辭'葉一下六行'字文虛中之說'，初刻說作記。下八行，'是必不出'初刻作'是不必出'。葉二下三行'厚齋'，初刻本作'厚齊'。例言初刻本只有十三條，改本增入三條。胡適記。卅五年九月十五日早。"

4829 水經注四十卷卷首一卷 （北魏）酈道元撰 清(1644—1911)刻本

  1函12冊；19.4厘米

  PKUL(SB/981.341/1731.15)

  附注：

題記：序後有胡適朱筆題記："來薰閣陳濟川先生贈我此本。不知何人的讀本，前幾卷過錄孫星衍校記，卷八葉五有'起案'，卷十葉七有'詒年注'皆不可攷。胡適。卅七，八，十五。"

批注圈劃：書內多處有胡適批注。

4830 水經注四十卷（北魏）酈道元撰 清乾隆三十七年（1772）刻本

2 函 12 冊；18.3 厘米

PKUL（SB/981.341/1731.2/C3）

附註：

印章：序及卷端有"胡適之印"朱文方印。

題記：書根有胡適題字。

批注圈劃：書內有胡適批注圈劃。

4831 水經注四十卷卷首一卷（北魏）酈道元撰 清光緒三年（1877）湖北崇文書局刻本

1 函 12 冊；19.8 厘米

PKUL（X/981.341/1731.12）

附註：

題記：書根有胡適題字。

4832 水經注釋四十卷附錄二卷卷首一卷刊誤十二卷（清）趙一清撰 清乾隆五十一年（1786）小山堂刻本

3 函 20 冊；29 厘米

PKUL（SB/981.3412/4913.1/C3）

附註：

印章：卷首鈐有"胡適之印"朱文方印。

4833 水經注釋四十卷附錄二卷卷首一卷刊誤十二卷（清）趙一清撰 清乾隆五十一年（1786）小山堂刻本

3 函 20 冊；28.8 厘米

PKUL（SB/981.3412/4913.1/C4）

附注：

印章：書名頁鈐有"胡適之印"、"秘閣檢閱"、"北塘金氏收藏"、"秋山紅樹精舍"朱文方印。前護頁鈐有"胡適"朱文方印；前護頁另一面鈐有"適之"朱文方印。

題記：書名頁背面有沈大成題記："庚辰初夏，從吾友吳中朱文游欵借何義門先生校本復校於廣陵。同觀者休寧戴東原震亦嗜古之士也。大成又記。是書，初與戴君同校于廣陵，甫數卷而余病中輟。今幸不死竣事，而東原聞爲人譛，拂衣歸歙。余淹留，臥疾在家，別未半載，事變如是，未知何日再与吾友商榷也。嗟嗟客子，畏人群邪醜，正吾兩人所謂。背影而馳者，宜其然耳。大雪後一日，大成又記。"前護頁有胡適題記："這部沈大成校本，過錄在乾隆五十一年初刻的趙一清水經註釋之上，可説是雙璧。趙氏書初本已很難得了；沈大成用季滄葦何義門兩本校勘，又鈔錄戴震早年校本，加上沈氏自己後來的校記，都可供考證資料。何義門校本，現存者以沈大成過錄本為最完備。此是聊城楊氏海源閣過錄本。胡適。民國卅五年八月廿九夜。"前護頁另一面有胡適題記："這部《水經註釋》是乾隆五十一年趙家初刻成後初次修改本。此書刻成後即有挖改之處。例如卷三，葉十六下'孟或作明'下小注'後之讀者'，四庫本作'有妄男者'；'祇聞'，庫本作'竊聞'；'遂謂字得通用'，庫本作'自矜所見為博'；'元文'，庫本作'作僞'。此皆初刻成後，校刻者發現此條可以開罪于畢沅，故挖改了。又如卷三十八，葉二上'縣故昭陵也'下小注一百廿三字，初刻本与四庫本全同；此本挖改此注第四行'漢表作洛陽'為'一本作洛陽'。至乾隆五十九年修改重刻本，此句又改回作'漢表'，而完全改了'今湖南'以下二十四字。趙氏書刻本有三種小異的本子，大致如此。胡適。"

4834 水經注釋四十卷卷首一卷附錄二卷勘誤十二卷（清）趙一清撰 清光緒六年（1880）蛟川張氏花雨樓刻本

2函16冊；19.6厘米

PKUL（SB/981.3412/4913.6）

附注：

印章：序後鈐有"適之手校"朱文方印。

題記:序後有胡適題記:"庚辰是光緒六年(1880)。張氏此刻參酌初刻未改本與修改本,說見他的兒子鴻桷後記。例如卷一葉一注文第一句'山三成'是用初刻未改本,修改本皆無'山'字。但《刊誤》此條(卷一,第一條)說'增山字非也'則是用修改本了,初刻本是主張增'山'字的。胡適,卅七,六,廿二。"

4835 水經注釋四十卷卷首一卷附錄二卷勘誤十二卷 (清)趙一清撰 清光緒六年(1880)會稽章氏刻本

  4函30冊;17.8厘米

  PKUL(SB/981.3412/4913.3)

  附注:

    印章:封面鈐有"胡適"朱文方印;原序鈐有"胡適之印"朱文方印。

    題記:書衣有胡適題記:"趙一清《水經注釋》光緒六年會稽章壽康翻刻乾隆五十九年趙家修改定本。"

    批注圈劃:書內五處有胡適綠、墨兩色批注。

    夾紙:有胡適朱筆題記1頁。

4836 水經注疏要刪四十卷補遺一卷 (清)楊守敬撰 清光緒三十一年(1905)觀海堂刻本

  1函6冊;20.7厘米

  PKUL(X/981.341/4634/C4)

  附注:

    題記:書根有胡適題字。

4837 水經注疏要刪補遺四十卷 (清)楊守敬撰 清宣統元年(1909)刻本

  1函6冊;20.5厘米

  PKUL(X/981.341/4634.4/C3)

  附注:

    題記:書根有胡適題字。

4838 水經注圖一卷 (清)汪士鐸撰 清咸豐十年(1860)刻本

1函1册;22.4厘米

PKUL(X/981.3416/3148.1/C5)

附注:

 题記:書衣有胡適題字。

4839 水仙辭 (法)保羅梵樂希著 梁宗岱譯 民國二十年(1931)上海中華書局鉛印本

1函1册;12.9厘米

PKUL(X/841.89/5074.1)

附注:

 題記:書根有胡適題字。

4840 水心先生文集二十九卷補遺一卷別集十六卷 (宋)葉適撰 清光緒八年(1882)瑞安孫氏刻本

1函16册;17厘米

PKUL(X/810.576/4430/C3)

附注:

 題記:書根有胡適題字。

 批注圈劃:書内有胡適批注。

4841 睡菴詩稿初刻二卷詩稿後刻四卷文稿十一卷 (明)湯賓尹著 明萬曆三十至三十九年(1602—1611)刻本

1函4册;22.7厘米

PKUL(SB/817.64/3622.2)

附注:

 題記:詩稿初刻目錄第3頁有胡適題記;書根有胡適題字。

4842 睡菴文稿二刻五卷睡菴詩稿二刻一卷 (明)湯賓尹著 明萬曆間(1573—1620)金雞李曙寰刻本

1函4册;20.9厘米

PKUL(SB/817.64/3622.1)

1525

附注：

    題記：書根有胡適題字。

4843 順德師著述（西游錄注一卷和林金石攷一卷朔方備乘札記一卷）（清）李文田撰 民國九年（1920）江陰繆氏刻本

    1 函 1 冊；12.5 厘米

    煙畫東堂小品

    PKUL（X/081.18/2741a/C2）

    附注：

        題記：書根有胡適題字。

4844 舜水文集二十五卷 （明）朱之瑜撰 民國二年（1913）鉛印本

    1 函 11 冊；18.1 厘米

    舜水遺書

    PKUL（X/081.56/2531/C3）

    附注：

        題記：書衣後有贈書者題記："《舜水遺書》一函，謹以祝適之先生大喜，家倫謹呈。"

4845 説法明眼論鈔三卷 （日）釋亮典撰 日本寬文十二年（1672）刻本

    1 函 1 冊；23.3 厘米

    PKUL（X/B944/3）

    附注：

        題記：書根有胡適題字。

4846 説郛一百卷 （元）陶宗儀纂 民國十六年（1927）上海商務印書館鉛印本

    4 函 40 冊；14.5 厘米

    PKUL（X/813.08/7732/C8）

    附注：

        題記：書根有胡適題字。

4847 説劍堂集四種(花語詞一卷珠江低唱一卷長相思詞一卷海山詞一卷)（清）潘飛聲撰 清光緒十七年(1891)羊城富文齋刻本

1函2冊;18.1厘米

PKUL(X/I222.85/11)

附注：

題記：書根有胡適題字。

4848 説文疊韻二卷卷首一卷卷末一卷（清）劉熙載 袁康同輯 清光緒五年(1879)刻本

1函2冊;17.9厘米

PKUL(X/H161/13)

附注：

題記：書衣有胡適題記："劉熙載《説文叠韻》"；書根有胡適題字。

4849 説文古籀補一卷附錄一卷（清）吳大澂撰 民國二年(1913)上海掃葉山房石印本

1函4冊;16.7厘米

PKUL(X/H161/2)

附注：

題記：書根有胡適題字。

4850 説文管見三卷（清）胡秉虔撰 清(1644—1911)績谿胡氏刻本

1函1冊;19厘米

PKUL(SB/411.234/4722/C3)

附注：

題記：書前有胡適題記："《説文管見》一本，價八角。此本甚可珍貴。上有墨筆硃筆兩種校記。墨校第一行云'空一字，移下，歸一律'。因此，我疑心此是胡荄甫(澍)的校本，當日荄甫為潘家校刻《滂喜齋叢書》，即用此墨校本付刻，故有'歸一律'的話。今以滂喜本校之，凡此本墨校所改，皆已改正。硃校似是刻成後改校，所校皆不及改正。卷上，頁十三，硃校云，'衛，世澤樓本無此字。'似是滂喜本刻成後，荄甫復得世澤樓(績溪胡

1527

氏家刻）本，校注其上。卷上，頁八，有硃校'目'字，墨校'倞'字，滂喜本改'倞'字，而'睇，自小視也'則不改。此可見晚（清）刻書家遠不如乾嘉時代校勘之工了。十三，十一，廿九，績谿胡適。"

4851　説文管見三卷（清）胡秉虔撰　清光緒間（1875—1908）貴池劉世珩刻本

1函1冊；16.4厘米

聚學軒叢書

PKUL（X/H161/9）

附注：

題記：書衣有胡適朱筆題記："太湖趙玉泉先生贈，胡適，卅七，三，五。"

4852　説文管見三卷（清）胡秉虔撰　清（1644—1911）刻本

1函1冊；18.9厘米

PKUL（X/H161/9.1）

附注：

題記：書衣有胡適題記："乙卯得於京師琉璃廠書肆　無住。績溪名著之一，胡翼謀贈胡適。六年十一月。"

4853　説文管見三卷（清）胡秉虔撰　清光緒七年（1881）刻本

1函3冊；11.7厘米

PKUL（X/411.234/4722.1）

附注：

題記：封面後有胡適題記："我收藏績溪人的作品頗多，《説文管見》的版本為最多，此其一也。適之。"

4854　説文解字三十二卷（漢）許慎撰（清）段玉裁注　民國十年（1921）上海掃葉山房石印本

1函12冊；16.2厘米

PKUL（X/411.233/7714.7/C3）

附注：

題記：書根有胡適題字。

4855 説文解字索隱一卷補例一卷 （清）張度撰 清光緒二十二年(1896)元和江氏湖南使院刻本

　　1函1冊；16.2厘米

　　靈鶼閣叢書第一集

　　PKUL(X/081.17/3141/C2:1)

　　附注：

　　　　題記：書根有胡適題字。

4856 説文解字校勘記殘槀一卷 （清）王念孫撰 清宣統元年(1909)番禺沈氏晨風閣刻本

　　1函1冊；12.5厘米

　　晨風閣叢書

　　PKUL(X/081.18/3436/C4:1)

　　附注：

　　　　題記：書衣有胡適題記："十二，二，十，已近舊曆年底了，買得這部書，價拾元，較平時為廉。胡適。"

4857 説文目録一卷附説文解字詁林序及纂例 丁福保編 民國十三年(1924)無錫丁氏鉛印本

　　1函1冊；19.1厘米

　　PKUL(X/411.2031/1032/C3)

　　附注：

　　　　題記：書衣有作者題記："適之先生惠存，福保敬貽。"

4858 説文闕義箋一卷 丁山著 民國十九年(1930)北平國立中央研究院歷史語言研究所影印本

　　1函1冊；15.7厘米

　　國立中央研究院歷史語言研究所單刊乙種之一

　　PKUL(X/H161/7、X/H161/7/C2)

　　附注：

題記：書根有胡適題字。

其他：本書有 2 冊。

4859 説文通俗六卷 顧之義輯 民國間（1912—1949）油印本

  1 函 2 冊；19.6 厘米

  PKUL（X/411.23/3138/C2）

  附注：

   題記：書衣有贈書者題記："先祖《説文通俗》十四卷，奉贈適之先生，九，十一，五。頡剛記。此書卷數為鈔印人所改，今成六卷。剛又記"；書根有胡適題字。

4860 説文通訓定聲十八卷補遺一卷 （清）朱駿聲撰 清光緒十四年（1888）上海鴻文書局石印本

  1 函 10 冊；11.6 厘米

  PKUL（X/411.08/2574.7）

  附注：

   題記：書衣有胡適題記："這部書是馬幼漁先生送我的。六年十一月，適。"

4861 説文通訓定聲十八卷檢韻一卷説雅十九篇古今韻準一卷 （清）朱駿聲撰 民國十七年（1928）上海掃葉山房石印本

  2 函 16 冊；16.7 厘米

  PKUL（X/411.08/2574.6）

  附注：

   題記：書根有胡適題字。

4862 説文徐氏新補新附考證一卷 （清）錢大昭撰 清光緒十七年（1891）南陵徐氏刻本

  1 函 1 冊；16.6 厘米

  積學齋叢書

  PKUL（X/081.17/2816a/C2:1）

附注：

題記：書根有胡適題字。

4863 説文易檢十四卷卷末一卷 （清）史恩綍輯 民國六年(1917)上海商務印書館影印本

1函10冊;14.2厘米

PKUL(X/H161/11)

附注：

題記：書根有胡適題字。

4864 説文引經考二卷 （清）吳玉搢著 清道光元年(1821)歸安姚氏刻本

1函1冊;18厘米

咫進齋叢書

PKUL(X/H161/8)

附注：

題記：書根有胡適題字。

4865 説文引經考異十六卷 （清）柳榮宗撰 清咸豐六年(1856)刻本

1函4冊;17.6厘米

PKUL(X/411.26/4793/C2)

附注：

題記：書根有胡適題字。

4866 説文引經攷證八卷 （清）陳瑑撰 清同治十三年(1874)湖北崇文書局刻本

1函2冊;19.1厘米

PKUL(X/411.26/7517/C2)

附注：

題記：書根有胡適題字。

4867 説文中象形字分類簡譜 劉蔭仁編 民國三十五年(1946)手稿本

1函1冊;22.2厘米

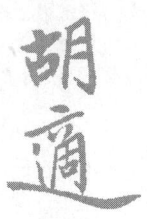

PKUL(X/H161/4)

附注:

　　内附文件:書内附劉蔭仁致胡適信1頁。

4868 説文籀文考證一卷補遺一卷　葉德輝撰　民國十九年(1930)南陽葉氏刻本

1函1册;17.7厘米

PKUL(X/H161/1、X/H161/1/C2)

附注:

　　題記:書根有胡適題字。

　　其他:本書有2册。

4869 説文轉注考四卷　姜忠奎著　民國二十二年(1933)濟南東方書社影印本

1函2册;25.5厘米

PKUL(X/H161/3)

附注:

　　題記:書根有胡適題字。

4870 説苑二十卷　(漢)劉向著　民國六年(1917)潮陽鄭氏龍谿精舍刻本

2函5册;17.4厘米

龍谿精舍叢書

PKUL(X/081.18/8762/C2:3-4)

附注:

　　題記:書根有胡適題字。

4871 朔方備乘札記一卷　(清)李文田撰　清光緒二十一年(1895)元和江氏湖南使院刻本

1函1册;16.2厘米

靈鶼閣叢書第二集

PKUL(X/081.17/3141/C2:1)

附注:

　　題記:書根有胡適題字。

4872 司空表聖文集十卷 （唐）司空圖撰 清光緒三十一年（1905）仁和朱氏刻本

1函2冊；18.9厘米

結一廬朱氏臘餘叢書

PKUL（X/081.17/2574/C2:2）

附注：

題記：書根有胡適題字。

4873 思菴閒筆一卷 （清）嚴虞惇撰 民國九年（1920）江陰繆氏刻本

1函1冊；12.5厘米

煙畫東堂小品

PKUL（X/081.18/2741a/C2）

附注：

題記：書根有胡適題字。

4874 思益梵天所問經四卷 （後秦）釋鳩摩羅什譯 清光緒五年（1879）南京金陵刻經處刻本

1函1冊；17厘米

PKUL（X/232.37/4062d）

附注：

題記：書衣胡適題記："朱芾皇贈。"

4875 思益堂集十九卷（思益堂詩鈔六卷古文二卷詞鈔一卷日札十卷） （清）周壽昌撰 清光緒十四年（1888）刻本

1函6冊；17.1厘米

PKUL（X/810.79/7746/C2）

附注：

印章：敘首頁鈐有"胡適之印章"朱文方印。

4876 四朝聞見錄五卷 （宋）葉紹翁撰 清嘉慶十九年（1814）浦城祝氏留香室刻本

1函2冊；19厘米

1533

浦城遺書

PKUL(X/081.481/3665/C2)

附注：

　　題記：書根有胡適題字。

4877 四朝佚聞二卷 金梁撰 民國二十五年（1936）復東印刷局鉛印本

1函1冊；17.8厘米

PKUL(X/917.05/8037/C3)

附注：

　　題記：書根有胡適題字。

4878 四存編（存治編一卷存人編四卷存學編四卷存性編二卷）（清）顏元著 民國十二年（1923）四存學會鉛印本

1函2冊；18.1厘米

顏李叢書

PKUL(X/081.57/0110.1/C2:1)

附注：

　　題記：書根有胡適題字。

4879 四洪年譜四種（清）洪汝奎輯 清宣統元年（1909）晦木齋刻本

1函4冊；19.1厘米

PKUL(X/979.208/3434/C2)

附注：

　　題記：書根有胡適題字。

4880 四教義六卷（隋）釋智顗撰 清（1644—1911）刻本

1函2冊；17.2厘米

PKUL(X/232.8/8621a/C2)

附注：

　　題記：書根有胡適題字。

4881 四考辨(宗廟考辨一卷郊社考辨一卷禘祫考辨一卷田賦考辨一卷) (清)李塨著 民國十二年(1923)四存學會鉛印本

1函1冊;18.1厘米

顏李叢書

PKUL(X/081.57/0110.1/C2:4)

附注:

題記:書根有胡適題字。

4882 四庫薈要目錄索引一卷 胡鳴盛編 民國十九年(1930)鉛印本

1函1冊;14.6厘米

PKUL(X013.7136/4767/C2)

附注:

題記:書根有胡適題字。

4883 四庫全書提要分纂稿一卷 (清)邵晉涵撰 清光緒十六年(1890)會稽徐氏鑄學齋刻本

1函1冊;19.4厘米

紹興先正遺書

PKUL(X/081.478/2844/C2:2)

附注:

題記:書根有胡適題字。

4884 四庫提要辨證(史部四卷子部八卷附校記) 余嘉錫撰 民國二十六年(1937)讀已見書齋鉛印本

1函6冊;16.5厘米

PKUL(X/013.7107/8048/C3)

附注:

印章:書衣鈐有"余嘉錫印"、"季豫"朱文方印。

題記:書根有胡適題字;書衣有贈書者題記:"適之先生鑒正,弟余嘉錫敬贈。"

1535

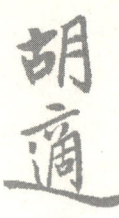

4885 四六叢話三十三卷選詩叢話一卷 （清）孫梅輯 清光緒七年（1881）刻本

2 函 12 冊；18.8 厘米

PKUL（X/817.04/1242/C3）

附注：

題記：書根有胡適題字。

4886 四梅軒集四卷附錄一卷 （明）葉兌著 民國三十七年（1948）鈔本

1 函 1 冊；29.1 厘米

PKUL（X/I214.82/3）

附注：

題記：書根有胡適題字。

4887 四民月令一卷 （漢）崔寔撰 唐鴻學輯 民國十一年（1922）大關唐氏刻本

1 函 1 冊；20.8 厘米

怡蘭堂叢書

PKUL（X/Z121.6/4）

4888 四聲猿一卷 （明）徐渭編 民國六年（1917）暖紅室刻本

1 函 1 冊；20.6 厘米

彙刻傳奇

PKUL（X/812.7/2836/C2）

附注：

題記：書根有胡適題字。

4889 四書典故覈八卷 （清）淩曙著 清嘉慶十三年（1808）江都淩氏蜚雲閣刻本

1 函 4 冊；18.5 厘米

蜚雲閣淩氏叢書

PKUL（X/090.087/3466/C2：1）

附注：

題記：書根有胡適題字。

4890 四書改錯二十二卷 （清）毛奇齡撰 清嘉慶十六年（1811）學圃刻本

1函8冊;19.7厘米

西河合集

PKUL(X/096.7/2042/C2)

附注：

印章：書衣鈐有"胡適藏書"朱文方印。

題記：書衣有胡適題記："毛奇齡的《四書改錯》二十一卷,附録一卷。嘉慶辛未甌山金氏刻的。九,十一,十八,胡適。"

與胡適的關係：函套有胡適題籤："毛西河的《四書改錯》。"

4891 四書集注正蒙附四書集字音義辨 清光緒十四年（1888）八旗官學刻本

1函4冊;20.7厘米

PKUL(X/096.1/6523-1)

附注：

題記：書衣有胡適題記："這是錢念劬先生送給單不厂的,不厂知我没有此書,轉送給我。"

4892 四書講義輯存一卷 （清）陸世儀著 清光緒二十五年（1899）京師刻本

1函1冊;13.8厘米

陸桴亭先生遺書

PKUL(X/081.57/7442:2)

附注：

題記：書根有胡適題字。

4893 四書近語六卷 （明）孫應鼇撰 清光緒六年（1880）獨山莫氏刻本

1函2冊;17.4厘米

孫文恭公遺書

PKUL(X/081.57/1205/C2)

附注：

題記：書根有胡適題字。

4894 四書拾義五卷 （清）胡紹勳撰 清道光十四年（1834）吟經樓刻本
   1函2冊；17.6厘米
   PKUL(X/096.21/4722/C2)
   附注：
      題記：書衣有胡適題記："民國十八年五月十一日在上海中國書店買得此本。胡適。道光甲午為一八三四。首頁云'補編嗣出'，但補編我未見，大概不久亂起，此書遂不曾有續出的機會了。"

4895 四書逸箋六卷 （清）程大中撰 清光緒十七年（1891）三餘草堂刻本
   1函1冊；16.5厘米
   湖北叢書
   PKUL(X/081.473/4995/C2:5)
   附注：
      題記：書根有胡適題字。

4896 四書正誤六卷 （清）顏元撰 民國十二年（1923）四存學會鉛印本
   1函1冊；18.1厘米
   顏李叢書
   PKUL(X/081.57/0110.1/C2:1)
   附注：
      題記：書根有胡適題字。

4897 四書正義（大學一卷中庸一卷論語二十卷孟子十四卷）（明）林兆恩撰 民國七年（1918）悟本堂省心堂鉛印本
   1函5冊；18.8厘米
   PKUL(X/096.21/4416/C2)
   附注：
      題記：書衣有胡適題記："楊丙辰先生贈我的。適。"

4898 四銅鼓齋論畫集刻 （清）張祥河輯 清宣統元年（1909）會文齋刻本
   1函4冊；13.3厘米

PKUL(X/730.1/1133)

附註：

題記：書根有胡適題字。

4899 四雪草堂重編隋唐演義二十卷一百回 （清）褚人穫撰 清乾隆五十八年(1793)崇德書院刻本

4函20冊；21.5厘米

PKUL(X/813.313/3482.4)

附註：

題記：書根有胡適題字。

4900 四雪草堂重編通俗隋唐演義二十卷一百回 （清）褚人穫撰 清康熙三十四年(1695)刻本

4函20冊；21.5厘米

PKUL(SB/813.313/3482/C3)

附註：

題記：書根有胡適題字。

4901 四音定切四卷卷首一卷 （清）劉熙載輯 清光緒四年(1878)刻本

1函2冊；18.5厘米

PKUL(X/H11/5)

附註：

題記：書根有胡適題字。

4902 四印齋所刻詞二十種 （清）王鵬運輯 清光緒十四至十八年(1888—1892)王氏四印齋刻本

3函17冊；14厘米

PKUL(X/811.708/1073/C3)

附註：

題記：書衣有胡適題記："臨桂王氏四印齋刻的宋元人詞集。此書最初的編次，是依刻成的次第的，後來略有改動，但仍不方便，我今天為他重定一

1539

個次序,除第一冊外,都略依時代的先後";另書根有胡適題記。

4903 四印齋所刻詞二十種 (清)王鵬運輯 清光緒十四年(1888)四印齋刻本
4 函 16 冊;11.2 厘米
PKUL(X/811.708/1073.1)
附注:
題記:書籤有題記:"《四印齋所刻詞》,四函。"

4904 泗州楊尚書遺詩一卷附詞一卷 (清)楊士琦撰 民國三十一年(1942)鉛印本
1 函 1 冊;12.6 厘米
PKUL(X/I222.75/14)
附注:
題記:書根有胡適題字。

4905 笥河文集十六卷卷首一卷 (清)朱筠著 清光緒五年(1879)謙德堂刻本
1 函 6 冊;17.4 厘米
幾輔叢書
PKUL(X/810.75/2588.1)
附注:
題記:書衣有胡適題記:"近來我讀《章學誠全集》,引起我對於朱竹君的興趣,故買得此書,價三元。十,一,六,胡適。"

4906 松江韓氏書目一卷 (清)韓祿卿藏 民國間(1912—1949)油印本
1 函 1 冊;27.2 厘米
PKUL(X/012.7/4437)
附注:
題記:書根有胡適題字。

4907 松崖筆記三卷 (清)惠棟撰 清光緒間(1875—1908)貴池劉氏刻本
1 函 1 冊;16.3 厘米
聚學軒叢書

PKUL(X/081.18/7241)

附注:

題記:書根有胡適題字。

4908 松陽講義十二卷 (清)陸隴其著 (清)侯銓編 清康熙二十九年(1690)刻本

1函8冊;18.3厘米

PKUL(SB/096.21/7474)

附注:

題記:書根有胡適題字。

4909 松圓浪淘集十八卷目錄三卷 (明)程嘉燧撰 民國十九年(1930)風雨樓鉛印本

1函4冊;16.4厘米

PKUL(X/I222.748/8)

附注:

題記:書根有胡適題字。

批注圈劃:第4冊一處有胡適批注。

4910 宋本十三經注疏 清光緒十三年(1887)脈望仙館石印本

3函27冊;14.8厘米

PKUL(X/090.2/4123.5/C5)

附注:

印章:書名頁鈐有"適盦藏書"朱文方印。

題記:各冊書衣多有胡適題記。

4911 宋程純公年譜一卷 (清)楊希閔編 民國二十三年(1934)北平燕京大學圖書館鉛印本

1函1冊;15.7厘米

燕京大學圖書館叢書

PKUL(X/979.2/1032/C3)

附注:

題記:書根有胡適題字。

4912　宋詞鈔十二卷附錄一卷　王官壽輯　民國十一年(1922)鉛印本

　　1 函 7 冊;15.8 厘米

　　PKUL(X/811.73/1035/C4)

　　附注：

　　　題記:書籤有胡適題字。

4913　宋詞三百一卷　朱古微編　民國間(1912—1949)刻本

　　1 函 1 冊;16.9 厘米

　　PKUL(X/811.7083/2542.2)

　　附注：

　　　題記:書根有胡適題字。

4914　宋代蜀文輯存一百卷補編一卷　傅增湘編輯　民國三十二年(1943)江安傅氏鉛印本

　　4 函 34 冊;17.5 厘米

　　PKUL(X/817.5/2343/C3)

　　附注：

　　　題記:書根有胡適題字。

4915　宋東莞遺民錄二卷詩文補遺一卷　九龍真逸(陳伯陶)輯　民國五年(1916)東莞陳氏刻本

　　1 函 1 冊;16 厘米

　　聚德堂叢書

　　PKUL(X/081.17/7527/C2:4)

　　附注：

　　　題記:書根有胡適題字。

4916　宋國史藝文志輯本二卷附書名通檢附錄　趙士煒輯　民國二十二年(1933)國立北平圖書館暨中華圖書館協會鉛印本

　　1 函 1 冊;16.4 厘米

古逸書録叢輯

PKUL(X/013.5/4949/C2)

附注：

題記：書根有胡適題字。

4917 宋會要輯稿 （清）徐松輯 民國二十五年（1936）國立北平圖書館影印本

25函200冊；14厘米

PKUL(X/373.09151/2848/C3)

附注：

題記：書根有胡適題字。

4918 宋金仁山先生大學疏義一卷 （宋）金履祥撰 清雍正七年（1729）金華金氏刻本

1函1冊；17.1厘米

率祖堂叢書

PKUL(S/B222.172/7)

附注：

題記：書根有胡適題字。

4919 宋金仁山先生選輯濂洛風雅六卷 （宋）金履祥輯 清雍正十年（1732）金華金氏刻本

1函2冊；16.9厘米

率祖堂叢書

PKUL(X/081.55/8073/C3)

4920 宋刊巾箱本八經 陶湘編 民國十五年（1926）涉園影印本

1函6冊；14.3厘米

PKUL(X/090.01/7736/C2)

附注：

印章：書内鈐有"胡適的書"朱文方印。

4921 宋遼金元四史朔閏攷二卷 （清）錢大昕撰 清光緒十年（1884）長沙龍氏刻本

1函1冊;18.7厘米

嘉定錢氏潛研堂全書

PKUL(X/081.57/8346:5)

附注:

題記:書根有胡適題字。

4922 宋六十名家詞 (明)毛晉編 清光緒十四年(1888)汪氏刻本

4函20冊;15.5厘米

PKUL(X/811.7085/2010/C2)

附注:

題記:書衣有胡適題字。

4923 宋六十名家詞 (明)毛晉輯 民國十年(1921)上海博古齋影印本

4函29冊;11.7厘米

PKUL(X/811.7085/2010.5)

附注:

題記:目錄首頁天頭有胡適題記:"柳永,初名三變,樂安人。景祐元年(1034)進士。歷官屯田員外郎。"

4924 宋魯齋王文憲公遺集十三卷 (宋)王柏撰 明崇禎五年(1632)古晉馮如京刻本

1函6冊;21.1厘米

PKUL(SB/817.579/1046)

附注:

題記:書根有胡適題字。

4925 宋仁山金先生年譜一卷 (明)徐袍編 清乾隆九年(1744)金華金氏刻本

1函1冊;19.4厘米

率祖堂叢書

PKUL(X/081.55/8073/C3)

4926 宋詩鈔補八十六種 (清)管庭芬補抄 (清)蔣光煦編輯 民國四年(1915)上海

涵芬樓鉛印本

1 函 8 冊;14.1 厘米

PKUL(X/I222.744/8)

附注:

題記:書根有胡適題字。

4927 宋史忠義傳王稟補傳一卷 王國維撰 民國五年(1916)上海倉聖明智大學鉛印本

1 函 1 冊;14.8 厘米

廣倉學宭叢書甲類第二集

PKUL(X/081.18/4127/C2:2)

附注:

題記:書根有胡適題字。

4928 宋四家詞選 (清)周濟編 清道光十二年(1832)湖南思賢書局刻本

1 函 1 冊;15.1 厘米

PKUL(X/811.7085/7730.2)

附注:

題記:序論後有胡適朱筆題記:"他作《詞辨》在嘉慶十七年(一八一二),在二十年前。"

其他:包背裝。

4929 宋臺秋唱三卷附錄一卷 蘇澤東編 民國六年(1917)東莞黃瀚華刻本

1 函 1 冊;16 厘米

聚德堂叢書

PKUL(X/081.17/7527/C2:4)

附注:

題記:書根有胡適題字。

4930 宋文鑑一百五十卷目錄三卷 (宋)呂祖謙輯 清光緒十二年(1886)江蘇書局刻本

3函24册;19.7厘米

PKUL(X/810.085/6030/C2)

附注:

题记:书衣有胡适题记:"吕祖谦选的《宋文鉴》百五十卷,二十四册,顾颉刚替我在苏州买的。十,三,二。"

4931 **宋刑统三十卷** 方枢校 民国七年(1918)国务院法制局刻本

1函6册;18.3厘米

PKUL(X/391.1/0041/C3)

附注:

印章:序钤有"胡适"朱文方印。

题记:序有胡适题记:"北京大学有此书多部;单不广管北大图书馆时,我用绩溪周氏《说文引经攷》原稿本向北大换得此书。十年不见此书,今天沈性仁女士送还我,不广之骨已朽了!因记之。廿四,十二,廿二。胡适。"

4932 **宋学士全集三十二卷补遗八卷附录二卷** (明)宋濂撰 清同治十三年(1874)退补斋刻本

4函40册;19.4厘米

金华丛书

PKUL(X/081.478/4777/C2)

附注:

题记:书根有胡适题字。

4933 **宋叶文康公礼经会元节本四卷** (宋)叶时撰 (清)许元淮节本 清嘉庆五年(1800)瘦竹山房刻本

1函4册;17厘米

PKUL(X/094.39/4464.1)

附注:

题记:书根有胡适题字。

4934 宋元科舉三録 （明）王明仲撰 民國十二年（1923）南陵徐氏影刻本

1函4冊；23.8厘米

PKUL（X/339.605/1062/C3）

附注：

印章：封面鈐有"胡適之印"朱文方印。

4935 宋元名家詞十七卷 （清）江標輯 清光緒二十一年（1895）湖南思賢書局刻本

1函4冊；15.4厘米

PKUL（X/811.708/3141/C3）

附注：

題記：書衣有胡適題記："《宋元名家詞》，葛郯、吳儆、向滈、趙以夫、朱熹"；書根有胡適題字。

4936 宋元學案一百卷卷首一卷 （清）黄宗羲撰 （清）全祖望補 民國間（1912—1949）上海文瑞樓石印本

4函32冊；16.3厘米

PKUL（X/111.5/4438.1）

附注：

題記：書根有胡適題字。

4937 宋元學案一百卷卷首一卷 （清）黄宗羲撰 （清）全祖望補 清光緒五年（1879）長沙刻本

4函32冊；17.6厘米

PKUL（X/111.5/4439/C3）

附注：

題記：書衣有胡適題記："九年八月買的。胡適。"

批注圈劃：敘及總目多處有胡適批注。

與胡適的關係：函套有胡適題籤："宋元學案。"

4938 宋元學案補遺一百卷別附三卷序録一卷 （清）王梓材 馮雲濠同輯 民國二十六年（1937）四明張氏約園刻本

12 函 100 冊;12.5 厘米

四明叢書第五集

PKUL(X/111.5/4439-1)

附注：

題記：書前識略內有胡適題記："'各存其刻本'，刻是副之訛。《行狀》正作副。(適之)張氏此條硬說馮何所錄副本為四十二卷本，而百卷本'從無錄副者'。此說殊不足據。何紹基道光丙午跋其父《學案序》已明說：'朣軒……復成《宋元學案補遺》百卷，與原編相埒，余為錄副墨，以俟續刊。'(適之)"；書根有胡適題字。

4939 宋仲溫急就章墨蹟 (明)宋克撰 民國十七年(1928)京華印書局影印本

1 函 1 冊;36.7 厘米

PKUL(X/739.176/3040)

附注：

印章：書前鈐有"卓君庸"朱文方印。

題記：書前有贈書者題記："適之先生惠存，定謀奉贈。十八年二月十九日。"

4940 宋宗伯徐清正公存稿六卷附錄一卷 (宋)徐鹿卿撰 (明)徐鑒編 民國四年(1915)南昌退廬刻本

1 函 5 冊;16.1 厘米

豫章叢書

PKUL(X/I214.42/6)

附注：

題記：書根有胡適題字。

4941 訟過則例一卷 (清)李塨著 民國十二年(1923)四存學會鉛印本

1 函 1 冊;18.1 厘米

顏李叢書

PKUL(X/081.57/0110.1/C2:4)

附注：

题记:书根有胡适题字。

4942 颂主圣诗一卷 (英)理约翰 艾约瑟同译 清同治十一年(1872)刻本

1函1册;19.1厘米

PKUL(X/B97/4)

附注:

题记:书衣有英文签名,不易辨识;另有"Chefoo"字样;书末有外文题记。

4943 诵芬室读曲丛刊 董康辑 民国六年(1917)武进董氏刻本

1函5册;18厘米

诵芬室丛刊

PKUL(X/I207.37/1)

附注:

题记:书根有胡适题字。

4944 搜神后记十卷 (晋)陶潜撰 清光绪元年(1875)湖北崇文书局刻本

1函1册;19.5厘米

PKUL(X/813.18/1030.1)

附注:

题记:书根有胡适题字。

4945 搜神后记二卷 (晋)陶潜撰 清(1644—1911)刻本

1函1册;19.5厘米

PKUL(X/813.18/1030)

附注:

题记:书根有胡适题字。

4946 搜神记八卷 (晋)干宝撰 清(1644—1911)刻本

1函1册;19.5厘米

PKUL(X/813.18/1030)

附注:

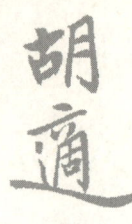

題記：書根有胡適題字。

4947 搜神記二十卷 （晉）干寶撰 清光緒元年（1875）湖北崇文書局刻本

    1函2冊；19.5厘米

    PKUL(X/813.18/1030.1)

    附注：

        題記：書根有胡適題字。

4948 蘇隄漁唱一卷附錄一卷 （元）張可久撰 清光緒二十七年（1901）錢塘丁氏嘉惠堂刻本

    1函1冊；17.1厘米

    PKUL(X/811.5/1112)

    附注：

        題記：書根有胡適題字。

4949 蘇東坡尺牘四卷 （宋）蘇軾撰 民國六年（1917）上海商務印書館鉛印本

    1函4冊；15.7厘米

    PKUL(X/I264.4/10)

    附注：

        題記：書根有胡適題字。

4950 蘇黃門龍川略志十卷別志二卷 （宋）蘇轍撰 民國十四年（1925）上海商務印書館鉛印本

    1函1冊；14.5厘米

    PKUL(X/I264.4/8)

    附注：

        題記：書根有胡適題字。

4951 蘇黃門龍川略志十卷別志二卷 （宋）蘇轍撰 民國十年（1921）上海商務印書館鉛印本

    1函1冊；14.5厘米

4961 粟香四筆八卷 （清）金武祥撰 清光緒十七年（1891）刻本

    1函4冊;13.3厘米

    PKUL(X/088.7/8013/C2:4)

    附注：

        題記：書根有胡適題字。

4962 粟香隨筆八卷 （清）金武祥撰 清光緒七年（1881）羊城刻本

    1函4冊;13.3厘米

    PKUL(X/088.7/8013/C2:1)

    附注：

        題記：書根有胡適題字。

4963 粟香五筆八卷 （清）金武祥撰 清光緒二十四年（1898）刻本

    1函4冊;13.3厘米

    PKUL(X/088.7/8013/C2:5)

    附注：

        題記：書根有胡適題字。

4964 算經十書十種附六種 （清）孔繼涵輯 清(1644—1911)曲阜孔氏微波榭刻本

    1函8冊;19厘米

    PKUL(X/510.08/1223.1/C2)

    附注：

        題記：書根有胡適題字。

4965 算賸初編一卷續編一卷餘槀二卷 （清）顧觀光著 清光緒九年（1883）上海獨山莫祥芝刻本

    1函4冊;19厘米

    武陵山人遺書

    PKUL(X/081.57/3149/C2)

    附注：

        題記：書根有胡適題字。

4966 隋書經籍志考證十三卷 （清）章宗源撰 清光緒三年（1877）湖北崇文書局刻本

　　1函4冊；19.5厘米

　　PKUL（X/013.394/7113/C3）

　　附注：

　　　題記：書根有胡適題字。

4967 隨庵徐氏叢書十種 徐乃昌輯 清光緒至民國間（1875—1949）南陵徐氏影刻本

　　1函12冊；19.2厘米

　　PKUL（X/081.17/2816b/C2）

　　附注：

　　　題記：書衣有胡適題記："南陵徐氏《隨庵叢書》十種，又《續集》十種，是十一年一月李拔可先生送我的。"

4968 隨盦叢書續編十種 徐乃昌輯 民國五年（1916）影刻本

　　1函12冊；20.6厘米

　　PKUL（X/081.17/2816d/C3）

　　附注：

　　　題記：書根有胡適題字。

4969 隨隱漫錄五卷 （宋）陳世崇撰 民國十四年（1925）上海商務印書館鉛印本

　　1函1冊；14.5厘米

　　PKUL（X/I264.4/5）

　　附注：

　　　題記：書根有胡適題字。

4970 隨隱漫錄五卷 （宋）陳世崇撰 民國十二年（1923）上海商務印書館鉛印本

　　1函1冊；14.5厘米

　　PKUL（X/I264.4/5/C2）

　　附注：

　　　題記：書根有胡適題字。